BUR
rizzoli

Gabriele d'Annunzio in BUR

Il fuoco

A cura di Pietro Gibellini

Romanzo autobiografico, descrive la tormentata e passionale relazione con Eleonora Duse, sullo sfondo di una Venezia magnifica e seducente.

I grandi romanzi - Pagine 600 - ISBN 1702875

✧

Il piacere

A cura di Pietro Gibellini

Il poeta e pittore Andrea Sperelli è il primo e più significativo alter ego di d'Annunzio: incarna la sua raffinata e seducente sensibilità, il suo cinismo e scetticismo. E come lui per il piacere deve pagare lo scotto di una incondizionata resa ai sensi.

I grandi romanzi - Pagine 300 - ISBN 1702876

✧

Le vergini delle rocce

A cura di Pietro Gibellini

Claudio Cantelmo è disgustato dall'epoca in cui è costretto a vivere. Il suo sogno è quello di procreare un individuo di razza superiore che sappia restaurare l'antico ordine distrutto, e a tale scopo cerca invano una donna degna di questo compito.

I grandi romanzi - Pagine 224 - ISBN 1703858

✧

Il libro segreto

A cura di Pietro Gibellini

Il vecchio eremita del Vittoriale si racconta in questo testo audace per temi e sperimentazione formale. In seguito a una misteriosa caduta dalla finestra, egli costruisce una confessione del suo Io più occulto fermando sulla carta pensieri folgoranti, ricordi imprevisti o versi scaturiti nel dormiveglia.

Classici moderni - Pagine 420 - ISBN 1704262

Gabriele d'Annunzio

POESIE

A cura di Annamaria Andreoli e Giorgio Zanetti

BUR rizzoli

POESIA

ISBN 978-88-17-02881-3

Prima edizione BUR Poesia marzo 2011

PREMESSA

Annamaria Andreoli e Giorgio Zanetti

In una lettera a d'Annunzio risalente alla seconda metà del 1927, ancora vibrante di gratitudine per l'ospitalità calorosa ricevuta tre anni prima al Vittoriale, Paul Valéry si rivolgeva al vate salutando in lui «l'ultimo uomo ad aver composto e vissuto una vita di poeta, ad aver tratto dal secolo automatico e troppo organizzato i momenti e gli svolgimenti di una vita di poeta, d'una vita a cui non mancano né l'eroismo, né il genio, né l'arte, né la voluttà, né l'azione, né l'invenzione dei giardini, né la tenerezza per gli amici». Certo nell'enfasi dell'apostrofe gioca una parte anche il tributo rituale dell'ammirazione reciproca tra due protagonisti riconosciuti della scena culturale, il poeta soldato divenuto principe di Montenevoso e il *confrère* recentemente eletto Accademico di Francia. Ma è altrettanto vero che nelle parole di Valéry si colgono nitidi gli accenti che, in questi stessi anni, risuonano nella sua riflessione acuminata e trepida sulle sorti della cultura europea. Ed è con il sentimento grave della fine di un mondo che qualche anno dopo, in una lettera del 18 maggio 1933, Valéry torna sull'incontro al Vittoriale, da cui aveva tratto la sensazione indelebile di aver conosciuto «la personalità assoluta del Poeta – l'Essere che è contro il tempo», e aggiunge: «Tu sei l'ultimo... e il tuo nome segnerà un'epoca estinta della storia profonda della terra».

Oggi, in tempi in cui si paventa da più parti che alla poesia possano venire meno anche i lettori, la proposta di un'antologia dell'opera poetica dannunziana vale anche un tentativo di interrogare nei suoi termini propri questo singolare anacronismo: nell'Italia fra Otto e Novecento, in un paese tumultuosamente investito dai processi multipli della modernizzazione e ancora alla ricerca di una coscienza nazionale autenticamente condivisa, un poeta, concordando con l'idea di Novalis che «la poesia è la realità assoluta» e che «quanto più una cosa è *poetica*, tanto più è *reale*» (a G. Hérelle, 5 maggio 1895), si assegna il compito, quasi un'investitura, di «uomo rappresentativo» (secondo la formula ripresa da Emerson), animando e amministrando con la poesia e con la lingua il tesoro, le forme e le forze della cultura e della vita italiane, nell'ordine sociale, politico, persino religioso.

Tale autorità e la forza della rappresentazione che vi si correla suscitano nella critica italiana, fin dall'inizio, una animosità diffusa, a cominciare dall'accusa di essere "soltanto" un esteta, per giunta *ex lege,* dedito allo scandalo libertino sia nella pagina che nella vita, e dunque scarsamente credibile nella sua pretesa a un primato spirituale. Inevitabile che nell'urto della polemica si moltiplicassero i fraintendimenti e gli equivoci, che hanno finito col sovrapporre alla figura reale un proliferare di immagini ostili o apologetiche, alimentate peraltro anche dal temperamento agonistico del poeta e dal suo protagonismo istrionico di *performing self.* Quasi scontata la reazione negativa senza appello del neohegelismo idealista o marxista (ma Gramsci, dinanzi alla popolarità di d'Annunzio, si poneva almeno il problema della sua «intelligenza»), così come della cultura cattolica o liberale. E come oggi siamo in grado di percepire meglio, l'anziano poeta che nel 1921 pone mano all'ultimo dei suoi tanti *works in progress*, il Vittoriale degli Italiani, resta una presenza stravagante e inafferrabile anche per il fascismo, di cui del resto egli vive l'ascesa al potere e il regime come una «usurpazione».

Ma censura e rimozione sono la risposta anche di una civiltà letteraria orientata a un lirismo assoluto dell'interiorità pura (benché per Ungaretti, stando a una sua dichiarazione del 1923, d'Annunzio restasse «il maestro di noi tutti»), la cui etica del gusto sdegnava la compromissione con la retorica procedendo a una lettura selettiva lungo una linea dal *Poema paradisiaco* ad *Alcyone*. In realtà, più ancora che una revisione di valori, il caso di d'Annunzio poeta chiede, oggi, un riaggiustamento della nostra ottica e della nostra acustica, alla ricerca di una disposizione adeguata del vedere e del sentire. Da questo punto di vista non è privo di significato che proprio Valéry, indiscussa voce di punta della lirica pura (e per d'Annunzio «grand poète hermétique»), riconoscesse all'uomo del Vittoriale, con un senso di ammirazione e forse anche di rimpianto nell'atto stesso di marcare una distanza, la tensione creativa e l'ampiezza di orizzonte necessarie al sogno di uno stile totale e di una «vita bella», consacrato alla trasfigurazione del banale e al tentativo incessante di afferrare il fantasma sfuggente dell'eroismo moderno. Ma su una lunghezza d'onda non dissimile troviamo ancora Ernst Robert Curtius, che nel 1929 indicava anche d'Annunzio, con Stefan George e Hugo von Hofmannsthal, fra i poeti che per vie diverse erano giunti dalla bellezza estetica alla «sfera mistica», ricongiungendosi alle forze fondamentali della vita, e dunque anche a quelle della società e della nazione.

Certo con d'Annunzio, fra gli squilibri e le convulsioni di una modernizzazione insieme desiderata e temuta, entra in scena in Italia una soggettività poetica pronta a rivendicare gli impulsi sovrani che tendono a determinare da sé la forma di vita, di là da quanto si lascia prestabilire uniformemente per tutti. Impossibile ridurla in un ruolo sociale già definito, nemmeno nel professionismo della letteratura; ma allo stesso tempo, anche di fronte alla squadrata univocità del politico e alla sua logica del compromesso, essa riconosce che il luogo della propria vitale autenticità non può che essere la parola letteraria, lo stile, tenendo fermo il diritto della poesia alla metamorfosi e all'ambiguità, al gesto inutile o allo slancio irragionevole, all'ansia del possibile e anche dell'impossibile. Lo stile costituisce l'isola di spazio e tempo in cui s'avverano fino in fondo la forza e la grazia di questo soggetto liberato e sovrano, che sperimenta se stesso come unione dell'eccentricità e dell'estasi con la più ardente generosità – l'intensità come tale – e che assume perciò di volta in volta la figura dell'agitatore di coscienze o dell'esteta, dell'ecologista o del profeta apocalittico, del romantico incorreggibile e temerario. Non stupisce che questo progetto muovesse alla ricerca, di là dall'élite borghese dei lettori colti, di una forma di contatto con il popolo, con la precoce consapevolezza, come avrebbe poi detto Walter Benjamin, che la massa è una matrice da cui escono rinnovati tutti i comportamenti abituali nei confronti delle opere d'arte.

Anche per questo, nel suo spericolato gioco di maschere e di specchi fra arte e vita, d'Annunzio ha costruito la sua stessa avventura di poeta alla stregua di una grande favola divistica, diciamo pure di una leggenda, con il suo potere di seduzione mimetica. All'elaborazione di una leggenda fanno irresistibilmente pensare l'abito di mescolare spregiudicatamente l'invenzione col vissuto, l'interrogazione continua dell'immagine di sé nello sguardo e nel sogno della gente, la suggestione insistente di una storia e di una realtà più vere proprio in quanto trasfigurate dal desiderio, che si alimenta nell'immaginario e nel culto delle masse. Così, fedele al comandamento di un vivere inimitabile e insieme esemplare, da un lato egli avvalora i comportamenti paradossali di un io elusivo in perpetuo *déplacement*, che continuamente muta frustrando sistematicamente le previsioni. Dall'altro però, sulla scena delle sorprese della cosa letteraria, egli non manca di insistere sull'unità e la coerenza profonde della sua vocazione poetica, come gli accade nell'orientare le prime reazioni pubbliche ai propri lavori, per esempio all'uscita in Francia, nel 1912, di una sua antologia di *Poésies*: «l'*unità* della mia opera è dimostrata da questo: che nelle *Laudi* si sviluppano tutti i germi già esistenti nel *Canto novo* e l'ebrezza panica, che agita quel poema di un adolescente, si allarga e si solleva smisuratamente nel libro di *Alcione* e nella *Laus Vitae*», (a J. Dornis [Elena Beer], 10 marzo 1912). Pur con tutti i suoi limiti intrinseci, anche un'antologia può restituire attraverso la varietà prodigiosa dei temi e delle forme la «ideal linea» che nelle poesie si dipana «*continua*», nel suo arabesco sinuoso di svolgimenti e di ritorni.

Se si considera l'opera dannunziana nella sua molteplicità sfaccettata non si tarda a scorgere che l'attività propriamente poetica è lungi dal costituirne il fulcro. Certo l'adolescente assetato di gloria che esordisce nella repubblica delle lettere sotto l'egida di Carducci non può che scegliere per sé la forma del verso, di indiscussa egemonia nella nostra tradizione. E tuttavia si avverte ben presto, tra metrica barbara e rivisitazione della poesia italiana antica, che la scrittura in versi traccia limiti troppo stretti all'avventura di d'Annunzio in un mondo insieme plastico e fluido di sensazioni e di fantasie compenetrate; ed essa ne lascia inappagata la vibratile inquietudine del moderno, presto destinata a trovare la sua espressione più congeniale nel romanzo, oltre che nell'attività giornalistica con la sua presa sull'attualità e sull'«anima collettiva». Certo si tratta di una prosa narrativa nutrita di esperienza lirica. E una precisa affinità di motivi e di atmosfere, per tacere dei tempi non di rado intrecciati dell'elaborazione, lega *L'Isotteo-La Chimera* con il *Piacere*, il *Poema paradisiaco* con l'*Innocente*, l'*Intermezzo* 1894 con il *Trionfo della Morte*, il *Canto novo* 1896 con *Le vergini delle rocce*, quasi che le poesie, in questo autore esperto di ogni maschera, fossero da ricondurre ai protagonisti delle sue favole romanzesche. Ma al centro delle strategie multiple dell'infaticabile produttore di letteratura restano in ogni caso la convinzione e la scommessa che le sorti della parola letteraria moderna si giochino sul confine fra prosa e poesia, oltre che tra oralità e scrittura, in piena sintonia con la ricerca che, da Parigi a Londra o a Vienna, si svolge nel segno del simbolo, del verso libero e del *poème en prose*. E all'abbattimento delle barriere tra i generi coopera l'impulso precoce a coinvolgere nella parola poetica, con una intensità in Italia fino ad allora sconosciuta, tanto la musica quanto l'immagine figurativa. L'apprendistato della prima giovinezza nel Cenacolo dell'amico pittore Francesco Paolo Michetti, fra artisti di tutte le arti, dà immediatamente i suoi frutti, prima che maturi, armato delle più agguerrite strategie stilistiche e ideologiche, il confronto con la sfida wagneriana dell'opera d'arte totale.

Il discorso non suona diverso, anzi si arricchisce di ragioni più intense, allorché il proposito di succedere a Carducci nel ruolo di Vate della Terza Italia mette capo al grande disegno delle *Laudi del cielo del mare della terra e degli eroi*. Qui, al vertice dell'opera poetica dannunziana, negli anni delle prime prove drammaturgiche e degli amori con Eleonora Duse narrati nel *Fuoco*, la poesia si propone perentoriamente come il nuovo *Sacre* di un'epoca scettica, una volta riconosciuto che l'immaginazione è la facoltà con la quale percepiamo il divino e il canto raccoglie in retaggio gli eterni poteri che avevano anticamente dato origine ai simboli della religione e del mito, avvolgendo della propria aura anche la sovranità politica. Il senso del numinoso si ritrova e si rinnova nelle profondità umane, inclusa la sessualità, alimentando il bisogno di pienezza e di trascendenza dell'uomo secolarizzato nel momento in cui, ultimo disincanto, gli si disvelano l'opacità, la futilità, l'insufficienza intrinseca della Storia. E ciò accade tenendo fermo il principio antropologico, prima ancora che estetico, secondo cui non vi è prova più certa e più alta dell'esistenza che l'espressione, il canto, superiore alla verità. Non per nulla, nel solco di Mallarmé e nel fervore dell'esperienza teatrale, d'Annunzio può parlare di un «nodo» musicale e ritmico da sciogliere in una rivelazione comunicata alla folla, come in un rito. Il viaggio iniziatico di *Maia* (o *Laus Vitae*), dalla Grecia alla primavera ellenica del Rinascimento fiorentino e a Roma, l'incontro con gli eroi di *Elettra* sospesi tra morte e rinascita, «ricordanza» e «aspettazione», il nuovo Eden della «Vita novella» nell'ora pànica di *Alcyone* identificano le stazioni di questo rito e della ricerca che vi corrisponde: una ricerca intrapresa con il disegno, votato da sé a restare frammento o a ricominciare in perpetuo, di far coincidere il tempo della vita con il tempo del mondo, il desiderio individuale e collettivo con la realtà del singolo e della comunità, affinché, per dirla ancora con Emerson, l'Italia e la vita stessa possano essere veramente «a poem in our eyes».

Si capisce che in un disegno siffatto l'illuminazione lirica non può disgiungersi dal racconto epico o fantastico, la metafora fiorisce sulla leggenda e sulla profezia, la figura e sin l'immagine acustica rivelano una trama di pensiero, come del resto non stupisce in un poeta che non cessa, mai, di essere anche un intellettuale. Lettore acuto e sempre tempestivo, egli conosce e mette a frutto Bourget, Morice e Barrès, Rolland e Gide, Carlyle e Renan, Pater e Wagner, oltre naturalmente a Nietzsche, per interpretare i travagli, i conflitti, i sogni del presente proiettandoli poi nello specchio magico del passato, là dove il presente, come avrebbe detto Hofmannsthal, spera di ricevere il proprio stesso volto in un'immagine nuova e purificata. Ecco allora lo sguardo dannunziano rivolgersi nella duplice direzione a cui fa segno sin l'intitolazione che articola il continuum delle *Laudi* nelle sue diverse parti consacrate alle Pleiadi: da un lato l'Ellade, con la sua costellazione di favole antiche, dall'altro i dieci secoli «silenziosi» che attraverso l'esperienza francescana e la lirica o la narrativa d'amore del Medioevo trovano in Dante la loro «voce», la loro sintesi potentemente espressiva. Ma la grande ombra dantesca, dallo Stil nuovo alla *Commedia*, è in d'Annunzio una presenza ubiqua, già nelle raccolte poetiche della giovinezza; e su una via parallela a quella in cui s'inoltra negli stessi anni Pascoli, di là dai sovrattoni inevitabili del Padre della Patria, essa assume il valore di un nucleo generatore radicato nel profondo della cultura nazionale e ricongiunto al simbolismo dei moderni, allo sforzo di recuperare e addensare nella parola «l'anima delle cose», la loro forza vitale. Certo in questa sottile, ardua alchimia il confronto di d'Annunzio con lo spirito romanzo di cui Dante è la suprema incarnazione annuncia già le figure di ciò che chiamiamo la lirica nuova del Novecento: il sentimento esasperato del tempo, la coscienza turbata di un'età dell'ansia, l'enigma della femminilità, la concordia discorde della memoria e dell'innocenza, la voce oscura del silenzio, l'estasi ambigua dell'onirico e del visionario, l'emozione totale dell'epifania o dell'occasione salvifica.

Dopo le *Laudi*, il fiume lirico che era scorso inarrestabile per tutto un lustro pare esaurirsi. In realtà esso affluisce nella magica volubilità di rapporti analogici della nuova prosa di memoria che si dirà «notturna», mentre si ripropone la vocazione a una poesia *engagée* legata all'attualità più incalzante e strutturalmente concepita per la pubblicazione immediata sulla stampa quotidiana, si tratti delle *Canzoni* per l'avventura coloniale italiana in Libia (*Merope*, 1913) o, negli anni del primo conflitto mondiale, dei *Canti della guerra latina* (1914-1918). Di purezza non è il caso di parlare, così come per molte delle poesie disperse una cui scelta costituisce l'ultima sezione di questo libro. Esse attestano il coinvolgimento attivo di d'Annunzio in campi certo ai margini del canone poetico italiano: oltre al giornalismo in versi, la poesia per musica, la poesia per l'infanzia, la poesia in dialetto, per tacere della poesia composta direttamente in francese, un francese maccaronico, secondo un giudizio autorevole del pur giovane Contini, o meglio «sinottico», come amava ripetere il poeta, ottenuto con la disinibita bravura di un prodigioso scolare mettendo insieme tessere linguistiche provenienti da tutti i secoli, programmaticamente nella zona di confine con le altre lingue romanze e il loro sostrato celtico. Indubbiamente testi come questi, quantunque minori e francamente d'occasione, integrano il ritratto di d'Annunzio poeta ponendone in piena luce aspetti e risvolti non assenti ma impliciti (o forse solo difficili da scorgere attraverso lo schermo dei nostri abiti di lettura) nell'opera "ufficiale": si pensa all'affiorare incontenibile di uno spirito ludico talvolta di registro comico, dall'ironia alla satira, e, più ancora, all'impulso ad arrischiare la poesia e a contaminarla a contatto con le forme, i miti, gli ideologemi della memoria collettiva e dell'immaginario sociale. Così il poeta non resiste nemmeno al capriccio o alla provocazione di misurarsi con la forza di richiamo esercitata dai nuovi linguaggi della comunicazione o della promozione pubblicitaria.

Ma lo stesso libro di *Alcyone*, certo tra i testi più alti del Novecento italiano ed europeo, non sarebbe quello che è e non attingerebbe la sua forza se non lo innervasse un'interrogazione intellettualmente lucida e spregiudicata sulle trasformazioni in atto della mentalità e degli stili di comportamento, dalla valenza anche politica del desiderio allo statuto e al ruolo dell'illusione e della credenza, nella cornice di un'antropologia poetica della festa e persino della vacanza che rilancia nel contesto dell'incipiente società di massa modi di pensare e di esistere di remota ma certa matrice popolare, estranei al sorvegliato assetto del razionalismo borghese. Ecco allora imporsi la logica del dono o della *dépense*, l'abito spontaneo di tradurre il sacro a contatto con il profano, l'impulso a divinizzare il corpo e a dare corpo al dio, mentre di là dalle barriere alienanti dell'*homo clausus* contemporaneo si delinea una soggettività sfuggente e permeabile, aperta e reattiva al minimo influsso del mondo circostante, che proprio per questo accede alla disposizione immaginifica e fabulatoria del mito: in particolare, secondo le indicazioni della coeva mitologia comparata, al grande *pattern* mitico che correla tra loro il ciclo solare del giorno, il ciclo stagionale del sole, il ciclo organico della vita umana.

Oltre a intitolare la progettata tetralogia teatrale rimasta incompiuta dopo il *Sogno d'un mattino di primavera* e il *Sogno d'un tramonto d'autunno*, i *Sogni delle stagioni,* con la vicenda della notte e della luce, della caduta e dell'ascesa, della terra desolata e della fertilità, del corrompimento e della generazione, costituiscono nella poesia dannunziana una sorta di grande matrice, decisiva per la sua modulazione di immagini e per la sua stessa antropologia del ritmo. Subito palese il rinvio alla *fairyland* shakespeariana del *Sogno d'una notte di mezza estate*, il testo amatissimo di cui già nel 1887 d'Annunzio progetta la traduzione; ma egli può poi spingersi alla ricerca di correlazioni significative con altre opere di Shakespeare nell'area che si suole definire del *romance* o dei drammi romanzeschi: con *La tempesta* e la sua poesia degli elementi (anche per lui, come per Shelley, è Ariel il nome della più autentica autorivelazione) e più ancora con *Il racconto d'inverno,* ove si coniuga il grande tema della separazione e del ricongiungimento, della rinascita attraverso le forze delle tenebre e della morte. Nel libro dell'estate versiliese scritto a fianco della Duse, che ne è la prima lettrice e di cui certo assimila gli appassionati gesti vocali, la compagna d'arte e di vita che nel *Fuoco* è ribattezzata Perdita si cela dietro il *senhal* di Ermione: ora la duplice cifra onomastica rimanda appunto inequivocabilmente al *Racconto d'inverno* shakespeariano, ove si afferma che l'arte stessa è natura e in cui d'Annunzio non manca di riconoscere in filigrana una rilettura genialmente post-classica del mito di Demetra e di Persefone. Indubbiamente nell'alone del mito astrale che significa il ritmo dell'universo e lo riverbera nel microcosmo umano la parola dannunziana, anche la più legata alla felicità immediata della sensazione, acquista una suggestione trepida di rito e di mistero cosmogonico. Impossibile dimenticare il settembre misteriosamente primaverile e dantesco dei *Pastori*, primo dei *Sogni di terre lontane*: «O voce di colui che primamente / conosce il tremolar della marina!». Per la sfida che d'Annunzio intende portare alla secolare secessione delle élites dalla cultura popolare, Shakespeare può benissimo accordarsi con Dante. E qui emerge nitido anche il peculiare modo dannunziano di essere «contro il tempo».

Vero è, come è stato detto di Yeats, che dinanzi alle diverse opzioni della stagione tra Simbolismo e Jugendstil, l'epifania di d'Annunzio (per usare la parola da lui stesso introdotta nel *Fuoco*) non si traduce nel segno di un mondo altro e superiore dal quale saremo per sempre esclusi, ma si manifesta nella possibilità di raccogliere tutto il tempo e dunque di abolirlo in un solo istante supremo di adesione appassionata alla nostra «terrestrità». Già nella poesia della giovinezza le fate o le ninfe del Dolce stil novo dannunziano, quasi evocate da un mondo lontano di fantasmi, appaiono ciò nonostante legate alla contingenza più labile e capricciosa, non foss'altro che per le vie della moda o dell'avventura d'amore. E non va ascritto a nostalgia del libro o del verbo assoluto il culto della bellezza verbale, certo in d'Annunzio radicato e convinto, che sfrutta fino in fondo le risorse musicali della lingua ma nell'intento di portare in luce il nodo inestricabile di plenitudine e di morte cui tende, solo approdo possibile, il voto di assoluto dell'esistenza incarnata. E la musica verbale può diventare anche esplorazione della dissonanza e di un microcosmo malato, come si verifica nelle poesie dell'estrema maturità, che si integrano esaltandone il ritmo ai frammenti della prosa «magica» di ricerca e di memoria, dal *Notturno* al *Libro segreto.*

Gli stessi riferimenti mitologici o il lessico di parole rare o desuete del *poeta doctus* non conducono in uno spazio di astrazioni ideali e si rivelano, se si guarda più da vicino, funzionali alla restituzione del mondo di percezioni e di emozioni potentemente fisiche proprie di un rapporto con la natura di stampo arcaico, ove certo lascia una forte impronta il legame con il paese tra pastorale, agreste e marino dell'Abruzzo natio. Pur così irriducibilmente cosmopolita, d'Annunzio vi ha sempre riconosciuto uno dei tratti caratteristici e dominanti della sua personalità, come nell'autoritratto testamentario del *Libro segreto*: «Porto la terra d'Abruzzi, porto il limo della mia foce alla suola delle mie scarpe, al tacco de' miei stivali [...] Io sono di remotissima stirpe». Non a caso la lirica dannunziana, che da un lato si stilizza in una fantasmagoria di epoche trascorse può dall'altro modularsi e vibrare in un'aria di canto popolare. Al riconoscimento precoce dell'esistenza di una «letteratura europea» corrisponde esattamente quello di un folklore che, di là dall'Abruzzo, viene esplorato e posto a frutto nella sua molteplicità di forme transnazionali sotterraneamente convergenti, dalla Grecia di Fauriel e di Tommaseo alla Bretagna di Villemarqué. Ma si tratta per lo più di un folklore immaginario, anche se puntualmente ricostruito, ricreando la suggestione di una cadenza o di una movenza, inseguendo il fantasma del gesto che si compenetra con una voce, quasi la fantasia creativa attingesse a una sorta di memoria popolare inconscia, dal ditirambo delle feste dionisiache alle canzoni a ballo dei riti di primavera.

Al pari della leggenda o del canto popolare, l'arte dannunziana si elabora e si configura come variante di una costante, come riscrittura e metamorfosi di un motivo radicato in profondità nei cicli biologici della cultura e della poesia, che sfida il tempo alla stregua di un ricordo proiettato nel futuro e che sollecita la ripetizione o la parafrasi inventiva proprio in ragione della molteplicità stratificata delle riprese e delle intonazioni a cui ha dato luogo nel corso dei secoli. Entro questa ricerca ad amplissimo raggio, studiosa di corrispondenze e di figure sovradeterminate, le forme e i motivi ereditati vengono fusi, trasformati, chiamati a vivere una vita nuova: la fantasia combinatoria fa nascere la forma rinnovata. Del resto, gli anni della poesia dannunziana sono gli stessi in cui, anche in musica, si moltiplicano gli *Hommages à...*, gli *A la manière de...*, i

Tombeaux, le *Suites anciennes* o le *Danses antiques*. Vano parlare di plagio o di «amor sensuale» dei dizionari. La presenza del passato, la sua riconoscibilità, sia anche nei modi misteriosi e paradossali del *déjà vu* o della memoria involontaria, è parte integrante dell'esperienza del testo. Per questo nelle note di commento di questo volume si è cercato, sia pure parcamente e puntando sulle presenze dominanti, di restituire almeno la suggestione di una scrittura folta di innesti, di incroci, di intarsi, proprio in virtù dei quali la poesia dannunziana è invenzione e non recupero antiquario, librandosi in una temporalità sospesa e multipla di sopravvivenze, contaminazioni, ricorrenze. Ed è la temporalità non solo del sogno, ma anche della festa o del rito. Il gioco vertiginoso di d'Annunzio con il materiale di cui fa uso e con il modo nel quale lo usa può sembrare di volta in volta divertimento o ebbrezza provocante di virtuoso, maschera, *pastiche* e quasi mistificazione di falsario, ma risponde nell'intimo al disegno coerente, benché inquietante e forse anche insidioso, di riportare la modernità in circuito con le Origini.

Se ne avvide proprio Yeats in un saggio del 1898, in cui, ragionando sopra *The Celtic Element in Literature* e sul suo influsso profondo nella grande poesia europea, da Dante a Shakespeare, lo identificava con lo spirito stesso del *romance*, informato dalla stessa immaginazione primordiale che aveva dato origine al mito, al rito, al *folktale*. E insieme con Wagner, Ibsen, i Preraffaelliti, William Morris, Villiers de l'Isle-Adam, Mallarmé e Maeterlinck, il poeta irlandese indicava anche d'Annunzio fra i protagonisti del contemporaneo «symbolical movement» che, reagendo al dispotismo della fattualità, pareva tornare ad attingere nuovamente alla fonte delle leggende così come erano sgorgate dall'immaginario di una umanità primitiva: nei labirinti dell'anima moderna rivivevano le paure e le ebbrezze sperimentate in un'epoca lontana da uomini per natura votati all'eccesso, dall'inesausta «grande sete», per i quali ogni cosa fluiva e poteva mutare e diventare ogni altra cosa, in quanto in tutti gli elementi naturali avvertivano la presenza di una divinità, da celebrare con danze orgiastiche nel fondo dei boschi finché essi stessi non sembrassero dei o animali simili agli dei. In questo senso, senza cadere in un realismo mimetico ingenuo, Yeats poteva riprendere l'affermazione dell'antico cantore popolare di aver appreso i propri canti dalla musica di molti uccelli e dalla musica di molte acque. Difficile sfuggire all'impressione di una consonanza, di una affinità di atteggiamento e di percorso con il poeta di *Alcyone*, all'alba di un secolo segnato non solo in letteratura dalla ricerca travagliata e perigliosa di una nuova mitologia.

E può forse non essere improprio riconoscere a d'Annunzio nella poesia italiana novecentesca il ruolo di una sorta di mediterraneo Mago Merlino, l'incantatore maestro di metamorfosi che è insieme il bardo del proprio popolo, la voce delle sue speranze di liberazione e del suo destino, e che tra *charme* e vaticinio propone l'esempio più intenso di una letteratura del desiderio, sancendo là dove è più improbabile l'eterno ritorno della poesia e del suo sapere di simboli e di miti. Una antologia, intanto, può essere lo strumento più immediato per ascoltarne i testi e riportarli al loro «état chantant», come diceva Valéry, sentendoli vibrare nella profondità delle loro risonanze multiple di segni vivi dell'immaginario. Che poi il sortilegio e le emozioni del canto prendano luce e slancio al calor bianco dell'intelligenza critica, non occorre sottolineare.

CRONOLOGIA DELLA VITA E DELLE OPERE

Dall'Abruzzo alla Roma «bizantina» (1863-1889)

In una lettera del 1892 al suo traduttore francese, d'Annunzio afferma di essere nato sotto la costellazione dell'Ariete «nel 1864 a bordo del brigantino Irene, nelle acque dell'Adriatico». In verità, il poeta nasce il 12 marzo (dunque nel segno dei Pesci) del 1863 in una casa di provinciale decoro borghese nel centro di Pescara. Terzogenito di cinque figli, Gabriele sembra aver goduto, al centro dell'universo familiare, delle cure e delle attenzioni che si riservano a fondo perduto alla natura vulnerabile, fiera e scontrosa di un *enfant prodige*. Ciò vale anzitutto per la madre, Luisa De Benedictis. Ma anche i rapporti molto più difficili e controversi con il padre Francesco Paolo, notabile e *viveur* (a cui pure lo legheranno, come dichiarerà retrospettivamente il poeta, «l'amore dei cani e dei cavalli, quel dei profumi e delle donne e dei frutti, il piacere dello sperpero»), non impediscono che egli trovi in lui il primo patrocinatore dei suoi talenti. All'ambizione paterna Gabriele deve infatti la possibilità di iscriversi, undicenne, al prestigioso Collegio Cicognini di Prato, ove si rivela scolaro ribelle ma anche allievo d'eccezione. E nel 1879, a spese del padre, egli pubblica il suo primo libro di poesie, *Primo vere*, che riscuote l'insperato consenso di uno dei critici di punta dell'*entourage* carducciano,

Giuseppe Chiarini. Negli anni del collegio (che sono anche quelli del primo grande amore, per Giselda Zucconi), durante le vacanze estive in Abruzzo, nasce l'amicizia con il pittore Francesco Paolo Michetti che riunisce nella sua casa di Francavilla a Mare un gruppo di artisti locali di notevole talento, musicisti, scultori, letterati, presso cui il poeta esordiente trova stimoli e sollecitazioni per le sue attitudini musicali e pittoriche, oltre a maturare un interesse poi mai dismesso per il folklore e il canto popolare. Nel novembre 1881, d'Annunzio si trasferisce a Roma e si iscrive alla Facoltà di Lettere e Filosofia. Ma più delle aule universitarie lo attraggono le redazioni giornalistiche e i salotti dorati della nuova capitale ove, pur nel fascino della raffinatezza mondana, egli non dimentica, ma anzi ostenta le sue radici di figlio vigoroso di una terra selvaggia. Escono ora le poesie agresti e marine di *Canto novo* (1882) e tre raccolte di novelle (*Terra vergine*, 1882, *Il libro delle vergini*, 1884, *San Pantaleone*, 1886), improntate per la maggior parte a motivi abruzzesi. Attratto invincibilmente dal mondo elegante romano, d'Annunzio è introdotto nel palazzo nobiliare dei duchi Hardouin di Gallese, ove prende a stringere d'assedio la diciottenne duchessina Maria, divenuta poi sua moglie (1883) grazie a un matrimonio frettoloso e riparatore, dal quale nasceranno tre figli. Al ruolo attivo di cronista mondano egli affianca quello ambizioso di alfiere di una cultura cosmopolita, aggiornata alla nuova sensibilità preraffaellita e simbolista, approdando nel 1889 al primo romanzo, *Il Piacere.* E se non frequenta la Sapienza, è poi vero che, a contatto con i discepoli di Ernesto Monaci, d'Annunzio dedica il suo impegno allo studio strenuo della letteratura delle Origini, subito messo a frutto nella produzione poetica, dall'*Intermezzo di rime* (1883) alla ricercatezza antiquaria dell'*Isaotta Guttadàuro* (1887) e della *Chimera* (1890).

«Splendida miseria» (1890-1896)

Intanto la vita coniugale intristisce in una *routine* per d'Annunzio intollerabile e si moltiplicano, disordinate e stravaganti, le avventure del seduttore. Già nell'aprile 1887 egli ha conosciuto Barbara Leoni, con la quale stringe una relazione amorosa contrastata quanto intensa. Inoltre il desiderio di vivere all'altezza del dandy protagonista del suo romanzo finisce col dissestare una situazione finanziaria di per sé certo non florida, costringendolo ripetutamente a ricorrere agli usurai. Nel 1891 (dopo l'anno di servizio militare a Roma), incalzato dai debiti d'Annunzio si trasferisce a Napoli ove sulle pagine del «Mattino» di Scarfoglio riprende l'attività giornalistica e, sulla scia della voga europea del romanzo russo, pubblica la novella *Giovanni Episcopo* (1891) e il romanzo *L'innocente* (1892). Da una nuova relazione con Maria Gravina nascerà nel 1893 la figlia Renata, mentre alla morte del padre scialacquatore Gabriele si ritrova con una paurosa eredità di nuovi debiti. Siccome poi l'aristocrazia napoletana punisce con l'ostracismo la coppia trasgressiva, è naturale che d'Annunzio si rivolga al mondo degli intellettuali, a Napoli assai vitale, mobilitando tutte le risorse della sua coscienza sempre più matura e orgogliosa di scrittore e di intellettuale. I salotti artistici partenopei gli danno modo di approfondire la conoscenza della musica di Wagner, a cui d'Annunzio si abbandona appassionatamente, ma insieme con lo spirito all'erta, il taccuino alla mano, quasi a voler captare il segreto del suo intreccio avvolgente di mito e psicologia: anche da questa esperienza si svolgerà la prosa «sinfonica» del *Trionfo della Morte* (1894). Ma l'interesse dominante per il romanzo, da lui considerato il genere più gravido di futuro, non deprime la produzione in poesia: tra il '92 e il '94 d'Annunzio pubblica le *Elegie Romane* (composte a partire dall'87), le *Odi navali* (presentandosi a sorpresa come poeta civile, campione eloquente delle virtù militari e del patriottismo deluso) e il *Poema paradisiaco*. Dal mondo della cultura e delle arti gli vengono del resto anche le soddisfazioni più consistenti. La traduzione francese dell'*Innocente*, propostagli da un professore liceale di Troyes appassionato dell'Italia, Georges Hérelle, sancisce con uno straordinario successo la comparsa di d'Annunzio sulla scena letteraria parigina, a contatto con un pubblico che egli percepisce tanto più moderno di quello italiano e del quale ricercherà poi sempre il consenso, l'intelligenza più piena delle sue qualità. Grazie ai proventi dell'*Intrus*, allo scadere del '93 egli può lasciare Napoli e affittare un villino a Francavilla a Mare, che arreda sontuosamente; dall'Abruzzo raggiunge frequentemente la capitale, ove assume l'iniziativa e la regia del «Convito» (1895-1896), la rivista in cui si fa propugnatore di un estetismo elitario e aggressivo, capace di uscire dalla solitudine della torre d'avorio per «sostenere militarmente la causa dello Spirito contro i Barbari». Frattanto infatti, nel suo percorso instancabile attraverso le inquietudini ideologiche della modernità, accanto a Wagner d'Annunzio ha scoperto Nietzsche, il filosofo del superuomo e della «vita ascendente» nell'epoca della morte di Dio al cui messaggio impronta il suo nuovo romanzo, *Le Vergini delle rocce* (1895), e da cui prende slancio la sua disposizione a un nuovo «ellenismo» volto alla riscoperta del mito, al tentativo di risuscitare, nel profondo della coscienza moderna, la suggestione archetipica delle favole antiche e la loro forza magica di incanto primitivo. Di qui, nell'estate 1895, la memorabile crociera intrapresa con Scarfoglio, Hérelle e altri amici alla ricerca di un'Ellade tra Apollo e Dioniso, in cui cristallizza il sogno a lungo vagheggiato di un'opera teatrale audacemente proiettata nella sfera del mito e del rito. Qui gioca un ruolo di primo piano anche il rapporto con la «divina» Eleonora Duse, che d'Annunzio ha conosciuto a Venezia nel settembre 1894 e con cui stringe un «patto» sia artistico che sentimentale. Nella Duse, nella sua recitazione emotiva fatta anche di silenzi, di gesti nervosi misteriosamente simbolici, d'Annunzio riconosce l'interprete ideale del suo nuovo teatro, anche se, certo d'accordo con lei, la prima della *Città morta* (1896), opera d'esordio del drammaturgo, viene affidata all'altra grande *star* della scena europea, Sarah Bernhardt, che ha accettato di rappresentare la « tragedia moderna» a Parigi. Anche questo è un segno indubbio di celebrità, a cui concorre paradossalmente anche uno scandalo, l'accusa circostanziata di plagio lanciata da Enrico Thovez alla quale d'Annunzio, attento a salvaguardare la propria immagine in Francia (più che in Italia), ribatte sul «Figaro» non col negare i propri debiti, ma ribadendo che ogni prestito, attratto nel nuovo contesto, appariva risemantizzato e del tutto trasformato dalla sua incomparabile alchimia stilistica.

Come un signore del Rinascimento (1897-1910)

Nell'estate 1897, mentre di concerto con la Duse elabora il progetto di un teatro comunitario *en plein air* sul lago di Albano, d'Annunzio si presenta candidato al parlamento e viene eletto nelle file della destra (finirà poi, nel 1900, per schierarsi con l'estrema sinistra), indossando per la prima volta la maschera del capo portatore di un ideale eroico della «stirpe», che deve conquistare con appassionata eloquenza la folla che ha davanti e che costituisce la sua forza. Gli spazi concreti delle decisioni, dei rapporti di potere e sin della violenza si trasfigurano in una liturgia spettacolare dell'immaginazione, in un mito vissuto di travolgenti passioni collettive. Nel 1898 il poeta affitta una villa sui colli fiorentini a Settignano, la sontuosa, leggendaria Capponcina, riarredandola da cima a fondo secondo il suo gusto appassionato di ornamenti e «belli arredi». Qui, nel lusso di cui non può fare a meno, il poeta vive come un principe del Rinascimento fra cani e cavalli, immagini d'arte e antiquariato; già nel '97 la Duse ha invece preso possesso di una più ascetica villetta attigua, che viene battezzata francescanamente la Porziuncola. Ancora una volta, e forse più che mai, ogni cosa sembra svolgersi nella regione comune all'arte e alla vita. E per la Duse d'Annunzio costruisce le eroine delle sue sperimentazioni drammaturgiche, dal *Sogno di un mattino di primavera* al *Sogno d'un tramonto d'autunno* (1897) e dalla *Gloria* alla *Gioconda* (1899), sino alla *Francesca da Rimini* (1901), sul doppio binario della «tragedia moderna» e di un teatro in versi proiettato in un Medioevo ricostruito con accanito impegno filologico. Nel 1900 giunge alle stampe il romanzo *Il fuoco*, con la vicenda perfettamente riconoscibile degli amori tra un poeta musicista di origine abruzzese, Stelio Èffrena, e un'attrice più anziana di lui, la Foscarina: e della protagonista femminile il racconto mette spietatamente in scena il flusso emotivo della sessualità, della «carne profonda» nel «corpo non più giovane», la malinconia stanca del tramonto, i grovigli e i tormenti della gelosia. Ma agli anni del rapporto con Eleonora, straordinariamente fecondi, risalgono anche le liriche che costituiscono il ciclo delle *Laudi del cielo del mare della terra e degli eroi*, da *Maia* (1903) a *Elettra* e ad *Alcyone* (1904). E può ben essere che la voce «d'ombra» dell'attrice e sin le sue movenze esercitino un ruolo tutt'altro che secondario nei processi della sensibilità che promuovono l'invenzione verbale del capolavoro poetico di d'Annunzio, nello spartito trepido, tra fluido e cristallino, del suo recitativo sovente a due voci. Senonché, proprio quando si interrompe la stagione della poesia, il rapporto con la Duse entra irreversibilmente in crisi. Nella vita dello scrittore è apparsa Nike, ossia Alessandra Starabba di Rudinì, figlia dello statista palermitano ex primo ministro, aristocratica e sportiva, giovane, pronta ad appagare quel «bisogno imperioso della vita violenta – della vita carnale, del piacere, del pericolo fisico, dell'allegrezza» con cui d'Annunzio in una lettera motiva a Eleonora il proprio distacco. Per giunta, a rendere più grave la rottura interviene per l'attrice anche uno scacco sul piano artistico. I dubbi e le riluttanze che sovente ella oppone alla pronta realizzazione scenica delle idee dell'amico le impediscono nel 1904 di prendere parte attiva al primo successo senza ombre del teatro dannunziano: il prestigioso ruolo di Mila, nella *Figlia di Iorio* (l'opera, dichiara il poeta, composta nello spirito di «una schietta canzone popolare»), è affidato a Irma Gramatica. Esauritasi rapidamente e anche con risvolti drammatici la relazione con Alessandra, la vita amorosa di d'Annunzio registra due nuove presenze significative: quella di Giuseppina Mancini (Amaranta) e, dopo il suo tragico smarrirsi nel labirinto della follia, quella della russa Natalia de Goloubeff (Donatella). Tra il 1905 e il 1909 il poeta continua a scrivere per il teatro (*La fiaccola sotto il moggio*, *Più che l'amore*, *La nave*, *Fedra*) mentre il suo protagonismo, accentuatosi con gli anni, trova espressione in un'antologia di se stesso, le *Prose scelte* (1906). E l'aspirazione al ruolo di Vate nazionale è ribadita e avvalorata anche nella affollatissima commemorazione, a Milano nel 1907, della scomparsa del Premio Nobel Carducci. Nel 1909 poi d'Annunzio compie la sua prima esperienza di volo (a lui si deve il neologismo velivolo). E il volo aereo costituisce uno dei temi tempestivi e dominanti del nuovo romanzo del 1910, *Forse che sì forse che no*, in sintonia con la voga del «romanzo d'avventura» propugnata dalle più aggiornate riviste francesi: al centro del racconto non è più un artista o un intellettuale, ma un *gentleman* sportivo, Paolo Tarsis, apostolo dell'automobile, del sommergibile e dell'aeroplano, coinvolto in una drammatica vicenda d'incesto e di follia. Ma la nuova esperienza letteraria si svolge tra le ombre paurose dei debiti, che minacciano in primo luogo la Capponcina: d'Annunzio è costretto a una sorta di nomadismo perpetuo, adesso che la sua villa è meta delle visite sempre più frequenti dei creditori e persino degli uscieri del tribunale, che per cominciare pongono sotto sequestro i cavalli. Per sfuggire alla catastrofe lo scrittore progetta allora una *tournée* di conferenze in Argentina, per la quale si fa versare lauti anticipi, ma poi decide di raggiungere la Goloubeff a Parigi, nel lussuoso Hotel Meurice: non già per un breve viaggio di riposo, come si legge sulla stampa, ma per restare in Francia cinque anni, sino a trasfigurare la sua fuga di insolvente nel nobile esilio imposto allo scrittore di genio dall'incomprensione di un'Italia grettamente borghese.

L'«esilio» in terra di Francia (1910-1915)

Da sempre d'Annunzio considera la Francia la sua seconda patria: e nel suo soggiorno francese, diviso tra la grande metropoli cosmopolita e Arcachon, nella Lande sulle rive dell'Atlantico, ove ha affittato una villa con un canile e una scuderia, egli trova la conferma di un'accoglienza smaliziata ma attenta, sempre curiosa, che comunque, anche nel dissenso, riconosce il suo rango di scrittore internazionale. E mentre in Italia si procede senza complimenti alla spoliazione della Capponcina, il poeta frequenta con la sicurezza dell'uomo di successo, insieme frivolo e colto, i salotti della cultura e dell'aristocrazia parigine, gli stessi in cui sta lentamente cristallizzando il capolavoro narrativo di Proust. A fargli da guida negli ambienti mondani e letterari è Robert de Montesquiou, uno dei più bei nomi della nobiltà di Francia, grande esteta e omosessuale, la cui figura è servita da modello a Huysmans per il Des Esseintes di *À rebours*, prima di prestare i propri tratti stravaganti all'indimenticabile barone di Charlus della *Recherche*. Ma a Montesquiou d'Annunzio deve anche l'introduzione nel mondo magico del più innovativo spettacolo musicale: egli conosce Dukas, Debussy, Ravel, Stravinski, e partecipa coinvolto alle elettrizzanti stagioni dei Balletti russi, portati in Francia dal genio d'impresario di Diaghilev per rinnovare, in un quadro pulsante e fiabesco di modernità, il mito simbolista della danza. In risposta a queste sollecitazioni d'Annunzio compone in francese *Le Martyre de Saint Sébastien,* la cui favola tra mistica ed erotica giunge sulla scena nel maggio 1911 con le rutilanti scenografie di Bakst, le coreografie di Fokin e le musiche di Debussy. Il successo è contrastato, anche perché il ruolo del Santo è affidato a una donna (per giunta ebrea) dalle «meravigliose gambe nude», l'efebica Ida Rubinstein, anch'essa russa, più mima e danzatrice che propriamente attrice. Si capisce come il vescovo di Parigi vieti ai cattolici di assistere alla rappresentazione. E sempre nel 1911 la Congregazione dei libri proibiti mette all'indice gran parte della produzione dannunziana: «omnes fabulae amatorie, omnia opera dramatica». Intanto l'esistenza tra Parigi e Arcachon continua a scandirsi secondo i cerimoniali del vivere inimitabile: i ricevimenti a ogni costo sofisticati, le corse in automobile, la nuova passione per gli incontri di boxe, le cavalcate sulla spiaggia battuta dall'Atlantico, le puntate a Londra per assistere alle prestigiose corse di levrieri della *Wa-*

terloo Cup con un seguito di quattro donne giustificatamente gelose l'una dell'altra, mentre la relazione con Donatella avvizzisce nell'ombra sempre più fonda del tedio. Ma l'operosità dannunziana, magari dietro la spinta di nuovi debiti, non conosce flessioni. Prosegue l'attività dello scrittore di teatro e del drammaturgo musicale (anche se, dopo il fallimento dei progetti di collaborazione con Giacomo Puccini e con Ferruccio Busoni, egli deve accontentarsi per la *Parisina*, 1912, delle musiche di Mascagni, che anni addietro aveva tacciato di «capobanda»): il poeta compone ancora in francese per la Rubinstein il coreodramma della *Pisanelle* (1913), con musiche di Pizzetti; e sempre nel '13 sottoscrive le didascalie per uno dei primi *kolossal* in costume del cinema muto, *Cabiria* di Pastrone (ove compare la figura di Maciste). D'altro canto l'avventura bellica dell'Italia in Libia rilancia la poesia dell'aedo civile: sul «Corriere della Sera» di Luigi Albertini, che appoggia la campagna coloniale, appaiono fra il 1911 e il 1912 le *Canzoni delle Gesta d'Oltremare* (raccolte nel 1912 nel quarto libro delle *Laudi*, intitolato a *Merope*). E nel 1913 esce a puntate sul «Corriere della Sera» il «racconto musicale» della *Leda senza cigno*, che sin dal titolo allude a una necessaria trasformazione moderna del mito, migrato nella femminilità inquietante di una sconosciuta, impenetrabile bellezza parigina. E tuttavia, al culmine della vita mondana e a contatto stretto con le figure ambigue della vita contemporanea, risuona anche una nota più spoglia e inquieta. Dalla sua prigione di personaggio costretto continuamente a recitare se stesso, contraddittoriamente obbligato al ruolo fisso del fornitore di eccitanti novità, d'Annunzio allude ora a una sua esistenza più profonda e «segreta», soffocata dalle maschere usuranti del successo ad ogni costo e sotto le luci dei riflettori. Nascono così, per conferire «forma d'arte» a questa vita più fonda e misteriosa e al suo contatto magico con le cose, le nuove prose della *Contemplazione della Morte* (1912), del *Proemio* alla *Vita di Cola di Rienzo* (1913), delle *Faville del maglio*, che appaiono sul «Corriere della Sera» negli anni dal 1911 al 1914.

L'esteta armato (1915-1921)

Ma nell'agosto 1914, improvvisamente, nel giro breve e vorticoso di un mese, l'atmosfera gaia e frizzante della *Belle époque* si spegne nei clamori cupi della guerra che coinvolge l'Europa: a Parigi come a Vienna, a Berlino come a Roma, in tutta Europa scendono nelle piazze folle entusiaste inneggianti alla patria e all'impegno guerriero: in prima fila sono i giovani, spinti dalla promessa di un tempo nuovo e straordinario. Da Parigi assediata d'Annunzio assiste allo spettacolo della Francia che resiste strenuamente concorde alla fulminea avanzata tedesca, visita le trincee del fronte, in un misto di sgomento e di esaltazione si ritrova dinanzi alle rovine fumanti della cattedrale di Reims distrutta da un bombardamento; tutto questo non può non ravvivare in lui l'idea di una letteratura trasfigurata in mistica dell'impegno totale e del sacrificio. D'altro canto nella guerra il poeta scorge anche l'occasione irripetibile di una nuova vita nel segno inebriante della giovinezza, proprio mentre su di lui si stendono le prime ombre intollerabili di una vecchiaia temuta. Subito si schiera risolutamente a favore dell'intervento italiano a fianco della Francia e nel maggio 1915 rientra in Italia ove, con eloquenza infiammata, rivolge alla folla entusiasta che inneggia alla guerra una serie di discorsi che egli definisce latinamente «orazioni» (famoso quello di Quarto presso Genova, *La sagra dei Mille*). Ora la parola diventa veramente azione. Sebbene ultracinquantenne il poeta si arruola come volontario nelle zone calde di guerra. Poco conta che gli vengano risparmiati gli orrori della vita in trincea, la guerra di d'Annunzio è tutto fuorché di retrovia. Egli si segnala come ideatore estroso e attore impavido delle imprese più audaci, col desiderio di sperimentare la «ineffabile gioia del guerriero» per cielo, per terra e per mare. Così partecipa alle campagne di fanteria sul Carso e sul Timavo (1916-1917), mosso soprattutto dal culto della «bella» morte, che egli vede ancora possibile di là dalla morte anonima della moderna guerra di massa. E il suo desiderio di «*osare l'inosabile*» lo porta a penetrare con tre motosiluranti in un porto nemico, per colpire le navi ivi alla fonda e per lasciare in mare tre bottigliette con un suo messaggio di impertinenze verso gli alti comandi austriaci: l'avventura diventa immediatamente racconto, col titolo celebre di *La Beffa di Buccari* (1918). Né lo ferma l'incidente di volo per il quale perde l'uso dell'occhio destro (1916): superata la convalescenza che lo aveva costretto al buio e alla immobilità riprende infatti a combattere e a volare. E quasi a coronamento del suo prestigioso stato di servizio, prima di partecipare all'ultima battaglia sul Piave, d'Annunzio compie con il pilota Natale Palli, il 9 agosto 1918, un clamoroso volo su Vienna, al limite estremo dell'autonomia di volo concessa dalla tecnologia dell'epoca, per lanciare sugli sbalorditi viennesi cinquantamila manifestini con un suo messaggio di invito alla resa. L'esteta armato, che vive la guerra con l'animo di un giocatore d'azzardo sedotto dal «più temerario dei giochi», non interrompe peraltro la consuetudine della scrittura. Certo a tenere la scena è soprattutto l'oratore di guerra, con le prose dei discorsi *Per la più grande Italia* (1915), con i vaticini eroici dei *Canti della guerra latina* (raccolti in volume solo nel 1935, come quinto libro delle *Laudi*) o ancora, con appelli al coraggio e alla resistenza delle truppe (puntualmente riportati nei giornali) incorniciati da formule e parole d'ordine di trascinante, incantatoria irruenza. Ma anche durante il periodo di immobilità e cecità assolute seguite all'incidente di volo egli aveva continuato a scrivere su sottili strisce di carta, i cartigli apprestatigli dalla figlia Renata, da cui sarebbero nate la *Licenza* alla *Leda senza cigno* (1916) e la prosa magica del *Notturno*, il mistico, allucinato «comentario delle tenebre» che approda alle stampe nel 1921.

La conclusione della guerra non pone fine al ruolo di protagonista del poeta soldato. Eroe pluridecorato, egli avverte al pari di molti altri l'insoddisfazione per la «vittoria mutilata», come egli la definisce, e l'ansia di ribellione agli «iniqui» trattati di pace si focalizza sul problema di Fiume, la città adriatica a maggioranza etnica italiana che la Conferenza di pace di Parigi è intenzionata ad assegnare al neonato regno di Jugoslavia. Convintosi che è giunta l'ora di ripartire, il 12 settembre 1919, il poeta, «nuovo Garibaldi», entra a Fiume come comandante di una «legione» di volontari e subito ne decreta l'annessione all'Italia. Oltre a provocare sedizioni nell'esercito regolare e a costituire un imbarazzante caso diplomatico sul piano internazionale, l'avventura fiumana coalizza intorno al Comandante una compagine assai eterogenea, in cui i nazionalisti più accesi e gli Arditi di destra convivono con anarchici e sindacalisti rivoluzionari. E numerosa è la gioventù che, in fuga dalla famiglia, conviene a Fiume da ogni parte d'Italia. Con il suo intuito della modernità d'Annunzio si propone come interprete dell'ansia di trasformazioni radicali che pervade l'Europa del dopoguerra, e spera di fare di Fiume l'avamposto di una nuova nazionalizzazione delle masse. Ed entro una temperie singolare di dispotismo e anarchia, urge e s'afferma anche la spinta a una rivolta dei sensi, come se l'ansia politica di un tempo sospeso di emergenza e mutamento si fondesse, anche nelle donne, con la promessa di una vita sessuale emancipata e disinibita (tra l'altro a Fiume, a differenza che in Italia, la legislazione consente il divorzio), fuori da ogni tabù borghese. Ma anche questo clima di disordine, oltre alla capricciosa volubilità del Comandante, tenace solo nel proposito di resistere a oltranza, favorisce alla fine la soluzione di forza decisa da Giolitti, dopo che l'accordo italo-iugoslavo di Rapallo ha reso politicamente insostenibile la posizione dannunziana: non senza che tra legionari e truppe regolari sia corso sangue fraterno, al Comandante non resta che lasciare la città e disperdere i suoi fedeli. È proprio ciò che Mussolini aspetta per rientrare in gioco, una volta isolata e compromessa la linea di coloro, e sono molti, che salutano in d'Annunzio «il solo Duce del popolo italiano».

L'uomo del Vittoriale (1921-1938)

Lasciata Fiume nel gennaio 1921, d'Annunzio prende alloggio con Luisa Baccara (la giovane pianista che resterà con lui fino alla fine) in una villa di Gardone Riviera sul lago di Garda, che nel 1923 prenderà il nome di Vittoriale degli Italiani. E anche a Gardone, in una situazione generale quanto mai confusa e convulsa, mentre alle occupazioni operaie delle fabbriche rispondono moltiplicandosi minacciose le violenze dello squadrismo fascista, d'Annunzio non rinuncia al suo ruolo di politico romantico sdegnoso del basso mondo del compromesso e dell'ordine quotidiano. Fra socialismo e fascismo egli rifiuta di scegliere, vagheggiando l'idea di incarnare una prestigiosa sintesi pacificatrice, di là dalla meschinità interessata delle fazioni, sul fondamento del «lavoro». Ma la prospettiva di un governo di unità nazionale da lui presieduto si rivela in breve un'illusione, anche perché nell'agosto del '22 una misteriosa caduta del Comandante da una finestra della sua villa, sulle cui cause ancora si discute, impedisce all'ultimo momento il previsto, decisivo incontro segreto con Nitti e Mussolini. E nell'ottobre 1922, assicuratosi che d'Annunzio non può o non vuole opporgli resistenza, Mussolini sferra con la marcia su Roma il suo attacco vincente alle istituzioni liberali. Al poeta condottiero, ancora convinto del suo ruolo di interlocutore necessario, non resta che accettare il fatto compiuto, consegnando il proprio testamento politico alle pagine ancora pugnaci del *Libro ascetico della giovane Italia* (1923-1926). Ora, negli anni segnati dalla emarginazione politica e dal decadimento fisico, al poeta non restano davvero che la letteratura e la propria dimora. E il suo primo impulso è di trasformare quest'ultima in un sontuoso mausoleo a se stesso e al suo ruolo di «voce» dell'Italia più autentica, riunendovi i cimeli della sua vita e della sua sensibilità, delle sue follie, in un *bric-à-brac* stravagante, ludico e funebre di immagini d'arte e di reliquie guerriere, ove, come in un museo di musei, calchi e riproduzioni sostituiscono gli originali inattingibili, fra mobili e suppellettili di tutte le epoche e di tutti gli stili. Ancora in corso d'opera d'Annunzio sottoscrive l'atto di donazione allo Stato della casa-mausoleo. E a questo punto è soprattutto Mussolini a sovvenzionare la fabbrica del Vittoriale e il suo costoso splendore. Il politico al potere può ora trattare dall'alto con colui che, in un modo o nell'altro, è stato per lui anche un rivale temuto. E accortamente ne blandisce le eccentricità e persino i vizi, ne appaga i desideri, a cominciare da quello di un altro monumento a se stesso, l'Edizione Nazionale dell'*Opera omnia*, varata nel 1926 e affidata, dopo la morte di Treves, ad Arnoldo Mondadori. Dal canto suo il «triste custode del Vittoriale», «re sepolto con i suoi tesori», non senza il risentimento profondo dell'uomo d'azione frustrato e misconosciuto ripropone in volume i documenti copiosi della sua vita politica e di guerra, dalla propaganda bellicista ai discorsi fiumani. Escono così *Il sudore di sangue* (1930) e *L'urna inesausta* (1931), sotto il titolo complessivo *La penultima ventura*; poi nel 1936 il poeta pubblica *Teneo te Africa,* celebrazione dell'impresa di Mussolini in Etiopia e della fondazione dell'Impero. Ma di fatto, con le sue manie e suoi deliri di divo sul viale del tramonto, d'Annunzio è figura sostanzialmente estranea al nuovo ordine borghese in cui si assesta l'avventura rivoluzionaria del Dopoguerra. E non stupisce che in un presente che egli sente lontano, quasi a compenso della saturazione di tutte le sue maschere vitali, l'autorecluso del Vittoriale si voti alla dimensione più raccolta e misteriosa delle prose introspettive e di memoria. Rispettivamente nel 1924 e nel 1928 compaiono i due volumi delle *Faville del maglio,* con *Il venturiero senza ventura e altri studii del vivere inimitabile* (che comprende anche *Il secondo amante di Lucrezia Buti*) e *Il compagno dagli occhi senza cigli*, entrambi dedicati alla memoria della Duse, scomparsa nel 1924. E nelle *Cento e cento e cento e cento pagine del libro segreto di Gabriele d'Annunzio tentato di morire*, che arriva al pubblico nel 1935, l'esplorazione dei paesi della memoria tende a risolversi in un'interrogazione della stessa esperienza letteraria. La scrittura dell'io si consuma in un seguito discontinuo di «apparizioni», di lampeggianti rivelazioni della allucinazione e della vitalità. Ma così il monumento è insieme rovina, uno spazio disgregato di frammenti, ove il ricordo non è più se non immagine in fuga, lacerante bagliore di «un sognar di sognare». In questo spazio la morte, improvvisa, coglie d'Annunzio l'1 marzo 1938, al tavolo di lavoro. A Gardone Riviera vengono celebrati solenni funerali di Stato.

BIBLIOGRAFIA ESSENZIALE

Per i testi qui antologizzati ci si è riferiti alla edizione commentata dell'opera poetica dannunziana *Versi d'amore e di gloria*, introduzione di Luciano Anceschi, a cura di Annamaria Andreoli e Niva Lorenzini, 2 voll., Mondadori, Milano 1892-1984, emendati i rari refusi anche a riscontro con le edizioni critiche finora apparse nel quadro dell'Edizione Nazionale delle Opere di Gabriele d'Annunzio: *Alcyone* (a cura di Pietro Gibellini, Mondadori, Milano 1988), *Elegie romane* (a cura di Maria Giovanna Sanjust, Mondadori, Milano, 2001), *Maia* (a cura di Cristina Montagnani, Il Vittoriale degli Italiani, Gardone Riviera 2006). Per le *Poesie disperse*, oltre che ai documenti conservati presso l'Archivio Personale dello scrittore al Vittoriale di Gardone Riviera, si è risaliti alle *Appendici* II e III del primo volume dei *Versi d'amore e di gloria* nell'edizione apparsa nel 1950, sempre per Mondadori, nella collana «I Classici contemporanei italiani», nonché, per le poesie della stagione estrema, agli inediti pubblicati da Pietro Gibellini, *Logos e mythos. Studi su Gabriele d'Annunzio,* Olschki, Firenze 1985 e *Il coltello e la corona. La poesia del Belli tra filologia e critica*, Bulzoni, Roma 1979.

Dinanzi a un autore uso a muoversi arditamente sul confine fra generi diversi riesce d'obbligo il rimando alle opere in prosa, per le quali si è fatto ricorso all'edizione commentata dei «Meridiani» Mondadori: *Prose di romanzi*, introduzione di Ezio Raimondi, a cura di Annamaria Andreoli e Niva Lorenzini, 2 voll., Milano 1988-1989, e *Prose di ricerca*, a cura di A. Andreoli e Giorgio Zanetti, Milano 2005 (cfr. in particolare *Notturno*, introduzione e note di G. Zanetti; *Il libro ascetico della giovane Italia*, introduzione di G. Zanetti, note di Silvia Capuani e Andrea Possieri; *Cento e cento e cento e cento e cento pagine del Libro segreto di Gabriele d'Annunzio tentato di morire*, introduzione e note di A. Andreoli).

Indispensabili per l'interpretazione della poesia dannunziana e per lo studio della sua elaborazione sono le note vergate dal poeta nei quadernetti che soleva portare con sé come strumento di registrazione del proprio rapporto sensitivo con le cose, per cui cfr. i mondadoriani *Taccuini*, a cura di Enrica Bianchetti e Roberto Forcella (1965) e *Altri taccuini*, a cuɪa di E. Bianchetti (1976). Ma pure di rilievo per definire l'*ars poetica* e *rhetorica* dell'infaticabile artefice, con il suo talento istrionico ma lucidissimo di aggiornamento, di orientamento, di autoesegesi, sono gli interventi nelle riviste e sui quotidiani, ora raccolti, comprese alcune fondamentali interviste, negli *Scritti giornalistici*, a cura di A. Andreoli, vol. I *(1882-1888)* e II *(1889-1938)*, usciti nei «Meridiani» Mondadori rispettivamente nel 1996 e nel 2003.

Nel cerchio magico di arte e vita tracciato dalla letteratura dannunziana prendono spicco anche le scritture epistolari, dense di riferimenti al lavoro del poeta sia nei carteggi amorosi che in quelli con gli amici, i critici, gli editori, i collaboratori. Si segnalano, in rapporto alla nostra silloge poetica, *Lettere ad Enrico Nencioni (1880-1896)*, a cura di Renato Forcella, «Nuova Antologia», 1° maggio 1939 [con il complemento di *D'Annunzio e Nencioni (tredici lettere di Gabriele d'Annun-*

zio), a cura di Giuseppe Fatini, «Quaderni dannunziani», XVIII-XIX, 1960]; *Lettere ad Angelo Conti*, a cura di Ermindo Campana, «Nuova Antologia», 1° gennaio 1939; *Carteggio d'Annunzio-Mussolini*, a cura di Renzo De Felice e Emilio Mariano, Mondadori, Milano 1971; Ernesto Travi, *Storia e poesia nel carteggio d'Annunzio-Novati*, «Quaderni del Vittoriale», 17, settembre-ottobre 1979; *Lettere a Giselda Zucconi*, a cura di Ivanos Ciani, Centro Nazionale di Studi Dannunziani, Pescara 1985; *Lettere ai Treves*, a cura di Gianni Oliva, Garzanti, Milano 1999; Franco Di Tizio, *D'Annunzio e Michetti. La verità sui loro rapporti*, Mario Ianieri Editore, Chieti 2002; Id., *D'Annunzio e Albertini. Vent'anni di sodalizio*, Mario Ianieri Editore, Chieti 2003; *«La rosa della mia guerra». Lettere a Venturina*, a cura di Lucia Vivian, prefazione di P. Gibellini, Marsilio, Venezia 2005; *Al candido fratello. Carteggio Gabriele d'Annunzio-Annibale Tenneroni 1895-1928*, Carabba, Lanciano 2007; *Lettere a Barbara Leoni (1887-1892)*, a cura di Vito Salierno, Carabba, Lanciano 2008; *Lettere d'amore a Barbara Leoni*, a cura di Federico Roncoroni, ES, Milano 2008; *La Santa Fabbrica del Vittoriale nel carteggio inedito D'Annunzio-Maroni*, a cura di F. di Tizio, Mario Ianieri Editore, Chieti 2009. Edite solo in minima parte, le lettere a d'Annunzio di Eleonora Duse, rimaste malauguratamente prive delle risposte del destinatario, distrutte o disperse (le pochissime oggi disponibili si leggono in *Carteggio D'Annunzio-Duse. Superstiti missive: lettere, cartoline, telegrammi, dediche (1898-1923)*, a cura di Piero Nardi, con prefazione di Vittore Branca, Le Monnier, Firenze 1975), sono consultabili presso gli Archivi del Vittoriale. I rapporti con l'altro grande protagonista della stagione simbolista italiana sono lumeggiati dal *Carteggio Pascoli-d'Annunzio*, a cura di Emilio Torchio, Patron, Bologna 2008 (e cfr. ora Carla Pisani, *Filologia e poesia tra Pascoli e d'Annunzio*, Venezia, Marsilio 2010). Particolare significato, per un autore che già poco più che trentenne è pubblicato, letto e discusso anche in Francia, riveste l'epistolario con il traduttore francese, che si legge ora in *Carteggio d'Annunzio-Hérelle (1891-1931)*, a cura di Mario Cimini, Rocco Carabba, Lanciano 2004. E giacché il discorso è caduto sulla cultura d'Oltralpe ricordiamo, a cura di Guy Tosi, gli importanti carteggi con Paul Valéry (*D'Annunzio et Valéry*, Sansoni, Firenze 1960) e con Romain Rolland (*D'Annunzio visto da Romain Rolland*, «Il Ponte», 3-4, 1963).

Impossibile poi non fare menzione, a fronte di un'esistenza divenuta presto una leggenda alimentata dallo stesso protagonista, delle principali testimonianze e ricostruzioni biografiche: Edoardo Scarfoglio, *Il libro di Don Chisciotte*, Sommaruga, Roma 1885 (ne esiste una riedizione a cura di C. A. Mandrignani, Liguori Editore, Napoli 1990); Angelo Sodini, *Ariel armato*, Mondadori, Milano 1931; Beniamino Palmerio, *Con d'Annunzio alla Capponcina* (1938), Le Lettere, Firenze 2009; Guy Tosi, *D'Annunzio en Grèce. «Laus vitae» et la croisière de 1895 d'après des documents inédits*, Calmann-Lévy, Paris 1947; Guglielmo Gatti, *Vita di Gabriele d'Annunzio*, Sansoni, Firenze 1956 (insieme con *Correzioni e aggiunte alla Vita di Gabriele d'Annunzio*, Edizioni Aternine, Roma-Pescara 1969); Guy Tosi, *D'Annunzio en France au début de la Grande Guerre (1914-1915)*, Sansoni, Firenze 1961; Emilio Mariano, *Sentimento del vivere ovvero Gabriele d'Annunzio*, Mondadori, Milano 1962; Piero Chiara, *Vita di Gabriele d'Annunzio*, Mondadori, Milano 1978; Paolo Alatri, *D'Annunzio*, UTET, Torino 1983; John Woodhouse, *Gabriele d'Annunzio. L'Arcangelo ribelle*, Carocci, Roma 1999; Annamaria Andreoli, *Il vivere inimitabile. Vita di Gabriele d'Annunzio*, Mondadori, Milano 2000. Sulla politica del poeta e il suo controverso rapporto con il fascismo si vedano almeno Nino Valeri, *D'Annunzio davanti al Fascismo*, Le Monnier, Firenze 1963; Renzo De Felice, *D'Annunzio politico* (1918-1938), Laterza, Roma-Bari 1978; *D'Annunzio politico*, Atti del Convegno (Il Vittoriale, 9-10 ottobre 1985), a cura di R. De Felice e P. Gibellini, «Quaderni dannunziani», 1-2, 1987; Claudia Salaris, *Alla festa della rivoluzione. Artisti e libertari con D'Annunzio a Fiume*, Il Mulino, Bologna 2002. Degne di nota le testimonianze e le prese di posizione su d'Annunzio di protagonisti e comprimari della cultura italiana e straniera (tra cui Rilke e Isadora Duncan, Gide e Proust, Musil e Mann, Forster e Joyce, Hemingway e Brecht) raccolte da Simona Costa, *Gabriele d'Annunzio. Volti e maschere di un personaggio*, Sansoni, Firenze 1988. Un simpatetico ritratto di *D'Annunzio l'amante guerriero* viene ora da Giordano Bruno Guerri, Mondadori, Milano 2008.

Delle raccolte poetiche dannunziane esiste una edizione integralmente commentata in otto volumi, a cura di Enzo Palmieri, uscita presso Zanichelli di Bologna dal 1941 al 1964. Commentata è pure l'antologia a cura di Mario Praz e Ferdinando Gerra, *Poesie, Teatro, Prose*, Ricciardi, Milano-Napoli 1966; sintetica ma illuminante l'annotazione ai testi dannunziani antologizzati da Gianfranco Contini nella *Letteratura dell'Italia unita 1861-1968*, Sansoni, Firenze 1968. Singole opere dannunziane, o antologie di versi, sono ristampate in edizione economica con pregevoli introduzioni e note di commento. Ricordiamo tra le altre: *Alcyone*, a cura di Federico Roncoroni, Mondadori, Milano 1982 (a Roncoroni si deve anche una precedente antologia commentata di *Poesie*, Garzanti, Milano 1978); *Alcione*, a cura di Ilvano Caliaro, introduzione di P. Gibellini, Einaudi, Torino 1995 (riproduce la lezione della *princeps*); *Alcyone*, a cura di Elisa Maria Bertinotti, introduzione di Giorgio Bàrberi Squarotti, Mursia, Milano 1995; *Alcyone*, introduzione e prefazione di P. Gibellini e note di Maria Belponer, Garzanti, Milano 1995; *Maia*, a cura di A. Andreoli, Mondadori, Milano 1995; *Poema paradisiaco*, a cura di A. Andreoli, Mondadori, Milano 1995; *L'Isottèo-La Chimera*, a cura di N. Lorenzini, Mondadori, Milano 1996; *Versi d'amore*, a cura di P. Gibellini, prefazioni e note di Raffaella Bertazzoli, Fabio Finotti e Donatella Martinelli; *Elegie romane*, a cura di M. G. Sanjust, Mondadori, Milano 2005.

Studi e saggi critici

Una rassegna sia pure sintetica e necessariamente parziale delle interpretazioni critiche dedicate all'opera poetica dannunziana non può non muovere da una considerazione preliminare. Benché non manchino letture capaci di intuizioni penetranti (per esempio, la recensione di Luigi Capuana a *Canto novo,* ora raccolta in *Su d'Annunzio*, a cura di Angelo R. Pupino, Edizioni scientifiche italiane, Napoli 2004), la ricezione di d'Annunzio in Italia sembra svolgersi, sin dall'inizio, nel segno ambiguo della controversia, forse del fraintendimento o dell'equivoco: sintomatico a questo riguardo il libro in cui lo spregiudicato editore dell'*Intermezzo di rime*, Angelo Sommaruga, raccoglie i testi (sottoscritti da Giuseppe Chiarini, Luigi Lodi, Enrico Nencioni, Enrico Panzacchi) della furiosa polemica giornalistica suscitata dal libro del poeta ventenne, tacciato di «pornografia»: *Alla ricerca della verecondia*, Roma 1884. Non stupisce che d'Annunzio sentisse invece consentanee, intelligenti anche nel dissenso, le letture degli interpreti stranieri: si pensa ad Arthur Symons, suo traduttore inglese e sodale di Yeats (i cui interventi dannunziani sono raccolti in *Studies in Prose and Verse*, J.M. Dent, London 1904 e in *Eleonora Duse*, E. Mathews, London 1926) e, prima ancora, ai saggi sull'*Isotteo* e le *Elegie romane* di Hugo von Hofmannsthal, tradotti in *Saggi italiani*, a cura di Lea Ritter Santini, Mondadori, Milano 1983. In Italia una lettura in sintonia con le ragioni intrinseche della parola dannunziana viene semmai, e non a caso, da un frequentatore dei *mardi* di Mallarmé come Vittorio Pica (*Arte aristocratica*, L. Pierro, Napoli 1892, e *Letteratura d'eccezione*, Baldini, Castoldi e C., Milano 1898), o da due diversi interpreti delle *Laudi* quali il mistico Angelo Conti (del suo libro di più intenso significato critico, *La beata riva. Trattato dell'oblio*, Treves, Milano 1900, introdotto da un *Ragionamento* dello stesso d'Annunzio, esiste ora una riedizione a cura di P. Gibellini, Marsilio, Venezia 2000) e Mario Morasso, brillante sociologo *Jugendstil* della modernità (di cui cfr. *Imperialismo artistico*, Bocca, Torino 1903).

Al di là degli scritti polemici di Enrico Thovez, vòlti a denunciare i plagi di d'Annunzio (*Il Pastore, il Gregge e la Zampogna*, Ricciardi, Napoli 1910) e di Gian Pietro Lucini, che soprattutto in *Antidannunziana* (Società editrice lombarda, Milano 1914) oppugna il conformismo e le false profondità interiori della letteratura dannunziana, ottiene ampia risonanza il saggio *Gabriele d'Annunzio* di Benedetto Croce (anche lui strenuo indagatore delle fonti o dei «furti» del poeta) pubblicato nella «Critica», 1903, e quindi nella *Letteratura della nuova Italia*, IV, Laterza, Bari 1915. Con Croce e la sua diagnosi di dilettantismo «voluttuoso» e «crudele» non possono non fare i conti, nonostante la ricerca travagliata di una prospettiva autonoma, né Giuseppe Antonio Borgese, *D'Annunzio*, Ricciardi, Napoli, 1909, la prima monografia (su cui cfr. le mirabili pagine postume di Renato Serra, *Di Gabriele d'Annunzio e di due giornalisti*, 1910, ora raccolte con altri interventi dannunziani in *Scritti letterari, morali e politici*, a cura di Mario Isnenghi, Torino 1974), né Alfredo Gargiulo, *Gabriele d'Annunzio*, Perrella, Napoli 1912. In altro modo da Borgese, il problema del dannunzianesimo è al centro degli acuti interventi di Filippo Tommaso Marinetti, *Les Dieux s'en vont, D'Annunzio reste*, apparso nel 1908 a Parigi e ristampato negli *Scritti francesi* del fondatore del Futurismo, Mondadori, Milano 1983. Ma a diventare dominanti, negli anni post-bellici del *rappel à l'ordre* o della presa di distanza dalle avventure della propria giovinezza, sono l'ethos della cultura e i distinguo crociani, entro un'ottica che colloca il moderno, o ciò che per Nietzsche era la *décadence*, sotto la rubrica negativamente pregiudicata di «decadentismo»: tipici, a questo riguardo, i volumi di Francesco Flora, *Gabriele d'Annunzio*, Ricciardi, Napoli 1926 e di un allievo di Russo e Momigliano come Walter Binni, *La poetica del decadentismo italiano*, Sansoni, Firenze 1936. Ma in fondo l'idea riduzionistica del dilettantismo decadente si ribadisce anche nelle pagine su *D'Annunzio e l'«amor sensuale della parola»* che Mario Praz pone in appendice al saggio *La carne, la morte e il diavolo nella letteratura romantica*, La Cultura, Milano-Roma 1930: pur nella latitudine di una prospettiva autenticamente europea, animata da un vigoroso orientamento iconologico, Praz finisce col comporre la figura, poi destinata a grande fortuna, di un poeta che risolve l'invenzione verbale nella discontinuità puntiforme di una frequentazione accanita e rapace dei vocabolari, fuori da un disegno strutturale coerente e d'assieme. E nel secondo Dopoguerra, quando prevale l'immagine dell'antesignano o del fiancheggiatore del Fascismo, il «superuomo» dannunziano è posto al vaglio della temperie critica tra Croce e Lukács di Carlo Salinari, *Miti e coscienza del decadentismo italiano*, Feltrinelli, Milano 1960, fondato su una lettura rigidamente univoca delle note su d'Annunzio vergate in carcere da Antonio Gramsci (che si leggono in *Letteratura e vita nazionale*, Einaudi, Torino 1950; cfr. anche *Passato e presente*, Einaudi, Torino 1966).

Una considerazione più attenta alle istituzioni e alla fenomenologia specifica della parola dannunziana propongono intanto Giacomo Debenedetti, *Nascita del D'Annunzio* (1927), poi in *Saggi critici* (II serie), Mondadori, Milano 1955; Gianfranco Contini, *Vita maccaronica del francese dannunziano* (1937), ora in *Esercizi di lettura*, Einaudi, Torino 1974, al quale si aggiunge *Innovazioni metriche italiane fra Otto e Novecento*, in *Varianti e altra linguistica*, Einaudi, Torino 1970; *Omaggio a d'Annunzio*, fascicolo fuori serie di «Letteratura», a cura di Giuseppe De Robertis e Enrico Falqui, nel quale, oltre alle osservazioni preziose sul nesso intimo fra l'*Alcyone* e il *Notturno* formulate da De Robertis e da Emilio Cecchi (la cui *Esplorazione d'ombra* è ristampata in *Ritratti e profili*, Garzanti, Milano 1957), si legge il penetrante articolo di Sergio Solmi, *L'Alcyone e noi* (1939), ora in *Scrittori negli anni*, Garzanti, Milano 1976; Pietro Pancrazi, *Studi sul d'Annunzio*, Einaudi, Torino 1939 (cfr. in particolare il capitolo *Nell'Officina di Alcyone*); Giorgio Pasquali, *Classicismo e classicità in Gabriele d'Annunzio*, in *Terze pagine stravaganti*, Sansoni, Firenze 1942; Adelia Noferi, *L'«Alcyone» nella storia della poesia dannunziana*, Vallecchi, Firenze, s.d. [ma 1946]; Bianca Tamassia Mazzarotto, *Le arti figurative nell'arte di Gabriele d'Annunzio*, Fratelli Bocca, Milano 1949; Luciano Anceschi, *Ipotesi di lavoro sui rapporti tra d'Annunzio e la «Lirica del Novecento»*, in «Convivium», XXVI, 1958, cui fanno seguito *Le poetiche del Novecento in Italia*, Marzorati, Milano 1962 (nuova ed. Paravia, Torino 1972) e *Da Ungaretti a D'Annunzio*, Il Saggiatore, Milano

1976; Edoardo Sanguineti, *Tra liberty e crepuscolarismo*, Mursia, Milano 1961; Eurialo De Michelis, *Tutto d'Annunzio*, Feltrinelli, Milano 1960 e *D'Annunzio a contraggenio*, Edizioni dell'Ateneo, Roma 1963; Ettore Paratore, *Studi dannunziani*, A. Morano, Napoli 1966. Ma già nel 1963, in occasione del primo centenario della nascita del poeta, si era tenuto a Gardone Riviera, Venezia e Pescara un memorabile convegno internazionale di studio (vi presenziò anche Ezra Pound), *L'arte di Gabriele d'Annunzio* (gli Atti, a cura di Emilio Mariano, apparvero presso Mondadori, Milano 1968), a cui va certo ascritto un ruolo decisivo nel determinare verso l'esperienza dannunziana una nuova forma di attenzione sgombra da pregiudizi, benché Natalino Sapegno, intervenendo su *D'Annunzio lirico*, continuasse a relegarlo a un rango di poeta «minore». Fuori dall'ottica inadeguata dei procedimenti selettivi, la ricerca critica di una giusta disposizione del vedere e del sentire, per cui la lettura delle forme diventa essa stessa analisi storica di una cultura e dei suoi miti esistenziali e collettivi, trova al convegno il suo interprete più acuto in Ezio Raimondi, con la sua relazione *Il d'Annunzio e l'idea della letteratura*, destinata poi a confluire insieme con *Una vita come opera d'arte* e *Stile e linguaggio* nello splendido capitolo dannunziano della *Storia della letteratura italiana* Garzanti (1969) e poi nel volume *Il silenzio della Gòrgone*, Zanichelli, Bologna 1980. In quest'ultimo volume si legge anche *Dal simbolo al segno. Il d'Annunzio e il Simbolismo*, in cui Raimondi, intervenendo nel 1973 all'altro importante Convegno internazionale di Gardone su *D'Annunzio e il Simbolismo europeo* (i cui Atti si leggono nel volume a cura di E. Mariano, Il Saggiatore, Milano 1978), ribadisce con intensità e acutezza di riferimenti il pieno coinvolgimento di d'Annunzio nell'esperienza più inquieta del lirismo moderno, con lo sforzo di restituire un'«anima» alle cose nel grigiore opaco dell'esistenza comune e la ricerca musicale di una bellezza convulsa e stregata a contatto con il fondo vacuo della vita.

Certo a partire dagli anni Settanta si assiste a un nuovo fervore di ricerche e di studi critici. Si intraprende con sistematicità la ricognizione degli epistolari e delle pagine disperse, si procede all'esame minuzioso degli autografi, si affronta con strumenti e ragioni di nuovo rigore il problema della parola e dello stile. E la vecchia questione delle fonti, o dei plagi, può cedere il posto a una nozione complessa di intertestualità, aperta anche agli apporti della storia della musica e delle arti figurative nonché, più in generale, al fitto tessuto di relazioni strette da d'Annunzio con le voci molteplici della società e della cultura. Segnaliamo almeno: Giorgio Bàrberi Squarotti, *Il gesto improbabile*, Flaccovio, Palermo 1971, seguito da *Gli inferi e il labirinto. Da Pascoli a Montale*, Cappelli, Bologna 1974 e da *La scrittura verso il nulla: D'Annunzio*, Genesi, Torino 1992; Giorgio Luti, *La cenere dei sogni. Studi dannunziani*, Nistri-Lischi, Pisa 1973; Angelo Jacomuzzi, *Una poetica strumentale*, Einaudi, Torino 1974; Mario Petrucciani, *Segnali e archetipi della poesia*, Mursia, Milano 1974; Mario Pazzaglia, *Teoria e analisi metrica*, Il Mulino, Bologna 1974; Gian Luigi Beccaria, *L'autonomia del significante*, Einaudi, Torino 1975; Pier Vincenzo Mengaldo, *La tradizione del Novecento*, Feltrinelli, Milano 1975; *D'Annunzio, il testo e la sua elaborazione*, Atti del Convegno di Gardone Riviera, «Quaderni del Vittoriale», 5-6, 1977; Anco Marzio Mutterle, *Gabriele d'Annunzio*, Le Monnier, Firenze 1980; Franco Gavazzeni, *Le sinopie di «Alcione»*, Ricciardi, Milano-Napoli 1980; *D'Annunzio e il classicismo*, Atti del Convegno di Gardone Riviera, «Quaderni del Vittoriale», 23, 1980; Annamaria Damigella, *La pittura simbolista in Italia 1885-1900*, Einaudi, Torino 1981; *D'Annunzio, la musica e le arti figurative*, Atti del Convegno di Gardone Riviera, «Quaderni del Vittoriale», 34-35, 1982; Niva Lorenzini, *Il segno del corpo. Saggio su d'Annunzio*, Bulzoni, Roma 1985, insieme con *Il frammento infinito. Dall'estetismo al futurismo*, Franco Angeli, Milano 1988 e *D'Annunzio*, Palumbo, Palermo 1993; Pietro Gibellini, *Logos e mythos. Studi su Gabriele d'Annunzio,* Olschki, Firenze 1985 e *D'Annunzio dal gesto al testo*, Mursia, Milano 1995; *Ego sum Gabriel*, numero monografico del «Verri» in due fascicoli, 5-6 e 7-8, 1985; Annamaria Andreoli, *D'Annunzio*, La Nuova Italia, Firenze 1985, cui fanno seguito *Album d'Annunzio*, Mondadori, Milano 1990, *D'Annunzio archivista. Le filologie di uno scrittore*, Olschki, Firenze 1996 e *L'identità italiana. D'Annunzio*, Il Mulino, Bologna 2004; Lea Ritter Santini, *Le immagini incrociate*, Il Mulino, Bologna 1986; Adriana Guarnieri Corazzol, *Tristano, mio Tristano. Gli scrittori italiani e il caso Wagner*, Il Mulino, Bologna 1988 e *Sensualità senza carne. La musica nella vita e nell'opera di Gabriele d'Annunzio*, Il Mulino, Bologna 1990; Paolo Valesio, *The Dark Flame*, Yale University Press 1992; Gianni Oliva, *D'Annunzio e la poetica dell'invenzione*, Mursia, Milano 1992; Alberto Bertoni, *Dai simbolisti al Novecento. Le origini del verso libero italiano*, Il Mulino, Bologna 1995; Giorgio Zanetti, *Estetismo e modernità. Saggio su Angelo Conti*, Il Mulino, Bologna 1996 e *Il Novecento come visione. Dal Simbolismo a Campana*, Carocci, Roma 1999; Oreste Macrì, *Simbolo e ritmo nel «Poema paradisiaco» di Gabriele d'Annunzio*, Bulzoni, Roma 1997; gli interventi di Ivanos Ciani raccolti in *Esercizi dannunziani*, a cura di Giuseppe Papponetti e Milva Maria Cappellini, prefazione di P. Gibellini, Ediars, Pescara 2001; Angelo R. Pupino, *D'Annunzio letteratura e vita*, Salerno, Roma 2002; *L'Alcyone e la scoperta della*

Versilia, Atti del Convegno, Pietrasanta 27-29 maggio 1999, Maria Pacini Fazzi, Lucca 2003; Guido Capovilla, *D'Annunzio e la poesia "barbara"*, Mucchi, Modena 2006; Giuliana Pieri, *The Influence of Pre-Raphaelitism on Fin-de-siècle Italy. Art Beauty and Culture*, Modern Humanities Research Association, London 2007; Valerio Magrelli e Angelo Piero Cappello, *Gli ossi di d'Annunzio*, «Rassegna dannunziana», 55, marzo 2009; *Gabriele d'Annunzio. Letteratura e modernità,* numero monografico di «Sinestesie. Rivista di studi sulle letterature e le arti europee», VI-VII, 2008-2009. Vanno infine ricordati i convegni organizzati ogni anno dal Centro nazionale di studi dannunziani di Pescara, seguiti puntualmente dalla pubblicazione degli Atti; si segnalano in particolare quelli che concernono più da vicino la poesia: *D'Annunzio giovane e il verismo* (1979), *Natura e arte nel paesaggio dannunziano* (1980), *Il Canto novo nel centenario della pubblicazione* (1982), *D'Annunzio a cinquant'anni dalla morte* (1988), *Poema paradisiaco* (1993), *Verso l'Ellade. Dalla «Città morta» a «Maia»* (1995), il ciclo *Terre, città e paesi nella vita e nell'arte di Gabriele d'Annunzio* (1996-1998), *Da Foscarina a Ermione. Alcyone: prodromi, officina, poesia, fortuna* (2000), *Elettra* (2003). Oltre che nella pescarese «Rassegna dannunziana», studi sull'opera poetica dannunziana trovano ricetto nella nuova serie della rivista «Quaderni del Vittoriale», il cui primo fascicolo, apparso nel 2002, si apre con un saggio di Ezio Raimondi, *«Alcyone»: un luogo della poesia.*

POESIE

PRIMO VERE
(1878-1880)

A cura di Annamaria Andreoli.

Il debutto poetico del d'Annunzio sedicenne va ascritto tanto alla precoce vocazione quanto all'accondiscendenza del padre, che in alcun modo contrasta le inclinazioni letterarie del figlio adolescente, convittore nel Collegio Cicognini di Prato. L'ora della poesia è scoccata per Gabriele nel 1878, a Bologna, durante il viaggio che lo conduce da Pescara alla cittadina toscana. Lungo il tragitto, una sosta nella città di Carducci comporta l'acquisto presso la libreria di Zanichelli delle *Odi barbare* appena riedite con l'estesa prefazione di Giuseppe Chiarini. Proprio grazie a quella lettura si infittiscono i versi vergati con «smania» dal collegiale che non esita a rivolgersi direttamente, per lettera, al «Maestro» di cui intende seguire le orme.

Ambizioso, disinibito e sicuro di sé, il poeta in erba persuaderà il padre a finanziare, stampato dal chetino Ricci nel dicembre 1879, un libretto comprendente ventisei poesie e quattro traduzioni da Orazio, che intitola *Imitazioni* tanto sono manipolate. Ai suoi versi riserva invece la dicitura latina di *Primo vere*, calcando così la mano sul carattere aurorale della prova che anche lo pseudonimo, *Floro*, addita come primaverile. Prova interessante non solo perché da essa emergono con chiarezza, al di là dell'impronta *barbara*, le non poche letture dell'esordiente (Keats, Shelley e Tennyson si uniscono ai nostrani Stecchetti o Marradi), ma soprattutto per le iniziative volte a segnalarla nella «repubblica delle lettere», cioè l'ambiente nel quale il giovane d'Annunzio ha mire già alte.

Se non a Carducci in persona, almeno ai carducciani *Primo vere* non dovrà sfuggire: e dunque il «poetino» intrattiene una foltissima corrispondenza con quanti più notabili riesce ad agganciare. Basti dire in proposito che le spese postali, per le lettere e la spedizione del libretto ai destinatari, fra cui primeggiano i redattori delle rubriche letterarie dei giornali, supera di gran lunga le cinquecento lire sborsate dal padre per stamparlo. Si tratta però di un ottimo investimento visto che la capillare autopromozione sortisce gli effetti desiderati: le recensioni non mancano e, in particolare, breccia è fatta presso uno stretto sodale di Carducci qual è Chiarini. È lui a salutare la «nascita di un nuovo poeta».

Il battesimo prestigioso, nel «Fanfulla» domenicale del 2 maggio 1880, che fa rumore nel Collegio, inorgoglisce Gabriele, molto più sensibile alla lode che ligio ai buoni consigli del recensore. L'accento è talora originale, notava infatti Chiarini esortando tuttavia il «giovinetto quasi certamente chiamato alla poesia» ad astenersi dai versi almeno per un intero anno: leggesse piuttosto «Omero, Virgilio, Orazio, Dante». Ma, elusa l'astinenza, vedranno subito la luce sia un opuscolo di poesie per la nonna morta di recente (*In memoriam*), sia il rifacimento di *Primo vere*, ristampato in autunno dal Carabba di Lanciano. Cade lo pseudonimo *Floro* nel frontespizio che ora reca: «Seconda edizione / corretta con penna e fuoco / ed aumentata». Le poesie sono questa volta settantasei e le traduzioni dal latino e dal greco diciannove, con il nuovo titolo di *Tradimenti*, dicitura che lascia trasparire come meglio non si potrebbe l'ardita prevaricazione degli originali.

Durante l'estate 1880, coronato dalla sua fresca celebrità, il debuttante ha conosciuto il pittore conterraneo Francesco Paolo Michetti (1855-1929), ben altrimenti famoso anche se non ancora trentenne, avviando la frequentazione del «Cenacolo» di Francavilla, fulcro, a lungo, del suo apprendistato multidisciplinare. De Cecco (poeta), Tosti (musicista) e Barbella (scultore) sono appunto della partita, ognuno con la propria competenza artistica da far valere nel confronto comune. In quel vivo cameratismo artistico, insieme con la stesura dei nuovi versi, prende corpo – è probabile – l'astuto colpo di scena messo in atto per imporli, il primo dei numerosi che si susseguiranno nella carriera di chi, di suo, ha in dote spiccate attitudini istrioniche.

Non sorprende così il fatto che il giorno stesso dell'uscita da Carabba del secondo *Primo vere* (14 novembre 1880) più di un giornale riceva la notizia della morte dell'autore adolescente: una fatale caduta da cavallo ha spento prematuramente la sicura promessa che si può solo rimpiangere. Si negherà qualche lusinghiera parola allo scomparso? Con spregiudicatezza densa d'avvenire, è l'imberbe Gabriele a diffondere, firmata con uno pseudonimo, la notizia macabra ma efficace poiché i necrologi non si fanno attendere né la smentita varrà in seguito a cancellarli.

Attitudini e vocazione, impegno nello studio e felicità degli esiti non sono ormai più sufficienti allo scrittore che punta al successo. La vicenda di *Primo vere* mostra che d'Annunzio ha compreso prima e meglio d'altri le regole – domanda e offerta – del mercato letterario, con il nuovo pubblico di massa disposto a premiare il poeta-divo, che si mette in posa sempre sopra le righe per appagare il «bisogno del sogno» (la formula, di poco posteriore, è sua) del lettore e soprattutto della lettrice, ultima e decisiva a profilarsi nell'orizzonte delle attese.

Ancora acerbe e in gran parte di imitazione, le primizie del nostro poeta già rivelano talune caratteristiche dei frutti maturi, e soprattutto si segnala la sensualità paganeggiante, l'immedesimazione nella Natura, la ricerca di pronunce preziose, mentre sono notevoli i versi disinvoltamente dedotti da materiale prosastico, specie quando si tratti degli appunti – quasi un diario di sensazioni – stilati alla vista di uno scorcio paesistico suggestivo; oppure, ed è il più delle volte, se la suggestione provenga da una pagina narrativa degli autori prediletti, come accade con la *Faute de l'abbé Mouret*, romanzo dove Zola metteva allo scoperto certe sue inclinazioni estetizzanti.

Anche perciò le prime poesie dannunziane vanno collocate nelle pieghe più inquiete del Naturalismo; e per quella via si distaccano da Carducci, di cui resta però fondamentale il classicismo formale, ineludibile anche in futuro. Se esordisce come reminiscenza scolastica e carducciana, la grecità si fa col tempo ben altrimenti cospicua divenendo via via l'asse portante del grande poeta che saprà combinarla, al pari di Mallarmé, con le istanze simboliste. Fauni e ninfe, di una mitologia omerica o ovidiana ancora elementare, esordiscono qui configurando il popolo immaginoso di una poesia che sempre sarà avvertita in stretta connessione con il mito: il mito del passato e insieme il mito d'oggi, territorio, quest'ultimo, dell'avanguardia in cui d'Annunzio prende posto sin dal debutto.

A ENOTRIO ROMANO

AUTORE DELLE «ODI BARBARE»

Che forse il genio de l'antica Grecia
l'ala possente ti battea su 'l capo
quando le corde de la fida lira
lieve pulsasti?

O pur la Musa ne' suoi caldi baci
t'infuse il foco ch'animava Alceo
e ti ricinse d'un vapor soave
d'eolie ambrosie?

Volan le strofe da 'l tuo libro ardite
come saette: volano con suoni
molli, con risi d'ellenica vita,
dolci, balzanti:

volano, e l'alma innamorata cede
con disio lento a 'l fascino giocondo,
e va con elle per un mar di luce
a plaghe strane.

Tal ne' fulgenti vesperi su' marmi
de 'l Partenone, tra le rose e i mirti,
in bianchi pepli le fanciulle argive
guidavan balli.

Nude ne' giri guizzavan le forme
snelle, procaci: ridevan gli sguardi

di mille vezzi e mille: a l'aura effuse
fremean le chiome:

e intorno effluvî d'achemenî incensi
ed inni sacri, e melodie divine,
e plausi lieti a 'l numeroso coro,
e rosei lampi...

FANTASIA PAGANA

Ad A... P...

Via per il piano rïondeggiavano
le messi d'oro con ampio fremito
di baci; su i verdi esultava
una ebrezza fiammante di sole.

Su su da' prati, da gli orti effluvii
saliano a nembi ne 'l torrid'aere;
passavano a stormi gli augelli
pe' cobalti de 'l cielo cantando,

e giù da 'l colle scendeano candidi
muggendo i bovi; su pe' declivii
carpivan le greggi lascive
l'acre citiso e il salice amaro.

In groppa a 'l vento venìa da 'l placido
bosco vicino un suon di flauto:
era forse il rustico Pane
modulante ne l'ombra i suoi carmi?

Dicea di Bacco, l'eterno giovine,
e quanto amore d'Arïanna arselo;
di Venere i vezzi dicea
trasvolante via lunge tra i fiori...

E tu, Glicera, co 'l crine d'ebano

donato a l'aura, co 'l seno turgido
ansante tra il facile bisso,
per la sponda de 'l lago fuggivi.

In candor pario nude mostravansi,
a l'agitarti, le forme nitide;
i lombi ricurvi moveansi,
ne la corsa, con onda procace.

Io tra le canne alte inseguìati
e il cor batteami di desiderio;
la febbre de 'l senso pulsava
ne l'arterie più calda de 'l sole.

E alfin ti giunsi!... Con trepida ansia
su le ninfee ti stesi, e un bacio
co 'l labbro convulso t'impressi,
– Or sei mia!... – gridando – sei mia!...

Tu fra le strette, come una vipera,
ti contorcevi, mettendo gemiti;
ma quando un'arcana parola
co' la voce tremante ti dissi,

tu con tal atto d'amore il cerulo
sguardo girasti ver' me, che parvemi
ne li occhi e ne 'l rosëo volto
ti ridesse una luce d'eliso.

Oh allor qual estasi!... Brividi e fremiti
correan le fibre; le carni aveano
scintille; né muscoli tesi
martellava, spossando, il piacere.

E intorno a noi vasta, giallissima
tacea la state; ridevan pronube
le bianche ninfëe. Due folaghe
si levaron dai giunchi auspicando.

ROSA

Ad Antonino Liberi.

Pallida rosa, che da 'l verde céspite
ridi con disìo placido
a 'l bel vale d'amor de 'l sole occiduo
e gli mandi i tuoi balsami,

senti tu tra le foglie i dolci fremiti
ch'or la natura scuotono?
intendi la canzon che canta Zefiro
tra' rami di que' platani?

Ecco, il tuo stelo trema a 'l bacio languido
d'un'amante libellula,
e le viole invidïando guardano
i tuoi divini gaudii:

da l'orïente la stella di Venere
ti vibra il raggio pronubo,
mentre le gaie rondini cinguettano
per te l'epitalamio.

Le petulanti passere rispondono
da le pampinee pergole
con trilli, con garriti di letizia
e piluccando i grappoli.

La cascatella i piccoli echi suscita
per li verdi silenzii,
simile a suon di chitarrino e flauto
in nuzïal corteggio...

Deh, com'è lieta l'armonia de l'etere
in questa solitudine!
Come son belli questi tuoi connubii,
o cara terra vergine!

Io chiedo un'onda di celesti effluvii
a 'l sacro fior di Venere:
chiedo che un raggio de' suoi caldi vesperi
doni a' miei carmi Apolline.

NOTE

A ENOTRIO ROMANO (p. 11)

Comprese nella prima edizione di *Primo vere* ma eliminate nella seconda e definitiva, le rime tetrastiche rendono omaggio troppo scoperto a Carducci, a cui s'intitolano con il nome arcadico scelto dal poeta delle *Odi barbare*, modello metrico e retorico del d'Annunzio esordiente. Poesia sulla poesia, la prova aurorale si segnala per la sensualità delle presenze femminili: femminilizzate sono appunto le strofe di Enotrio che «volano» come le «fanciulle argive» danzano tra i marmi del Partenone. Persino la «Musa» figura qui in carne e ossa, mentre la distanza temporale delle danzatrici non le sottrae, pur stilizzandole, alla seduzione immediata e insistita.

FANTASIA PAGANA (p. 13)

Nel passaggio dalla prima alla seconda edizione della raccolta l'ode alcaica viene corretta e modificata. Le note cromatiche, in particolare, si precisano (valga per tutti il passaggio da «azzurri» a «cobalti» del v. 8) rivelando la frequentazione dell'atelier di Michetti che presterà d'ora innanzi al giovane artista una vasta gamma di colori-tubetto.

Con dedica a un'imprecisata «A. P.», l'ode inaugura il motivo dell'inseguimento amoroso, poi più volte replicato in futuro anche nella poesia maggiore. Cfr. almeno *L'Oleandro* e *Stabat nuda aestas* in *Alcyone*, pp. 398-413 e 421.

ROSA (p. 15)

L'epodo (trimetri e dimetri giambici alternati), tipicamente «barbaro», compariva nella prima edizione con il titolo di *Connubii vespertini*. Il canto nuziale, dedicato al futuro cognato, in procinto di sposare la sorella Ernesta, intesse appunto diversi connubi, ispirandosi al carducciano *Inno a Satana*: «corre un fremito / d'imene arcano / da' monti e palpita / fecondo il piano». Riferibile peraltro sempre a Carducci è inoltre l'immagine dei «verdi silenzii» del v. 22.

NOTE

CANTO NOVO
(1881)

A cura di Annamaria Andreoli.

La «smania» dei versi muove ininterrottamente la penna del giovane d'Annunzio, tanto più che il doppio debutto di *Primo vere*, con le edizioni 1879 e 1880, non è passato sotto silenzio. E un altro debutto si segnala sullo scorcio del 1880: ancora in Collegio Gabriele si cimenta nella prosa e consegna al «Fanfulla» di Ferdinando Martini la prima delle *Figurine abruzzesi* progettate per un volume di racconti, d'impronta verista, che coinvolge Michetti nella veste di illustratore. La seconda *figurina*, all'inizio del 1881, gli viene pagata quaranta lire, configurandosi così l'«affare» che la letteratura rappresenta anche per chi muova i primi passi, a patto che sappia intrattenere utili relazioni.

Abile come pochi nel tessere le fila della propria collocazione nella «repubblica delle lettere», il destino del poeta in erba viene appunto determinato dai notabili ai quali si rivolge: se attraverso Giuseppe Chiarini comunica con Carducci e la sua Scuola (Guerrini, Marradi o Mazzoni), Enrico Nencioni gli farà conoscere i romantici inglesi e i preraffaelliti, letture ora capitali accanto a Verga e Zola, narratori che nutrono oltremodo i versi intitolati, all'inizio del 1881, *Profili e paesaggi*. Perché d'Annunzio pensa già a un nuovo volume, visto che il numero delle liriche va accrescendosi mentre il titolo oscilla attestandosi al grecizzante *Thalassica*: l'Adriatico tante volte dipinto da Michetti ne è infatti il tema prediletto.

Le vacanze pasquali trascorse a Firenze segnano, il 15 aprile, una data importante: Giselda Zucconi, figlia diciottenne di uno dei professori del Cicognini, diviene la sua musa ispiratrice. È Elda o Lalla per l'innamorato corrisposto, che le promette una passione sovrumana, la sola in grado di fare di lui un «rivelatore» di poesia. E promette amore e morte: la morte di questa vita per una vita «divina» non mai vissuta da altri: «Chi siamo noi?, dimmelo. Non siamo iddii? Non ti senti tu qualche cosa più di una donna?, qualche cosa di transumano? [...] Io, ora, vedi, vorrei chinar la testa su 'l tuo seno, e chiudere gli occhi, e rivolgere tutta la potenza delle mie pupille ad una visione interiore: certo io vedrei mondi arcani e udirei musiche non udite mai da orecchio umano [...] e quei mondi e quelle musiche rivelerei all'umanità attonita, e a te t'innalzerei un altare ed un inno di altezze terribilmente prodigiose, a te, mia Musa, mia Dea» (30 aprile 1881).

Poiché Gabriele le scriverà quasi quotidianamente per oltre un anno, nulla ignoriamo delle circostanze in cui prende corpo la raccolta che ora si affaccia con il titolo definitivo di *Canto novo*, dove la «novità» è rappresentata in primo luogo dall'affrancamento da Carducci: «C'era quel mago del Carducci che mi schiacciava [...]. Ho avuto la forza di ribellarmi; e con un lento ma laboriosissimo processo di *selection* sono venuto fuori *io*, tutto *io*» (a G. Biagi, 5 maggio 1881). Liberate inoltre dai lacci scolastici, una volta conseguita con encomio la licenza liceale, le poesie si susseguono a getto continuo, spesso collocate in questo o quel periodico. Sarà però l'approdo nella Capitale, per compiervi gli studi universitari, a decidere le sorti del libro: l'incontro con Angelo Sommaruga, editore di punta, si rivela quanto mai propizio per l'affermazione dell'inurbato impaziente di farsi strada.

Con dedica «Ad E. Z.», un'epigrafe «I shall be

young again, be young!» dall'*Endymion* di Keats e alcune illustrazioni di Michetti, *Canto novo* (63 componimenti) esce nel maggio 1882. L'incontenibile traboccare dell'ardore giovanile, le voci della Natura a gola spiegata, il delirio meridiano dell'estate come stagione prediletta rappresentano qui una conquista duratura. Anzi, d'Annunzio stesso additerà nella sua prima poesia «solare» il presagio di certe *Laudi*: «l'*unità* della mia opera è dimostrata da questo: che nelle *Laudi* si sviluppano tutti i germi già esistenti nel *Canto novo* e l'ebrezza panica, che agita quel poema di un adolescente, si allarga e si solleva smisuratamente nel libro di *Alcione* e nella *Laus Vitae*» (a J. Dornis [Elena Beer], 10 marzo 1912).

Una lunga tradizione critica vorrà poi contrapporre il cantore panico dei meriggi assolati al memorialista invece «notturno», ripiegato a esplorare l'«ombra», com'è stato detto, e l'«ignoto», che esordisce durante l'esilio francese (1910-1915) per protrarsi nelle prose di guerra e, giù giù, nell'autobiografia dei tardi anni del Vittoriale. Va detto, comunque, che a stringere maggiormente il nodo che lega la prova aurorale agli esiti lirici della maturità interviene il vero e proprio rifacimento di *Canto novo* riproposto da Treves nel 1896 (insieme con l'*Intermezzo di rime* del 1883, anch'esso rivisto). Non solo i sessantatre componimenti si ridurranno a ventitré, ma l'aggiunta poi di tre *Offerte votive* renderà la raccolta irriconoscibile, pervasa ora dalla grecità che è l'ultima conquista del poeta in procinto di debuttare sulle scene con il teatro tragico. E in procinto, contemporaneamente, di succedere a Carducci in quanto Vate d'Italia, come illustra l'ode *Alle Montagne* (poi inclusa nelle *Laudi* di *Elettra*), composta giusto nel '96, in prossimità della riedizione delle poesie giovanili: «Deh fate, / o Montagne immortali, che scenda dai vostri misteri / cinto di luce il Vate!».

In vista del nuovo assetto, si capisce che i tagli riguardino in particolare le poesie di denuncia sociale, nate a suo tempo sotto la spinta del verismo militante. Il panico poeta adolescente, così incline all'erotismo ispiratogli da Elda-Lalla, «Fata» e «Maga» nei versi e nelle lettere che alternativamente li anticipano o li sfruttano, non si era infatti sottratto al fascino degli «umili» in attesa di riscatto. Persino con enfasi aveva annunciato all'amico De Cecco le «scariche di socialismo feroce» di certe poesie dell'imminente *Canto novo* sommarughiano (30 aprile 1882), lasciando intravedere, se si bada all'interlocutore, nel novero degli adepti del Cenacolo di Francavilla, quale dibattito si svolgesse nel gruppo capeggiato da Michetti. E vanno al riguardo menzionate, nell'estate 1881 che ha visto l'infittirsi delle poesie, le escursioni nell'entroterra abruzzese per scoprirvi gli usi e costumi di plaghe isolate negli anfratti montuosi: gli stessi che Antonio De Nino, etnologo di vaglia anche lui della partita, andava allora sistemando nella sua monumentale opera folklorica e Michetti fotografando e quindi ritraendo nelle tele fra le quali spiccava la *Figlia di Iorio*, epopea di una reietta tanto suggestiva, un giorno, per d'Annunzio.

Dopo il rimaneggiamento nulla resta della denuncia che un tempo Filippo Turati aveva accolto nella sua rivista, la «Farfalla» di Milano (più di una poesia vi compariva), lodandone il carattere schiettamente popolare («Fiore di spina! / c'è una grotta di pietre colorate, / là giù nel fondo dell'acqua turchina»...); acquisto, questo, indelebile, poiché la grecità classica, preponderante nel '96, si fonderà fino a coincidere con il canto folklorico, l'una e l'altro concepiti quali sorgenti primigenie di poesia. Non per nulla l'adesione di d'Annunzio al Simbolismo passerà attraverso il Naturismo, corrente «dionisiaca» che risale alle origini rituali del canto di festa: musica, parole e danza.

Quando ripropone *Canto novo* d'Annunzio è da poco rientrato dalla crociera in Grecia (estate 1895) che per lui è una «visitazione votiva». Dice di essersi «rituffato nell'Ellenismo»; e il *labor limae*, al pari delle aggiunte, mira ad armonizzare le nuove postazioni culturali con un'opera che di esse appaia straordinariamente presaga. Nel libro giovanile sarebbe pertanto già percepibile un suo nietzschianesimo istintivo, mentre la Grecia, «ideale primavera dello spirito», *vie antérieure* della modernità, è tutt'uno con la «primavera» della propria vita. Il protagonista delle *Vergini delle rocce* (1895) ha del resto appena affermato che i miti sono un prodotto della «giovinezza dell'anima umana sotto i cieli dell'Ellade», a un passo da quanto – la formulazione quasi di una legge ciclica – si leggerà nella *Beata riva* (1900), trattato di estetica che l'amico Angelo Conti compone con Gabriele a quattro mani: «sempre la Grecia si risveglia in fondo all'anima umana [...]; sempre la vita si rinnova e fiorisce come in quella meravigliosa primavera dell'umanità».

Nel '96 preme insomma a d'Annunzio offrire di sé un itinerario artistico e culturale coerente. Poeta, narratore, saggista e ben presto drammaturgo: tanta versatilità è frutto dell'evoluzione graduale e costante di chi interpreta la propria epoca e si confronta con le correnti più vive del pensiero contemporaneo e con il pubblico e non solo in patria. Il fatto poi che, nella nuova edizione Treves e in ogni altra successiva, in testa alla raccolta il 1881 figuri accanto al titolo, rivela che la leggenda di sé in quanto *enfant prodige* non è l'ultima delle mire del poeta. Basti dire che alle riserve di Emilio Treves circa la data, l'obiezione è perentoria: «Lasciamo un po' di lavoro ai futuri studiosi di cronologia» (31 agosto 1896).

CANTO DEL SOLE

I

Ecco, e la glauca marina destasi
fresca a' freschissimi favonii; palpita:
ella sente nel grembo
gli amor verdi de l'alighe.

Sente: la sfiorano a torme i queruli
gabbiani, simili da lunge passano
le fulve e nere vele
pe 'l gran sole cullandosi;

e in ampia cerchia ne l'acqua i floridi
poggi specchiantisi paiono imagini
di piramidi vinte
dal trionfo de l'edere.

Thàlatta! thàlatta! Volino, balzino
su su dal giovine core, zampillino
i tuoi brevi pirrichii,
o divino Asclepiade!

O Mare, o gloria, forza d'Italia,
alfin da' liberi tuoi flutti a l'aure
come un acciar temprata
la Giovinezza sfolgori!

III

O libri, il sole classico – Apolline
Febo – un sorriso innumerevole
diffonde su l'acque, e m'accende
una fiamma di gioia nel cuore.

Addio, di libri varie lunghissime
coorti! addio, oscuro esercito
di libri ne l'algide notti
popolanti di larve la stanza!

Paternamente auspice Orazio
con noi vegliava; ma non un'anfora
di cecubo vecchio ne infuse
vigor novo di dattili al verso.

Su da la tazza spandeva l'indica
bevanda effluvi: le strofi saffiche
in murmure grave ed eguale
ondeggiavano come le frondi,

lente di sogni a la stanca anima
suaditrici... Oh come Lilia
marmorea splendea ne la fredda
purità de' grandi occhi stellanti!

come da un freddo serto di lauri
la fronte china sentìami attorcere!
Chi venne, o volumi, chi venne
a turbar le vigilie pacate?

Venne una bianca figlia di Fiesole,
alta e sottile, qual già gli artefici
la sculsero in dolci alabastri
e la pinsero in tavole d'oro.

Venne, e di strani legami d'edera
ella, de' lunghi capelli avvinsemi;
tremando la bocca mi porse
ove bevvi un licore vitale

che ora per ogni vena mi circola,
come la linfa nova ne l'arbore,
così ch'io mi credo per ogni
vena tutto dal cor rifiorire.

Da l'imo core mi rigermogliano
impazienti le strofe. Oh limpida
ebrezza diffusa pe' cieli
ove il sogno di Dante s'aperse!

Puri ne l'albe i sogni erravano
di Beatrice; l'èsili vergini
di Frate Giovanni e di Mino
sorridevan ne' vesperi biondi;

talor com'echi si ridestavano
la ballatella di Guido, il languido
sonetto di Cino, l'ottava
melodiosa del Poliziano.

«Io guardo» forse gemea ne l'aure
quel di Pistoia gentile spirito
«io guardo» gemea «per li prati
ogni fior bianco per rimembranza...»

Chiara e silente l'acqua de l'Affrico
tra l'erba nova scorrea: le vetrici
sottili su gli argini verdi
senza un susurro tremule, in fila;

senza una voce in fila tremuli
i pioppi al cielo di perla ergeano

i rami, alte verghe d'argento
su cui brillavan smeraldi vivi.

E noi passammo per man tenendoci
su l'erba nova, lungh'essi gli argini
solinghi; il bel colle salimmo,
e c'indugiammo nei noti luoghi.

Oh dolce sosta là tra i cinerei
olivi! Un vento spirava tepido,
ma lungi apparivan nevate
le prime vette del Casentino.

La città bella in sua mirabile
conca splendeva come in un calice
profondo una gemma; e a' nostri occhi
la sua bellezza parve un segreto

quando da l'ombra come da un talamo
la rimirammo inconsapevoli
con occhi velati dal lungo
languor de' baci, dal lento oblìo.

Baci ora ardenti ne la memoria!
Pur (ti sovviene?) faceano i passeri
un lieto presagio, a Montughi,
in su' cipressi co' lor clamori.

Ed augurando non accennavano
i pioppi verso di me su 'l rapido
convoglio fuggente ad occaso
la verdissima terra toscana?

Ma quando, pioppi tremuli, arridere
quando vedrete tra 'l vel cinereo
del fumo il bel volto di lei
viaggiante al mio cielo sannite?

Allor su l'alta mia prua ne' vesperi
splenderà ella simile a un'aurea
Speranza, e le rosse mie vele
saran gonfie di gioia su 'l mare.

Allor con ala più salda e libera
le strofe, erotte su da' precordii,
allor co' gabbiani selvaggi
voleranno pe 'l mare pe 'l mare.

VII

Sta il gran meriggio su questa di flutti e di piante
    verde-azzurrina conca solitaria;

ed io, come il fauno antico in agguato, m'ascondo,
    platano sacro, qui fra le chiome tue.

Quando vedrò la ninfa con pavido passo venire,
    chiusa ne' suoi capelli l'agile corpo ignudo?

O di repente, forse, nel cortice duro ch'io premo
    la sentirò, soave carne, ripalpitare?

L'ansia mi tiene, mentre il sole a le foglie ed a l'onde
    tutti i suoi ori parte innumerabili.

Cademi una pioggia lucente di schegge e di squame
    su 'l capo ove nitida ridemi l'imagine.

Sembrano le onde, sotto, cerulee bisce lascive
    scherzanti con freschi strepiti su le ghiaie.

M'infondon nel sangue non so quale panica ebrezza
    gli odori agresti misti a la salsedine.

Ma chi dunque di passi e di voci e di risa lontano
commuove gli echi de le verdi cupole?

Certo ripalpitan vive le driadi antiche
ne' tronchi e una driade or fra le braccia io serro.

– O bella driade, o cara al Menalio, o bionda
di Cintia alunna, fortissima amatrice,

rompi dal cortice, nuda le membra mortali:
agile io sono, è forte la giovinezza mia.

Rompi dal cortice; e fa che le mie mani ardenti
ponga io ne la tua carne come in un fresco rivo;

fa che da la tua pura bocca io con un sorso infinito
beva il respiro de la foresta immensa;

fa che ne' verdi occhi tuoi, come Narcisso nel fonte,
la mia nova bellezza trasfigurato io miri;

oh fa che anche una volta nel mondo il Giovine viva
come un possente dio ne la sua favola! –

CANTO DELL'OSPITE

VII

O falce di luna calante
che brilli su l'acque deserte,
o falce d'argento, qual mèsse di sogni
ondeggia al tuo mite chiarore qua giù!

Aneliti brevi di foglie,
sospiri di fiori dal bosco
esalano al mare: non canto non grido
non suono pe 'l vasto silenzïo va.

Oppresso d'amor, di piacere,
il popol de' vivi s'addorme...
O falce calante, qual mèsse di sogni
ondeggia al tuo mite chiarore qua giù!

XI

Canta la gioia! Io voglio cingerti
di tutti i fiori perché tu celebri
la gioia la gioia la gioia,
questa magnifica donatrice!

Canta l'immensa gioia di vivere,
d'essere forte, d'essere giovine,

di mordere i frutti terrestri
con saldi e bianchi denti voraci,

di por le mani audaci e cupide
su ogni dolce cosa tangibile,
di tendere l'arco su ogni
preda novella che il desìo miri,

e di ascoltare tutte le musiche,
e di guardare con occhi fiammei
il volto divino del mondo
come l'amante guarda l'amata,

e di adorare ogni fuggevole
forma, ogni segno vago, ogni imagine
vanente, ogni grazia caduca,
ogni apparenza ne l'ora breve.

Canta la gioia! Lungi da l'anima
nostra il dolore, veste cinerea.
È un misero schiavo colui
che del dolore fa la sua veste.

A te la gioia, Ospite! Io voglio
vestirti de la più rossa porpora
s'io debba pur tingere il tuo
bisso nel sangue de le mie vene.

Di tutti i fiori io voglio cingerti
trasfigurata perché tu celebri
la gioia la gioia la gioia,
questa invincibile creatrice!

NOTE

CANTO DEL SOLE

I (p. 26)

Per quanti mutamenti d'Annunzio abbia apportato alla raccolta del 1882 per riproporla nel 1896, l'esordio muta di poco. L'ode asclepiadea inaugurava infatti il libro giovanile come qui inaugura il primo dei due «canti» (il secondo è il *Canto dell'Ospite*) che, intercalati da tre *Offerte votive*, sono i nuovi contenitori della materia poetica contando dodici componimenti ciascuno. Se cade l'epigrafe tratta da Keats («I shall be young again, be young!») i versi restano poi quasi intatti, perché forse è proprio questa l'ode che piacque a Carducci, al quale sembra che Sommaruga abbia a suo tempo sottoposto per l'approvazione i versi del giovane poeta. Circostanza che apprenderemo dallo stesso d'Annunzio quando in una prosa del 1911 vorrà chiudere i conti con il Maestro (*Di un maestro avverso*, nelle *Faville del maglio*). Fortemente critico dinanzi alle prove successive, dall'*Intermezzo* alle *Laudi*, in quella circostanza aurorale Carducci gli fu benevolo. È il primo incontro tra il Vate in carica e chi, un giorno, lo scalzerà, a Roma, presso la redazione della «Cronaca bizantina» (per d'Annunzio «bisantina»), periodico di successo edito da Sommaruga che avrebbe assistito alla scena: «Credo che quella mattina io salissi a gran balzi le scale della *Cronaca bisantina* per la speranza di sorprendere una donna magnifica e illetterata che allora teneva in soggezione tutta la pleiade giovinetta. Come spinsi forte l'uscio, un po' ansante, e mi guardai intorno, scorsi china a una tavola una gran fronte selvosa che di subito si risollevò con un moto risentito; e di sotto n'esciron due punte aguzze, ch'eran gli occhi. Angelo Sommaruga dalla stanza attigua si fece alla soglia e disse: "Ah, ecco il d'Annunzio!" [...] Egli aveva dato al terribile giudice le bozze del *Canto novo*; e il giudice era in atto di volgerle con la mano usa alla saetta. Io mi copersi di rossore, e non ebbi fiato; ma non distolsi lo sguardo dallo sguardo in me fisso [...]. Egli continuava a guardarmi, senza dir motto, assorto in non so qual sogno o ricordo remoto. La natura aveva posto in me una semplice grazia che lo rasserenò. Sorrise alfine, ed esclamò giovialmente: "Thàlatta! Thàlatta!" Era il grido di una mia strofe asclepiadea».

«Thàlatta! Thàlatta!», nell'*Anabasi* di Senofonte (IV, 7, 24), è il grido dei Diecimila alla scoperta del mare. I «pirrichii» (v. 15) sono i piedi del verso in uso presso i greci: «barbaro» è infatti il ritmo del primo verseggiare di d'Annunzio, all'esordio seguace di Carducci, che appunto nelle *Odi barbare* aveva riproposto il metro denominato da Asclepiade, poeta greco del III secolo a.C.

«O mare, o gloria, forza d'Italia» (v. 17) è presago, e perciò più volte ripetuto, dei versi innumerevoli, dalle *Odi navali* alle *Laudi* alle *Canzoni delle Gesta d'Oltremare*, che d'Annunzio dedicherà al «mare nostrum», alla navigazione e alla Marina.

III (p. 27)

L'alcaica fonde due componimenti dell'antico *Canto novo*, invero accomunati dal tema amoroso e insieme metaletterario. «Dattili» e «strofi saffiche», cioè i metri «barbari» che il poeta va componendo, sono strettamente correlati alla musa ispiratrice, alla maniera degli Stilnovisti peraltro espressamente menzionati, in particolare la «ballatella» di Cino da Pistoia (CVI): «Io guardo per li prati ogni fior bianco / per rimembranza di quel che mi face / sì vago di sospir ch'io ne chieggo anco... / E quando l'aura mova il bianco fiore, / rimembro de' belli occhi il dolce bianco / per cui lo mio disir mai non fu stanco».

Anche Carducci è citato («Lilia», v. 18, è il travestimento poetico della Lidia carducciana) e variamente alluso, come accade nel dialogo tra cipressi e pioppi con il poeta «su 'l rapido / convoglio fuggente ad occaso» (vv. 80-84) che rinvia a *Davanti San Guido* (*Rime nuove*). Notevole, perché denso di futuro, è qui il rinvio figurativo. Il Beato Angelico e Mino da Fiesole, che il collegiale ha ammirato nel chiostro di San Marco a Firenze, strumentano il «tableau vivant» suggerito da Elda (vv. 41-44), come accade in una lettera del 7 maggio 1881: «Guardavo stasera il bellissimo tramonto: era un gran fondo d'oro su cui Giotto avrebbe dipinto volentieri una delle sue Madonnine dagli occhi volti in su. Io ci ho visto il tuo viso, ma più giovane di quello di una santa vergine del buon amico dell'Alighieri».

VII (p. 30)

I distici elegiaci intavolano uno dei temi destinati a ripresentarsi nella poesia di d'Annunzio con la consumata perizia di chi ha alle spalle la sperimentazione giovanile di questi versi. Il rimaneggiamento del '96, con la significativa aggiunta di «favola» in clausola, accentua la riviviscenza del mito della ninfa boschereccia che erompe dall'albero. E sulla metamorfosi arborea sarà appunto incentrata più di una lirica di *Alcyone* (*L'Oleandro*, *La pioggia nel pineto*, *Versilia...*) che già qui si annuncia, per non dire del «fauno antico in agguato» (v. 3) e delle «risa» echeggianti di lontano (v. 17), anticipatori, l'uno e le altre, della poetica panica enunciata nel 1900 dal protagonista del *Fuoco*: «Egli rise tra le foglie, senza mostrarsi, come un fauno in agguato [...]. E come egli respirava tra i rami e palpitava in essi e aveva tutti i sensi presi da quel piacere, la comunione della sua vita con l'arborea si fece più stretta e l'incanto della sua imaginazione rinnovò in quel viluppo di vie dubbie l'industria del primo fabbro d'ali, il mito del mostro nato da Pasifae e dal Toro, la favola attica di Teseo in Creta. Tutto quel mondo si fece reale per lui [...], egli si trasfigurava, secondo gli istinti del suo sangue e i ricordi del suo intelletto, in una di quelle forme ancipiti tra bestiali e divine. [...] Egli desiderò allora una creatura umana che gli somigliasse, un petto fresco a cui egli potesse comunicare le sue risa».

CANTO DELL'OSPITE

VII (p. 32)

Si capisce come Tosti musicasse le strofette tetrastiche, già così musicali, forse proprio concepite per la musica se si bada al *refrain.* Nel silenzio gremito di bisbigli misteriosi, l'invocazione alla luna connota i notturni estivi di *Canto novo* che si intercalano ai meriggi. Il motivo della «messe» ondeggiante di sogni o di ricordi, che suscita la felice immagine della luna-falce, è ricorrente nelle lettere a Elda. Cfr. per esempio: «Quanta messe di ricordi mi ondeggiava nel cuore [...] mentre già il sole tramontava e il cielo si faceva di perla» (2 gennaio 1882).

XI (p. 32)

Inverosimile all'altezza del 1881-1882 l'*élan vital* d'impronta nietzschiana dell'alcaica inneggiante alla «gioia»: e infatti la composizione è dell'ultim'ora, cioè del 1896, nel corso del rifacimento di *Canto novo.* Numerose, a riprova, le coincidenze con la coeva ode *Alle Montagne* (in *Elettra*): «Chi finalmente, sceso a noi dalle alture inaccesse, / ricondurrà la gioia? / Chi su la vasta fronte avrà, mai veduta possanza, / una luce di gioia? / O tu dalle Montagne purissime, Spirito ignoto, / scendi con la tua gioia!». Anche la *Sirena del mondo* di *Laus Vitae* (*Maia*) è qui anticipata: «l'immensa gioia [...] di mordere i frutti terrestri» (vv. 5-7) va connessa con l'invocazione alla «Vita» come «dono» (cfr. qui «donatrice» al v. 4) e al «mondo» da «mordere come un pomo». Ma al di là del tema tributario di Nietzsche (la polemica contro il dolore e contro la «morale degli schiavi»), i versi sono datati dalla costruzione sintattica seriale, a elenco («por le mani», «ascoltare», «guardare», «adorare»...), tipica poi della poesia delle *Laudi.*

INTERMEZZO
(1883)

A cura di Giorgio Zanetti

Dopo *Canto Novo*, la collaborazione con l'editore Sommaruga continua con *L'intermezzo di rime*, che approda alle stampe nell'estate 1883 (ma con data 1884), in una preziosa veste editoriale rosa con capilettere a fregi. Alle parole di un testimone diretto, Edoardo Scarfoglio, l'amico conterraneo che ha introdotto d'Annunzio nelle redazioni dei giornali romani e della prestigiosa «Cronaca bizantina», lasciamo il compito di delineare il clima in cui nascono i «poveri versi» della nuova raccolta. Cancellata ogni traccia dell'originaria, incantevole ingenuità, il giovinetto abruzzese si era fatto «furbo vanesio sdolcinato». Che tristezza stupita nel vederlo la prima volta «addobbato e azzimato e profumato per una festa»! Fatto sta che «per sei mesi Gabriele passò da una festa da ballo a un pranzo aristocratico, da una passeggiata a cavallo a una cena in compagnia di qualche cretino blasonato e impomatato». E le dame «in conspetto di quel piccolino selvaggio rincivilito, di quel cagnolino con un nastrino di seta al collo, furono prese da una morbosa e romantica ammirazione». Ma nei labirinti dello snobismo, ove con il desiderio di essere altro si sperimenta la difficoltà di essere se stessi, ha forse luogo anche una sorta di iniziazione, che mentre impone di adottare e gestire una maschera coinvolge una tensione conoscitiva, in un'acuita disposizione al nuovo.

E veramente, all'abbrivo della stagione che Borgese avrebbe chiamato della «crisi sensuale», il poeta mondano dell'*Intermezzo di rime* moltiplica gli incontri e le letture che concorrono alla sua formazione di interprete del moderno, con Shelley, Tennyson (a cui risale l'epigrafe: «The sad mechanic exercise...»), Gautier, il parnassiano e wagneriano Catulle Mendès, Maupassant e soprattutto Flaubert («Che artista [...]! Che stile!»), oltre naturalmente a Baudelaire. Il poeta si propone ora di svolgere la fisicità ebbra di giovinezza del *Canto novo* in un quadro di audacie erotiche e di bellezza corrotta, di intellettualistica «lussuria», subito destinato a produrre scandalo nel costume letterario dell'Italia umbertina. All'uscita del libretto «scellerato» (come lo definirà lo stesso d'Annunzio), sulla «Domenica letteraria» un altro amico giornalista, Luigi Lodi, risponde con la sua convinta apologia di un'arte disinibita alle rimostranze timorate di Enrico Panzacchi e di Enrico Nencioni, e ancor più alle accuse intransigenti di «immondezzaio» e di «pornografia» levate da Giuseppe Chiarini, che rappresenta anche Carducci («è roba porca», aveva sentenziato il Maestro) e che ora disconosce il poeta giovinetto da lui incoraggiato al tempo di *Primo vere*. Del resto, fiutando l'affare, a raccogliere i documenti della polemica in volume (*Alla ricerca della verecondia*, Roma 1884) provvede tempestivamente lo stesso Sommaruga, in coincidenza con una ristampa dell'operetta.

Quanto all'autore, per il quale il dibattito si risolve nuovamente in pubblicità, egli interviene a sua volta sulla «Domenica letteraria» (*Per un fatto personale*, 20 luglio 1884) facendo le viste di accogliere, sin nella terminologia, le tesi degli accusatori: «E poiché la fama *captive les coeurs des femmes*, io mi perdei tra gli amori; e poiché le donne chiedono ai poeti madrigali e sonetti per li albi e pe' i ventagli, io scrissi sonetti e madrigali; e poiché la sensazione erotica è soverchiatrice, io salii a poco a poco dalla quartina *poudrée* all'ottava brutale». Ma dietro l'apparenza del ripiegamento egli continua ad avvalorare positivisticamente il «documento umano» di uno stato psicologico non solo individuale ma anche collettivo, riconoscendo nella malattia e nell'ossessione della sessualità uno stigma profondo del moderno. Semmai, nella sua coscienza segreta di scrittore, si fa strada la consapevolezza di non possedere ancora per questi temi prediletti la strumentazione stilistica adeguata, senza di cui i suoi fiori del male restano quelli di un Baudelaire velleitario e di provincia. Così nei versi *Al poeta Giulio Salvadori*, apparsi sulla «Cronaca Bizantina» del 16 novembre 1893 (e poi raccolti nella *Chimera*) spicca la correlazione tra le «larve infide» dell'esperienza erotica e il «malsano / artifizio» di una ricerca manieristica, risolta in un frigido turgore di apparenze.

In un contesto molto diverso, negli anni travagliati ma fertili trascorsi a Napoli, l'opera giovanile è sottoposta a un massiccio rifacimento, in vista di una nuova edizione per i tipi di Bideri. Vengono aggiunte 39 poesie, quasi tutte di recente composizione, e contestualmente mutano le rubriche delle sezioni in cui si articola il libro: *Animal triste* (al posto dei primitivi *Sonetti di primavera*), *Le Adultere* (corona di dodici sonetti dedicati ad altrettante eroine di un eros trasgressivo e fatale, da *Erodiade* a *Isolda* o a *Lady Macbeth*), *Eleganze* (confluiscono qui, insieme con i testi più *osés* dell'edizione 1883, il *Peccato di maggio* e *Venere d'acqua dolce*, due lunghi poemi narrativi risalenti alla stagione bizantina e a un progetto rimasto irrealizzato di *Poemi eroici*, *La tredicesima fatica* e *Il sangue delle vergini*), *Plastice* (subentrata agli *Studii di nudo*) e *Verso l'antica gioia*. Il poeta che si rilegge e si riscrive a distanza di dieci anni non manca di intarsiare nella rinnovata compagine le tessere di altre letture (per cui, ad esempio, al Flaubert narratore si affianca quello della *Tentation de Saint Antoine*) e di nuove esperienze inventive, a cominciare dal *Trionfo della Morte*, che proprio in quel torno di tempo sta approdando alla conclusione. La correlazione con il romanzo wagneriano affiora nitida in una lettera dell'1 dicembre 1893, in cui d'Annunzio chiede a Michetti di illustrare il frontespizio dell'edizione Bideri con la figura di *Cornadoro*, nome indicato nella didascalia di un bozzetto preparatorio per la grande tela della *Figlia di Iorio*: «Ho ripreso in questi giorni il *Trionfo* per condurlo a termine. Ho preparato l'edizione definitiva dell'*Intermezzo*. C'è ora in questo libro un significato di tristezza quasi biblica. [...] Tu hai compresa come nessun altro la terribilità distruttiva della donna ed hai formata una creatura spaventosamente bella: *Cornadoro*. Io vorrei che in un disegno tu mi rappresentassi quel volto gorgòneo sopra un fondo simbolico. Sarebbe una gemma preziosissima pel mio libro: una specie di suggello funebre».

Con l'illustrazione di Michetti, l'*Intermezzo* (tale è ora il titolo della raccolta) appare a stampa nell'aprile 1894 (su cui è esemplata la *ne varietur* che esce per i tipi di Treves nel 1896), introdotto da un'epigrafe tratta dall'*Ecclesiaste*: «Propter speciem mulieris multi perierunt: et ex hoc concupiscentia quasi ignis exardescit». E un *Preludio* di nuova composizione, delineando una parabola di innocenza, corruzione, convalescenza, consente a d'Annunzio di reinterpretare retrospettivamente anche il tempo della «demenza afrodisiaca» (come egli lo chiama interloquendo con Hérelle e con il suo nuovo pubblico francese) come la tappa necessaria di un'evoluzione. Questa, del resto, è la stagione in cui d'Annunzio comincia a concepire la sua produzione articolata in cicli, perseguendo il disegno ambizioso di un'opera totale: ciò varrebbe a scrivere, come si dichiara in un articolo degli anni napoletani, «le Memorie del proprio spirito collocato nel centro della vita» (*Il romanzo futuro*, «La Domenica del Don Marzio», 31 gennaio 1892). In questo disegno, è chiaro, non cessa di rivestire un ruolo centrale il problema della rappresentazione letteraria della sessualità, lo stesso che negli anni tardi del Vittoriale indurrà il poeta a misurarsi, come attestano le sue folte postille sulle pagine della traduzione francese, con David Herbert Lawrence e il suo *Amante di Lady Chatterley*.

IL PECCATO DI MAGGIO

Μᾶλα τεὰ πράτιστα τάδε χνοάοντα διδάξω.

I

Or così fu; pe 'l bosco andando. Era sottile
la mia compagna e bionda. Su la nuca infantile
due ciocche avean quegli ignei luccicori vermigli
che dà a le chiome antiche il Tadema. Tra i cigli
lunghi gli occhi avean l'iride verde risfavillante
di mille atomi d'oro. Da l'alta erba odorante
ella sorgeva eretta come un vivente stelo.
Andavamo pe 'l bosco, soli. Grandi su 'l cielo
gli alberi parean fusi nel bronzo; ma di sotto
a le scorze, passando, udivamo interrotto
ascendere il pugnace fremito de le linfe
e il romper de le gemme anche udivamo.
                                        – O ninfe
amadriadi, occulte ne le estreme radici,
non voi dunque cantaste su 'l passaggio gli auspìci
a l'amore? –
                    Io guardava Yella, muto. Le acerbe
risa di lei, tra 'l vasto fluttuare de l'erbe
al vento, sotto i dòmi alti de la verdura,
squillavano. Ed al riso le si schiudea la pura
chiostra de i denti, al riso l'arco de la gengiva
quasi ferinamente rosso le si scopriva.

Io guardava aspirando voluttuosamente;
poi che il corpo di lei esalava un ardente
profumo, come un frutto maturo. Una serena
anima era nel bosco sparsa; ma in ogni vena
a me correva l'aspro vin de la giovinezza...
Oh freschissime risa tintinnanti a la brezza
del vespro, salutanti dal bel grembo selvaggio
di un bosco il morituro sol di calendimaggio!

II

Soli andavamo. – Ah, senti, senti i merli fischiare –
ella disse, fermandosi. Dal ciel crepuscolare
discendeva su i rami la nebbia violetta.
– Senti, senti! – D'un tratto, dietro l'ultima vetta
scomparve, in fondo al lago de le nuvole, il sole.
Allora fu una molle cascata di viole
ne l'aria. Un solco d'oro s'apriva basso; rotto
il bagliore su i culmini indugiava; di sotto
a i culmini illustrati, già ne l'assopimento
grave i tronchi annegavano. Lente nel vapor lento
de la sera le cose perdevano le forme.
Le viole cadevano; era una pioggia enorme.
Tutto il bosco, un istante, parve a la mia vista
una maravigliosa foresta di ametista
che risplendeva; e Yella parve la maga. Eretta
fra l'erba, d'un'aerea tunica violetta
circonfusa, a quell'ultima luce crepuscolare
ella diede l'addio con un alto cantare.
Ella cantava ancóra al mio fianco. Una ciocca
de' suoi capelli, a tratti, mi sfiorava la bocca;
ed il profumo, l'anima di quella cosa viva,
m'irritava le nari avide, mi saliva
pe 'l capo. Io le guardai la gola palpitante

al ritmo de le note: come bianca!
le piante
curve al passaggio udivano?
Io le guardai la gola.
Or vanivan d'intorno le nebbie di viola
ne l'aria; una penombra dolce velava l'aria,
e su da la foresta profonda e solitaria
sorgevano le voci de le cose, gli odori
de le cose. Pareva, non so, come dai fiori
da le foglie da l'erbe un sogno vegetale
salisse e si spandesse, grande e soave; quale,
non so, da le dormenti acque a l'alba un vapore.
Io respirava un sogno di foresta in amore.
Ella cantava; e il puro canto rendeva pure
tutte le cose.

III

Tacque; poi che su le pianure
a l'orizzonte il disco de 'l plenilunio sorse,
improvviso. Pe 'l bosco addormentato corse
allora un lungo brivido. Il benigno rossore
lentamente vinceva la notte. E nel pallore
del cielo il disco enorme brillò, come un divino
scudo, classicamente.
– O Vergilio latino,
o tu che da la curva lira d'avorio i canti
sacri derivi, m'odi! Se mai le riluttanti
ciglia a notte domai su 'l tuo poema e i dolci
sonni immolai su l'ara, mite Vergilio, molci
or le mie corde e l'ali concedimi al linguaggio:
cantami il plenilunio pio di calendimaggio! –

IV

Quando il grande letargo del bosco nei chiarori
lunari si sommerse, crescevano gli odori
su dal bosco profondo in marea fresca; e il vento
carico de gli odori per quel biancheggiamento
alitava, recando come lunghi bramiti
di cervi in lontananza. Or le cerve da i miti
occhi umani, in ascolto, ad ogni più leggero
alito trasalivano, trepide nel mistero
de l'ombre vigilando se non già fra le piante
brillassero i terribili occhi del fulvo amante.
Era il desìo diffuso ovunque. I secolari
tronchi di quercia ergevano agli incanti lunari
le membra, come atleti che chiedessero abbracci
ansando ed anelando, non più paghi dei lacci
d'un'edera. Pareano truci mostri in agguato
taluni alberi a l'ombra; altri da un delicato
artefice scolpiti nei diaspri più rari,
divine opre notturne. E gli incanti lunari
mi fingeano a la vista lunghi ordini lontani
di cupole e di aguglie, adunanze di strani
palagi, fughe d'alti portici risplendenti:
una città di sogno!
Ma gli odori crescenti
attossicavan l'aria, ma da quel gran letargo
vegetale un respiro saliva, quasi il largo
respiro d'una belva; ma mille voci rotte
di piacere turbavano il bosco ne la notte.

V

E ci fermammo. A noi su 'l capo quel fulgore
piovea placido e fresco; ne la carne un languore
novo mettendo, quasi penetrasse la cute,

ammollisse le vene. Ora un disìo di acute
voluttà mi pungeva, innanzi a quella bianca
vergine inconsapevole.
– Io sono tanto stanca –
ella disse, piegando verso di me. – Non vuoi
tu riposare? – Aveano le sue parole, i suoi
gesti una così nova dolcezza ch'io tremai
ne l'ime fibre come a una voce non mai
udita, indefinibile. E mi sentii su gli occhi
scendere un denso velo; e le caddi a' ginocchi;
e con avide mani su pe 'l suo corpo ascesi,
e tremar come un'arpa viva il suo corpo intesi.
Atterrita a que' sùbiti vibramenti d'ignote
fibre, ella con aneliti, gemiti, con immote
le pupille e convulsa la bocca, omai perduta,
omai perduta senza scampo, omai posseduta
da la dolce e terribile forza a cui la foresta
era schiava in quell'ora, pendea su me...
La testa
in dietro a l'improvviso abbandonò. Le chiome
effuse le composero un letto ov'ella, come
per morire, si stese. Un irrigidimento,
quasi un gelo di morte, l'occupò. Lo spavento
m'invase, per un attimo, innanzi a quel candore
mortale che parea cingerla d'un orrore
mistico e da l'impuro desìo che in me sì forte
fiammeggiava difenderla per sempre. Ma fu morte
breve. Tornò la vita ne l'onda del piacere.
Chino a lei su la bocca io tutto, come a bere
da un calice, fremendo di conquista, sentivo
le punte del suo petto insorgere, al lascivo
tentar de le mie dita, quali carnosi fiori...

O bei fiori vermigli – in cui eran sapori
de' più teneri frutti che tarda su le soglie
de l'Estate ridendo l'ultimo riso coglie

la Primavera –, o fiori, o frutti dal più lene
sangue virgineo nati, nudriti da le vene
più cerule che scorrano in paradisi umani,
o fiori, o frutti, ancóra io mi sento su i vani
versi, al ricordo antico, impallidir la faccia!
Ed ancóra le reni, come allora, mi ghiaccia
un brivido!

VI

Su i vani versi per voi fatico
ne la notte, Madonna, ad ornar questo antico
ricordo. E dal mio sangue rigermoglia l'amore
furtivamente. Yella in fondo al vostro cuore
più non canta, o Madonna, come un dì pe 'l selvaggio
bosco nel plenilunio reo di calendimaggio?

NOTE

IL PECCATO DI MAGGIO (p. 44)

Al centro della polemica sulla «verecondia» per l'audacia di alcuni suoi versi («sentivo / le punte del suo petto insorgere, al lascivo / tentar de le mie dita, quali carnosi fiori», vv. 133-135), ribadita anche dall'epigrafe teocritea in greco aggiunta nella *ne varietur*, Treves 1896 («Le poma tue, c'han primo fiore, io tento», secondo la traduzione settecentesca di Antonmaria Salvini), l'idillio in versi martelliani (a imitazione dell'alessandrino francese) appare per la prima volta sulla «Cronaca bizantina» del 16 maggio 1883. In un misto di slancio anticonformistico e di astuta ricerca dello scandalo, nella regione comune alla letteratura e alla vita, d'Annunzio non esita a rendere pubblico dietro il fragile schermo dei versi il primo amplesso con Maria Hardouin di Gallese, la diciannovenne duchessina che il poeta «bello come un paggio del Medioevo» (così nel suo diario uno dei personaggi di spicco della Roma bizantina, il conte Luigi Primoli) ha fatto innamorare di sé, certo attratto dalla prospettiva di essere anche protagonista, oltre che spettatore, dei riti mondani della capitale. Fieramente osteggiata dal padre di lei, dopo una clamorosa fuga in treno dei due giovani a Firenze, la storia d'amore approda nel luglio a un matrimonio riparatore: nemmeno sei mesi dopo, il 14 gennaio 1884, vedrà la luce il primogenito della coppia.

La revisione per l'edizione del 1894 introduce nel testo non poche varianti, che consumano l'indugio analitico della descrizione e dell'annotazione erotica in una nuova fermezza di dettato e sapienza di rapporti armonici, espungendo l'enfasi scoperta e ingenua del desiderio («Ne le sue giovani carni il peccato d'Eva / squillava a gran martello [...]») per far posto al sentimento di un Eros convulso e terribile, quello del *Trionfo della Morte*. Ma ciò avviene senza alterare il disegno strutturale della lirica, che resta quello dei due amanti che si inoltrano nel bosco, un topos del romanzo cortese medievale destinato a sempre nuove variazioni nell'arco della produzione dannunziana, dalla novella *Nell'assenza di Lanciotto* (1884) alla *Pioggia nel pineto* di *Alcyone*: la passeggiata nel bosco offre a d'Annunzio una cifra unitaria dell'invenzione fantastica ed espressiva, al crocevia fra la lirica e il racconto, la prosa e la poesia. Non a caso *Il peccato di maggio* può riprendere e mettere a frutto sia l'*Education sentimentale* di Flaubert («la lumière [...] atténuée sur les premiers plans par une sorte de crépuscule [...] étalait dans les lointains des vapeurs violettes») che le prove in versi di un narratore di razza come Maupassant (cfr., nella raccolta *Des Vers*, la poesia *Au bord de l'eau*, da «Le vent me paraissait chargé d'amours lointaines, / Alourdi de basiers, plein des chaudes haleines / Que l'on entend venir avec de longs frissons [...] Auprès de cette femme / Il n'est qu'un cri d'amour, celui du cerf qui brame» a «Les roses fleurs de chair qui se dressent au bout [...] Sous ma bouche ses seins avaient un goût d'amande»). D'altro canto, per esplorare i nessi che si istituiscono tra lo scenario naturale e il microcosmo umano d'Annunzio ricorre a Shelley, nella versione in prosa francese del Rabbe, e in particolare alla figura femminile dell'*Epypsichidion*, anch'essa gravida di futuri sviluppi alcionii («Une chaude fragrance semble tomber de ses vêtements légers et de sa chevelure détachée»), di cui si arieggia l'epifania miracolosa, quasi di moderno Stil nuovo: «Enfin, dans l'obscure Forêt, vint la vision que j'avais cherchée [...] Au milieu de ce désert glacé d'épines, ses mouvements firent éclater une splendeur semblable à celle du Matin [...]; si bien que son chemin fut pavé et voûté de fleurs aussi suaves que les pensées de l'amour en boutons, et de sa respiration une musique émanait comme une lumière [...]; et des parfums chauds et frais tombèrent de sa chevelure». Ma nell'educazione sentimentale dannunziana l'estasi neoplatonica del visionario inglese rifluisce o si converte in un trionfo del «desìo» sensuale, in un «sogno vegetale» di «foresta in amore», al cui centro sta una «maga» (lo stesso appellativo designa, nel carteggio, l'amore degli anni pratesi, Giselda Zucconi), più che mai nel segno di una *fairyland* come regno dell'erotico. Senza ovviamente giungere alla temperatura fantastica del *Notturno* («Ho negli occhi una selva di ametista»), un'aura di fiaba spira dalla metamorfosi della vegetazione e della sua vita organica in un *décor* di minerali, metalli e pietre preziose (come i «diaspri», v. 93; «dòmi», v. 17, nel senso di «cupole» o «volte», è voce carducciana), che fa della natura, come avrebbe detto Novalis, una città magica pietrificata. A sua volta, la favola dell'istinto si raccorda al ritmo che scandisce la vicenda delle stagioni e il ciclo solare del giorno, come suggerisce la clausola ricorrente «plenilunio [...] di calendimaggio» che, in rima con «selvaggio» (a eco del celebre *refrain* del *Cantamaggio* del Poliziano), rinvia alle feste del sole e della fecondità che salutavano la primavera. E la viola, che con il suo colore empie di sé il secondo tempo della poesia, è anche nel *Midsummer Night's Dream* shakespeariano il fiore del delirio d'amore.

A correlare il *romance* del desiderio con i prestigi e le galanterie della vita a Roma provvede, in apertura della lirica, un duplice richiamo del poeta alla propria prosa giornalistica. Il pittore anglo-olandese Lawrence Alma Tadema (v. 4), con i suoi studiati incanti falso-antichi, era stato il protagonista assoluto dell'Esposizione d'arte tenutasi a Roma nella primavera del 1883. Del suo «tipo muliebre» d'Annunzio rende puntualmente conto nelle colonne del «Fanfulla» domenicale («La testa pura dalla pura bocca, dai puri occhi, si leva come una specie di nimbo fiammeggiante, nel nimbo dei capelli rossi che coprono per due grandi ciocche la nuca», 1 aprile 1883). Subito dopo, la lirica riprende da una cronaca mondana l'omaggio alla bellezza degli occhi di Maria di Gallese, alle loro «turchine vive, piene di pagliuzze d'oro, che splendono sotto certe ciglia lunghe, di faccia a me, effondendo incantesimi contro i quali nessun talismano ha virtù» («Il Fanfulla», 13 aprile 1883).

ELEGIE ROMANE
(1887-1891)

A cura di Giorgio Zanetti.

Annunciato il 7 agosto 1887 sul «Fanfulla della Domenica», ove qualche giorno innanzi (24 luglio) è apparsa la primizia di *Villa Medici*, il libro che reca il titolo goethiano di *Elegie romane* attinge solo a distanza di tempo la sua fisionomia definitiva. Dopo la rottura con Treves, che ha rifiutato di pubblicare l'*Innocente*, il volume esce infatti il 20 maggio 1892 a Bologna per i tipi di Zanichelli, nella stessa collana che ha ospitato le *Odi barbare* carducciane. Nelle quattro sezioni che scandiscono il libro, poesie programmaticamente omogenee per schema metrico (il distico elegiaco), ma composte a intermittenza fra il luglio 1887 e il maggio 1892 (di là, dunque, dall'indicazione cronologica del sottotitolo, «1887-1891»), trovano infine anche un ritmo unitario di motivi e di immagini.

Ordinate in volume per affinità tematica, e non secondo la data di composizione, le poesie configurano una sorta di parabola lirica dell'amore per Barbara Leoni, dall'esplosione della passione alla «cenere» del disincanto. Non senza nitidi echi puntuali del carteggio con Barbarella, la storia amorosa si svolge in stretto rapporto con gli scenari di Roma, fra i suoi monumenti e i suoi scorci mirabili; ma vi si evoca anche la consuetudine degli appassionati convegni nel *buen retiro* di Albano Laziale (*Sera su i colli d'Alba*, *Sul lago di Nemi [Villa Cesarini]*, *Il Viadotto*, *Villa Chigi*...), quasi certamente mettendo a frutto le annotazioni di taccuini oggi dispersi. In corrispondenza con la svolta esistenziale che nel '91 induce d'Annunzio a volgere le spalle alla capitale, l'ultima sezione ha invece per sfondo Napoli e, con il rimpianto della città perduta, reca l'annuncio di un «novo amore», Maria Gravina.

Ma naturalmente la vicenda biografica si contempla e si sublima negli specchi della letteratura, sin dalla soglia del libro e dalla sua duplice epigrafe, che cita Ovidio esule nel Ponto («Quid melius Roma?») e lo stesso Goethe, «Eine Welt zwar bist du, o Rom; doch ohne die Liebe / wäre die Welt nicht die Welt, wäre denn Rom auch nicht Rom», con un distico delle *Römische Elegien* già ricordato e tradotto nel *Piacere*: «Tu sei un mondo, o Roma! Ma senza l'amore il mondo non sarebbe il mondo, Roma stessa non sarebbe Roma». A partire di qui, sino alla Grande Guerra e oltre, sarà poi costante in d'Annunzio il gioco onomastico, quasi rivelazione magica di un'essenza, fondato sul palindromo «Roma-Amor». Ma l'evocazione di Goethe, magari intrecciata al *romance* shakespeariano (*Sogno d'un mattino di primavera*, *In un mattino di primavera*, *Il Meriggio*...), ha soprattutto il valore di un termine di paragone ironico, a distanza incolmabile dai veleni, i fantasmi allucinati, gli spasimi struggenti e acri dell'amore moderno, nei cui labirinti il poeta si addentra con la guida sicura di Paul Bourget e della sua *psychologie contemporaine*. Del resto, nell'arco di tempo dell'elaborazione del libro, nel suo itinerario fra le «correnti che attraversano e conturbano la vita europea», d'Annunzio scopre o approfondisce Schopenhauer, Amiel, Tolstoj, Dostoevskij, per tacere di Wagner e della sua tecnica o metafisica della ripetizione, mentre si fa strada sempre più insinuante la suggestione del Simbolismo francese.

Ma l'autore più presente nella raccolta, con una serie numerosa di allusioni, echi, citazioni più o meno nascoste, sino all'estremo della parafrasi o della traduzione inventiva, è indubbiamente Shelley. Al poeta inglese Carducci ha di recente (1884) consacrato i distici di una celebre *barbara*; e a Roma, come non si dimentica nel *Piacere*, il «Cuore dei cuori» è oggetto di un vero e proprio culto, tra i cui sacerdoti spicca Enrico Nencioni, anche per questo, forse, dedicatario delle *Elegie* dannunziane. Ma è poi vero che a Shelley d'Annunzio ritorna con ragioni nuove e originali, anche in quanto a Parigi i giovani araldi di una letteratura del simbolo identificano in lui un precursore, come avviene per esempio in un libro-manifesto quale *La littérature de tout'à l'heure* (1889) di Charles Morice, mistico discepolo di Mallarmé.

Pochi mesi dopo aver licenziato le *Elegie romane*, sul «Mattino», d'Annunzio dedica a Shelley riflessioni capitali, riconoscendolo come il poeta che capta ed esprime «la vita occulta delle cose» e che «sotto la forma che fa l'ornamento del mondo [...] scopre quella oscura sensibilità che genera in ogni cosa un'aspirazione e uno sforzo; scopre l'anima e il suo mistero» (*Shelley*, 4-5 agosto); e in un secondo intervento shelleyano, subito successivo (*Note sull'arte. La Sensitiva*, 28-29 agosto 1892), egli si spinge a individuare i «due particolari modi al poeta proprii nel rappresentare la Natura. O egli, con uno sforzo, astrae dalla rappresentazione la sua personalità [...] o pure vi mescola tutte le sensibilità della sua anima che diventa consostanziale con la Natura stessa». Qualcosa del genere si può ripetere anche per le *Elegie romane*, ove l'oggetto si scioglie in un riflesso emotivo dell'interiorità o addensa misterioso una muta allegoria della Vita, fra le esasperazioni morbide o estatiche, le finzioni, i feticci, i riti medianici della grande nevrosi floreale.

Una preziosa chiave d'accesso alla temperie delle

Elegie romane è fornita dal ritratto dannunziano di pugno di Hugo von Hofmannsthal che appare sulla «Frankfurter Zeitung» del 9 agosto 1893: un saggio che d'Annunzio, alla ricerca del «critico degno dell'artista», giudica «magnifico», al punto di curarne la traduzione per la *D'Annunziana*, il numero monografico della «Tavola rotonda» (17 dicembre 1893) di cui egli stesso è il promotore e il regista. Vale la pena di riprendere i termini di fondo della lettura del giovane viennese nella traduzione dannunziana, pur con le sue infedeltà e le sue forzature inevitabili, dovute, si direbbe, a un eccesso di consentaneità.

Se veramente «noi non possediamo se non una memoria sentimentale, una volontà infiacchita e la terribile dote della duplicità interiore», tra «vecchi mobili» e «giovini nervosità», implacabile spirito d'analisi e irresistibile propensione al sogno, allora le *Elegie* dannunziane offrono di tale sindrome generazionale la «cristallizzazione» più intensa, tanto più a raffronto con la poesia di Goethe: «È come se, nei cento anni che passano tra questi due libri d'amore, la sicurtà e la padronanza della vita fossero scemate oscuramente d'innanzi al continuo crescere del problematico e dell'incommensurabile [...] Un memoriale dell'amore come le *Elegie Romane* di Gabriele d'Annunzio sta ancora per metà sulla terra. Contiene il volo di Icaro ma contiene anche la miseranda caduta e il lungo scoramento. Contiene l'ebbrezza della fantasia e l'improvviso gelo della riflessione». E lo stesso ruolo di protagonista che si assegna allo scenario sontuoso della vicenda d'amore («A queste *Elegie* Roma ha dato tutte le sue memorie, tristi e liete, mistiche e profane, sempre magnifiche e imperiose») avvalora il sentimento di una vita priva di centro e di direzione, dispersa in un seguito di reazioni nervose che avvampano e si consumano nella riflessione e nell'immaginario, senza un possibile rapporto autentico con l'altro: «Questo amore è come una musica, è come un profondo e dolce incantesimo che dà all'anima una vita non mai vissuta e le fa apparire il sogno come una verità. Non è un amore a due, ma è come lo stupendo monologo di un sonnambulo. Il poeta è solo, con un violino magico, d'innanzi a uno specchio incantatore. Egli è solo e desidera d'esser solo».

Ed è indubbio che la *quête* amorosa delle *Elegie romane* sia anche una ricerca della musica, che può accogliere la presenza vibrante e franta del parlato in un gioco libero ma vigilatissimo di iterazioni sonore, in cui qualcuno ha visto, come per altro verso nelle prove parallele di Pascoli, una implicita polemica verso Carducci e il distico elegiaco barbaro. Vero è che anche la metrica barbara entra in crisi svolgendosi nella direzione di «una melodia / infinita, continua, che sia / senza numero quasi», la stessa che orienta le rime coeve del *Paradisiaco*, come suggerisce proprio d'Annunzio in una missiva dell'8 novembre 1891 a Conti, il quale gli aveva comunicato le sue impressioni di lettura di una delle ultime elegie, *Nella Certosa di San Martino*: «Tu hai compresa la musica dei miei ultimi versi. Hai sentita la melodia "interiore". Dal suono il sentimento. Ho voluto esprimere certe condizioni dell'animo inesprimibile, scoprendo qualche virtù occulta del ritmo». L'esteriorità del metro, delle sue cadenze armoniche prestabilite e della sua scoperta cantabilità, cede il passo a uno scavo più autenticamente musicale di impeto e di accenti, con periodi ritmici dalle tessiture cangevoli aperte anche all'asprezza, in cui alita potente la suggestione del silenzio.

VILLA CHIGI

I

Sempre nelli occhi, sempre, avrò quella vista. Oh silente
pallida ignuda selva, non obliata mai!

Noi discendemmo piano, seguendo il famiglio, una scala
umida, angusta, dove l'ombra parea di gelo.

Ella era innanzi. A tratti, sostava. Mal certa su i gradi
ripidi, contro il muro ella tenea la mano.

Io la guardai. La mano bianchissima parvemi esangue,
parvemi cosa morta. Morta la cara mano

che tanti al capo sogni di gloria mi cinse, che tanti
sparsemi di dolcezza brividi nelle vene!

Soli restammo. Un fonte gemea roco a piè d'una loggia;
alto salìa l'antico feudo chigiano al cielo.

Erano sparsi fumi pe 'l ciel come candidi velli.
Entro correavi un riso tenue d'oro; e i nudi

vertici della selva parean vaporare in quell'oro;
eran le felci al sommo èsili fiamme d'oro.

Ella tacea, guardando. Ma, tutta nelli occhi, la grave
anima dolorosa queste dicea parole:

– Dunque nell'alta selva, che udisti cantar su 'l mio capo,
seppellirai tu, senza pianto, il tuo grande amore?

Intenderò io dunque nel dolce silenzio, che amammo,
la verità crudele? Dunque per questo, o amico

unico mio, per questo m'hai tu ricondotta ne' cari
luoghi ove un giorno io parvi schiuder la primavera? –

II

Oh primavera, tutta la selva correano i tuoi spirti;
tutta prendean l'inerte selva dalle radici,

occultamente; rari aneliti uscieno; talvolta
era come un ansare languido, oh primavera!

Ella tacea, guardando. Udiva io l'interna sua voce;
ma non risposi. Io tacqui. Io non risposi mai.

Vano ogni sforzo. Un freddo suggel mi chiudeva la bocca;
torbido, invincibile, contro di lei, dall'ime

viscere mi sorgeva non so quale odio; moriva
ogni pietà di lei nel saziato cuore.

Muti, così, vagammo: così, l'uno a fianco dell'altra,
simili ad ombre erranti sotto un fatal castigo.

Era la carne stanca; le pàlpebre erano gravi;
era nelli occhi quasi una caligine.

Tutta la notte, ahi, lunga! (parea che non fosse mai l'alba),
io con ardor, con ira folle cercato avea

di ravvivar la fiamma ne' corpi commisti, ne' baci.
Ella non più bevea l'anima mia ne' baci.

Ella bevea soltanto le lacrime sue ne' miei baci.
Lacrime di quelli occhi, pur vi sentii su 'l cuore

ardermi fra 'l disgusto che a flutti salìa dal profondo,
lacrime di que' dolci occhi ove il cielo io vidi!

III

Or non vedeva il cielo nelli occhi di lei ma dolore.
Ella tacea pur sempre, pallida più del cielo.

Tutte le forme alli occhi miei lassi apparìan dubitose
inesistenti, come forme di sogni, strane.

Alberi strani, in torno, balzavan da terra a ghermire
con mostruose braccia la delicata nube.

Snella fuggìa la nube l'abbraccio terribile, dando
al ghermitor selvaggio labili veli d'oro.

Folti per ogni parte i muschi crescean nella grave
umidità. Le querci erano di velluto.

Tutti copriva i tronchi quel fresco velluto opulento;
tutte le pietre in torno erano di velluto.

Oh meraviglia! Un tempo mi parve il mirabile ammanto
opra di carmi, ed ella spargere tal mistero.

Dubio, da un ciel di perla, guardava il sole tra i rami;
ella ridea con occhi limpidi all'Adorato.

Mi vacillava il cuore: – La luce che illumina il bosco,
misteriosa, piove dalli occhi suoi? dal sole? –

Come nell'alba prima la luna d'agosto mancando,
pallida, effonde un riso che non fu mai più lene:

tremano in ciel due vaghi miracoli; un sogno la terra
ultimo esala, incerta nello spirtale albore:

ella così mi parve. Contorte al suo piè le radici
eran di serpi un gregge obbediente a lei.

IV

Or chi guidava il nostro cammino? Forse un ricordo?
E perché mai varcammo la sconsolata altura?

Era per quell'altura (udiva io salendo alenare
la taciturna) un bosco ceduo. Tutti, ignudi,

grigi, sottili, i fusti sorgevano in una eguaglianza,
come di lance schiera ordinata in campo;

o non più tosto, anima mia, come un lungo solenne
ordine di cèrei spenti nell'aer muto?

Parvero a lei, per certo, così mentre ella passava.
Ella pensò la morte. Lessi nel suo pallore.

– Tu mi vedrai morire. Vuoi tu, vuoi tu dunque ch'io
muoia? –
lessi nelli occhi. – Pure, io non ti feci male.

Pure, io non altro feci che amarti, che amarti; non altro
feci che amarti sempre! Io non ti feci male. –

Vano ogni sforzo. Un freddo suggel mi chiudeva la bocca.
Un maleficio occulto dentro m'avea gelato.

Ma trasalimmo entrambi, sostando: un tronco abbattuto
attraversava il passo. Muti, sedemmo quivi.

V

Sempre nelli occhi, sempre, avrò quella vista. Oh silente
pallida ignuda selva non obliata mai!

Erasi chiuso il cielo. Qualche alito, raro, destava
per le caduche cime quasi un brivido.

Cumuli di carbone qua e là nelli spiazzi, come alti
roghi ove già fossero cenere i cadaveri,

lenti fumigavano. Salivan nell'aria le spire
lente ondeggiando; lente dileguavano;

e su 'l composto suolo di foglie morte, su quella
tomba d'autunni, l'ombre camminavano.

Cenere, fumo ed ombra parean quivi segnar la gran legge.
– Devono, come i corpi, come le foglie, come

tutto, le pure cose dell'anima sfarsi, marcire;
devono i sogni sciogliersi in putredine.

Devi tu, uomo, sempre, di ciò che ti diede l'ebrezza
assaporare torpido la nausea.

Nulla dal fato è immune. Nel corpo e nell'anima, tutto
tutto, morendo, devesi corrompere. –

Or chi di noi soffriva più forte? Ella, ella mi amava;
vivere al men sentiva, d'una tremenda vita,

entro il cuor suo la fiamma: la fiamma anche pura e raggiante.
Io non l'amava. Il cuore gonfio parea d'un tetro

lezzo; non altro senso avea che d'un tedio infinito
l'anima ottusa. Oh come, donna, t'invidiai!

VI

Ma trasalimmo entrambi, udendo sonare una scure.
Colpi iterati, sùbito, echeggiarono.

Aspra nel gran silenzio ferìa l'invisibile scure;
non il ferito tronco udìasi gemere.

Ella, ella, a un tratto, come ferita, ruppe in singhiozzi:
ruppe ella in disperate lacrime; ed io la vidi

nel mio pensiero, quasi nel guizzo d'un lampo, io la vidi
ùmile sanguinare, ùmile boccheggiare,

stesa tra 'l sangue, e alzare le supplici mani dal rosso
lago; e dicea con gli occhi: – Io non ti feci male. –

Oh moribonda anima! Le stetti da presso impietrito.
Anche una volta bere le sue lacrime

io non poteva? Al meno sfiorarle i capelli una volta
io non poteva? Al meno prenderle i polsi; il viso

bianco scoprirle, il giglio divino imperlato di pianto·
chiederle al men con voce dolce: – Perché piangete? –

Ella piangea. Di lunge, i colpi echeggiavano; gli alti
roghi, d'in torno, lenti fumigavano.

NOTE

VILLA CHIGI (p. 60)

Apparsa per la prima volta sulla «Nuova Antologia» dell'1 settembre 1889, la lirica viene terminata il «21 Agosto, ore 5 pom. S. Vito», come si apprende da una lettera che d'Annunzio, il 3 marzo 1892, invia da Napoli a Barbara Leoni citando l'autografo oggi perduto. La stesura di questa poesia, immersa in una cupa atmosfera autunnale di «tetro lezzo» e persino di «nausea» (in chiara antitesi alla «primavera» dell'amore cantata in *Villa Medici*; e cfr. qui i vv. 24 sgg.), avviene dunque nei giorni dell'estate 1889 che segnano per la coppia un'acme di pienezza e di felicità, quando Barbara, dopo una lunga separazione, raggiunge finalmente l'amante nell'Eremo di San Vito Chietino per trascorrere con lui, sulle rive dell'Adriatico, una stagione inebriante di appassionata intimità.

Ma questi, appunto, sono anche i giorni in cui d'Annunzio, reduce dalla lettura attenta del *Disciple* di Bourget, continua la sua esplorazione della complessità del moderno ponendo mano al disegno di un nuovo romanzo, *L'Invincibile* (diverrà poi il *Trionfo della Morte*), a proposito del quale annota fra i suoi appunti di lavoro: «Il libro deve dimostrare che l'amore è la più grande fra le tristezze umane, non l'amore contrastato o periglioso o tumultuoso, ma anche l'amore libero, sicuro, condiviso. Deve dimostrare la ruina irreparabile che la vicinanza costante di una donna porta in uno spirito alto». Su un piano allucinato di ombre oniriche sinistre, anche *Villa Chigi* coniuga il motivo dell'amore reciproco infelice, della passione che si converte in estraneità e inimicizia proprio in quanto nessun ostacolo si frappone al possesso, lasciando dietro di sé l'inerzia della coscienza delusa e la crudeltà sadica della «carne stanca». Ma la lirica suggerisce anche che nel culto della passione, o nell'amore dell'amore, agisce già il sortilegio di *thanatos*, che costringe il sensitivo *célibataire* dell'elegia a sperimentare dentro di sé la vertigine della corruzione e dell'annientamento, quasi scoprendo «alle radici dell'essere un istinto ostile all'essere», come si legge nel *Trionfo della Morte*. Se la nota in incipit di «morta la cara mano» varia luttuosamente un motivo di

Verlaine (cfr. *Sagesse*, XVII: «Les chères mains qui furent miennes [...] Les chères mains m'ouvrent les rêves», e V: «Beauté des femmes, leur faiblesse, et ces mains pâles / qui font souvent le bien et peuvent tout mal»), per il «vanitas vanitatum» del quinto tempo della poesia d'Annunzio recupera un frammento di Shelley da lui tradotto in una prosa *Nel cimitero inglese* sulla «Tribuna» del 3 agosto 1897, correlandolo a una scena desolata di «foglie morte» e di «cumuli di carbone». Ma l'esito della poesia dipende più che mai dal trattamento lirico, davvero raffinato e avvolgente, della ripetizione e della variazione: i fantasmi ossessivi dell'Eros malato e funebre procedono e traggono consistenza – «dal suono il sentimento» – da una fitta trama acustica di combinazioni iterative contigue o a distanza, in successione o a chiasmo, che fa vibrare una regione ambigua e senza nome sospesa tra tenerezza e orrore, tra il fascino e lo strazio.

L'ISOTTÈO
(1886)

A cura di Giorgio Zanetti.

L'Isottèo appare insieme con *La Chimera* (vanamente d'Annunzio insiste fino all'ultimo con Treves affinché i due libri escano in volumi separati) nel gennaio 1890, quasi a rilanciare il gusto e i valori affermati nel *Piacere*. Ma il nucleo originario dell'opera è costituito dai testi scritti fra il 1883 e il 1886 e riuniti nell'*Isaotta Guttadàuro*, il prezioso libro di poesia illustrato offerto in dono agli abbonati della «Tribuna» allo scadere del 1886. Mentre le novelle coeve del *San Pantaleone* ripropongono la vita primitiva e ferina della terra d'Abruzzo in un realismo in cui anche l'orrido diventa prezioso e si trasfigura in materia pittorica, quella di Michetti, nell'*Isaotta* il rapporto con l'immagine si svolge in una ricerca di forme elette idealizzate dalla lontananza e dal desiderio, con un'oltranza decisamente dissonante nell'Italia letteraria di Carducci e del verismo. Come la lussuria dell'*Intermezzo di rime* era stata oggetto di una sapida parodia di Corrado Ricci e Olindo Guerrini, così l'esperienza di raffinatezza dell'*Isaotta* suscita una irridente *Risaotta al pomidauro*, firmata Raphaele Panunzio e scritta da Giuseppe Antonio Cesareo con la complicità di Scarfoglio, che la ospita a puntate nel suo «Corriere di Roma». Sfidando l'amico a duello, d'Annunzio ribadisce a suo modo la convinzione, la presa sul presente di un esperimento che trova la più intensa ragione di attualità proprio nel suo gioco di alibi e di maschere, nel programmatico esotismo *dans le temps* delle immagini e dello stile.

Retrospettivamente, in un bilancio della nuova poesia italiana apparso sul «Mattino» del 30-31 dicembre 1892, d'Annunzio discute questa sua esperienza ponendosi implicitamente fra i «pochi» che si fossero adoperati a innovare immettendo nella lingua poetica «la freschezza» della lirica dei primi secoli: «Come i Parnassiani di Francia derivarono la copia della lingua, la varietà dei metri, la ricchezza delle rime da Pierre de Ronsard e dagli altri poeti del XVI secolo, così questi pochi hanno voluto proseguire e rinnovare le forme tradizionali italiane riallacciandosi ai poeti dello stil novo e a quelli del tempo di Lorenzo il Magnifico». Ed effettivamente l'erratica sperimentazione di metri barbari e versi lunghi che contrassegna le prime prove genera nel poeta dell'*Isaotta*, quasi per contraccolpo, il bisogno di misurarsi con forme avvalorate dal fascino del primitivo e del desueto, e insieme di ardua, rigorosa codificazione. Ecco allora la ballata, il sonetto rinterzato, la nona rima, la sestina lirica... Il giovane poeta che poi molti anni dopo non esiterà ad accreditarsi fittiziamente allievo del Monaci alterna alla lettura del *Petit traité de poésie française* di Banville l'attenzione, che dobbiamo supporre scrupolosa, alle iniziative editoriali rivolte alla poesia italiana delle Origini: dalle *Rime di M. Cino da Pistoia e d'altri del secolo XIV* a cura di Carducci (1862) alle *Cantilene e Ballate, Strambotti e Madrigali nei secoli XIII e XIV* di D'Ancona-Carducci (1871) o dalle *Antiche rime volgari* di D'Ancona-Casini-Comparetti (1874) alle *Canzonette antiche* proposte da Edoardo Alvisi nel 1884. Ma per ciò che riguarda Carducci, lo studioso autorevolissimo di Petrarca e di Poliziano, arride a d'Annunzio anche l'emulazione del poeta che con *Notte di maggio*, apparsa sulla «Domenica del

Fracassa» del 17 maggio 1885, ha resuscitato l'idolo irto e prezioso della sestina.

Tuttavia lo studio e il cesello della forma, su cui d'Annunzio insiste nel '92 anche per rilevarne i limiti, tanto più a fronte di Pascoli, avvalorando così la sua nuova prospettiva di simbolista «musicale», costituiscono all'origine solo una delle componenti dell'opera. Sul «Fanfulla della Domenica» del 6 febbraio 1887 un lettore di gusto europeo come Nencioni associa d'Annunzio e i parnassiani ai poeti che, nella linea di Keats, Swinburne, Rossetti, Morris, Gautier, «rivaleggiano con la pittura, con la scultura e con la musica» per coinvolgere il lettore in un'esperienza in primo luogo dei sensi. Ma egli aggiunge anche subito dopo che l'autore dell'*Isaotta* «è incomparabilmente più poeta di tutti i versificatori *Parnassiens* [...] sprovvisti [...] di quella che Wordsworth chiamava la "seconda vista" poetica. E questa, il d'Annunzio l'ha in grado eminente». Dal canto suo Angelo Conti, allora studente di medicina vivamente interessato agli studi condotti alla Salpetrière sull'ipnotismo e l'«allucinazione suggerita», può avanzare il nome di Edgar Allan Poe.

Qui torna decisivo il riferimento alle immagini figurative che corredano i testi, nate negli ambienti romani di giovani pittori amici di d'Annunzio in cui matura un'arte dell'idea e del sogno, di gusto preraffaellita più che parnassiano: ai sortilegi lunari di Mario De Maria o di Giuseppe Cellini si alterna con Giulio Aristide Sartorio o lo stesso Cellini una maniera lineare ispirata alla grafica quattrocentesca, che arieggia le vignette dell'*Hypnerotomachia Poliphili* o le miniature che ornano il *Breviario* del Cardinal Grimani. Con la loro diversa scommessa tecnica, parole e immagini cospirano a un «incantamento» del reale che dà insieme corpo ai suoi fantasmi più dilettosi, così come affiorano negli spazi dell'amore o dell'occupazione inutile, fuori dal regime borghese della volgarità e del lucro. Così l'*Isaotta Guttadàuro* può suggerire che se le «Donne» si trasformano in «fate» le fate diventano donne, in poesie che peraltro, nell'edizione 1890, d'Annunzio trasferisce nel libro della *Chimera*.

Reso con la dedica un estremo omaggio alla bionda musa dell'*Isaotta*, la moglie Maria di Gallese, l'*Isottèo*, anche con i testi più recenti, composti in tempi successivi alla pubblicazione del libro istoriato, rimarca la tendenza di fondo all'oggettivazione riflessa e al limite ironica dell'aura di uno stile remoto. Si recupera allora la tradizione dal romanzo bretone al poema cavalleresco, con gli incanti della «terra di Brolangia» e della «Tavola ritonda», dalla riscrittura del *Peccato di maggio* in chiave di amor cortese (*Il dolce grappolo*) alle ballate di *Isaotta nel bosco*, incorniciate da un richiamo esplicito alla fiaba della Bella addormentata. Impossibile affermare con certezza, anche se l'ipotesi è allettante, che d'Annunzio conoscesse già la mirabile ricerca di Pio Rajna sulle *Fonti dell'«Orlando furioso»*. Certa, e fertile di suggestioni, a cominciare dal nome Isaotta della protagonista, è invece la lettura del poemetto allegorico-didascalico in nona rima *L'Intelligenza*, attribuito allora dai più a Dino Compagni (ma sulla questione intervengono con tesi diverse Adolfo Borgognoni, Adolfo Bartoli, Alessandro D'Ancona, Isidoro Del Lungo, lo stesso Rajna).

Attratto dal «poema adorno» come da un arazzo prezioso di figurazioni simboliche medievali, dal suo lapidario ai suoi «paoni», d'Annunzio vi ritrova anche, quasi a specchio della propria operazione, un mosaico delle espressioni più tipiche della *koiné* stilnovistica in una trama fitta di francesismi e provenzalismi, puntualmente trascritti dal poeta moderno («Al novel tempo e gaio del pascore»). E di qui egli può muovere per suggerire anche la continuità segreta dai poeti del

Duecento al primo Rinascimento quattrocentesco della Firenze laurenziana e alla sua poesia, a un tempo dotta e popolare. La *Cantata di Calen d'Aprile*, composta nell'aprile 1888 per le nozze della sorella Elvira, celebra l'avvento della primavera e la potenza dell'amore attraverso le voci di Lorenzo e Poliziano, intrecciando in uno spartito di «canzoni» e «cori alterni» cadenze del canto popolare («Un serto di giacinti / son que' suoi ricci neri»), mentre «le due schiere» delle donne e degli innamorati seguono «nei moti quasi un ritmo di danza». Il pensiero corre per un istante alla tesi formulata da D'Ancona negli *Studi sulla Poesia popolare italiana* (Livorno 1878), secondo cui Poliziano o il Magnifico, quando componevano i loro strambotti, non si comportavano diversamente dai moderni improvvisatori di poesia orale, rimpastando e intrecciando variamente le stesse formule, le stesse immagini, le stesse invocazioni, gli stessi ipocorismi di una tradizione molto più antica, che affonda nel mistero delle origini.

Alla fine, l'*Epodo* scandito in quattro sonetti «al poeta Giovanni Marradi» suggella l'*Isottèo* con una terzina rimasta memorabile, anche per il suo autore, che non cesserà di farvi riferimento, dal *Piacere* al *Libro segreto*: «O poeta, divina è la Parola; / ne la pura Bellezza il ciel ripose / ogni nostra letizia; e il Verso è tutto». Senza ora prestare alla formula significati appartenenti solo a orizzonti successivi, quando essa finirà per corrispondere quasi alla visione nietzschiana di un mondo sovrano dell'espressione, è tuttavia chiaro che il culto della Bellezza sancisce l'eterno ritorno della letteratura, come esige la volontà di opporre al grigiore opaco del presente i segni dell'immaginario e del suo ordine di motivi costanti e di risonanze interne. La ricerca di una forma di adamantina, resistente perfezione si esalta e si frange in un ordito di mimetismi e di ripetizioni, di allusioni e di memorie: quella dell'estetismo è strutturalmente una poesia della poesia. Intanto il verso dannunziano apprende a modularsi secondo i modelli musicali della variazione su un tema, della parafrasi o della parodia, ancora in termini di travestimento straniante, poesia dell'antiquariato e magari affettazione d'arcaismo, senza la forte risonanza di valenze antropologiche collettive che segnerà la stagione delle *Laudi* e del teatro in versi.

X
TRIONFO D'ISAOTTA

ALLA MANIERA DI LORENZO DE' MEDICI

Torna in fior di giovinezza
Isaotta Blanzesmano.
Dice: – Tutto al mondo è vano.
Ne l'amore ogni dolcezza! –

Torna a questi orti novelli,
con un bel passo di dia.
Vanno i piè candidi e snelli
su per la giuncata via.
Fanno l'Ore compagnia
a la bionda Blanzesmano.
Dicon: – Tutto al mondo è vano.
Ne l'amore ogni dolcezza! –

Eran l'Ore in gran mestizia
pria che tu, Sole, apparissi.
Miste danzano in letizia,
ed in su' capei prolissi
han ghirlanda di narcissi.
Portan rossi gigli in mano.
Dicon: – Tutto al mondo è vano.
Ne l'amore ogni dolcezza! –

Segue Zefiro, da 'l collo
puro, da la rosea gota,
bello quale il cinzio Apollo
in fra' lauri d'Eürota

od il Latmio in selva ignota.
Versa rose da la mano.
Dice: – Tutto al mondo è vano.
Ne l'amore ogni dolcezza! –

Seguon li altri molli Vènti,
fior recando in bocca loro.
Fanno be' componimenti
d'una danza, e polve d'oro
cospargendo vanno; e in coro
a la bionda Blanzesmano
dicon: – Tutto al mondo è vano.
Ne l'amore ogni dolcezza! –

Quindi vengono li Amanti,
quei che tiene antica pena.
Ridon pallidi in sembianti.
V'è Parigi con Elèna,
v'è la bella Polissena,
Analida e il buono Ivano.
Dicon: – Tutto al mondo è vano.
Ne l'amore ogni dolcezza! –

V'è Ginevra la reina
che fu dea di fino amore,
e Rosenna evvi e Lavina;
evvi Fiore e Blanzifiore,
Tarsia e il prence Antigonore,
sere Arecco e il buon Tristano.
Dicon: – Tutto al mondo è vano.
Ne l'amore ogni dolcezza! –

Pur la donna v'è del Lago,
Oriana ed Amadigi,
e Bersenda da 'l cuor vago,
Brandimarte e Fiordaligi,

ed Artù che in su 'l Tamigi
fu già cavalier sovrano.
Dicon: – Tutto al mondo è vano.
Ne l'amor ogni dolcezza! –

Ancor seguono li Amanti,
quei che suon di rime alletta:
Monna Vanna e il Cavalcanti,
e il Boccaccio e la Fiammetta,
e la bella Simonetta
cui cantò 'l Poliziano.
Dicon: – Tutto al mondo è vano.
Ne l'amore ogni dolcezza! –

Margherita di Navarra,
tra una corte di poeti,
in suo stil libero narra
d'amor novi casi e lieti,
come un tempo tra' roseti
ne l'eptameròn profano.
Dice: – Tutto al mondo è vano.
Ne l'amore ogni dolcezza! –

Or così viensene innanti
il Trionfo del ritorno.
Sboccian fiori, s'alzan canti,
rompon acque vive a torno,
per il nobile soggiorno.
Una voce lungo il piano
corre: – Tutto al mondo è vano.
Ne l'amore ogni dolcezza! –

Chiude il gran corteo la Morte,
non la dea de' cemeteri,
ma una fresca donna e forte
cui valletti lusinghieri

sono i Sogni ed i Piaceri
da 'l gentil volto pagano.
Dice: – Tutto al mondo è vano.
Ne l'amore ogni dolcezza! –

Beve il nume da l'ornata
coppa ambrosïo licore;
beva in sommo de l'amata
bocca l'uomo il vin d'amore.
S'apra, come rosa in fiore,
a la gioia il cuore umano,
poi che tutto al mondo è vano.
Ne l'amore ogni dolcezza!

Torna in fior di giovinezza
Isaotta Blanzesmano.

NOTE

TRIONFO D'ISAOTTA (p. 77)

Apparso sul «Capitan Fracassa» del 17 aprile 1887, e dunque non appartenente al nucleo originario dell'*Isaotta Guttadàuro*, il *Trionfo di Isaotta* ne ripropone però coerentemente i motivi tematici e formali di fondo, alla stregua di una sintesi conclusiva simbolica dell'intera raccolta.

Come indicano titolo e sottotitolo, l'intonazione del nuovo *Trionfo* viene da Lorenzo il Magnifico e dalla più celebre delle sue canzoni a ballo, il *Trionfo di Bacco e Arianna*, di cui d'Annunzio ripete lo schema metrico alludendo anche al suo memorabile *refrain* («chi vuol esser lieto sia: / di doman non c'è certezza»), riconoscibile pur attraverso la variazione: «Dice: – Tutto al mondo è vano. / Ne l'amore ogni dolcezza». D'altra parte, il canto di festa dannunziano celebra Isaotta Blanzesmano, non la moglie di Tristano rivale di Isotta la bionda, ma la protagonista di una diversa leggenda d'amore, già associata a Isaotta Guttadàuro nel *Dolce grappolo* («bella come la bella Blanzesmano / allor che la baciò per la foresta / l'amato suo Lancialotto sovrano») secondo la versione fornita nell'*Intelligenza*: «E la bella Isaotta blanzesmano, / sicom'ella morio per fin amore, / cotanto amò Lancialotto sovrano». Ma appunto dal poema medievale (che d'Annunzio legge nell'edizione milanese del 1863 curata da Nannucci e Camerini) è ripreso il corteo delle eroine e degli eroi (a cominciare dal «buon Tristano») di una passione che implica la sofferenza, il «fino amore» provenzale e cortese, riproducendone sia la tipica compresenza di personaggi vissuti in epoche diverse che la grafia sovente non canonica della loro onomastica. Ecco allora sfilare, dopo Elena e «Parigi» (Paride), «Polissena» (la figlia di Priamo amata da Achille), «Analida» con «Ivano» (sono i protagonisti dell'*Yvain* di Chrétien de Troyes, ove il nome della donna è Laudine), «Rosenna» (ossia Rossana, la donna di Alessandro Magno), «Lavina» (la seconda moglie di Enea, Lavinia; nell'*Intelligenza* «Bersenda», qui al v. 55, è una sua dama), «Fiore e Blanzifiore» (gli amanti contrastati di un poemetto francese del XII secolo, ripreso anche dal Boccaccio nel *Filocolo*), il «sere Arecco» (Erec, protagonista di un altro romanzo di Chrétien, *Erec et Enide*); mentre Ginevra e la «donna [...] del Lago» rimandano al notissimo ciclo di Lancillotto, rimangono misteriosi i referenti storici, poetici o leggendari di «Tarsia e il prence Antigonore» (nell'*Intelligenza*, Antinogore).

Su questa falsariga, d'Annunzio non resiste alla tentazione di prolungare l'elenco includendovi anche i personaggi dell'iberico romanzo cavalleresco *Amadigi di Gaula* e «Brandimarte e Fiordaligi», che figurano nell'*Innamorato* e nel *Furioso*. Da ultimo fa la sua comparsa l'eroe alle origini del ciclo bretone, Artù, cui tengono dietro sempre sul filo della tecnica elencatoria «quei che suon di rime alletta», ossia i poeti insieme con le donne loro ispiratrici, dallo Stil nuovo di Guido Cavalcanti e Monna Vanna al Quattrocento di Poliziano e Simonetta Vespucci. L'ultimo riferimento, di nuovo tra Italia e Francia, spetta all'autrice dell'*Héptameron*, Margherita di Navarra, e alla sua libera affabulazione erotica. Ma è poi singolare che questo *excursus* nei secoli della letteratura amorosa romanza sia introdotto da una allusione figurativa: nella donna che incede come una «dia» (una dea) sui prati cosparsi di fiori, fra le Ore che danzano e Zefiro pari in bellezza ad Apollo o a Endimione («il Latmio», v. 25), non è difficile riconoscere «la figura della Primavera che è nell'*Allegoria* del Botticelli», che d'Annunzio avrebbe voluto riprodotta «dalla cintola in su» sulla prima pagina dell'*Isottèo* (cfr. la lettera a Treves del 7 agosto 1889). Ma in questa «danza magica di esseri de' quali son rimasti soltanto i nomi» (Hofmannsthal) aleggia appunto uno spirito di morte e rinascita, la parola poetica compie anche un'opera di negromanzia e le sue sono immagini e voci di *revenants*. Non per nulla, certo con riferimento alla sua stessa poesia, d'Annunzio (v. 78) chiama il *Trionfo di Isaotta* un «Trionfo del ritorno».

LA CHIMERA
(1885-1888)

A cura di Giorgio Zanetti.

Non è certo improprio vedere nella *Chimera*, uscita congiuntamente con l'*Isottèo* nel gennaio 1890, il corrispondente poetico del *Piacere*, il romanzo uscito nel maggio 1889 che d'Annunzio ha composto tra la fine di luglio e il dicembre 1888, mettendo sapientemente a frutto le esperienze compiute nella veste di cronista della vita artistica e mondana nella Roma bizantina. Il rapporto è del resto nitidamente indicato dall'epigrafe del libro, costituita da alcuni versi che nel romanzo lo scrittore attribuisce al suo eroe. E il titolo certo rimanda alla «Chimera estetico-afrodisiaca» cui soggiace Andrea Sperelli, con la sensualità morbida e esasperata di un Flaubert erotico, ritrascritto nella chiave acre di un Jean Lorrain o di Huysmans.

Ma nelle poesie, sempre a specchio del romanzo o dei suoi antecedenti giornalistici, possono poi confluire sia la moda giapponese (con una *Outa occidentale*, sul modello delle traduzioni di Judith Gautier) che la «sensibilità arcadica» di un Settecento ricostruito attraverso gli studi dei Goncourt ed evocato anche nella vitalità della sua musica, secondo la lezione della sapiente, squisita Vernon Lee. E non viene dimenticato nemmeno il culto, condiviso con Conti e con gli amici pittori, per il *Midsummer's Night Dream* (nel 1887, sulla stampa, se ne annuncia la traduzione dannunziana): grazie all'amatissima favola di Shakespeare la maniera parnassiana si libera e si dilata in una regione fantastica di elfi, fate, magiche carole, filastrocche *nonsensical* e lunatiche bizzarrie (senza dimenticare l'apuleiana metamorfosi di Bottom né il folletto diabolicamente dispettoso al servizio di Oberon, Puck). Soprattutto, tra parola e immagine figurativa, si impone nella *Chimera* sulla scia delle poesie provenienti dall'*Isaotta Guttadàuro* la consonanza consapevole e attiva con quello che d'Annunzio, nelle sue pagine di cronista, chiama «movimento estetico» o «esteticismo», al quale, secondo lui, devono essere ricondotte anche le opere del Preraffaellismo. Nella Roma dannunziana, può esserne il corrispettivo il «giovine preraffaellita» Giuseppe Cellini, «poeta che cesella madrigali con squisita ricerca d'arte, pittore che dipinge madonne nell'azzurro cattolico e ninfe ignude tra i mirti pagani» (*Alla vigilia di Carnevale*, «La Tribuna», 16 gennaio 1885).

Nella *Chimera* analogamente il mito pagano coesiste e si contamina con il mito biblico e cristiano (così all'evocazione di Diana o delle Esperidi – «Oh de le antiche iddie presente spirito!» – si avvicenda la traduzione-rifacimento del *Booz endormi* di Victor Hugo; e una delle poesie del ciclo di *Donna Francesca* introduce spregiudicatamente un «figliuol di Gesù» e della «Magdalena», con il suo nuovo vangelo: «La carne è santa»). Ma più in generale la suggestione del Preraffaellismo si manifesta nell'abito quasi ossessivo di sovrapporre a una movenza, a un'acconciatura, a un volto o a un paesaggio il loro riverbero in una memoria composita di immagini figurative e letterarie, oltre che mitologiche, delineando un tracciato esaltante ma instabile di corrispondenze fra l'arte e la vita e fra il presente e il passato. Ne risulta una serie eterogenea di *tableaux vivants*, che sfrutta poi in primo luogo il simbolismo emblematico degli oggetti, come in una collezione, in cui si appaga il bisogno di riconvertire in paesaggio d'anima la realtà alienata delle cose nel tempo che Bourget chiama del «flot démocratique», il «grigio diluvio democratico» del *Piacere*. Sempre Bourget, del resto, individua nel dilettante o nel collezionista la figura in cui si incarna esemplarmente la crisi dell'esperienza propria del moderno, quando l'unità apparente dell'esistenza morale si risolve in una successione di persone multiple, eterogenee, in una «nature di protée» che ama la forma e non ne prende definitivamente nessuna.

Non stupisce che l'uomo del collezionismo e del museo sia anche il campione di un moderno eufuismo, nell'accezione in cui il termine è assunto da Walter Pater in un libro, *Marius the Epicurean*, che Nencioni aveva richiamato come punto di riferimento nella sua recensione del *Piacere*. Eufuistico, secondo Pater, è lo stile delle età in cui la coscienza letteraria si ridesta a doveri dimenticati verso il linguaggio, nel tentativo di ristabilire un rapporto di piena adeguatezza «tra pensiero o sensazione ed espressione». Esso pesa «esattamente la forza di ogni frase e di ogni parola, quasi fossero metalli preziosi, liberandole da significati acquisiti posteriormente e riconducendo ognuna di esse al suo senso originale e nativo, reintegrando in piena efficacia tutta quella ricchezza di espressioni figurate che vi era latente, risuscitando e ponendo in corso di nuovo le immagini sbiadite o in disuso». Non sarebbe difficile ora ritrovare di tutto questo un equivalente o un riflesso nel d'Annunzio di questi anni, nelle sue dichiarazioni e nella sua prassi d'artefice. Il quale, proprio come l'eufuista di Pater, nello sforzo di «rendere alle parole la loro forza primitiva», mette continuamente in circuito tra loro arcaismo e neologismo, «*novitas*» e «*naïveté*» (così nella *Chimera* il profumo delle rose è una «aromale / anima»), approdando a un'opera strutturalmente «reazionaria e conservatrice» e nello stesso tempo innovativa e «popolare». E il poeta della *Chimera* condivide con il poeta pateriano anche il «debole per i *refrains*», che nell'*Intermezzo melico*, introdotto in epigrafe dall'invocazione di Titania «*Music, ho! music! Such as charmeth sleep*», illanguidiscono in una musica cantabile di *Romanze* e di *Rondò*, l'orecchio intento anche alle cadenze del francese antico, da François Villon e Charles d'Orléans a Clément Marot.

A contrasto con l'*Intermezzo melico*, dopo i *Sonetti delle fate*, i *Sonetti dell'anima*, apparsi dapprima (con il titolo *Pro anima*) sulla «Nuova Antologia» del 18 febbraio 1888, introducono una musicalità franta e grave, in cui l'io lirico trasfonde una nuova esperienza di «Dolore» da cui procede l'anelito alla purezza dell'Ideale in una sorta di rigenerazione: nel libro, che d'Annunzio definisce «coerente come un dramma» (a E. Treves, 22 agosto 1889), il pentimento del dissoluto vinto dalla forza dell'eros fa tutt'uno con l'aspirazione a una poesia meno chiusa nell'ossessione dei propri artifici preziosi e delle proprie forme elette e aperta al flusso della «Vita multipla e multiforme, vibrante, sonante, trascinante» (come si legge in una nota dell'autore in calce al volume). E tuttavia anche questa sezione non si costruisce senza la reminiscenza e talvolta il ricalco di *Sagesse*, la poesia verlainiana del rimorso e del proposito di una nuova vita. Del resto, nel *Piacere*, del «poeta Andrea Sperelli» cui è intitolata l'ultima lirica della *Chimera* si dice: «quasi sempre per cominciare a comporre, egli aveva bisogno d'una intonazione musicale datagli da un altro poeta». Ma anche più sottile e carica di futuro appare l'idea attigua secondo cui «un pensiero esattamente espresso in un verso è un pensiero che già esisteva preformato nella oscura profondità della lingua». La formula risale a Schopenhauer, ma acquista un senso nuovo fra le alchimie stilistiche e culturali dell'apprendistato dannunziano, nell'acuita coscienza di sé di un'arte poetica inevitabilmente stratificata di esperienze e di voci in quanto protesa non all'originale, ma all'originario.

DUE BEATRICI

II

O Viviana May de Penuele,
gelida virgo prerafaelita,
o voi che compariste un dì, vestita
di fino argento, a Dante Gabriele,
tenendo un giglio ne le ceree dita,

Viviana, non più forse a la mente
il ricordo di me vi torna omai.
E pure allora, quando io vi parlai,
mi sorrideste a lungo e dolcemente.
Fiorìan, Villa Farnese, i tuoi rosai

ne 'l mattino di maggio e su le antiche
mura il sole una veste aurea mettea:
tra le liete ghirlande si svolgea
la bellissima favola di Psiche;
navigava in trionfo Galatea.

O Viviana May de Penuele,
or vi sovviene de 'l lontan mattino?
Voi sceglieste le rose ne 'l giardino
ove un tempo convenne Rafaele,
muta, con lento gesto, a capo chino.

Non vidi allor la Primavera iddia?

Disser la vostra lode a me li uccelli;
fiori parvero nascer da' capelli,
come ne la divina Allegoria
cui pinse in terra Sandro Botticelli.

Poi su l'accolta de le vive rose
reclinando la testa agile e bionda,
avidamente, come sitibonda,
tutte beveste l'anime odorose
– oh voluttate mistica e profonda!

Poi smarrita in un sogno, alta levaste
la faccia ove le azzurre èsili vene
languìano, e mi volgeste (or vi sovviene?)
le pupille ne 'l sogno umide e caste.
Non così pura in cielo è mai Selene.

Io sol dissi a la notte alma e felice,
solo dissi a le stelle il novo amore.
Segreto in me de' vostri occhi il fulgore
io custodii, beata Beatrice.
Tale un raggio di luna il silfo ha in cuore.

Or cantarti m'è dolce, o Viviana.
Splendimi ne la chiara ode, vestita
de la tunica verde e redimita
d'argentei fiori, in calma sovrumana
tenendo un giglio tra le ceree dita!

AL POETA ANDREA SPERELLI

Sperelli, piange ne 'l tuo cor profondo
l'Anima al fine disperata e sola?
Fa che raccolga ogni dolor del mondo.

Come l'oliva sotto la gran mola
geme un olio soave, il tuo cor franto
geme il verso che esalta e che consola.

Apri una vena al tuo già chiuso pianto.
Corra improvviso un caldo flutto umano
per le tue strofe e s'oda alto lo schianto.

Veggasi tutto il sangue tuo mal sano
rompere fuora e fumigar la piaga
incesa ben da la tua stessa mano.

L'Anima trista che non fu mai paga
narri ai poeti la tremenda angoscia
durata in braccio de l'antica Maga.

Come talora la bandiera floscia,
in cima de l'antenna, alto garrire
s'ode repente se il turbine scroscia,

così, tolta a quel suo lungo morire,
or la tua volontà fiammando forte
al soffio del dolor riprenda ardire.

Tu, co 'l tuo pugno, chiuderai le porte
del cupo laberinto insidioso
ove lasciasti tante cose morte.

Ucciderai quel Sogno che il riposo
ti tolse ed in balia l'Anima tenne
e bevve il sangue tuo voluttuoso.

Quel Sogno che la tua vita contenne,
quel vivo Sogno cadrà, sanguinando
qual mozzo capo sotto la bipenne.

Cadrà, con un sorriso muto; e quando,
muto, ti guarderà con li occhi fissi,
pieni d'ombra e di lacrime, implorando,

tu sentirai salir su da li abissi
de l'esser tuo un grido non umano;
e sarà peggio che se tu morissi.

O amico, o tu che soffri, ecco la mano!
Io fui già prode. Io son che, senza grida,
feci tutti i miei sogni a brano a brano.

La creatura bella ed omicida
che si nutriva del mio cor possente
non più m'attira ne l'alcova infida.

E anch'ella simigliava oscuramente
l'Essere ambiguo, il prodigioso Mito
che Leonardo amò ne la sua mente.

Ell'era l'ideale Ermafrodito,
era il pensato Andrògine. Lo sguardo
suscitava un affanno indefinito,

mordeva il cuore, acuto come un dardo;
senza mai tregua, né tristi né liete
sorridevan le labbra... O Leonardo,

insonne Prometèo, sottile Ermète,
bel semidio, quali Anime divine
chiudesti ne le tue Forme segrete?

Una di quelle mute anime al fine
un giorno mi parlava d'improvviso;
Anima con pupille sibilline,

Anima con le labbra e con un riso,
un riso inestinguibile ed esiguo,
che le labbra effondean per tutto il viso.

Intento mi guardò l'Essere ambiguo.
Dietro il suo capo risplendea lontano
sotto un ciel dolce un bel paese irriguo.

Mi guardò e mi disse: – In vano, in vano,
Giovine, t'affatichi a penetrarmi.
Il mio grande segreto è sovrumano.

Il tuo desire è contro me senz'armi.
Non giunge fino a me la tua preghiera.
Vincermi tu non potrai, né puoi stancarmi.

Io son la Sfinge e sono la Chimera.
O tu che sogni, qui ne le mie dita
la trama del tuo sogno è prigioniera.

O tu che soffri, io so la tua ferita.
Ma nulla più mi turba e più m'accora.
Io conosco le leggi de la Vita.

Io guardo in me. Le tènebre ch'esplora
il mio sguardo profondo, internamente,
m'attraggon più d'ogni più bella aurora.

Che è l'aurora? Che è mai l'ardente
spira de li astri, il mar blando e feroce?
Io guardo in me con le pupille intente.

Sola io contemplo, sola e senza voce,
un mar che non ha fondo e non ha lido.
O tu che soffri, il tuo soffrire è atroce;

ma non saprai giammai perché sorrido. –

NOTE

DUE BEATRICI

II (p. 89)

Apparsa per la prima volta sul «Fanfulla della Domenica» del 25 luglio 1886, la lirica è accolta, sempre col titolo *Viviana*, nell'*Isaotta Guttadàuro*, ove è accompagnata da una illustrazione di G. A. Sartorio. Nella *Chimera* essa viene a costituire la seconda parte di un dittico, insieme con una lirica in ottave, risalente al dicembre 1887, di cui subito colpisce lo schieramento di rimandi e di citazioni dirette: dal *Ninfale fiesolano* al «canto medicèo» dell'*Ambra* o da Dante, «Cino ed il Petrarca e Guido» alla *Favola d'Orfeo* e alle *Stanze per la giostra* del Poliziano. Al centro, l'epifania di Verdespina congiunge insieme il poeta e il pittore quattrocenteschi della Primavera: «e viva m'apparìa / tutta pinta di foglie e di fiorelli / come la donna de l'Allegorìa / che apparve in sogno a Sandro Botticelli. / Portava in bocca un assai pio messaggio: / – Ben venga maggio e 'l gonfalon selvaggio. –». Anziché ricondurre alla linea poetica dallo Stil nuovo alla Firenze laurenziana, il secondo *volet* del dittico fa sorgere l'apparizione della Primavera del Botticelli da un sogno d'arte moderna, così come si addensa in incipit nell'incanto di un nome proprio remoto, in un brivido di sillabe elette: «O Viviana May de Penuele / gelida virgo prerafaelita».

A lungo dimenticato, o ricordato solo in ragione della sua predilezione per le donne brutte, Botticelli conosce a far data dagli anni Sessanta dell'Ottocento, e a cominciare dall'Inghilterra, un vero e proprio *revival*, cui danno slancio scrittori come Swinburne, Ruskin e Pater e in cui hanno un ruolo decisivo proprio gli artisti del movimento preraffaellita, in particolare Edward Burne-Jones e Dante Gabriel Rossetti (quest'ultimo, peraltro, anche poeta), esplicitamente evocato nella poesia dannunziana (v. 4) anche con il titolo di uno dei suoi dipinti (v. 39). Così d'Annunzio mette a frutto il suo apprendistato presso Enrico Nencioni, a cui il 16 marzo 1884 aveva scritto: «ho letto e riletto il tuo articolo su 'l Rossetti [...] Il *primo* capitolo su 'l preraffaellismo è stupendo [...] Il *quarto* ha poi quei due magnifici ritratti di *Lady Lilith* e di *Beata Beatrix*, che io sinceramente *t'invidio*». Intanto, e d'Annunzio non lo ignora, il movimento artistico britannico ha fatto breccia anche a Parigi (cfr., almeno, le *Lettres de Londres* di Paul Bourget). E il cronista mondano non manca di seguire, anche fuori dall'arte, l'affermarsi di un tipo di femminilità esangue, magra, liliale, tra figure «balzate fuori da un sonetto di Dante Gabriele Rossetti» (*Ballo di beneficenza*, «La Tribuna», 27 gennaio 1886), in tuniche verdi e toilettes improntate al gusto del bianco su bianco, con un effetto mirabile di «diafanità» (*Ballo in casa Pallavicini*, «La Tribuna», 25 gennaio 1885).

Nella passeggiata a Villa Farnese evocata dalla poesia, la spiritualizzazione della sensualità sfocia nell'intreccio ambiguo della verginità inattingibile e del desiderio (cfr. la sinestesia complessa dei vv. 28-30), mentre l'io lirico si associa all'incanto lunare di un «silfo» shakespeariano. Ma la cerebralizzazione dell'eros e della bisessualità agisce già nel circuito analogico fra la donna reale e la donna del quadro, nella finzione di uno spazio estetico totale alimentato, come avrebbe detto Proust, dal vizio feticistico dell'idolatria. Del resto d'Annunzio non tarda a trovare in Barbara Leoni l'incarnazione di una bellezza muliebre irregolare, flessuosa, androginica, dunque botticelliana: «La figura di Sefora, nella *Storia di Mosè* del Botticelli, ch'è su l'uscio della mia stanza, prese il tuo volto [...] Tu, *certo*, eri là [...] *Io ti vidi!*» (a Barbara Leoni, 23 luglio 1888).

Da notare il v. 17, ipermetro, che si riconduce alla misura normale dell'endecasillabo se letto in sinalefe con il verso precedente.

AL POETA ANDREA SPERELLI (p. 91)

Dopo un *Epilogo*, introdotto dal *plazer A F. P. Michetti* («Tu signor del pennello, io della rima») e un *Epodo*, la *Chimera* si chiude con il singolare *trompe-l'oeil* di una poesia indirizzata dall'autore alla creatura fittizia di una propria opera romanzesca. Veramente d'Annunzio, cui forse non è sfuggita la *Prose pour Des Esseintes* di Mallarmé, ama muoversi in uno spazio di riflessi, di simulacri o di doppi, nello spirito che lo spinge a commissionare a Sartorio e a far circolare, con la firma *A. Sperelli calcographus*, l'«acquaforte dello Zodiaco» cui attende in gloria di Elena Muti il protagonista del *Piacere*. Ma vale anche la pena di rammentare che in un capitolo di *A rebours* il saturnino Des Esseintes trova un momentaneo sollievo alla propria nevrosi grazie a una donna ventriloqua che dà voce, attraverso due statuine, al dialogo fra la Sfinge e la Chimera della flaubertiana *Tentation de Saint Antoine*. Terminata, come attesta l'autografo, «il 10 agosto '89 – San Vito Chietino – ore 8 di sera» (nella stessa stagione, dunque, di *Villa Chigi*: cfr. p. 67), la lirica in terzine, metro per eccellenza della poesia morale, esorta Andrea Sperelli, dopo lo scacco che ha chiuso l'avventura estetica del *Piacere* in un senso di miseria e di vanità, a fare dell'esperienza del dolore il fermento di una poesia e di una vita nuove e finalmente autentiche. Ma sulla soglia di questo percorso, quasi con il valore di un'iniziazione, Sperelli è chiamato dal suo autore a scrutare l'enigma del desiderio, Sfinge e Chimera insieme, nel volto impenetrabile del più celebre e perturbante dipinto leonardesco.

Menzionato nel *Piacere* in coppia con Botticelli, Leonardo non è ancora l'«uomo rappresentativo» che, negli anni delle *Vergini delle rocce*, d'Annunzio elegge a simbolo di rinascita in una modernità mortificata dalla divisione del lavoro e dal conflitto fra arte e scienza. L'artista, di cui comunque già si predica «il prodigioso Mito», è soprattutto l'esoterico indagatore dei misteri più occulti dell'anima, compreso quello dell'Androgino, quale appare a un poeta che, per vedere il mondo «con gli occhi di un quattrocentista mezzo pagano e mezzo cristiano» (come dichiarerà retrospettivamente a Hérelle), non tralascia le pagine degli analisti più sottili e inquieti della vita contemporanea. Ne fa fede il rimando a un autore all'epoca ancora poco noto, cresciuto all'ombra di Bourget, Maurice Barrès, che nella *Visite à Léonard de Vinci* (1889) riconosce nel pittore della *Gioconda* «un Hermès» e «un Prométhée» (come peraltro aveva già fatto Taine), dando voce al messaggio doloroso e ironico delle sue immagini enigmatiche: «Parce que nous connaissons les lois de la vie et la marche des passions, aucune de vos agitations ne nous étonne [...] nous sourions de voir la peine que tu prends pour deviner ce que m'interesse». Ma il segreto chiuso nell'icona che suggella *La Chimera* presuppone anche e in primo luogo il poema in prosa dedicato alla *Gioconda* da Walter Pater, un «mistico ritratto», afferma Vernon Lee nel «Fanfulla della Domenica» del 10 maggio 1886, dell'anima moderna avviata al culto dell'«allucinazione estetica», con il suo mosaico complicato di esperienze preformate in una memoria più vasta e più profonda del ricordo individuale: «La presenza che in tal modo sorse sì stranamente accanto alle acque, è espressiva di ciò che nel corso di mille anni gli uomini erano giunti a desiderare. [...] È una bellezza che dall'interno s'imprime sulla carne, il deposito, cellula per cellula, di strani pensieri e di fantastiche divagazioni e di passioni squisite. [...] Tutti i pensieri e tutta l'esperienza del mondo han lasciato là il loro segno e la loro impronta [...] Ella è più antica delle rocce tra le quali siede; come il vampiro, fu più volte morta e ha conosciuti i segreti della tomba; ed è discesa in profondi mari e ne serba intorno a sé la luce crepuscolare; [...] e, come Leda, fu la madre di Elena di Troia; e, come Sant'Anna, fu la madre di Maria. [...] L'immaginazione d'una vita perpetua, che abbracci d'un tratto diecimila esperienze, è antica; e la filosofia moderna ha concepito l'idea dell'umanità come soggetta all'influsso di tutti i modi di pensiero e di vita, che essa riassume in sé. Certamente Monna Lisa potrebbe figurare come l'incarnazione di quella antica fantasia, il simbolo dell'idea moderna».

Da segnalare la ripresa novecentesca dei motivi pateriani e dannunziani in uno dei *Canti Orfici* di Dino Campana, *La Chimera*, che è «suora della Gioconda», «sorriso / di lontananze ignote» e di «un volto notturno», «ignoto poema / di voluttà e di dolore [...] segnato di linea di sangue / nel cerchio delle labbra sinuose».

POEMA PARADISIACO
(1891-1892)

A cura di Annamaria Andreoli.

Pubblicata nel 1893 dal poeta ormai trentenne, la raccolta conclude la sperimentazione giovanile e comprende componimenti anche del 1890, contemporanei alla *Chimera* dalla quale si distinguono per il registro spesso colloquiale, sia quando riguardano gli affetti familiari sia quando il consueto erotismo si stempera nella galanteria del seduttore diviso tra due amori, Barbara Leoni e Maria Gravina, l'uno al tramonto e l'altro nascente.

La maggior parte dei versi è da collocare a Napoli, dove d'Annunzio trascorre un triennio (1891-1893) tanto operoso quanto travagliato. Più che mai a corto di denaro, i creditori lo perseguitano; al tempo stesso, però, la città partenopea, con i suoi teatri e giornali e circoli culturali, si rivela oltremodo stimolante. E fra le acquisizioni napoletane sono in primo piano la musica di Wagner e la filosofia di Nietzsche, entrambe destinate a segnare per sempre la parabola dello scrittore. Il quale gioca anche qui su più tavoli: giornalista, narratore, poeta e ora, in aggiunta, drammaturgo. Ma se il cimento teatrale del 1892 si limita a un dramma in tre atti, *La Nemica*, solo parzialmente abbozzato, l'avvio del nuovo genere non poco influisce sulla dimensione dialogata di numerose *paradisiache.*

Confidandosi con gli intimi, Gabriele tiene ad avvertirli che «cose ammirabili sono avvenute nel *suo* spirito». Il riferimento è alle intense letture condotte in questo torno d'anni in cui il giornalista conia un termine di lunga fortuna come «intellettuale», impiegato per definire il letterato in armi contro i «barbari-beoti», cioè i retrivi benpensanti che siedono al governo. Per soppiantarli, nell'anno di fondazione, si badi, del Partito socialista, egli chiama a raccolta la «casta» di «coloro che pensano e sentono» distinta da «coloro che devono lavorare» in attesa che la «macchina» – e sullo sfondo è il *Prometheus unbound* di Shelley – liberi l'intera specie umana dalla fatica. Perciò nel *Poema* si segnala *O rus!*, sedici quartine con lo scorcio di vita rurale («la pentola che bolle: / canta la nuora su le sue cipolle / e la suocera sceglie i suoi legumi») affidato a un *sermo* prosaico davvero in contrasto con la consueta raffinatezza dell'esteta incline alla parola preziosa, al verso cesellato come un monile.

Non sorprende che il nuovo *sermo* trovi il consenso di Pascoli se alcune *Myricae* mostreranno di pregiare, insieme con quella appena menzionata, anche le poesie per la madre (*Consolazione*), per le sorelle (*Il buon messaggio*) e per i luoghi natali (*Ai lauri*). Né il concorrente romagnolo resta solo nell'apprezzamento, perché fra poco tutti, nel complesso, i cosiddetti Crepuscolari (Gozzano, Corazzini, Govoni, Sbarbaro, Moretti...) si rifaranno al modello *paradisiaco* contrassegnato da languori, nostalgie, onirismo e pietismo: temi e timbri da rapportare a taluni risvolti della poesia simbolista francese e, ancor più, belga, con rinvio obbligato a Jammes e Maeterlinck.

La versificazione *paradisiaca* è tuttavia alquanto articolata, in essa convivendo più componenti e maniere. Oltre ai Simbolisti, si fanno udire i «semiritmi» di Whitman (*Foglie d'erba* è tradotto giusto nel 1890), al confine, appunto, tra prosa e poesia, mentre sembra approfondirsi la conoscenza del canto popolare, uno dei fulcri del fervido apprendistato che il giovane d'Annunzio deve a Michetti e al Cenacolo abruzzese di Francavilla. L'esito di tale commistione saranno tonalità spesso vicine alla prosa, non per nulla allineate alle preponderanti prove narrative che fra il 1890 e il 1893 comprendono *L'invincibile-Trionfo della Morte* (1889-1894), *Giovanni Episcopo* (1890) e *L'innocente* (1891); senza contare la saggistica consegnata ai giornali, ora che il cronista mondano, già celebre con lo pseudonimo di Duca Minimo, lascia il posto all'«intellettuale» impegnato dei lunghi interventi militanti sui letterati nostrani della sua generazione e di quella che l'ha preceduto (si rivolge a Pascoli, De Sanctis, Verga e Capuana), su Zola, Nietzsche e Wagner, mostrandosi poi sociologo di punta negli articoli d'attualità riguardanti la turbata temperie finesecolare che vede affacciarsi – minaccioso – il protagonismo della «massa». Come l'artista può contrastare il trionfo della volgarità nel «grigio diluvio democratico»?

Echi del narratore e del saggista troveremo puntualmente nelle *paradisiache*. Anzi, quanto al primo, bisogna considerare il fatto che d'Annunzio ha già cominciato a fare della propria versatilità un punto di forza armonizzando fra loro le opere che ha composto e che va componendo. Prima ancora di delineare i tre *cicli* della Rosa, del Giglio e del Melagrano che correlano le diverse vicende narrative, l'*artifex* tende a proporre una sorta di interdipendenza fra prose e poesie, quasi suggerendo, ancorché *post hoc*, che le raccolte dei versi vadano rapportate volta a volta ai suoi *alter ego* romanzeschi. Così, mentre all'eroe del *Piacere*, Andrea Sperelli, fanno capo le poesie di *Isottèo* e *Chimera*, a Tullio Hermil, protagonista dell'*Innocente*, appartiene il *Paradisiaco*. Analogamente, fra poco, l'*Intermezzo* (1894) sarà di Giorgio Aurispa (*Trionfo della Morte*), *Canto novo* (1896) di Claudio Cantelmo (*Le *vergini delle rocce*), giù giù fino alla coincidenza del poeta delle *Laudi* con l'«Imaginifico» Stelio Èffrena del *Fuoco* (1900).

In questo gioco di specchi consiste la dirompente modernità di d'Annunzio, poiché il suo estetismo va in primo luogo ravvisato nell'opera di opere in cui si manifesta una creatività metaletteraria ormai novecentesca. La struttura portante del *Paradisiaco* sarà quindi non per nulla il *déjà-vu*, la *vie antérieure*: la «remota favola» che *I Poeti* nella clausola della raccolta vedono balenare: «Il sogno [...] d'una remota / favola nei Poeti luce». E nello stesso clima, dominati dai ricordi nostalgici, i versi evocano l'Autunno languido e spossato dalla generazione dei frutti, ora topica sovrapposta a ogni altra, come accade nell'insistita equivalenza di aprile e settembre, mese, quest'ultimo, che *Consolazione* celebra insieme con il suo *doppio*: «Ne l'aria fluttua e s'accende / quasi il fantasma di un april defunto».

Appunto la logica del *doppio*, riscontrabile persino nella frequente iterazione dei titoli (*Il buon messaggio* e *Nuovo messaggio*, *Sopra un «Erotik»* e *Ancora sopra l'«Erotik»*, il dittico *Un sogno*, i trittici *La statua* e *Un ricordo*...), pervade ora il poeta che molto condivide, dicevamo, con Tullio Hermil e con il suo «io diviso», responsabile di azioni e sentimenti così estranei alla coscienza da persuaderlo che «qualcuno» l'abbia misteriosamente occupata. Ma l'eroe dell'*Innocente*, incapace di liberarsi dall'usurpatore che lo rende insincero («Il sentimento» dice «della spontaneità originale mi mancava»), coincide con il poeta *paradisiaco* soprattutto per quanto riguarda la recitazione della «bontà».

Accanto alle intense letture di psicologia (Amiel, Ribot, Bourget...), quando il romanzo verista cede il passo al romanzo d'«analisi», si collocano infatti Tolstoj e Dostoevskij, allora tradotti anche da noi, proprio nel momento in cui dalla narrativa d'ambiente di stampo zoliano si passa allo scavo interiore, più consono, sostiene il narratore dell'*Innocente*, ai «turbamenti dell'anima moderna». Benché palesemente imitati, gli atteggiamenti, dal pietismo al misticismo, che i francesi definiscono «à la slave», denotano la portata europea degli interessi di d'Annunzio.

Giova sapere che durante il soggiorno napoletano egli risulta abbonato a un gran numero di giornali e periodici parigini, anche perché a Parigi la sua opera comincia a essere tradotta e apprezzata (fra gli estimatori si conta Marcel Proust) da un pubblico che gli si rivela più favorevole del nostrano, non disposto a perdonargli gli ardimenti della lingua e dello stile, per non dire di erotismo ed edonismo immancabili nei versi e nelle prose. Da noi passa così in secondo piano l'aggiornamento culturale di Gabriele, a cui nulla sfugge di quanto accade nel Quartiere Latino (le diatribe fra Simbolisti e Decadenti o fra Naturalisti e Psicologisti), mentre il poeta guarda ormai più a Baudelaire, Verlaine e Mallarmé che a Carducci, dal quale pure aveva preso le mosse. E guarda con interesse al debutto di Barrès e di Gide sintonizzandosi con l'Oltralpe e non con la Patria.

All'altezza del 1893, licenziando il *Paradisiaco* d'Annunzio avrebbe voluto intitolarlo *Margaritae ante porcos*, insomma «perle ai porci», tanto è polemico con il trattamento che gli si riserva da noi, comparato all'accoglienza persino entusiastica della sua opera non solo, come si accennava, in Francia, ma anche in Germania, visto che George ne traduce la poesia e il giovane Hofmannsthal si dichiara suo seguace. Sarà Emilio Treves, l'editore recuperato dopo la rottura a proposito dell'*Innocente* (rifiutato per l'immoralità della vicenda), a pretendere un titolo più conciliante.

La scelta privilegerà il motivo ricorrente del giardino («paradiso», con pronuncia grecizzante): teatro ideale dei fantasmi poetici che interpretano le angosce «moderne», luogo di confine tra Natura e Cultura dove il passato in rovina garantisce l'ultimo spazio del Sogno.

La poesia del giardino abbandonato, fra aiuole ormai incolte, statue «camuse e senza braccia» e fontane «malate», attende il narratore-ideologo delle *Vergini delle rocce*, romanzo già avviato a Napoli. E nel contempo attende, irresistibile, più di un poeta del Novecento, apprestandosi a divenire un topos presso le giovani generazioni che, ripetendo le parole di Montale, «attraverseranno» senz'altro questo d'Annunzio per procedere oltre. Dai crepuscolari al poeta di *Ossi di seppia* il passo è certo breve, tant'è vero che «tacciono le rive / poi che il tonante vortice dispare. / Odo altro suono, vedo altro bagliore» si direbbero versi montaliani e invece sono della *paradisiaca* «fine dell'infanzia» intitolata *O Giovinezza!*.

Quando Treves rabbonisce il d'Annunzio polemico ottenendo il titolo definitivo della raccolta, lo persuade anche a ispessirla; anzi, sembrandogli troppo esigua lo induce a pubblicarla insieme con le *Odi navali* edite nel 1892 dal napoletano Bideri: sei componimenti di carattere celebrativo e di materia quanto mai lontana dall'intimismo lirico che abbiamo delineato. Ciò che richiede il notevole intervento di ingegneria testuale che intanto si avvale di un pretitolo, *L'Orto e la Prora*, utile ad attenuare lo stridente contrasto fra i due registri. Ma anche sul *Paradisiaco* il poeta interviene all'ultim'ora ordinando le poesie, uscite alla spicciolata su vari periodici, in modo da ricavarne un canzoniere nel quale venga percepito il coerente sviluppo dei motivi piuttosto che un coacervo di occasioni disparate. Suddivide pertanto i cinquantacinque componimenti in tre

Horti (*Conclusus*, *Larvarum* e *Animae*) e vi aggiunge in testa il dittico *Alla nutrice – Prologo* e in coda *I Poeti*, preludio degli allestimenti a venire, dato che il ritorno all'infanzia aprirà il primo libro delle *Laudi* (*Maia*: «per nutrice / ebbi una grande e taciturna / donna») e il terzo (*Il fanciullo* di *Alcyone*), così come il congedo metaletterario comparirà in ogni raccolta futura.

ALLA NUTRICE

Gelida sta la notte cristiana
su le case degli uomini, ma pura.
– O tu che ne la casa tua lontana
fili con dita provvide la lana
de la tua greggia, sin che l'olio dura
ne la lucerna, e il ceppo a tratti splende,

Nutrice, da cui bevvi la mia vita
prima, ne le cui braccia ebbi il sopore
primo!, se da la tua bocca appassita
riudissi io quel canto e le tue dita
vedessi, ove s'attenua il bianco fiore
dei velli, e il fuso pendulo che scende,

e la fronte rugosa che s'inchina
incoronata di capelli bianchi,
ove la semplice anima indovina
si rivela talor quasi divina-
mente in un raggio, e i tuoi cavi occhi stanchi
ove qualche favilla pur s'accende,

io forse piangerei ancóra un pianto
salùbre e forse ancóra dal profondo
mi sorgerebbe qualche antico e santo
affetto, e mi parrebbe nel tuo canto
ritrovar l'innocenza di quel biondo
pargolo; – e lungi queste cose orrende!

E tutta la freschezza del tuo latte
ne le mie vene! – Una natività
novella, in un candor di nevi intatte. –
E tutta la freschezza del tuo latte
ne le mie vene, e tutta la bontà
dei cieli; – e lungi queste cose orrende,

lungi sempre da l'anima rinata
e del candor natale circonfusa!
Una immensa bianchezza immacolata,
una forma d'amore angelicata,
e per tutto l'imagine diffusa
d'un Bene Sommo che quivi s'attende! –

Ma tu, che ne la casa tua lontana
torci il fuso, non sai la mia ventura.
Fili con dita provvide la lana
de la tua greggia; ne sai la mia vana
tristezza, in quest'azzurra notte pura.
Tu torci il fuso, e il ceppo a tratti splende.

E fili, e fili sin che l'olio dura,
Nutrice; e morta la mammella pende.

Natale del 1892

IL BUON MESSAGGIO

«E le piccole foglie in cima ai rami
di primavera? e il cielo così grande?
e i fanciulli? e le tombe venerande?
e la madre? e la casa che tu ami?»

Venir può da tal voce, anche una volta,
questo bene! – O sorella, dunque in cima
ai rami, ai rami teneri, è la prima
foglia? e brilla? E tu hai dunque raccolta

la rugiada nel cavo de la mano?
Son queste, è vero?, cose ancóra buone.
E tu cantasti già qualche canzone
a la madre pensosa d'un lontano?

Non pianga. Tornerà quel suo figliuolo
a la sua casa. È stanco di mentire.
Tornerà. Né vorrà più mai partire:
certo, più mai. Da troppo tempo è solo.

Domani tornerà... – Vuoi tu che torni
domani? Dunque aspettami, sorella.
Io le piccole foglie, la novella
erba, e le acque correnti, e certi giorni

così chiari che sembra vi si effonda
quasi un latte divino, e certe lente

notti ove quasi un'ansia occultamente
sospira e poi la calma è più profonda,

io veda, io goda: queste cose io veda,
io goda, e tu mi sia compagna sola.
E sol ne' tuoi puri occhi di viola,
ed in quelli materni, io guardi, io creda.

Oh al fine io tocchi l'albero e l'arbusto
con mani monde e non mi turbi alcuna
brama! Oggi tutta la bontà s'aduna
in quel cuore che seppe ogni disgusto:

tanta bontà che parmi ismisurato
il cuore... – E dimmi, dunque, dimmi: in cima
ai rami, ai rami teneri, è la prima
foglia? e brilla? E tu hai dunque cantato?

Hortus Conclusus

Amor con lui parlava
del vostro grande orgoglio...
CINO DA PISTOIA

L'alta bellezza tua è tanto nova!
SENNUCCIO DEL BENE

Alma real, dignissima d'impero...
FRANCESCO PETRARCA

HORTVS CONCLVSVS

Giardini chiusi, appena intraveduti,
o contemplati a lungo pe' cancelli
che mai nessuna mano al viandante
smarrito aprì come in un sogno! Muti
giardini, cimiteri senza avelli,
ove erra forse qualche spirto amante
dietro l'ombre de' suoi beni perduti!

Splendon ne la memoria i paradisi
inaccessi a cui l'anima inquieta
aspirò con un'ansia che fu viva
oltre l'ora, oltre l'ora fuggitiva,
oltre la luce de la sera estiva
dove i fiori effondean qualche segreta
virtù da' lor feminei sorrisi,

e i bei penduli pomi tra la fronda
puri come la carne verginale
parean serbare ne la polpa bionda
sapori non terrestri a non mortale
bocca, e più bianche nel silenzio intente
le statue guardavan la profonda
pace e sognavano indicibilmente.

Qual mistero dal gesto d'una grande
statua solitaria in un giardino
silenzioso al vespero si spande!
Su i culmini dei rigidi cipressi,
a cui le rose cingono ghirlande,
inargentasi il cielo vespertino;
i fonti occulti parlano sommessi;

biancheggiano ne l'ombra i curvi cori
di marmo, ora deserti, ove s'aduna
il concilio degli ultimi poeti;
tenue su la messe alta dei fiori
passa la falce de la nova luna;
ne l'ombra i fonti parlano segreti;
rare sgorgan le stelle, ad una ad una;

un cigno con remeggio lento fende
il lago pura imagine del cielo
(desìo d'amori umani ancor l'accende?
memoria è in lui del nuzial suo lito?)
e fluttua nel lene solco il velo
de l'antica Tindaride, risplende
su l'acque il lume de l'antico mito.

Di sovrumani amori visioni
sorgono su da' vasti orti recinti
che mai una divina a lo straniero
aprirà coronata di giacinti

per lui condurre in alti labirinti
di fiori verso il triplice mistero
cantando inaudite sue canzoni.

Ma quegli, folle del profumo effuso
dal cor degli invisibili rosai,
chino a la soglia come quando adora,
pieni d'un sogno non sognato mai
gli occhi mortali, giù per l'ombre esplora
nel profondo crepuscolo in confuso
il dominio silente ch'egli ignora.

Così la prima volta io vi guardai
con questi occhi mortali. Voi, signora,
siete per me come un giardino chiuso.

LA PASSEGGIATA

Voi non mi amate ed io non vi amo. Pure
qualche dolcezza è ne la nostra vita
da ieri: una dolcezza indefinita
che vela un poco, sembra, le sventure
nostre e le fa, sembra, quasi lontane.

Ben, ieri, mi sembravano lontane
mentre io parlava, mentre io v'ascoltava,
e il mare in calma a pena a pena ansava,
ed eran quei vapori come lane
di agnelli, sparsi in un benigno cielo.

Mi veniva da voi o da quel cielo
e da quel mare l'umile riposo?
Certo, in un punto, io fui quasi oblioso.
Lane di agnelli, gigli senza stelo,
vaghe bianche apparenze, in cielo, in mare...

Come leggero ai lidi ansava il mare!
Il vostro passo diventò più lento.
Come leggero anche! Ed io era attento
più al ritmo di quel passo o a quell'ansare,
o a le vostre parole, o al mio pensiero?

Parea che io non avessi alcun pensiero.
Non pensava. Sentiva, solamente.

Dite: non foste mai convalescente
in un aprile un po' velato? È vero
che nulla al mondo, nulla è più soave?

Qualche cosa era in me, di quel soave.
Pure, voi non mi amate ed io non vi amo.
Pure, quando vi chiamo, io non vi chiamo
per nome. E il vostro nome è quel de l'Ave:
nome che pare un balsamo a la bocca!

Quando parlate, io non guardo la bocca
parlare, o al men non troppo guardo. Ascolto;
comprendo, vi rispondo. Il vostro volto
non muta se la mia mano vi tocca.
La vostra mano è quella che non dona.

Nulla di voi, nulla di voi si dona.
Però, nulla io vi chiedo, nulla attendo
se bene, debolmente sorridendo
come chi langue e pur non s'abbandona...
Oh, no! Voi eravate, ieri, stanca.

Voi eravate ieri molto stanca,
oh tanto che vi caddero di mano
i fiori. Non è vero che di mano
vi caddero le rose, tanto stanca
eravate? Così vi vedo ancóra.

E fate che così vi veda ancóra,
un'altra volta, un'altra volta sola.
Forse... Oh no. Sorridete. È una parola
vana questa che io dico. Voi, signora,
siete per me come un giardino chiuso.

Siete per me come un giardino chiuso,
dove nessuno è penetrato mai.

Di profondi invisibili rosai
giunge tale un divino odore effuso
che atterra ogni desìo di chi l'aspira.

Non ad altro la nostra anima aspira
che a una tristezza riposata, eguale.
Conosco il vostro portentoso male;
e il dolore ch'è in voi forse m'attira
più de la vostra bocca e dei capelli

vostri, dei grandi medusèi capelli
bruni come le brune foglie morte
ma vivi e fieri come l'angui attorte
de la Górgone, io temo, se ribelli,
e pieni del terribile mistero.

Me non avvolgerà tanto mistero.
Dicono che nel folto de le chiome
voi abbiate una ciocca rossa come
una fiamma: nel folto chiusa. È vero?
Io la penso, e la veggo fiammeggiare.

La veggo stranamente fiammeggiare
come un segno fatale. – O passione
arsa a quel fuoco! – Tutte le corone
de la terra non possono oscurare
quel segno unico. Voi siete l'Eccelsa.

Voi che passate, voi siete l'Eccelsa.
E passate così, per vie terrene!
Chi osa? Chi vi prende? Chi vi tiene?
Siete come una spada senza l'elsa,
pura e lucente, e non brandita mai...

Oh, dove sono giunto! Perché mai
vi dico queste cose? Perdonate

chi sogna. Perdonate, perdonate.
Il tramonto è una fiamma, e i marinai
cantano da le navi, e odora il mare.

Voi vedete: non è lo stesso mare
di ieri. Voi vedete: è un altro cielo.
Lane di agnelli, gigli senza stelo,
vaghe bianche apparenze, in cielo, in mare:
queste cose rispondon meglio a noi,

meglio a le nostre anime stanche. Noi
saremo paghi di qualche dolcezza
mite, noi cercheremo una tristezza
riposata ed eguale. Ed abbia i suoi
cieli velati Aprile, come ieri,

i suoi mari quieti, come ieri;
sì che possiamo noi recar lungh'essi
i lidi, o sotto gli alberi, sommessi
colloqui e sogni e taciti pensieri,
– o voi dal dolce nome che io non chiamo! –

perché voi non mi amate ed io non vi amo.

LA SERA

I

Rimanete, vi prego, rimanete
qui. Non vi alzate! Avete voi bisogno
di luce? No. Fate che questo sogno
duri ancóra. Vi prego: rimanete!

Ci ferirebbe forse, come un dardo,
la luce. Troppo lungo è stato il giorno:
oh, troppo! Ed io già penso al suo ritorno
con orrore. La luce è come un dardo.

Anche voi non l'amate; è vero? Gli occhi
vostri, nel giorno, sono stanchi. Pare
quasi che non possiate sollevare
le pàlpebre, su quei dolorosi occhi;

e nulla, veramente, nulla è più
triste de l'ombra che le ciglia immote
fanno talvolta a sommo de le gote
quando la bocca non sorride più.

II

Ma chi vide più larghi e più profondi
occhi dei vostri, se incominci il sole

a morire? Quale anima si duole
fascinata da abissi più profondi?

Io non conosco, veramente, cosa
che somigli a quel lento dilatarsi
ne la sera: – non gli astri in alto apparsi,
non i fiori. Non so nessuna cosa.

E quale cosa eguaglia ne la vita
del mio spirito l'estasi e il terrore
che m'invadono? Il mio corpo non muore,
e pur sembra ch'io viva oltre la vita!

Sembra che in ciel l'innaturale forma
con la sera divina si congiunga,
poi che l'immensa ombra del ciel prolunga
i tuoi capelli in una sola forma,

in una sola onda, in un sol fiume
misterioso che con un suo largo
giro m'avvolge e trae nel suo letargo
dando l'oblìo come l'antico fiume.

III

Piangi, tu che hai nei grandi occhi la mia
anima ed in cui palpita il mio cuore
segreto, o tu, sorella del Dolore,
sorella de la Sera, unica mia.

Per consolarmi in ore di tristezza
io ti creai de la più pura essenza,
fantasma immarcescibile, ma senza
consolare la mia vera tristezza!

CLIMENE

Nel giardino, che al tempo dei granduchi
moderavan le stridule cesoie,
ora non altro per le lunghe noie
del giorno s'ode che il ronzar dei fuchi.

Tacciono le fontane un tempo vive,
che ridean tutte vive di zampilli.
Non altro s'ode che il cantar dei grilli
eguale e roco, ne le sere estive.

Chiudon la tromba del Tritone arguto
i licheni ed i muschi verdegialli.
Nettuno, senza braccia, i suoi cavalli
marini guarda ne la vasca muto.

Grandi urne vuote lungo i balaustri
s'alternan con le statue corrose:
urne d'antica forma, ove le rose
fiorivan per virtù di mani industri.

Luce ne l'ombra dei viali il busso
da la foglia polita. Ai luccicori
vaghi sogna quell'erma che gli amori
antichi vide ne l'antico lusso.

Ma è l'erma quella che ne l'ombra verde
biancheggia? S'ode un passo nel viale.

Il silenzio è profondo, sepolcrale.
Non il più lieve strepito si perde.

Qual creatura visita il deserto
luogo sola? Da qual sepolcro escita?
Da quale esilio torna a questa vita
la donna che ha sì lieve passo incerto?

Viene ella in una lunga veste bianca
di raso, a mille righe violette,
d'antica foggia. Il feltro ampio le mette
un'ombra su la faccia un poco stanca.

Chiari come i topazi e lunghi, gli occhi,
come le mandorle: umidi ma d'una
lacrima che non sgorga. Non la luna
è così dolce, se un vapor la tocchi.

Ondeggiano sul feltro i nastri ad ogni
passo, e la cipria vola da la nuca
bionda. Ella viene. Par che la conduca
un ricordo nei luoghi, e par che sogni.

Mormora a quando a quando un nome: «Alceste.»
Si sofferma talvolta, e poi sorride
vagamente. Una foglia secca stride
sul suolo presa all'orlo de la veste.

Mormora:«Non fu ieri? Non fu ieri?
Le rose avean l'odor de le mie chiome
per lui. Dov'è? Dov'è, dunque? Il mio nome
era Climene; Alceste il suo. Fu ieri.»

LA STATUA

Il bel parco, ove un dì correa la muta
de' veltri in caccia dietro il capriuolo,
ora tace. È deserto. Un fonte, solo,
ne l'ombra ride e piange a muta a muta.

E piange e ride verso l'ombra muta
ove un dì poetava l'usignuolo.
E v'è, senza letìzia e senza duolo,
la statua dal gesto che non muta.

E v'è (però che l'anima risponda
sempre a le cose) e v'è qualcuno ancóra,
solo, che piange verso un'ombra muta.

E su quest'uno, che a la sua profonda
pena un respiro vanamente implora,
sta forse un altro gesto che non muta.

LE MANI

Le mani de le donne che incontrammo
una volta, e nel sogno, e ne la vita:
oh quelle mani, Anima, quelle dita
che stringemmo una volta, che sfiorammo
con le labbra, e nel sogno, e ne la vita!

Fredde talune, fredde come cose
morte, di gelo (tutto era perduto);
o tepide, e parean come un velluto
che vivesse, parean come le rose:
– rose di qual giardino sconosciuto? –

Ci lasciaron talune una fragranza
così tenace che per una intera
notte avemmo nel cuor la primavera;
e tanto auliva la solinga stanza
che foresta d'april non più dolce era.

Da altre, cui forse ardeva il fuoco estremo
d'uno spirto (ove sei, piccola mano,
intangibile omai, che troppo piano
strinsi?), venne il rammarico supremo:
– Tu che m'avresti amato, e non in vano!

Da altre venne il desìo, quel violento
fulmineo desìo che ci percote

come una sferza; e imaginammo ignote
lussurie in un'alcova, un morir lento:
– per quella bocca aver le vene vuote!

Altre (o le stesse?) furono omicide:
meravigliose nel tramar l'inganno.
Tutti gli odor d'Arabia non potranno
addolcirle. – Bellissime ed infide,
quanti per voi baciare periranno! –

Altre (o le stesse?), mani alabastrine
ma più possenti di qualunque spira,
ci diedero un furor geloso, un'ira
folle; e pensammo di mozzarle al fine.
(Nel sogno sta la mutilata, e attira.

Nel sogno immobilmente eretta vive
l'atroce donna da le mani mozze.
E innanzi a lei rosseggiano due pozze
di sangue, e le mani entro ancóra vive
sonvi, neppure d'una stilla sozze.)

Ma ben, pari a le mani di Maria,
altre furono come le ostie sante.
Brillò su l'anulare il diamante
ne' gesti gravi de la liturgia?
E non mai tra' capelli d'un amante.

Altre, quasi virili, che stringemmo
forte e a lungo, da noi ogni paura
fugarono, ogni passione oscura;
e anelammo a la Gloria, e in noi vedemmo
illuminarsi l'opera futura.

Altre ancóra ci diedero un profondo
brivido, quello che non ha l'uguale.

Noi sentimmo, così, che ne la frale
palma chiuder potevano esse un mondo
immenso, e tutto il Bene e tutto il Male:

Anima, e tutto il Bene e tutto il Male.

AI LAURI

Lauri, che ne la grande ombra severa
accoglieste il pensoso adolescente,
parlatemi di lui, la prima sera.

Parlatemi di lui benignamente,
vecchi lauri, però ch'egli forse ode;
però ch'egli è lontano e pur presente.

Quanto v'amava il giovine custode!
E quante volte a la sua fronte amica
tendeste i rami in ascoltar la lode!

Egli leggea quel libro ove pudica
l'Anima geme, lacrima e desìa
chiusa nel velo d'una Grazia antica.

Lento d'intorno il bel giardin salìa
fiorendo, come un sogno dal cuor sale;
rigato da la pura melodìa,

in una luce insolita spirtale
che non era del cielo ma sul mondo
effusa da la pagina immortale.

O lauri, io son colui. Non più m'ascondo.
Io son colui che lesse il libro e vide
quella luce e gioì nel cor profondo.

Tutto è perduto? Il raggio ultimo irride
nel gran bacino l'acqua putre e scarsa;
il paone su l'alto muro stride;

tra la gramigna livida e riarsa
giacciono spenti i cari iddii del loco...
Ogni divinità dunque è scomparsa?

Sol giunge suono di campane fioco.
A qual dolore l'onda pia si frange!
L'ombra invade una casa a poco a poco,

la triste casa ove mia madre piange.

CONSOLAZIONE

Non pianger più. Torna il diletto figlio
a la tua casa. È stanco di mentire.
Vieni; usciamo. Tempo è di rifiorire.
Troppo sei bianca: il volto è quasi un giglio.

Vieni; usciamo. Il giardino abbandonato
serba ancóra per noi qualche sentiero.
Ti dirò come sia dolce il mistero
che vela certe cose del passato.

Ancóra qualche rosa è ne' rosai,
ancóra qualche timida erba odora.
Ne l'abbandono il caro luogo ancóra
sorriderà, se tu sorriderai.

Ti dirò come sia dolce il sorriso
di certe cose che l'oblìo afflisse.
Che proveresti tu se ti fiorisse
la terra sotto i piedi, all'improvviso?

Tanto accadrà, ben che non sia d'aprile.
Usciamo. Non coprirti il capo. È un lento
sol di settembre; e ancor non vedo argento
su 'l tuo capo, e la riga è ancor sottile.

Perché ti neghi con lo sguardo stanco?
La madre fa quel che il buon figlio vuole.

Bisogna che tu prenda un po' di sole,
un po' di sole su quel viso bianco.

Bisogna che tu sia forte; bisogna
che tu non pensi a le cattive cose...
Se noi andiamo verso quelle rose,
io parlo piano, l'anima tua sogna.

Sogna, sogna, mia cara anima! Tutto,
tutto sarà come al tempo lontano.
Io metterò ne la tua pura mano
tutto il mio cuore. Nulla è ancor distrutto.

Sogna, sogna! Io vivrò de la tua vita.
In una vita semplice e profonda
io rivivrò. La lieve ostia che monda
io la riceverò da le tue dita.

Sogna ché il tempo di sognare è giunto.
Io parlo. Di': l'anima tua m'intende?
Vedi? Ne l'aria fluttua e s'accende
quasi il fantasma d'un april defunto.

Settembre (di': l'anima tua m'ascolta?)
ha ne l'odore suo, nel suo pallore,
non so, quasi l'odore ed il pallore
di qualche primavera dissepolta.

Sogniamo, poi ch'è tempo di sognare.
Sorridiamo. È la nostra primavera,
questa. A casa, più tardi, verso sera,
vo' riaprire il cembalo e sonare.

Quanto ha dormito, il cembalo! Mancava,
allora, qualche corda; qualche corda
ancóra manca. E l'ebano ricorda
le lunghe dita ceree de l'ava.

Mentre che fra le tende scolorate
vagherà qualche odore delicato,
(m'odi tu?) qualche cosa come un fiato
debole di viole un po' passate,

sonerò qualche vecchia aria di danza,
assai vecchia, assai nobile, anche un poco
triste; e il suono sarà velato, fioco,
quasi venisse da quell'altra stanza.

Poi per te sola io vo' comporre un canto
che ti raccolga come in una cuna,
sopra un antico metro, ma con una
grazia che sia vaga e negletta alquanto.

Tutto sarà come al tempo lontano.
L'anima sarà semplice com'era;
e a te verrà, quando vorrai, leggera
come vien l'acqua al cavo de la mano.

O RVS!

Sotto il ciel iacintino i paschi irrigui
che il sol traversa di sue lunghe bande
mentre ai limiti cerula si spande
l'ombra che tiene i gran boschi contigui;

e i latifondi ove la zolla grassa
riluce a specchio sotto la tagliente
vanga o rosseggia franta dal bidente
seguace dietro il vomere che passa;

e i frutteti ove tarda maturando
la sorba s'empie d'un pastoso miele
e rubiconde piombano le mele
giù dal ramo gravato, a quando a quando;

e i casolari sparsi, i bianchi fumi
sparsi – dentro, la pentola che bolle:
canta la nuora su le sue cipolle
e la suocera sceglie i suoi legumi –;

e le vie chiare andanti tra due fossi
ove a la luna gracidò la rana
estiva ed or la pigra acqua piovana
rispecchia i salci in fila e gialli e rossi;

e la ripa di pioppi mormorante
ove fischia col merlo a la prim'alba

il fanciul che v'abbevera la falba
e bianca maculata ruminante;

e la montagna al fondo, nel cui grembo,
come il bracco se torna da la caccia
stanco, il nugolo bigio s'accovaccia
cheto aspettando il sibilo del nembo;

e l'aria che s'indora e si colora,
fumigando le glebe umide sotto
la forza: e l'aria sana che del ghiotto
fungo e del timo e del ginepro odora;

o antico Autunno, in qual mai tempo e dove
m'erano queste cose godimento
sommo? in qual tempo, dove, se a me intento
queste cose oggi paiono sì nuove?'

Non cerca oggi il mio spirito l'occulto
simbolo al suo dolor laborioso,
ma attonito si placa in un riposo
profondo, quasi in un divino indulto.

Datemi i frutti succulenti, i buoni
frutti de la mia terra, ch'io li morda.
Ah forsennato chi non si ricorda
di te, Madre, e de' tuoi semplici doni!

Datemi il fresco latte, ch'io lo beva
a larghi sorsi. Per le vene irriguo
mi scenda come allor che ne l'esiguo
petto al roseo pargolo scendeva

da l'adusta nutrice; ed io ne senta
fluire tutta in sino al cor profonda
la freschezza aromale. Qual più abonda,
il timo in questi pascoli o la menta?

Non tanto a la stagion del miele odora
forse ne l'arnia il favo quanto, appena
munto, il latte che schiuma ne la piena
tazza dove la bocca lo disfiora.

Scroscia il getto vivace da la gonfia
mamma premuta con vigore esperto.
S'arresta come attonita e con erto
il collo occhieggia la gallina tronfia

che razzolava nel recente fimo.
Placida la mammifera premuta
volge le froge a quando a quando; e fiuta
sentendo la sua menta ed il suo timo.

NOTE

ALLA NUTRICE (p. 108)

Pubblicate nel «Mattino» di Napoli il 22-23 dicembre 1892, in occasione del Natale, con il titolo di *Pastorale*, le sestine aprono la raccolta anticipando il nucleo nutrito delle poesie dedicate agli affetti familiari. L'aspirazione a ritrovare innocenza e purezza dell'infanzia è qui affidata alla simbologia del bianco; anzi del «bianco su bianco», secondo il cromatismo allora di moda, praticato, fra gli altri, da Francesco Paolo Michetti, il pittore conterraneo che d'Annunzio definisce come Orazio Mecenate: «dimidium animae meae». L'«immensa bianchezza immacolata» (v. 33) resta però una sensazione estetica e del pari di maniera – un *double* petrarchesco – è il colloquio con la propria «anima», invitata a rinascere attraverso la «nutrice». Ma la rinascita solo velleitaria è segnalata da quella che sembrerebbe ormai una Parca: «fronte rugosa», «capelli bianchi» e «cavi occhi stanchi» (vv. 13-14, 17) ne delineano il macabro ritratto che si conclude con la «morta mammella» dalla quale più non sgorga il pur invocato latte lustrale. Siamo dunque ancora lontani dall'*élan vital* delle *Laudi*, quando in *Laus Vitae* («Io nacqui ogni mattina. [...] / Dove giacqui, rinacqui») si tratterà di ben altra nutrice («per nutrice / ebbi una grande e taciturna / donna discesa da una rupe / roggia!»).

Nelle sestine è rimarchevole il ritmo sminuzzato, con l'*enjambement* che divide l'avverbio («divina- / mente», v. 16), offrendo così un esempio di rima franta ricorrente nel *Paradisiaco*.

IL BUON MESSAGGIO (p. 110)

Pubblicate nel «Mattino» di Napoli (25-26 marzo 1892), le quartine si rivolgono alla sorella-«arbusto» che vive a Pescara accanto alla madre-«albero» (v. 29). Il ritmo è prosastico nonostante le fitte rime: ma ancor più fitte sono le ripetizioni che mimano la ridondanza del parlato, quasi che l'interlocutrice sia all'altro capo del filo a simulare un dialogo con l'assente intessuto di complicità affettiva e domestica. Lo stampo prosastico è del resto evidente nella prima quartina, dove le virgolette dichiarano la citazione dai *Fratelli Karamazov* di

Dostoevskij (tradotti da Verdinois). Si ripete qui, dall'inizio del V capitolo, l'obiezione che Alëša, allievo del mistico Zosima, muove al miscredente Ivan: «E le tenere foglie primaverili? E le tombe venerande, e il cielo azzurro, e la donna amata? Come vivrai tu, quale amore proverai tu per queste cose? [...] È possibile vivere con questo inferno nel cuore e tanto inferno nel capo?».

Già nell'*Innocente* lo stesso passo compariva per bocca di Tullio Hermil, mentre della lettura dei *Karamazov* è più di una menzione, fra il 1890 e il 1891, nelle lettere di d'Annunzio a Barbara Leoni, quando, in particolare, l'amante si rammaricava: «Oh le piccole foglie di primavera, i piccoli germi, le piccole gemme! Non amo più queste cose dolci e sacre. Nulla mi toglie alla mia miseria irreparabile e inconsolabile» (15 marzo 1891).

Numerose poi nel corso della poesia le autocitazioni da *Consolazione* (cfr. più sotto), la poesia per la madre di cui questa è emanazione.

HORTUS CONCLUSUS (p. 112)

La datazione bassa («Mattino» di Napoli, 21-22 maggio 1893) sembra determinante per il titolo, tratto dal *Cantico dei Cantici* («Hortus conclusus, soror mea, sponsa», IV, 12), deciso quando il *Poema* è ormai intitolato all'*hortus*-giardino-labirinto-paradiso che è l'habitat di numerose poesie. Paradiso «perduto», che il poeta deve ricreare («Le Paradis est toujours à refaire [...] il demeure sous l'apparence», aveva detto Gide nel *Traité de Narcisse* del 1891), si tratta perciò per d'Annunzio di un habitat densamente simbolico, teatro del «sogno» e del «mistero»: parole-chiave della poesia simbolista.

Dunque fra le ultime, la poesia si fa collettore dei motivi disseminati nelle precedenti, rinviando la terza e quarta strofa al trittico *La statua* (cfr. più sotto), arredo immancabile del suo eden pietrificato insieme con i «curvi cori» (v. 29), ovvero i sedili circolari così presenti nell'iconografia, basti pensare a Leighton e ad Alma Tadema. Non discosto dai temi cari alla pittura ottocentesca è anche nella sesta strofa il mito di Leda, l'«antica Tindaride» (perché sposa di Tindaro) che Giove amò sotto forma di cigno.

Quanto alle fonti, l'immagine delle «stelle» che «sgorgano» dal cielo equoreo riflesso nel «lago» (vv. 35-37), risale all'*Anactoria* di Swinburne (tradotto da Mourey) ed è tra le più ricorrenti nell'opera di d'Annunzio, in versi e in prosa; essa troverà accoglienza nella poesia di Montale, dove avremo, nell'*Arsenio* delle *Occasioni*, l'occorrenza davvero indiziata: «sgorga bianca la stella di Canicola», che comprende la tonalità cromatica onnipresente nel *Paradisiaco* (cfr. «biancheggiano» al v. 29).

La clausola ripete i versi della *Passeggiata*, introducendo ora la poesia immediatamente successiva, quanto alla dimensione spaziale ma non al tempo, con allusione alla donna altera e «intangibile», vagheggiata anche nelle tre epigrafi, specie nella petrarchesca (son. CCLXVII, *Oimè il bel viso*).

LA PASSEGGIATA (p. 115)

Nel «Mattino» di Napoli (17-18 aprile 1892) aveva il titolo di *Intangibile*. L'allocuzione mondana con il «voi» fa della poesia una missiva galante, e in effetti, per la cronaca, è rivolta nell'immediato a Maria Gravina, la nobildonna che d'Annunzio sta seducendo a Napoli. E avrà successo anche in forza di questi versi, tributari di *Love without wings*, nella raccolta *Italian garden*, di Mary Robinson. La poetessa inglese, nota da noi grazie alle segnalazioni di Enrico Nencioni, presta infatti incipit e clausola («I love you not; you love me not») insieme con il tema della passeggiata: «do you remember still / the garden where we stolled together?». Fragile «convalescente» (v. 23) o, al contrario, minacciosa «Górgone» (v. 64) anguicrinita, come il mostro mitologico, si dice che Maria Gravina avesse nascosta, tra la folta capigliatura bruna, una ciocca rossa: capriccio della natura per d'Annunzio quanto mai attraente.

LA SERA (p. 119)

Pubblicata nel «Mattino» di Napoli del 10-11 luglio 1892, la poesia ha due destinatarie: Barbara Leoni e Maria Gravina possono riferire indifferentemente a sé i versi del seduttore che si destreggia fra l'antica e la nuova amante, senza risolversi a congedare Barbara, peraltro ormai convivendo con Maria in attesa di un figlio. Ma non è questa la sola ambiguità della poesia che riprende, invero traducendoli magistralmente, due componimenti, l'uno del parnassiano Mendès, l'altro del simbolista Moréas, allora in lite fra di loro (cfr. in proposito le memorie di C. Mauclair, *Servitude et grandeur littéraires*, Paris 1922, pp. 21 sgg.). La ripresa del primo (da *Soirs moroses*: «Reste, n'allume pas la lampe [...] le jour nous blesse»), riguardante persino il titolo, è così puntuale che si pensa a un omaggio piuttosto che a un plagio; tanto più poi che, tradotta (dunque ritradotta) in francese dallo stesso d'Annunzio, *La sera* comparirà nel «Figaro» del 20 settembre 1893. Ma per la circostanza il poeta pensa bene di mutilarla dell'ultima quartina, ricalcata sulle *Syrtes* di Moréas, si veda quanto letteralmente: «Je t'ai créé de la suprême essence / fantôme immarcescible [...] / pour consoler mon coeur dans l'opprobre tombé». La vicenda conferma che le poesie del *Paradisiaco* rappresentano per l'autore anche un mezzo di comunicazione (missive galanti, messaggi di giustificazione o di intrattenimento mondano...), con destinatari *in praesentia*. Qui, per esempio, il «voi» è allocuzione diretta e mondana, ben distinta dal «tu» della clausola, che fa invece capo all'antropologia poetica.

CLIMENE (p. 121)

Pubblicata nel «Mattino» di Napoli il 21-22 agosto 1892, rinvia all'onomastica delle *Fêtes galantes* di Verlaine, evocative di fasti settecenteschi, vissuti dalla modernità come rovine di un passato perduto, dove non mancano comparse femminili assai simili a questa Climene, che insieme con Alceste inscena uno di quei «superbi» amori ai quali d'Annunzio non cessa di guardare nostalgicamente nei romanzi, dal *Piacere* al *Trionfo della Morte* a cui sta attendendo. Di rilievo qui il motivo poetico delle statue corrose (Gozzano lo riprenderà nel *Viale delle statue*), già preludio delle imminenti *Vergini delle rocce* che replicano l'habitat *paradisiaco* con il giardino abbandonato in cui è «l'eloquenza delle ruine», regnandovi – preciserà il narratore – «quello spirito misterioso che occupa i luoghi remoti ov'è fama che un tempo convenissero a colloquio amanti celebrati per lo splendore tragico dei loro destini». La «lacrima che non sgorga» (v. 35), la «foglia secca» che «stride / sul suolo» (vv. 43-44) fanno delle quartine un vero apripista della lirica novecentesca.

LA STATUA (p. 123)

Secondo di un trittico intitolato globalmente *Le statue*, il sonetto compare nel mensile «La Tribuna Illustrata» del marzo 1893, quando d'Annunzio sta ormai configurando il canzoniere *paradisiaco*. Per il motivo del giardino abbandonato e dell'«eloquenza delle ruine» cfr. la nota a *Climene*.

LE MANI (p. 124)

Pubblicata nel «Corriere» di Napoli, 29-30 novembre 1891, appartiene alla poesia che potremmo definire elencatoria, abbondantemente praticata da d'Annunzio. Qui è il motivo delle mani muliebri a strutturare i versi: se ne sciorina una fitta casistica centrifuga, che potrebbe protrarsi anche più a lungo, quanto mai rivelatrice dell'abbondanza, talora iniqua, del poeta. Tanto più che il tema, già esperito dal narratore, può profittare delle numerossime occorrenze (mani-foresta, mani-fuoco, mani-sferza, mani-ostia...) nella coeva poesia decadente e simbolista, dagli *Attouchements* di Maeterlinck a *Sagesse* di Verlaine. A quest'ultima si deve persino la clausola: «mains pâles / qui font souvent le bien et peuvent tout le mal». Le mani micidiali della sesta strofa rinviano invece a una battuta di Shakespeare: «All the perfums of Arabia will not sweeten this little hand» (*Macbeth*, V, I) più volte ripresa da d'Annunzio, come ripresa nella *Gioconda* (1898) è l'onirica «atroce donna da le mani mozze» (v. 37), il cui antecedente più vicino è la *Fille aux mains coupées*, dramma di Quillard.

AI LAURI (p. 127)

Pubblicata nella «Vita Nuova» (novembre 1890), periodico fiorentino diretto da Adolfo e Angelo Orvieto, è il *vestibulum* di *Consolazione*, la poesia per la madre, anch'essa nello stesso periodico (cfr. più sotto). Le terzine svolgono il tema paradisiaco degli affetti familiari senza tralasciare il motivo del giardino abbandonato. Il «pensoso adolescente» (v. 2) qui evocato e il dialogo con i «lauri» ricordano la carducciana *Davanti San Guido* (*Rime nuove*); ma è significativo il fatto che d'Annunzio sostituisca al cipresso l'alloro simboleggiante la gloria poetica, e che la rievocazione memoriale – poesia della poesia – sia del tutto metaletteraria.

CONSOLAZIONE (p. 129)

Cfr. la nota precedente. È tra le più celebri poesie di d'Annunzio, prediletta da Saba, che la commenta in una sua *Scorciatoia* del 1945, dopo averla ripresa nelle *Poesie dell'adolescenza* (*A mamma*): «Non vide i passi tuoi farsi più stanchi, / o dolce madre, i tuoi capelli bianchi / sulle povere tempie». Anche Ungaretti riprenderà nell'*Allegria* (*Ogni grigio*) un'immagine: «Come una fronte stanca / è riapparsa la notte / nel cavo della mano» (cfr. qui la clausola: «come vien l'acqua al cavo de la mano», v. 68) più e più volte ripresa dallo stesso d'Annunzio nella sua opera, in particolare nelle prose, dove i versi della poesia compariranno variamente autocitati. Nel *Trionfo della Morte* (1889-1894), per esempio, si ripete tra virgolette («era un pomeriggio di settembre; e "l'odore e il pallore di qualche primavera dissepolta" erano diffusi nel cielo silente») l'analogia autunno-primavera, e settembre-aprile che riaffiorerà in chiave memoriale nelle *Faville* del 1911 (*Il venturiero senza ventura*): «Mi sovviene di un malinconico mio verso giovanile: l'autunno è veramente una primavera dissepolta». Al tempo del *Paradisiaco* l'analogia figurava già collaudata nel *Piacere* (1889): «Il settembre [...]. Pare una primavera veduta in sogno» e non mancherà poi negli onirici e settembrini *Sogni di terre lontane* (*La loggia* in *Alcyone*, 1903): «Settembre, il tuo minor fratello aprile». La fonte, da ravvisare nel Mendès di *Intermède*: «Septembre: le printemps de l'automne», è forse il tramite dell'immagine nelle *Myricae* di Pascoli (*Nel giardino*, 1894): «e or che ottobre [...] / sembra marzo», se non che la derivazione proprio da d'Annunzio sembra confortata da altre occorrenze che riguardano il muto colloquio del poeta romagnolo con la madre, a cominciare da *Anniversario* (1892): «mi consolavi [...] / piangendo il pianto che su me versavi», fino a *Colloquio* (1892), corona di cinque sonetti, dove si segnalano gli incipit «Non piangere» (II e III) nel dialogo ipotetico, sempre con la madre, di lampante ascendenza dannunziana, specie, tra l'altro, per l'uso prettamente *paradisiaco* del condizionale: «Sarebbe così bello / questo mondo odorato di mistero! / sarebbe la tua vita come un sentiero / con l'erba intatta» (III) e la replica della rima «mistero/sentiero» (cfr. qui ai vv. 6-7).

O RVS! (p. 132)

Pubblicata nel «Mattino» di Napoli, 17-18 novembre 1892, con il pretitolo *Canti dell'Autunno*, riprende un'antica poesia omonima (*Rus*), rimasta dispersa nelle colonne del «Preludio» di Ancona (30 marzo 1883) perché non si prestava a essere raccolta nell'*Intermezzo* né nell'*Isottèo-Chimera*. Il tema appunto campestre la imparentava con le poesie delle *Myricae* pascoliane e segnatamente con *Romagna*, almeno nella versione consegnata da Pascoli alla «Cronaca Bizantina» nel 1882. Anche ora, nonostante le molte modifiche rispetto alla prova giovanile, le quartine conservano l'impronta miricea verificandosi qui tra i due poeti una situazione rovesciata rispetto a *Consolazione* (cfr. la relativa nota). Ma giusto sul finire del 1892 d'Annunzio legge con partecipazione le *Myricae*, edite allora in volume da Giusti, per approntarne l'estesa recensione che consegnerà al «Mattino» (30-31 dicembre 1892). Così, la «zolla» che «riluce a specchio» (vv. 5-6) trova per esempio corrispondenza con «Qualche zolla [...] luccica al sole, / netta come specchio» (*Di lassù*), come la «ripa di pioppi mormorante» (v. 21) con «amici pioppi: / brusivano [...] lungo la sponda del mio dolce fiume» (*Rio salto*) o «gallina tronfia» (v. 60) con «tacchina dotta». Quanto al retroterra che i due condividono, va segnalata, accanto a Carducci, la poesia di Whitman a cui questa *paradisiaca* si raccorda attraverso la traduzione in prosa di *Rulli di tamburo* allora procurata da Nencioni («Nuova Antologia», 1 dicembre 1891) e introdotta da una nota di commento: «È l'eterno "O rus!" – l'eterno "O ubi campi", di tutti i poeti» per d'Annunzio suggestiva al pari dei versi: «datemi lo splendido tacito sole [...] datemi i succulenti frutti d'autunno» che trovano qui l'uguale in «Datemi i frutti succulenti, i buoni / frutti de la mia terra [...] / Datemi il fresco latte» (vv. 41-45).

ODI NAVALI
(1892-1893)

A cura di Giorgio Zanetti.

Impossibile non ricordare, riguardo alle *Odi navali*, la dichiarazione con cui d'Annunzio, nel 1888, accompagna la pubblicazione in volume degli scritti giornalistici da lui dedicati all'*Armata d'Italia*, ossia alla Regia Marina militare, denunciandone la grave crisi materiale e morale e schierandosi risoluto fra proposte concorrenti di rifondazione e modernizzazione: «Io non sono e non voglio essere un poeta mero. Al perfetto rimatore Théodore de Banville piacque confessare, nel ritornello d'una delle sue trentasei ballate mirabili: "*je ne m'entends qu'à la métrique!*" A me, invece, codesta perpetua professione di prosodista non va. Tutte le manifestazioni della vita e tutte le manifestazioni dell'intelligenza mi attraggono ugualmente. Credo di avere pienissima libertà di portare la mia ricerca in ogni campo». Invero le prose del 1888 costituiscono un antecedente sicuro delle *Odi* che, composte a partire dal settembre 1892, escono dapprima presso il napoletano Bideri all'inizio del 1893 (ma con data 1892) e poco dopo, accresciute, nell'edizione Treves del luglio (con dedica ai tre figli Mario, Gabriele e Veniero). Molti i motivi di continuità: dal ricordo bruciante della vergognosa sconfitta di Lissa, con le sue vibranti risonanze irredentistiche, al panegirico del ministro della Marina, ammiraglio Simone Pecoret di Saint-Bon, le cui concezioni il giovane polemista aveva opposto all'allora ministro Benedetto Brin, fautore di una politica di «grandi navi» e «grandi costruzioni». Morto per una grave malattia il 26 novembre 1892, Saint-Bon è oggetto nelle *Odi* di una sorta di apoteosi funebre, a cui si integra la rivendicazione del ruolo primario che nella guerra navale moderna, almeno per la flotta italiana, spetta invece alla torpediniera: «Naviglio d'acciaio, diritto veloce guizzante [...]» (*A una torpediniera dell'Adriatico*).

Per la verità d'Annunzio non è del tutto nuovo a prove di poesia civile, dall'adolescenziale *A Umberto di Savoia* (1879) a *Per gli Italiani morti in Africa* (1887), senza dire della vena di socialismo umanitario che ispira figure e situazioni del *Canto novo*, da cui proviene la formula in *exergon* alle *Odi navali*: «O mare, o gloria, o forza d'Italia!». Ma ora a d'Annunzio, forte della consapevolezza di una più matura tecnica espressiva, di uno strenuo apprendistato tecnico, arride il modello di Shelley, che, come si legge nell'articolo commemorativo sul «Mattino» del 4-5 agosto 1892, offre un esempio sublime di «penetrazione panteistica dell'Universo» e insieme di «culto ardente dell'Umanità», ove la «potenza lirica» fa tutt'uno con l'anelito di liberazione del «pensiero». La poesia dunque è anche idea e azione, fuori dai manierismi solitari dell'arte aristocratica a confronto con le istanze e i processi della vita collettiva. Come avvertivano i simbolisti e i wagneriani di Francia, la religione della Bellezza non può esaurirsi in un rituale della forma. E un'ansia di comunione e di proselitismo pervade il messaggio attribuito ai *Poeti* nella lirica che chiude il *Poema paradisiaco*: «O voi che il sangue opprime, / Uomini, su le cime / splende l'Alba sublime».

Il «prosodista», beninteso, non resta inattivo. E certo nelle *Odi navali* si guarda insistentemente a Walt Whitman (alcuni versi del quale, da *Memories of President Lincoln*, si leggono nell'originale in epigrafe a *In memoriam*, per poi essere ripresi in traduzione nel corpo della lirica), il profeta americano caro a Enrico Nencioni e da poco proposto antologicamente in italiano da Luigi Gamberale (*Canti scelti*, Milano 1887, 1890). Con Whitman e i suoi *versicles* esemplati su quelli biblici, d'Annunzio persegue il proprio proposito di ricercare di là dal metro (anche quello barbaro) il ritmo, quasi a restituire in uno spartito franto di iterazioni e di *enjambements* l'impulso musicale da cui ha origine anche l'*oratio soluta*. Vi si può accogliere sin l'oratoria parlamentare, come accade in una delle odi con il discorso funebre per la morte di Saint-Bon tenuto a Montecitorio dall'onorevole Rocco De Zerbi.

Ma indubbiamente le *Odi navali* riflettono anche le suggestioni culturali a cui il poeta si apre nella fervida stagione napoletana. Qui fa spicco l'incontro con Nietzsche, mediato da interpreti francesi (al saggio di J. de Néthy apparso sulla «Revue Blanche» dell'aprile 1892, *Nietzsche-Zarathoustra*, saranno forse da aggiungere gli interventi nietzschiani di Fernand Gregh e di Daniel Halévy, futuro biografo del filosofo tedesco, apparsi durante il '92 nel «Banquet», la rivista di giovani in cui fa le sue prime prove Marcel Proust), che d'Annunzio registra d'acchito come una voce importante, anche se non esclusiva, del dibattito in corso circa la natura e le sorti del moderno. L'interprete della sterilità morbosa di Giorgio Aurispa, che nel 1893 congeda in una chiave di favola mistica il *Paradisiaco*, è in grado di intendere forse meglio di chiunque altro come nella cultura francese di punta, con o senza Nietzsche, il nichilismo dei moderni cercasse di elaborare dal suo interno un messaggio euforico di energia e vitalità, nella luce incerta ma esaltante di una nuova spiritualità post-cristiana. Nella *Bestia elettiva*, sul «Mattino» del 25-26 settembre, d'Annunzio rilancia nel segno esplicito di Nietzsche lo spregio del «gregge servile», l'esaltazione dei pochi «uomini superiori», l'affermazione del «sentimento della potenza». Ma per il poeta le idee sono anche maschere, prospettive da cui trae forza e ampiezza uno sguardo rivolto a comprendere «tutta la complessità della coscienza moderna». Ciò che conta, anche in rapporto al verbo nietzschiano, è corroborare il ruolo che d'Annunzio si attribuisce di interprete e di messaggero del proprio tempo, capace di oggettivarne i caratteri e gli impulsi profondi.

Ed è questo a motivare il fatto che, dalla stampa presso Treves del 1893 fino all'Edizione nazionale, le *Odi navali* sono riunite con il *Poema paradisiaco*. L'accostamento pare subito a molti incongruo, ma non a un giovane poco più che ventenne, Mario Morasso, giurista e sociologo uscito dalla scuola positivistica di Enrico Morselli (diventerà il teorico dell'*Imperialismo artistico*, 1903, e, prima di Marinetti, del mito moderno della macchina). Egli sottolinea il forte tenore etico-ideologico della poesia dannunziana nel saggio *Gabriele d'Annunzio davanti alla coscienza giuridica* (sulla «Nuova Rassegna» dell'1 ottobre 1893), che il poeta richiama con forte risalto nel panorama dei giudizi sulla propria opera che egli stesso redige per la *D'Annunziana*, il numero monografico della «Tavola Rotonda» a lui dedicato (17 dicembre 1893). Nell'intimismo del *Paradisiaco* Morasso scorge l'intuizione profetica di una «questione sessuale», destinata secondo lui a rivelarsi grave di conseguenze, sul piano dell'etica pubblica e della coscienza giuridica, più della stessa questione sociale; e le *Odi navali*, con una perfezione formale e una magnificenza di immagini sconosciute alla precedente poesia civile italiana, offrono «la sintesi giuridica e sociale» del «principio individualistico» su cui si fonda il progetto stesso della modernità. In questa luce Whitman, il bardo della democrazia americana, può convivere con Nietzsche e con il suo annuncio di una morale aristocratica, fra le ambivalenze, le contraddizioni, i paradossi dell'incipiente società di massa.

LA NAVE

Va, va con la tua forza che doma la forza del mare,
con tutte bandiere spiegate,
va, va dove il Destino ti scorge in tuo solco infinito,
o Nave, più bella e più grande
d'ogni altra a le tempeste commessa da gente mortale!

Va, va con la tua forza! O Nave, è in te più che il vigore
dai secoli infuso nei tronchi
de le selve terrestri. O Nave, è in te più che la tempra
del ferro cui tratto da l'ime
viscere de la Madre provaron la fiamma e l'incude.

Va, va! Con la tua prora attingi i confini de l'acque!
Tu porti un terribile incarco.
Tutte, o Nave, le glorie degli uomini, tutte le glorie
degli uomini ne la carena
profonda con gran rombo sul gorgo oceanico porti.

Dal sommo de le antenne eccelse che sanno la nube
tonante e la folgore intatte,
giù per le sàrtie, a poppa, a prora, in un vento di gioia
ondeggiano come una selva
eroica le belle bandiere di tutte le glorie:

– quella che su la torre sanguìnea de l'espugnata
città, sotto il vol de la Morte,

lacera tenne e infisse l'incolume poliorcète
(sostava d'in torno la strage
dal prodigio interrotta: udivasi il drappo garrire);

quella in cui cadde avvolto l'eroe disperato a difesa
de l'ultimo ponte, morendo
in vano; quella aperta al torrido sole, su terra
ignota, in conspetto d'un grande
fiume misterioso, tra nembi di frecce letali;

quella nel radiante silenzio de l'artico gelo
alzata in conspetto del mare
libero, mentre tutta pareva sospesa la vita
del mondo sul palpito umano
e pendevan gli aloni come larve di astri sul polo;

quella che bianca e pura nel fumido vento, nel rombo
continuo de la battaglia,
simbolo tutelare, protesse la tenda ove china
su orride piaghe l'umana
pietà senza lacrime compiva prodigi ignorati;

quella, più gloriosa d'ogni altra nei cieli, che stette
altissima su la più alta
cupola dei palagi di ferro e di vetro rivali
dei templi – ove accolse la Pace
misti nell'opre nuove il genio e la forza dell'Uomo:

tutte, giù per le sàrtie, a poppa ed a prora, in un vento
di gioia le belle bandiere
ondeggiano splendendo come incorruttibili fiamme;
ondeggiano – e l'aere in dietro
arde – mentre tu passi il gorgo oceanico, o Nave.

Va, va con la tua gloria, o Nave; oltre tutte le sirti
attingi l'Atlantide estrema;

giungi la terra ignota che libera guardano i cieli
ridenti, che libera il Sole
ama. Va, va o Nave, secura oltre tutte le sirti,

là dove i figli eguali d'innanzi a la Madre comune
partiscono il frutto e la fiamma;
dove in città sonanti di popolo laborioso
onorasi il vecchio dei campi
che esercitò la vita nell'opera sacra del pane;

dove, fuor d'ogni giogo e fuor d'ogni vincolo, ognuno
espande il poter che in sé chiude;
dove ognuno in sé stesso è sovrano, ha in sé le sue leggi,
ha in sé la sua forza e il suo sogno;
dove fratello al grande pensiero è il tenace lavoro;

dove sorgono e stanno come inviolabili querci
tra gli uomini i grandi pensieri;
dove scende invocata dai puri poeti e serena
tra gli uomini sta la Bellezza;
dove l'amore crea la vita e respira la gioia.

Va, va, o Nave, corri secura oltre tutte le sirti;
attingi l'Atlantide estrema;
reca a la nuova terra le glorie degli uomini e i segni.
Va, va! Come l'àlbatro è forte
l'anima che ti segue sul gorgo oceanico, o Nave.

NOTE

LA NAVE (p. 148)

L'ode, nucleo ideologico dell'intera raccolta, appare per la prima volta sulla «Nuova Antologia» del 15 aprile 1893. Nelle prime dieci strofe (i cui cinque versi senza rima arieggiano e insieme eludono il modello carducciano avvicendando l'esametro e il novenario) la *Nave* assume la consistenza di una allegoria della vita multiforme e drammatica della modernità, con il suo progetto di espansione, di conquista, di progresso. In essa sventolano «le belle bandiere di tutte le glorie» (v. 20), da quelle di guerra o degli ospedali da campo ai vessilli che accompagnano le esplorazioni geografiche, le avventure coloniali, le spedizioni polari, sino alle insegne issate sui fastigi dei nuovi templi della produzione e del lavoro industriali. E nella seconda parte, ove a giudizio di Morasso si delinea un ideale sociale in tutto corrispondente al pensiero moderno e «consono agli studi più recenti», d'Annunzio mostra di aderire al disegno, al mito di una nuova frontiera: nell'«Atlantide estrema» di là dal «gorgo oceanico» subito si riconoscono gli Stati Uniti d'America. Da segnalare che i vv. 56-57 («là dove i figli eguali d'innanzi a la Madre comune / partiscono il frutto e la fiamma») rettificano o forse meglio svolgono un detto di Zarathustra citato in chiusa alla *Bestia elettiva*: «La vita è una sorgente di gioia – dice Federico Nietzsche – ma, dove la canaglia viene a bere, tutte le fonti sono attossicate. E ancora: Qualcuno, che si ritrasse dalla vita, non altro faceva che ritrarsi dalla canaglia. Non voleva partire la fonte, la fiamma e il frutto con la canaglia». Nell'articolo del «Mattino» si tratta di una duplice decadenza europea, quella degli «slombati eredi» dell'aristocrazia e quella promossa dallo spirito livellatore dello «Stato-re» costruito sul «dogma dell'Ottantanove»: ora su questo sfondo lo stesso principio nietzschiano dell'individuo come «libertà che si afferma», «forza che si governa», può trovare la realizzazione più compiuta in una democrazia eroica, l'America di Whitman. In questa sua visione del futuro d'Annunzio tiene presente il *Prometheus unbound* di Shelley, così come egli ne descrive la parabola ideologica nel «Mattino» del 4-5 agosto 1892:

«Le visioni della terra asservita e tormentata si alternano con quella della terra libera da ogni tirannia, pacifica, serena, ove la Bellezza viene ad assidersi tra gli uomini come un tempo Gesù tra i pescatori della Galilea, sotto il giustissimo Sole». Come è stato osservato, anche per questo tenore shelleyano *La Nave* godrà agli inizi del Novecento di una fortuna straordinaria presso la stampa libertaria e anarchica, ove più volte le sue strofe finali verranno riprese in occasione delle celebrazioni del Primo Maggio: «un inno alla grande rivoluzione che si prepara», prefigurazione di una società «comunista» e dunque integralmente libera. Il «poliorcète» (v. 23) è l'eroe espugnatore di città; le «sirti» (vv. 51 e 55), ossia i bassifondi sabbiosi pericolosi per la navigazione, valgono per traslato pericolo o insidia.

LAUDI DEL CIELO DEL MARE
DELLA TERRA E DEGLI EROI

Libro I MAIA
Libro II ELETTRA
Libro III ALCYONE
Libro IV MEROPE
Libro V ASTEROPE
(*Canti della guerra latina*)

Affidato a diversi quotidiani, risale al 1898 l'annuncio delle *Laudi del cielo del mare della terra e degli eroi*, grandioso progetto di poesia che d'Annunzio si appresta a realizzare. Il titolo, già definitivo, tratto da un libro di mitologia procuratogli probabilmente dall'amico bibliotecario Annibale Tenneroni (l'indice della *Mithologie de la Grèce antique* di Decharme reca appunto: *Divinités du Ciel, Divinités des Eaux, Divinités de la Terre, Les Héros*), somma due direttrici lungo le quali si muove ora più il drammaturgo che il poeta. Mentre infatti emerge l'interesse per il mito, e dunque per il mondo greco e per la tragedia, la dicitura di *Laudi* fa capo alla «sacra rappresentazione» medievale, tutta nostrana e in particolare umbra, come il nostro solerte studioso ha appreso dalle *Origini del teatro italiano* e dalla *Poesia popolare*, impeccabili e nutritissime ricostruzioni storiche di Alessandro D'Ancona.

Che giusto nel 1898, all'indomani del debutto teatrale, d'Annunzio progetti di far rivivere quell'antica forma di spettacolo risulta dal dialogo con Georges Hérelle, il traduttore delle sue opere in Francia, dove Paul Sabatier va da ultimo segnalandosi con cospicui contributi francescani: «Mi sono occupato molto di San Francesco, in questi ultimi tempi» gli fa sapere il 22 luglio «perché voglio comporre una tragedia francescana – nei modi della poesia popolare umbra e delle antichissime laudi dramatiche – intitolata "*Frate Sole*". [...] Avete letto la *Legenda antiquissima* ritrovata e pubblicata recentemente da Paul Sabatier?».

Sembra insomma che la «lauda dramatica» si disponga a scavalcare, intanto, il *Fuoco*, romanzo metaletterario avviato ormai da due anni (verrà concluso solo nel 1900); quindi, per le scene, i *Sogni* delle stagioni non ancora composti (il *mattino di primavera* e il *tramonto d'autunno*, del 1897, rimarranno per sempre in attesa, al di là di qualche abbozzo, di *estate* e *inverno*) e la *Gioconda*, che però avrà la meglio insieme con la *Gloria* su ogni altro disegno. Ma i due drammi «moderni», licenziati fra il 1898 e il 1899 per la Compagnia Duse-Zacconi, dilazionano senza azzerarlo il ritorno alle Origini che attrae d'Annunzio e, in forze, la cultura accademica, al passo di quanto avviene in Europa nell'ambito delle letterature romanze. Perché da noi si susseguono a ritmo serrato edizioni e studi eccellenti riguardanti la Scuola siciliana e il Dolce stil novo, Petrarca e Boccaccio, per non dire della «dantomania» o «dantolatria» che invade la Penisola da poco unita all'insegna – giova ricordare – del poeta-padre della Patria.

Così, da un lato le radici greche e dall'altro le medievali sono i cardini intorno ai quali ruotano le intense letture che vanno a configurare la biblioteca della Capponcina, la villa di Settignano, sui colli di Firenze, quartier generale della coppia di «divi», Eleonora e Gabriele, intenzionata a «rivelare» alla «moltitudine adunata» Poesia e Bellezza. Entrambi protesi verso questo ideale d'arte di massa, l'attrice mostra di credere ciecamente nel poeta a sua volta persuaso di poter disporre di un incomparabile strumento di diffusione della propria opera. Avendo tuttavia la Duse quale unico finanziatore, ingenti si rivelano i rischi dell'impresa a due, aggravati dalla mancanza di un teatro «stabile» (invano viene caldeggiato l'allestimento di una grande arena *en plein air*) e dall'ardua formazione di un'adeguata Compagnia di attori, allora avvezzi all'improvvisazione.

Quanto a d'Annunzio, comunque, le difficoltà delle messe in scena, tali da costringerlo a debuttare in Francia, e il successo non certo travolgente che sulle prime riesce a riscuotere lo stimolano a non demordere (Eleonora, economicamente sovresposta, invece vacilla e va sostenuta di continuo), ad approfondire, tentando e ritentando, curvo come non mai sui libri: legge Shakespeare e Ibsen, Nietzsche e Wagner, Maeterlinck e Bataille, i tragici greci, sul punto di tradurli persino di suo pugno, alla ricerca poi di uno strumento espressivo adatto al parlato-recitato, poiché la lingua italiana è notoriamente solo scritta, letteraria e aulica, laddove la drammaturgia per il grande pubblico lo induce in primo luogo a interrogarsi intorno alla popolarità della pronuncia.

Anche in Francia, del resto, il «théâtre du peuple» è questione all'ordine del giorno che d'Annunzio dibatte accanto a Romain Rolland, intellettuale per lui di massimo riferimento da quando, nella veste di direttore della «Revue d'art dramatique», lo studioso dell'*Histoire de l'Opéra en Europe* si è fatto portavoce e sostenitore dell'esperimento di Maurice Pottecher nei Vosgi (rappresentazioni *en plein air* autogestite da attori-autori non professionisti) che egli riuscirà a importare a Parigi grazie a un suo disegno di legge approvato dal Governo.

Sul finire del secolo, il laboratorio di d'Annunzio comprende perciò un folto numero di studi intorno al teatro greco, da rilanciare nei termini «popolari» delineati nell'articolo *La Rinascenza della Tragedia* steso per il «Journal des Débats» di Parigi e per la «Tribuna» di Roma (2 agosto 1897, all'indomani dell'*Antigone* riproposta a Orange), nel pieno della campagna elettorale che lo porterà in Parlamento. E benché per ora egli poco conosca della *Nascita della tragedia* di Nietzsche – nulla più che alcune pagine antologiche – della grecità nietzschiana ha appreso dal *Caso Wagner* e dalla saggistica su Wagner (fin dal 1895 segue da vicino, tra gli altri, gli interventi di un Chamberlain), come si evince dalle dense pagine del *Fuoco* dedicate al melodramma. In merito, da Verdi a Bellini, è vivo l'interesse del drammaturgo per le nostre glorie nazional-popolari, mentre non gli sfugge, da *Bohème* a *Tosca*, il trionfo di Puccini, un vicino di casa durante le vacanze pisane e viareggine di questi anni.

È pertanto scontato che sul tavolo di lavoro della Capponcina campeggino, senza soluzione di continuità rispetto a tragedia, lauda e melodramma, disparate raccolte di folklore: neo-greco, bretone, scozzese o illirico, specie se i raccoglitori, che qui fanno davvero la differenza, sono Fauriel, Scott, Villemarqué e il nostro grande Tommaseo, da sommare ai folkloristi conterranei e sodali, Finamore e De Nino, al cui fianco, a Francavilla nel Cenacolo di Michetti, si era consumato l'apprendistato del poeta e del narratore. Va da sé, infine, che gli approfondimenti antropologici in ordine al canto folklorico, a usanze e rituali resistenti alla modernità e all'industrializzazione, si combinino con quelli relativi alla *leggenda*, territorio esplorato in lungo e in largo dalla Scuola storica con esiti mirabili.

«Fiore della storia», portatrice di verità più profonde di quanto non accerti il documento, la *leggenda* è quasi il paradosso di quella Scuola, visto che sembrerebbe contraddire i principi della scienza positiva rivolgendosi alle credenze popolari in cui molto è da spartire con magia e superstizione, nel buio dell'emotività e non alla luce della ragione. Ma le *leggende* di Virgilio o di Roma nel Medio Evo secondo Comparetti e Graf, quelle di Sant'Alessio e di San Brandano secondo D'Ancona e

Novati, di Giulietta e Romeo o di Tristano e Isotta secondo Ricci e Gaston Paris, riguardando l'immaginario collettivo, si configurano quali miti della modernità oltremodo suggestivi per il poeta che ambisce al ruolo di Vate di un intero popolo, se non dell'intera civiltà mediterranea. L'«Itala gente da le molte vite» (così il Carducci della *Chiesa di Polenta*, 1897) è senz'altro nel mirino del d'Annunzio antropologo che si appresta a divenire il cantore della «vita italiana», un tempo «ornamento del mondo», e ora da riscoprire e magari superare agli albori – egli predica con insistenza – del «nuovo Rinascimento» novecentesco.

Questi i presupposti delle *Laudi*. Dopo lo scarno annuncio, il progetto non tarda a divenire fattivo nel 1899, anche se non sono mancate negli anni indietro le avvisaglie della vocazione lirica, del largo fiume che si spanderà inarrestabile lungo tutto un lustro. Basta riandare ai «Taccuini», cioè ai quadernetti nei quali d'Annunzio usa annotare le «cose viste» in una sorta di diario di lavoro, per imbattersi nei versi suggeriti, per esempio, dalla vista del Tescio nei pressi di Assisi durante un'escursione nella città di San Francesco con la Duse, nel settembre 1897 (versi poi inseriti fra le *Città del silenzio* del Libro II: «Torcesi la riviera sitibonda / che è bianca del furor del suo sitire. / Come fiamme anelanti di salire, / sorgon gli olivi da la torta sponda»); giù giù sino alle didascalie della *Gioconda*, dove nell'ultimo Atto la scena marina lungo il litorale toscano certo prelude al Libro III: «*gli oleandri, le tamerici, i pini, le arene d'oro sparse d'alghe morte, il mare in calma sparso di vele latine, la foce pacifica dell'Arno, di là dal fiume le macchie selvagge del Gombo, le Cascine di San Rossore, le lontane montagne di Carrara marmifera*».

Ma alla Capponcina e, soprattutto, a Marina di Pisa nell'estate 1899, in giorni che il poeta considera veramente di tregua dopo il confronto diretto con il pubblico, particolarmente burrascoso nel caso della *Gloria* sommersa dai fischi, il poeta esulta non appena ha dato mano, di getto, ad alcune composizioni «tutte penetrate di aria e di salsedine». Tant'è vero che gli sembra di poter ultimare il libro di poesia – tale, all'inizio, l'estensione delle *Laudi* – in «un mese o due» (a G. Treves, 7 luglio 1899). «*Incipiunt Laudes creaturarum quas fecit Gabriel Nuncius in laudem et honorem Divinae Heleonorae*»: la dedicatoria del primo manipolo di poesie radunerà il fascio di bei fogli di Fabriano mimando un tipico codice delle Origini che duplica il linguaggio falso-antico in cui sono vergate.

Nella perizia antiquaria, d'ora in avanti il suo maggior registro, d'Annunzio si va addestrando attraverso Dante e più di una raccolta antologica: *Cantilene e Ballate, Strambotti e Madrigali nei secoli XIII e XIV* (1871) di D'Ancona-Carducci; *Antiche rime volgari* (1874) di D'Ancona-Casini-Comparetti; *Canzonette antiche* (1884); *Crestomazia italiana dei primi tre secoli* (1897) di Monaci... Non è insomma da credere al poeta quando afferma che i versi nascono spontanei dalla sua penna «come le schiume dalle onde» (sempre a G. Treves, 7 luglio 1899); è indubbio però che si profili l'abbondanza creativa di una stagione, anno dopo anno, di straordinaria fioritura lirica.

Eleonora è affascinata dalla poesia che la riguarda da vicino e la coinvolge mettendone in rima l'alta temperatura emozionale in una complicità a oltranza. Non a caso, della *Sera fiesolana* (Libro III), finita di comporre, teste l'autografo, alla Capponcina, «ai dì 17 di giugno 1899, verso sera, dopo la pioggia», che versifica alcune sue battute sul paesaggio serafico di Assisi, disponiamo di un apografo tempestivo dell'attrice: testimone capitale, una sua copia della poesia è appunto inserita nella lettera inviata all'amante da Aix-les-Bains il 19 agosto. La *tournée* l'ha condotta oltralpe e sembra che la «nomade» non abbia altro modo per esprimere al poeta la propria incondizionata ammirazione se non quello di ripetere (a memoria?) la *lauda* che condivide profondamente, nella quale si riconosce avendola innescata; come innescherà, per limitarci solo a ciò di cui abbiamo precisa documentazione, l'epicedio di Nietzsche (Libro II). È lei a insistere, alla morte del filosofo, perché d'Annunzio lo componga: «Canta – *Tu il suo alloro*!», «Un'ode! La più bella» (lettera e telegramma da Ginevra, 27 agosto 1900).

A quella data è ormai stabilita l'intitolazione alle sette Pleiadi (*Maia*, *Merope*, *Asterope*, *Celeno*, *Alcione*, *Elettra*, *Taigete*) di altrettanti Libri di *Laudi*; segno del progressivo accrescimento della materia poetica. Subito dopo aver composto l'*Oleandro* (Libro III, 2 agosto 1900 nell'autografo), il cantore annuncia a chi certo ben conosce l'impianto dell'eptalogia, cioè ad Angelo Conti, l'imminenza di tre delle Pleiadi: «Molte laudi ho composto imitando le acque e le foglie. / Pubblicherò in autunno i primi tre libri – *Merope*, *Maia*, *Alcjone* (sic) [...]. Io veramente ho parlato con le Sirene e mi sono trasfuso nel mito di Glauco» (13 agosto 1900). Forse proprio nel dialogo con l'amico le stelle si sono imposte, nel torno d'anni della grande comunione fra i due da cui scaturisce *La beata riva* (trattato di estetica a quattro mani, edito da Treves giusto nel 1900). Non è lui, il Daniele Glauro del *Fuoco*, lo scrutatore degli astri? Già in gioventù Conti è per d'Annunzio il filosofo di *Cadentia sidera* (nella «Tribuna» di Roma, 13 agosto 1887); d'altra parte, oltre che nell'*Anactoria* di Swinburne, le Pleiadi figurano nel folklore greco e bretone, in canti a lungo consultati dal drammaturgo fiancheggiatore del poeta.

Non ancora stabilita una volta per tutte, la distribuzione astrale dei vari componimenti sarà solo dell'ultim'ora, dopo la crescita a dismisura di *Maia*, il Libro I composto per la maggior parte quando *Elettra* (II) è ultimato e *Alcyone* (III) in dirittura ormai d'arrivo. Il poeta certo non immaginava che tra il 1899 e il 1903 avrebbe cumulato l'enorme mole di circa ventimila versi, per giunta inframmezzati dalla conclusione del *Fuoco*, da *Francesca da Rimini* (1901) e dalla *Figlia di Iorio* (1903). In tutti e tre i casi si tratta, a ben vedere, non di diversivi ma piuttosto di acceleratori, nel senso che il poeta saprà profittare più che mai tanto del narratore quanto del drammaturgo: del primo perché l'Imaginifico, teorico dei «miti novelli», delle parole «non umane», sta a un passo dall'eletto scriba di quell'armonia creaturale «preformata» che è la poetica alcionia; del secondo perché il cimento del teatro in versi falso-antichi-popolari ha comportato la ponderosa attrezzatura pronta ora a funzionare di nuovo nel laboratorio che non muta. E si pensi solo a ciò che i *Pastori* di *Alcyone*, un vertice del d'Annunzio lirico, devono alla *Figlia di Iorio* o a quanto ai *Barzaz Breiz. Chants populaires de la Bretagne* devono il *Ditirambo I*, sempre in *Alcyone*, o il *Dono di Zeus* di *Maia.*

Resta tuttavia ferma la felice disposizione – ispirata, vigilata e protetta dalla Duse – di questo lustro prodigioso, poi sempre rimpianto quale «tempo senza croci», «in cui non avevo», ricorderà il poeta fra poco, nel 1908, «se non una sola angoscia ma divina: l'angoscia della sovrabbondanza, l'ansia di scegliere fra troppe ricchezze!». E più in là, nel 1912, ricorderà ancora: «quando venne il momento di scrivere le *Laudi* [...] tutto m'era verso, rima, melodia. E mettevo endecasillabi anche nelle lettere ai creditori»; infine, nel 1924, al colmo della nostalgia: «Era il tempo dell'ebrietà [...] ogni giorno mi trasfiguravo nell'estro d'una laude eterea come una lodola o muscolosa come una lonza».

Alla primizia del 1899, quando la «Nuova Antologia» del 16 novembre pubblica alcune *Laudi* (*L'Annunzio*, *La sera fiesolana*, *Bocca d'Arno*, *Il Canto augurale per la nazione eletta*, *Il silenzio di Ferrara*, *Pisa* e *Ravenna*), faranno poi seguito, alla spicciolata, svariate anticipazioni, con particolare rilievo quando si tratta di *plaquettes*, come nel caso della *Notte di Caprera* o dell'ode *Per la morte di Giuseppe Verdi* (entrambe nel 1901, Libro II), che d'Annunzio legge in pubblico con vero clamore. Al pari di queste, non attenderanno l'allestimento di un canzoniere altre odi di quel Libro, cioè *Elettra*, la Pleiade degli *Eroi*, visto che si tratta di componimenti legati all'attualità, dalla commemorazione al necrologio, particolarmente adatti ai quotidiani. Anzi, nel «Giorno» di Luigi Lodi, a cui lo lega un contratto, il poeta-deputato pratica così un suo giornalismo politico in versi, destinato a culminare, durante la guerra di Libia (1911-1912), nelle *Canzoni delle Gesta d'Oltremare*, fiore all'occhiello del «Corriere della Sera».

Ma anche *Maia*, la stella inaugurale perché la maggiore delle sette («dicunt Maia superasse sorores»), subito concepita come poema ininterrotto sottotitolato *Laus Vitae*, sopporta l'assaggio a stampa di lunghi segmenti, mentre è quanto mai agevole cedere via via a giornali e periodici, o magari a opuscoli per nozze, le poesie di *Alcyone*, la terza stella, tutta marina: stella del solstizio già cantato con quel nome da Shelley.

Sarà *Maia-Laus Vitae*, assai più degli altri due Libri, ad accrescersi di mole al di là del previsto, e solo nell'imminenza della pubblicazione. Uscirà infatti nel maggio 1903, essendo composta per i due terzi, almeno, tra il febbraio e l'aprile. Prima nella stampa ma ultima nella stesura: ecco perché lievita la materia poetica sotto la penna del cantore «perpetuo» che ha alle spalle tanto esercizio e un laboratorio attrezzatissimo. La misura del volume unico programmato a suo tempo non è più adeguata e il Libro I, di oltre ottomila versi, è appunto a sé stante; misura invece sufficiente per gli altri due, *Elettra* e *Alcyone*, ultimati alla fine dell'anno, quando il *Commiato* del Libro III, del novembre, chiude la vicenda di queste *Laudi.* Si potrebbe dire, però, di *tutte* le *Laudi*, dato che *Merope* (la Pleiade che secondo il mito sposò Sisifo) sarà chiamata forzosamente a intitolare le *Canzoni* per la guerra di Libia; e del pari *Asterope*, persino con incertezza, intitola tardivamente i *Canti della guerra latina*, ovvero le poesie composte dal poeta-soldato fra il 1914 e il 1918.

ANNAMARIA ANDREOLI

Libro I
MAIA
(1903)

A cura di Annamaria Andreoli.

D'Annunzio decide di inaugurare le *Laudi* con la maggiore delle Pleiadi; decisione dell'ultim'ora, quando lo stadio dei lavori è avanzato e già *Elettra* e *Alcyone*, rispettivamente Libro II e III, possono dirsi ultimati o quasi. Dal 1899, data di nascita delle prime composizioni, al 1903 in cui vede la luce *Maia* (a stampa da Treves nel maggio), corre un lustro operosissimo, denso di letture, durante il quale l'artista-ideologo ha chiarito il proprio percorso accanto alla Duse, compagna decisiva di questi anni dedicati innanzitutto al teatro. E infatti un nodo strettissimo lega la *Città morta* (1896), la tragedia del debutto sulle scene, il *Fuoco* (1900), romanzo autobiografico riguardante (né poteva essere altrimenti) la vocazione alla drammaturgia, e il Libro I delle *Laudi*, «ditirambo delle origini», secondo la calzante definizione dell'autore.

Le Origini sono appunto il fulcro intorno al quale ruota il poeta intrecciato al drammaturgo: ignoto ad altre civiltà e culture, il teatro tragico fa capo alla Grecia classica, alla «madre Ellade», patria del mito, di cui l'Italia, attraverso Roma, è erede diretta. Più remote delle Origini romanze che impegnano la cultura europea e nostrana a cavallo dei due secoli, le Origini greche ci riguardano da vicino e per così dire a più riprese, poiché alla straordinaria fioritura artistica dell'età di Pericle già si era volto il Rinascimento leonardesco che da quello era disceso secondo un progresso di consapevolezza – sentenzia d'Annunzio – ora consegnato agli sviluppi della modernità.

Questa, da anni, la predicazione del nostro artista-ideologo: «Oggi [...] è da noi *saputo* con certezza inoppugnabile quel che dai greci era *sentito* e dagli italiani contemporanei di Leonardo era *intuito*». La «superba affermazione della vita», contrassegno tanto del primo quanto del secondo Rinascimento, è contrassegno, in crescendo (*sentire-intuire-sapere*), anche del terzo, di cui è imminente l'avvento grazie alla rivoluzione industriale. *Laus Vitae*, sottotitolo di *Maia*, già si profila insieme con il paladino del nuovo Rinascimento novecentesco. Non a caso, sia *Alle Pleiadi e ai Fati* (1902) che *L'Annunzio* (1899), le due composizioni poste nel Libro I quale premessa di tutte le *Laudi*, rivelano scopertamente, più che altrove, la lettura di Nietzsche (*La nascita della tragedia* è tradotto integralmente in francese nel 1901): la rinascita del Panismo pagano (il gran Pan non «è morto», *L'Annunzio*, v. 74) e la polemica anticristiana (la superiorità di Ulisse, con la sua sete di conoscenza ardimentosa, rispetto a Cristo, *Alle Pleiadi e ai Fati*, vv. 31 sgg.), fanno capo al filosofo tedesco.

Ma non troveremmo d'Annunzio così pronto ad aderire al verbo nietzschiano, se la cultura europea non lo avesse per molti versi preparato a quell'incontro. In particolare, nelle pieghe dell'Estetismo inglese, come si manifesta nel *Rinascimento* di Walter Pater, e nel filone «naturista» del Simbolismo francese (basti menzionare le *Nourritures terrestres* di Gide), già erano emersi il mito panico dell'«eterno ritorno» e l'«élan vital» che comporta oltretutto la definizione di un nuovo genere: il «roman-poème», ovvero flusso di coscienza in versi ininterrotti. E in proposito va rilevato che la misura narrativa di *Maia*, anticipata dalla dimensione diaristica – vedremo – di *Alcyone*, mette fuorigioco i romanzi che d'Annunzio si era prefisso di comporre per ultimare i cicli narrativi del *giglio* (*La Grazia* e *L'Annuciazione*) e del *melagrano* (*La Vittoria dell'Uomo* e *Il Trionfo della Vita*) rimasti poi per sempre incompiuti.

Se si eccettuano alcune sezioni pubblicate nei periodici, *La Sirena del mondo*, *La carne esperta* o *La notte d'Estate* fra il 1900 e il 1902, ben poco sembra all'attivo nel gennaio 1903, quando un solo volume dovrebbe comprendere tutti e tre i Libri delle *Laudi* che nel complesso assommerebbero a circa diecimila versi. Di stanza allora a Milano, d'Annunzio prevede di ultimare *Maia* in un mese di reclusione nell'Hôtel Cavour. A quella data sono ormai stabiliti il sottotitolo, *Laus Vitae*, della prima Pleiade, che il mito vuole madre di Ermete, dio dei congiungimenti, e il suo contenuto: la versificazione della crociera nello Ionio e nell'Egeo compiuta anni indietro, nell'estate 1895, sul panfilo «Fantasia» dell'amico Scarfoglio. Del resto, la traduzione in poesia del «giornale di bordo», a suo tempo redatto quasi quotidianamente, è progetto antico, avviato subito al rientro, benché il metro «barbaro» – gli esametri – avesse poi fatto arenare quel lontano tentativo (ne restano alcuni abbozzi), messo ben presto da parte, scavalcato com'era dalla *Città morta*, frutto anch'essa, comunque, della crociera greca: l'ideazione della tragedia – dirà il drammaturgo al debutto – era balenata nel suo «spirito fecondato dal sole dell'Ellade», durante la visita a Micene dei sepolcri regali riportati alla luce dagli scavi di Schliemann.

Anche *Maia-Laus Vitae* avrà tutto da spartire con gli scavi archeologici a cui sul finire del secolo, di anno in anno, si deve il recupero di tesori d'arte antica: l'*Ermete* di Prassitele, la *Sfinge* di Naxos, l'*Auriga* di Delfi... Dopo che il tedesco Schliemann, da cultore autodidatta dei poemi omerici, ha riesumato con clamore le mura di Troia, la francese École d'Athènes diretta da Homolle diviene infatti più che mai attiva negli scavi, quasi che sul territorio greco la Francia, sconfitta dalla Germania a Sedan (1871), possa trovare un campo di battaglia per la propria *révanche*. È insomma una nuova guerra, combattuta per il primato dell'eccellenza nel recupero di quelli che d'Annunzio chiama i «dissepolti simulacri», ai quali vanno aggiunti i reperti papirilogici (i nuovi frammenti di Saffo e le *Odi* di Bacchilide, per esempio) o la vittoriosa decifrazione del sistema musicale greco rimasto fino ad allora enigmatico.

È da credere che il nostro periegeta non si sarebbe mosso alla volta della Grecia se la «visitazione votiva» sul suolo della «madre Ellade», tale è per lui la crociera, non fosse di prammatica per l'intelligenza europea alla fine del secolo. Innumerevoli viaggiatori l'hanno preceduto, vergando ognuno fitte note di viaggio a cui si allinea il «giornale» di d'Annunzio che si imbarca con un baule zeppo di libri. I compagni di bordo (oltre a Scarfoglio, sono della partita Georges Hérelle, il suo traduttore francese, Pasquale Masciantonio, giovane avvocato conterraneo, e Guido Baggiani, pittore ed esploratore) testimoniano che sul ponte del panfilo Gabriele, nudo come le statue che si appresta ad ammirare da vicino, declama invasato Omero o Pausania. E certo non è privo dei *Sanctuaires d'Orient* di Édouard Schuré (1898), diario di un viaggio in Grecia dall'esordio nietzschiano quanto mai implicato con *L'Annunzio*: «Quand nous allons visiter la Grèce en ruines, n'est-ce-pas le grand Pan que nous cherchons?». Il gran Pan, continua Schuré, ucciso una prima volta dalla Chiesa cristiana, risusciterà nel XVI secolo con il Rinascimento; ora però, la scienza moderna, con le sue analisi impietose, sembra ucciderlo una seconda volta perché concede sì all'attuale Prometeo la conquista del globo, ma – conclude – «écrasé par la machine», l'uomo d'oggi va perdendo la Bellezza.

Basti l'esempio di Schuré e del suo celebre libro, che non manca nella biblioteca di Carducci, per intravedere quella che sarà l'obiezione di d'Annunzio nei versi di *Laus Vitae*. Proprio la scienza, restituendo il «Meraviglioso», garantisce al mondo moderno la sopravvivenza di Poesia e Bellezza. Il poeta è pronto a cantare il nuovo mito della macchina e della velocità, anticipando i Futuristi; tanto più che la macchina si appresta ad affrancare l'uomo dalla fatica e a dominare la Natura, conferendogli signoria sullo spazio e sul tempo. Lettore di Ernest Renan, all'*Avenir de la science* (le «*pensées* de 1848» pubblicate nel 1890) egli farà eco, persuaso anche lui che «non chi più ha sofferto più conosce» ma, in polemica anticristiana, «chi più ha goduto».

D'Annunzio dispone dunque di un proprio diario (si legge nei *Taccuini*), steso nel 1895 sulla base di alcuni analoghi precedenti significativi, che del suo viaggio – bisogna insistere – sono a monte, avendo salda in mano la chiave ideologica con la quale riproporlo: cantore del «nuovo Rinascimento» egli torna alle Origini del *nihil maius* della modernità. Non sorprende così se fra il gennaio e l'aprile 1903 (il 18 di quel mese il Libro I risulta concluso) la materia poetica è lievitata al punto che gli oltre ottomila versi di cui infine consta la maggiore delle Pleiadi occupano un intero volume. L'1 marzo, rivolgendosi all'editore, il poeta solerte dice di essere preda «di una di quelle Furie laboriose» che lo «agitano per sette e sette ore»; e il 28 lo avverte: «la mia *Laus* si è sviluppata al di là della misura stabilita. Da sola può riempire un volume di mole conveniente».

Tanta abbondanza va certo ascritta alla chiarezza del disegno, cioè al periplo reale e insieme ideale, nel doppio registro che pertanto moltiplica la materia poetica. Perché mentre i versi ripercorrono approdi ed escursioni sul suolo dell'Ellade (da Gallipoli a Patrasso, quindi Olimpia, Atene, Micene ed Eleusi), al tempo stesso si tratta dell'itinerario iniziatico e sapienziale da sovrapporre, intanto, a quello che Schuré aveva delineato nella sua *Grèce héroique et sacrée* (un capitolo dei *Sanctuaires*): avendo il mondo greco compiuto il miracolo di glorificare la vita «à ses trois étapes: physique, passionnelle et intellectuelle», egli avrebbe visitato prima Olimpia, poi Atene e infine Eleusi, le città dove si celebrarono la ginnastica («beauté du corps»), la tragedia («passions et vertus ornées par la poésie») e i misteri («réligion et sagesse»).

È l'itinerario di *Maia-Laus Vitae*; tuttavia con una variante capitale: manca qui la tappa ateniese, rimpiazzata da un'improvvisa fuoruscita dal tracciato greco. Non Atene ma l'incipiente primavera toscana e Firenze (la sezione intitolata *Ver blandum*), che sostituiscono la città che per tutti i lettori del Libro I delle *Laudi* viene inspiegabilmente omessa. E dire che sull'Acropoli – la celeberrima *Prière* di Renan come *baedeker* – d'Annunzio si è recato sostando anche lui in preghiera dinanzi al Partenone e all'Erettèo. Mentre però compone i versi, sul tavolo di lavoro dove sono accumulati non pochi diari di viaggio spicca *Anthinéa* (1901) di Charles Maurras, memorie di un'escursione in Grecia e in Italia. La nota prefativa del volume ne motiva il titolo stravagante, raccordando due capitoli, il primo, *Voyage d'Athènes*, sulla città dell'Attica, il secondo, *Le génie toscan*, sul soggiorno a Firenze, e illustrandone un terzo: *Rassemblance de la Grèce et de la Toscane*. Grecia e Toscana si somigliano secondo Maurras che sottolinea una «parenté des caractères» di cui d'Annunzio si appropria; e a maggior ragione visto che Atene e Firenze sono accomunate dall'identità del nome. Stando all'etimo, entrambe significano «città dei fiori»: «Athènes nous serait venu d'*anthinéa* qui veut dire fleurie; Athènes à l'origine dirait en grec ce que dit Florence en latin [...]. Une tyge mystique unit les deux chefs-d'oeuvres de la Grèce et de la Toscane. Je ne saurais penser Florence sans souvenir d'Athènes».

Quando tra il gennaio e l'aprile 1903 compone il Libro I delle *Laudi*, a suo dire in piedi, su un leggìo, il poeta ha appena configurato in *Alcyone* la trafila dei Rinascimenti anteriori e ha già collocato in testa al Libro III le sette ballate di quel *Fanciullo* floreale («fiore dell'anima mia», v. 254), simbolo della poesia, che dagli Orti Oricellari di Firenze viene condotto sulla «rupe veneranda», cioè sull'Acropoli di Atene: «torna con me nell'Ellade» (v. 178). La sovrapposizione della Toscana alla Grecia, e alla Magna Grecia, era poi il presupposto di altre liriche (*L'Oleandro*, in primo luogo) che ora vengono riprese e rilanciate in vista del terzo Rinascimento, meta ultima del viaggio che si svolge non meno nel tempo che nello spazio. Cantore del «Passato augusto», il paladino della «Vita novella» ne è insieme il profeta. Ripercorse Atene e Firenze, fiori di primavere ideali, sarà Roma il centro della nuova fioritura, il «caput mundi» della modernità: dalla Via Sacra il poeta penetra così nella *Cappella Sistina*, capolavoro di Michelangelo, per interrogare i Profeti e le Sibille dipinti nella volta.

Il lungo poema si conclude con il *Saluto al Maestro*, ovvero a Carducci a cui il Libro viene dedicato. Per comporre questi versi d'Annunzio si era recato con intenzione in Versilia, a Valdicastello, in modo da poter osservare minutamente il borgo natale del Vate d'Italia, ormai colpito da paralisi e in attesa di un successore. Scontata la candidatura di chi compone l'omaggio con serrati paragoni tra paesaggio versiliese e greco: «sentii per le alture e le valli / il soffio dell'Ellade, il nume / di Pan nei vocali canneti / presente, che ancora conduce / pe' tempi il Ritorno eternale». E Carducci viene sovrapposto a Pindaro, «re d'inni», in versi che però non lusingano il dedicatario. Tutt'altro: «l'abbondanza del cuor tuo, il fervore dell'ingegno e l'impeto precipite della poesia ti ha trascinato oltre il limite del vero. Non sono quello io a cui si debbono sì magnifici preconi. [...] non mi percuotere di tali colpi», gli scrive subito dopo aver letto il *Saluto*. A dispetto del rifiuto di Carducci, la giovane generazione che aderirà al Nazionalismo e al Futurismo accoglie invece *Maia* proprio come «manifesto» della modernità, sanzionando una volta per tutte il passaggio delle consegne: è d'Annunzio il nuovo Vate d'Italia.

ALLE PLEIADI E AI FATI

Gloria al Latin che disse: «Navigare
è necessario; non è necessario
vivere.» A lui sia gloria in tutto il Mare!

O Mare, accenderò sul solitario
monte che addenta e artiglia te (leone
sculto da qual Ciclope statuario?)

un salso rogo estrutto col timone
e la polèna della nave rotta,
che ha la tortile forma del Tritone.

Il ricurvo timon per cui condotta
fu la nave nell'ultima procella
con la barra tra l'una e l'altra scotta,

la divina figura onde fu bella
contra il flutto la prua sotto il baleno
della nube che vinto avea la Stella,

ardere voglio avverso il Mar Tirreno,
l'ornamento superbo e il rude ordegno,
le Pleiadi invocando al ciel sereno.

Crepiterà nel fuoco il salso legno,
su la cervice del leon proteso;
e taluno vedrà di lungi il segno

insolito e dirà: «Qual mano acceso
ha il rogo audace? Quale iddio su l'erte
rupi nel cuore della fiamma è atteso?»

Non un iddio ma il figlio di Laerte
qual dallo scoglio il peregrin d'Inferno
con le pupille di martìri esperte

vide tristo crollarsi per l'interno
della fiamma cornuta che si feo
voce d'eroe santissima in eterno.

«Né dolcezza di figlio...» O Galileo,
men vali tu che nel dantesco fuoco
il piloto re d'Itaca Odisseo.

Troppo il tuo verbo al paragone è fioco
e debile il tuo gesto. Eccita i forti
quei che forò la gola al molle proco.

L'àncora che s'affonda ne' tuoi porti
non giova a noi. Disdegna la salute
chi mette sé nel turbo delle sorti.

Ei naviga alle terre sconosciute,
spirito insonne. Morde, àncora sola,
i gorghi del suo cor la sua virtute.

Di latin sangue sorse la parola
degna del Re pelasgo; e il sacro Dante
le diede più grand'ala, onde più vola

Re del Mediterraneo, parlante
nel maggior corno della fiamma antica,
parlami in questo rogo fiammeggiante!

Questo vigile fuoco ti nutrica
il mio vóto, e il timone e la polèna
del vascel cui Fortuna fu nimica,

o tu che col tuo cor la tua carena
contra i perigli spignere fosti uso
dietro l'anima tua fatta Sirena,

infin che il Mar fu sopra te richiuso!

L'ANNUNZIO

Udite, udite, o figli della terra, udite il grande
annunzio ch'io vi reco sopra il vento palpitante
con la mia bocca forte!
Udite, o agricoltori, alzati nei diritti solchi,
e voi che contro la possa dei giovenchi, o bifolchi,
tendete le corde ritorte
come quelle del suono tese nelle antiche lire,
e voi, femmine possenti in oprare e partorire,
alzate su le porte,
e voi nella luce floridi, e voi nell'ombra curvi,
fanciulli loquaci, vecchi taciturni,
o vita, o morte,

uditemi! Udite l'annunziatore di lontano
che reca l'annunzio del prodigio meridiano
onde fu pieno tutto quanto
il cielo nell'ora ardente! V'empirò di meraviglia;
v'infiammerò di gioia; vi trarrò dalle ciglia
il riso e il pianto.
Salirà dai profondi cuori un grido immenso
come quel che improvviso tonò nel silenzio
del giorno santo.

Ornate di purpuree bende il giogo oneroso,
delle più fresche erbe gli alari che il fuoco ha róso
nel fervido camino;

sospendete alla trave arida la ghirlanda aulente,
coronate la fronte del toro, il vaso lucente,
la pietra del confino.
La bellezza del mondo sopita si ridesta.
Il mio canto vi chiama a una divina festa.
Nelle vostre vene rudi, ecco, il mio canto versa
un sangue divino.

Udite, udite, o figli del Mare, udite il grande
annunzio ch'io vi reco sopra il vento giubilante
con la mia bocca sonora,
nudi nell'ombra cerula delle vele mentre vibra
come nella selva il curvo legno per ogni fibra
da poppa a prora
e il pino dischiomato che per l'alto sal viaggia
pur anco geme in lunghe lacrime la selvaggia
gomma onde il cuor gli odora,
uditemi! Io vi dirò quel che da voi s'attende,
le vostre sorti auguste, la deità che in voi splende
il Mar che è divino ancóra.

Gittate le reti su i giardini del Mare
ove rose voraci s'aprono tra il fluttuare
dell'erbe confuse;
cogliete il ramo vivo nella selva dei coralli
ove fremono eretti gli ippocampi, cavalli
esigui, e le meduse
trapassano in torme leni come in aere nube;
cogliete i fiori equorei, molli come le piume,
dolci come le ciglia chiuse;

fioritene ogni albero, fioritene ogni antenna,
il timoniere alla barra, il gabbiere alla penna,
e il piloto che sa i cieli,
i bracci dell'àncora tenace che sa gli abissi,
e le escubie, occhi della nave aperti e fissi

verso i lontani veli
ove s'asconde l'isola felice o la tempesta!
Il mio canto vi chiama a una divina festa.
La bellezza del mondo sopita si ridesta
come ai dì sereni.

Mentì, mentì la voce dinanzi alle dentate
Echìnadi tonante nella calma d'estate
verso la nave. Il giorno
spegneasi entro quell'acque, fumido; come una pira
ardea Paxo; Achelòo, pensoso di Deianira
e del divelto corno
dalla forza d'Eràcle nell'iterata lotta,
respirava per la sua vasta bocca nel mare e sola
la sua brama era intorno.
O padre fecondatore dei piani, re violento, atroce
sposo, testimonio eterno sei tu. Mentì la voce
che gridò: «Pan è morto!»

Ma pieno era il giorno, ma era a sommo del cerchio
il Sole, il maestro dell'opre eccellenti, lo specchio
infaticabile degli umani,
l'amico delle fonti, la chiara faccia, il puro
occhio che vede tutte le cose (udite, udite!); e tutto
il silenzio dei piani
l'adorava offerendo al suo fuoco le messi
altrici delle stirpi, i mietitori genuflessi
dalle consacrate mani,

e le falci terribili, e i vasi d'argilla proni
onde l'acqua trasuda, simili alle fronti
madide nella fatica,
tramandati dai padri nella forma immortale,
e i rossi carri aspettanti il peso cereale
fermi presso la bica,
e le chiome delle femmine seguaci, e le criniere

dei cavalli furibondi sotto la sferza crudele,
e la schiuma di quel furore, e le preghiere
grandi su l'opra antica.

Pieno era il giorno, o figli, era il Sole imminente;
e tutto il silenzio dei mari l'adorava offerendo
al suo fuoco l'aroma
del sale purificante, la felicità dell'onda,
della rupe immobile, dell'alga vagabonda,
della ferrea prora,
il promontorio fulvo come leone in agguato
con proteso l'artiglio, il golfo dominato
dalla città che dolora
nelle sue mura ansiosa, e i vitrei meandri
delle correnti, e i gemmei limitari degli antri
che solo il vento esplora.

Tutto era silenzio, luce, forza, desìo.
L'attesa del prodigio gonfiava questo mio
cuore come il cuor del mondo.
Era questa carne mortale impaziente
di risplendere, come se d'un sangue fulgente
l'astro ne rigasse il pondo.
La sostanza del Sole era la mia sostanza.
Erano in me i cieli infiniti, l'abondanza
dei piani, il Mar profondo.

E dal culmine dei cieli alle radici del Mare
balenò, risonò la parola solare:
«Il gran Pan non è morto!»
Tremarono le mie vene, i miei capelli, e le selve,
le messi, le acque, le rupi, i fuochi, i fiori, le belve.
«Il gran Pan non è morto!»
Tutte le creature tremarono come una sola
foglia, come una sola goccia, come una sola
favilla, sotto il lampo e il tuono della parola.
«Il gran Pan non è morto!»

E il terrore sacro si propagò ai confini
dell'Universo. Ma gli uomini non tremarono, chini
sotto le consuete onte.
Tutte le creature udirono la voce
vivente; ma non gli uomini cui l'ombra d'una croce
umiliò la fronte.
Ed io, che l'udii solo, stetti con le tremanti
creature muto. E il dio mi disse: «O tu che canti,
io son l'Eterna Fonte.
Canta le mie laudi eterne.» Parvemi ch'io morissi
e ch'io rinascessi. O Morte, o Vita, o Eternità! E dissi:
«Canterò, Signore.»

Dissi: «Canterò i tuoi mille nomi e le tue membra
innumerevoli, perocché la fiamma e la semenza,
l'alveare ed il gregge,
l'oceano e la luna, la montagna ed il pomo
son le tue membra, Signore; e l'opera dell'uomo
è retta dalla tua legge.
Canterò l'uomo che ara, che naviga, che combatte,
che trae dalla rupe il ferro, dalla mammella il latte,
il suono dalle avene.

Canterò la grandezza dei mari e degli eroi,
la guerra delle stirpi, la pazienza dei buoi,
l'antichità del giogo,
l'atto magnifico di colui che intride la farina
e di colui che versa nel vaso l'olio d'oliva
e di colui che accende il fuoco;
perocché i cuori umani, come per un lungo esiglio,
hanno obliato queste tue glorie, Signore, e che il giglio
dei campi è un gaudio eterno.» E il dio mi disse:
«O figlio,
canta anche il tuo alloro.»

LAVS VITAE

I

O Vita, o Vita,
dono terribile del dio,
come una spada fedele,
come una ruggente face,
come la gorgóna,
come la centàurea veste;
o Vita, o Vita,
dono d'oblìo,
offerta agreste,
come un'acqua chiara,
come una corona,
come un fiale, come il miele
che la bocca separa
dalla cera tenace;
o Vita, o Vita,
dono dell'Immortale
alla mia sete crudele,
alla mia fame vorace,
alla mia sete e alla mia fame
d'un giorno, non dirò io
tutta la tua bellezza?
Chi t'amò su la terra
con questo furore?
Chi ti attese in ogni

attimo con ansie mai paghe?
Chi riconobbe le tue ore
sorelle de' suoi sogni?
Chi più larghe piaghe
s'ebbe nella tua guerra?
E chi ferì con daghe
di più sottili tempre?
Chi di te gioì sempre
come s'ei fosse
per dipartirsi?
Ah, tutti i suoi tirsi
il mio desiderio scosse
verso di te, o Vita
dai mille e mille vólti,
a ogni tua apparita,
come un Tìaso di rosse
Tìadi in boschi folti,
tutti i suoi tirsi!

Nessuna cosa
mi fu aliena;
nessuna mi sarà
mai, mentre comprendo.
Laudata sii, Diversità
delle creature, sirena
del mondo! Talor non elessi
perché parvemi che eleggendo
io t'escludessi,
o Diversità, meraviglia
sempiterna, e che la rosa
bianca e la vermiglia
fosser dovute entrambe
alla mia brama,
e tutte le pasture
co' lor sapori,
tutte le cose pure e impure

La sirena del mondo

ai miei amori;
però ch'io son colui che t'ama,
o Diversità, sirena
del mondo, io son colui che t'ama.

Vigile a ogni soffio,
intenta a ogni baleno,
sempre in ascolto,
sempre in attesa,
pronta a ghermire,
pronta a donare,
pregna di veleno
o di balsamo, tòrta
nelle sue spire
possenti o tesa
come un arco, dietro la porta
angusta o sul limitare
dell'immensa foresta,
ovunque, giorno e notte,
al sereno e alla tempesta,
in ogni luogo, in ogni evento,
la mia anima visse
come diecimila!
È curva la Mira che fila,
poi che d'oro e di ferro pesa
lo stame come quel d'Ulisse.

Tutto fu ambìto
e tutto fu tentato.
Ah perché non è infinito
come il desiderio, il potere
umano? Ogni gesto
armonioso e rude
mi fu d'esempio;
ogni arte mi piacque,
mi sedusse ogni dottrina,

m'attrasse ogni lavoro.
Invidiai l'uomo
che erige un tempio
l'uomo che aggioga un toro,
e colui che trae dall'antica
forza dell'acque
le forze novelle,
e colui che distingue
i corsi delle stelle,
e colui che nei muti
segni ode sonar le lingue
dei regni perduti.

Tutto fu ambìto
e tutto fu tentato.
Quel che non fu fatto
io lo sognai;
e tanto era l'ardore
che il sogno eguagliò l'atto.
Laudato sii, potere
del sogno ond'io m'incorono
imperialmente
sopra le mie sorti
e ascendo il trono
della mia speranza,
io che nacqui in una stanza
di porpora e per nutrice
ebbi una grande e taciturna
donna discesa da una rupe
roggia! Laudato sii intanto,
o tu che apri il mio petto
troppo angusto pel respiro
della mia anima! E avrai
da me un altro canto.

II

[...]

Io ti saziai,
o mia carne, ti saziai
come l'alluvione
sazia la terra
che più non la riceve
ed è sommersa.
Fiumi perigliosi
precipitarono ruggendo
sopra di te perduta.
Fosti talora
come uva premuta
da fiammei piedi;
talora come neve
segnata di vestigia
cruente, d'impronte oscure;
talora come inerte
gleba; e parvemi ch'io sentissi
in te serpere ignote
radici e udissi lunge
stridere su la cote
forse una scure.
Furonvi donne serene *Le donne*
con chiari occhi, infinite
nel lor silenzio
come le contrade
piane ove scorre un fiume;
furonvi donne per lume
d'oro emule dell'estate
e dell'incendio,
simili a biade
lussurianti
che non toccò la falce

ma che divora il fuoco
degli astri sotto un cielo immite;
furonvi donne sì lievi
che una parola
le fece schiave
come una coppa riversa
tiene prigione un'ape;
furonvi altre con mani smorte
che spensero ogni pensier forte
senza romore;

altre con mani esigue
e pieghevoli, il cui gioco
lento parea s'insinuasse
a dividere le vene
quasi fili di matasse
tinte in oltremarino;
altre, pallide e lasse,
devastate dai baci,
riarse d'amore sino
alle midolle,
perdute il cocente
viso entro le chiome,
con le nari come
inquiete alette,
con le labbra come
parole dette,
con le palpebre come
le violette.
E vi furono altre ancóra;
e meravigliosamente
io le conobbi.

[...]

IV

[...]

L'incontro d'Ulisse

Incontrammo colui
che i Latini chiamano Ulisse,
nelle acque di Leucade, sotto
le rogge e bianche rupi
che incombono al gorgo vorace,
presso l'isola macra
come corpo di rudi
ossa incrollabili estrutto
e sol d'argentea cintura
precinto. Lui vedemmo
su la nave incavata. E reggeva
ei nel pugno la scotta
spiando i volubili vènti,
silenzioso; e il pìleo
tèstile dei marinai
coprìvagli il capo canuto,
la tunica breve il ginocchio
ferreo, la palpebra alquanto
l'occhio aguzzo; e vigile in ogni
muscolo era l'infaticata
possa del magnanimo cuore.

E non i tripodi massicci,
non i lebeti rotondi
sotto i banchi del legno
luceano, i bei doni
d'Alcinoo re dei Feaci,
né la veste né il manto
distesi ove colcarsi
e dormir potesse l'Eroe;
ma solo ei tolto s'avea l'arco
dell'allegra vendetta, l'arco

di vaste corna e di nervo
duro che teso stridette
come la rondine nunzia
del dì, quando ei scelse il quadrello
a fieder la strozza del proco.
Sol con quell'arco e con la nera
sua nave, lungi dalla casa
d'alto colmigno sonora
d'industri telai, proseguiva
il suo necessario travaglio
contra l'implacabile Mare.

«O Laertiade» gridammo,
e il cuor ci balzava nel petto
come ai Coribanti dell'Ida
per una virtù furibonda
e il fegato acerrimo ardeva
«o Re degli Uomini, eversore
di mura, piloto di tutte
le sirti, ove navighi? A quali
meravigliosi perigli
conduci il legno tuo nero?
Liberi uomini siamo
e come tu la tua scotta
noi la vita nostra nel pugno
tegnamo, pronti a lasciarla
in bando o a tenderla ancóra.
Ma, se un re volessimo avere,
te solo vorremmo
per re, te che sai mille vie.
Prendici nella tua nave
tuoi fedeli insino alla morte!»
Non pur degnò volgere il capo.

Come a schiamazzo di vani
fanciulli, non volse egli il capo

canuto; e l'aletta vermiglia
del pìleo gli palpitava
al vento su l'arida gota
che il tempo e il dolore
solcato aveano di solchi
venerandi. «Odimi» io gridai
sul clamor dei cari compagni
«odimi, o Re di tempeste!
Tra costoro io sono il più forte.
Mettimi alla prova. E, se tendo
l'arco tuo grande,
qual tuo pari prendimi teco.
Ma, s'io nol tendo, ignudo
tu configgimi alla tua prua.»
Si volse egli men disdegnoso
a quel giovine orgoglio
chiarosonante nel vento;
e il fólgore degli occhi suoi
mi ferì per mezzo alla fronte.

Poi tese la scotta allo sforzo
del vento; e la vela regale
lontanar pel Ionio raggiante
guardammo in silenzio adunati.
Ma il cuor mio dai cari compagni
partito era per sempre;
ed eglino ergevano il capo
quasi dubitando che un giogo
fosse per scender su loro
intollerabile. E io tacqui
in disparte, e fui solo;
per sempre fui solo sul Mare.
E in me solo credetti.
Uomo, io non credetti ad altra
virtù se non a quella
inesorabile d'un cuore

possente. E a me solo fedele
io fui, al mio solo disegno.
O pensieri, scintille
dell'Atto, faville del ferro
percosso, beltà dell'incude!
E contemplai, di contro
a Same dai foschi cipressi,
Itaca petrosa,
il Nèrito aspro nudato,
la patria angusta
di quella incoercibile Forza.
E veder parvemi il tetto
securo, la soglia polita,
le stanze purgate dai morbi
con fumido solfo,
le fanti dai cinti vermigli
intente a forbir seggi e deschi
con le spugne lor cavernose
o a torcere i lor fusi
versatili o a scardassare
le lane, e la tarda nutrice
Euriclèa che valse già venti
tauri, e l'economa Eurinòme,
e Femio il cantore, e nell'orto
cinto di pruni Laerte
curvo a rincalzare l'arbusto.

[...]

Salir vidi un placido fumo
allora, di tra gli oleastri
che coronan col segno
del buon lottator la Petrosa;
e dolsemi il cor dentro al petto,
ché pel sangue mi corse
pensier della madre lontana,

pensier delle dolci sorelle
e del mio focolare.
E m'apparve il bel fiume ove nato
fui di stirpe sabella,

La terra paterna

Aterno di rossa corrente
cui cavalca il ponte construtto
di carene di travi
d'ormeggi, spalmato di pece,
in vista al monte nevoso
che ha forma d'ubero pieno.
E la tomba m'apparve sul poggio
chiomante di pini, ove il padre
riposa le sue grandi ossa
ond'io m'ebbi tempra sì dura.

E dissi nell'ombra: «O sorelle,
tre come le porte del tempio,
tre come il trifoglio dei paschi,
tre come le Càriti leni,
la prima dai floridi ricci

Le tre sorelle

salubre qual cespo di menta
in docile rio, la seconda
a me simigliante nel vólto
ma quasi d'un velo soffusa
argenteo sì ch'io mi creda
specchiarmi in sul fare dell'alba
a un fonte di acque serene,
la terza dagli occhi bovini
robusta qual fu giovinetta
la figlia di Rea, della madre
sostegno ridente, o mie dolci
sorelle, non io vi obliai
e di me voi favellate
nel vespero forse, dal tetto
arguto di nidi guardando
verso l'Adriatico Mare.

Pur, se taluna di voi
improvviso mirasse
l'aspetto della mia
Libertà, d'orror tremerebbe
e di spavento, perduto
credendo il fratello suo caro,
per sempre perduto;
né più oserebbe toccarmi
né dirmi parola di pace.
E bagnerebbe di pianto
le incolpabili mani
materne, alla misera donna
pregando l'oblìo del suo nato.
E lo stranier che merca
e froda al publico sole,
il falso mendico che ostenta
nel trivio l'ulcera immonda,
il marinaio rissoso
che batte il fanciullo e il vegliardo,
parrebbero a quella men empii
del caro fratello perduto!

Gèniti d'un grembo, d'un sangue,
d'un atto d'amore noi siamo,
sorelle. E, se penso le vene
su la vostra tempia non cinta
più cerule e tenui dell'ombre
cui le frondi pie dell'ulivo
fan sul vello dell'agna
che pasce da presso, io sorrido
d'una tremante dolcezza
e le medesime vene
guardo ne' miei pallidi polsi,
che battono sì violente
di desiderio implacato.
E le mie virtù, i miei vizii,

i miei delitti, i miei gaudii
letiferi, i miei operosi
tormenti, le occulte mie glorie,
i sogni indicibili, tutto
il fiume rapace del mio
essere tingemi i polsi
di quel vostro azzurro sì lieve!

O consanguinei fiori,
o pure ghirlande sospese
alla fronte del focolare,
s'io torni ove nacqui,
in tema starò sorridente
dinanzi alla vostra allegrezza
come il viandante che sosta
e parco è di chiare parole
ché agli ospiti cela il suo stato.
Ma tu, o madre mia forte,
che mi generasti con tante
grida nel mese fecondo
che da Marte si noma,
entrando il Sole nel segno
dell'Ariete durocozzante,
mentre passavan sul nostro
tetto col volubile nembo
i pòllini di primavera,
tu subitamente svelato
m'accoglierai tutto qual sono
nella luce del tuo dolore.

Inno alla madre mortale

Qual sono, per te sarò sacro,
per te gloriosa in patire
e resistere, o madre!
E tu, che immota rimani
a costringer nelle tue braccia
come in ferrea zona la casa
fenduta dai fulmini, il soffio

dell'immenso mondo
in me sentirai vorticoso,
senza terrore, e tutto
saprai, pur quello che ignoto
mi sta nel profondo, pur quello
che sta nel Futuro, inspirata
di conoscenza celeste.
E mi dirai: "O figlio,
t'ho fatto di vita sì breve
e d'insaziabile cuore!
Giusto è che tanto t'affretti
a cercare a lottare a volere,
lontan dalla madre
che farti non seppe immortale."

Gloria al tuo capo, o madre!
Sii tu testimone sublime
di mia verità sotto il cielo.
O Solitaria,
o Dolorosa,
o Paziente,
non sono io forse il tuo grido?
Il tuo inconsapevole grido
che, riconosciuto, si spande
su gli uomini e reca ai più puri
la tua speranza divina.
O madre, sia gloria al tuo capo!»
Queste la mia tristezza
diceva parole, nell'ombra
d'Itaca aspra di rupi.
E parve dal mare profondo
salirmi al petto una forza
silente, in cui palpitavan le amiche
Pleiadi, quando a notte
supino, col vólto alle stelle,
giacqui presso l'Occhio di prua.

V

[...]

La meretrice di Pirgo

Quivi, al dir del buon prossenèta,
giunta era una donna di Pirgo
formosa, nel fiore degli anni.
Ma non degnava ella beare
di sua forma l'ebra ciurmaglia
nella fumosa taverna
aspra d'urli rauchi e di pugni
percossi. In penetrale
remoto, su candido letto,
ella attendea lo straniero
opulento, il navarca
magnanimo, o l'alto signore
dei latifondi patrensi.
Salimmo allora la scala
di putrido legno, varcammo
la soglia segreta; e la donna
di Pirgo ci apparve nell'ombra
del letto, piccola e pingue,
simile a gravida capra
dalle molte mammelle
olente dell'irco suo sposo.

Niuno di noi appressarsi
ardiva alla femmina elèa.
Ma uno dei cari compagni
le parlò con attico accento:
«O femmina elèa,
non nel Minyeio d'Omero,
nell'ingiocondo Anigro
che scorre tra il Minthe e il Lapitha,
bagnasti il fior di tue membra?»
Ridemmo in giovine coro.

Ella gustar l'attico sale
non seppe, e scagliò contra noi
l'ingiuria e i sandali. Allora
ci ritraemmo, con nari
occluse, giù per la scala
di putrido legno. Repente
brancolò nell'acre
tènebra ver noi una mano
ignota. Qual voce d'antico
sepolcro imprecava per fame
novella? Ristemmo, perplessi.

Al breve bagliore
scorsero i nostri occhi mortali
l'eterna tartarea faccia
d'Atropo che taglia lo stame,
dell'inevitabile Mira?
Sparvero l'inganno dell'ora
presente, l'angustia del luogo,
il turpe clamore degli ebri;
e tutti i secoli muti
che avean travagliato quel vólto,
incanutito quel crine,
sfatto quella bocca vorace,
smunto quel seno infecondo,
curvato quel dorso di belva,
scarnito quell'avida branca,
sepolto nell'orbita cava
quell'occhio ancor semivivo
senza cigli ingombro di sanie
e lacrimoso di sangue,
i millennii d'onta e di lutto
oppressero il cuor mio vivente.

E l'anima mia nel mio cuore
tremò d'infinita tristezza,

come innanzi all'aspetto senile
d'una già cognita gente,
di sùbito apparsomi in fondo
al funebre specchio dei tempi.
Ma risero i cari compagni. 301
E nell'artiglio proteso *La dramma*
dalla famelica lèna
io posi ridendo una dramma.
Mormorò ella parole
buie tra le vacue gengive
con la sua voce di tomba.
La grande sua bianca criniera 308
si dileguò nella notte.
E noi scendemmo la scala
di putrido legno. Cedette
un de' gradi all'urto del piede,
s'infranse con gemito. Oh dolce,
dalla soglia del lupanare,
mirar le vergini stelle! 315

E disse un de' cari compagni
tornando alla nave ancorata:
«Aedo, tu désti la dramma
a Elena figlia del Cigno, *La vecchiezza di Elena*
che fatta è serva millenne
d'una meretrice di Pirgo.»
[...]

VI

Il fiato degli uomini vili
fuggimmo, l'odore e il clamore
degli Efimeri imbelli
che quivi apparivano come
la lebbra sul sen di Afrodite,

la stupidità su la fronte
di Pallade, negli occhi
di Febo la sanie cruenta.
O vigne immense eguali,
pascoli d'api, coi verdi
pampini illanguiditi
dall'aridità presso il mare
ceruleo dove Zacinto
ignuda natava in silenzio
come la sirena delusa
che virtù non ebbe d'attrarre
ai carmi la nave d'Ulisse!
O grappoli sparsi in su l'aie
quadrate per cuocersi al sole,
densi e violacei come
il crine sul collo di Saffo!

Il cipresso e l'oleandro

Cipresso, e parvemi allora
soltanto conoscer la tua
meditabonda bellezza,
commisto al palmite ricco,
sul fianco dei colli silenti,
su le correnti dell'acque,
in contro al zaffiro sublime
dei monti creati alle soglie
dell'aria dal flauto di Pan!
Oleandro, e allora t'elessi
in riva ai ruscelli fiorito
per inghirlandar la mia Musa
che ama danzare e lottare,
che tratta l'incudine e il sistro,
che onora la grazia e la forza,
che loda il pastore e l'eroe;
t'elessi, oleandro, ti colsi
per redimir le mie tempie
di rose e d'alloro in un ramo.

Non mai parso m'eri sì bello!
E un altro da me canto avrai.

Peregrinammo da Patre
alla città santa d'Olimpia,
al tempio di Zeus Cronide,
con chiusa l'offerta nel cuore.
E tacita era la via;
e il Sole inclinavasi all'onda
occidua, con riaccesa
divinità, Elio nomato
per noi, Elio d'Eurifaessa.
Ed èramo senza parola,
tacenti, ma d'una celeste
melodìa pieni il petto
mortale. E talora dai monti
aerei venivan messaggi
per l'aere; e noi tendevamo
l'orecchio, attoniti, ai suoni
di Pan. Disse un de' cari
compagni: «Nel plenilunio
che segue il solstizio d'estate
la Festa ha principio.» S'udiva
dietro a noi fragore di carri.

E d'improvviso tutta
la valle echeggiò di fragore
come d'un émpito d'acque
irrompenti da cataratte
aperte su l'Elide. E il grido
umano e il nitrito anelante
squillavano sopra il fragore.
«Per vincere vincere vincere!»
E ci volgemmo. E vedemmo
tra nembi di splendida polve
una moltitudine immensa

Gli Elleni a Olimpia

d'uomini, di cavalli,
di carri condotta da mille
Vittorie che armavano il cielo
d'un fremito aquìleo, nube
di penne di pepli di chiome
impetuosa volante
in aura di giovinezza.
«Per vincere vincere vincere!»
E tutto il Peloponneso
tremò come foglia di gelso.

[...]

IX

Il Bacchophoro

E l'Erme prassitelèo
sul fulcro quadrato mi parve
men virile, quasi fior molle
di grazia feminea, quasi
desiderabile amàsio,
andrògina forma venusta,
poi che saziato mi fui
di grandezza e di lutto.
Il torace il ventre ed il pube
non marmo erano ma carne
cedevole. Il nitido capo
dai riccioli corti, recline
verso Diòniso infante,
nella levità del sorriso
e dell'ombre era ambiguo
tra il sogno e la vita, siccome
quel del pastor duplice alato
che guida le anime all'Orco
e il rapito armento al suo antro.
Dai ginocchi agli òmeri in ritmi
leggeri saliva la forza.

Ma, poi che da banda mi trassi
e riguardai, la forza
si palesò nella guisa
che l'arco allentato si tende.
I lombi gagliardi, le cosce
nervose, le reni falcate
e salde, la cervice
robusta eran degni del dio
enagònio. Gravando
sul piè manco il peso del corpo
divino, ei reggeva col braccio
inflesso il pargolo ignudo.
Ei giovine assunto alla forma
perfetta portava il nascente
germe inteso a spandersi in gioia,
a sorgere nella pienezza
dell'essere e della potenza.
Così per visibili segni
raffigurata mi parve
nel Divenire Eterno
l'immortalità della Vita.

Preghiera a Erme

«O figlio di Maia» pregai
«figlio dell'Atlantide Maia
dall'affocata faccia,
che onoro notturna fra gli astri
Pleiade dai sandali belli
dal crin di giacinto, che invoco
fra le sue sorelle celesti,
odimi, o Criseotarso,
Amico degli uomini. Scendi
dal fulcro quadrato,
àrmati del pètaso il capo,
allaccia gli aurei talari
ai mallèoli, teco togli
la verga di tre rampolli,

la lunga clamide, l'arpe
lunata, la borsa capace,
e vieni tra gli uomini. Sei
pur sempre il lor nume operoso,
il dio dal gran cuore, l'artiere
infallibile. Vieni!
Udrai e vedrai maraviglie.

O Agorèo, cui piacque
trattar con vólto benigno
i mercatori in piazza
solleciti intorno alle biade
dell'Attica magra, la Terra
è oggi un'àgora immensa
ove non si tendono reti
di belle parole ma guerra
si guerreggia furente
per la ricchezza e l'impero.
Duci di genti son fatti
i tuoi mercatori ingegnosi,
duci inesorabili e insonni
dal breve motto che scrolla
cumuli enormi di forza.
Sul flutto dell'oro
ondeggian le sorti dei regni.
Come l'aere l'acqua ed il fuoco,
fatto è l'oro un periglioso
elemento che ha i suoi nembi,
i suoi vortici, le sue vampe.

O Infaticabile, e sonvi
terre novelle, agitate
dall'alito aspro dell'antico
Ocèano, dove l'umana
opera è qual rabida febbre.
Il vento è qual bronzo che squilli,

il vento è qual riso che rida
qual gioia che canti
su la magnificenza e l'onta
degli atti. Il verbo è una lama
aguzzata a duplice taglio.
La gara, che tu proteggevi
nelle fulve palestre,
divora le vie strepitose.
Gli uomini dalla mascella
belluina e dal mento
di selce màsticano l'ansia
qual foglia amara d'alloro.
La Volontà reca intrecciati
a sé il Dominio e il Piacere
come i serpi al tuo caducèo.

[...]

XI

[...]

Chi mi consolerà, mentre
vivo sotto cieli pur dolci,
chi mi consolerà dei soli
spenti, dei giorni caduti?
Poggi di Fiesole, chiari
sono i vostri ulivi e foschi
i vostri cipressi, e i ciriegi
i mandorli i meli son bianchi
son rosei negli orti di Verde-
spina e di Laudòmia murati,
oggi che la Primavera
improvvisa coglie alle spalle
il lanoso Febbraio

e con la sua tepida forza
rivèrsagli il capo e gli chiude
le pàlpebre con le sue dita
che auliscono di rosmarino,
per baciarlo in bocca e fuggire.
Bellosguardo, io certo dimane
verrò ne' rosai che tu porti
carichi di rose ancor chiuse.

Ben so che i bocciuoli saranno
come i capézzoli gonfii
della pubescente. Ma forse
bianca sarà la tua prima
rosa fiorita su pel ferro
onde pende nel pozzo
la secchia loquace. O collina
dell'Incontro, per la finestra
ti veggo tutta rosata
non come le rose ma come
i fiori dell'erica, tanto
sono leggere le selve
de' tuoi querciuoli vestite
ancor della fronda autunnale
che un poco rosseggia e per entro
vi si scorge il tenero verde!
O Poggio Gherardo, le vecchie
tue mura gialleggiano come
su i nodi delle viti
il lichene. E sta Vincigliata
morta in un negrore di lance.

Odo i colpi iterati
dei ronchetti, odo le cesoie
dei potatori. Uomini veggo
poggiar le scale ai tronchi,
salire, attendere all'opra.

Tanta è la bontà della terra
che forse i sermenti recisi
a piè degli arbori mondi
non periranno ma forse
faranno radici. Pur fende *Ver blandum*
la terra ancor qualche aratro,
e splendono i buoi tra gli olivi
e tra gli oppi: chiuse han le froge
nelle gabbie di giunco
perché ghiotti son di germogli
e cimare osano i rametti
se passan rasente, bramosi
fors'anco di quelle vermene
che sorgon per nesto in corona
dalle piaghe dei tronchi
spalmate di màstice roggio.

Il bifolco gli incìta;
e certo egli è roco, già vecchio.
Ma oggi la voce dell'uomo
è d'una dolcezza infinita
in questo silenzio: ogni suono
ha una risonanza infinita
quasi che non tanto nell'aere
vibri ma e nelle glebe
e in tutte le specie dei corpi.
Odo talor stridore
come di lima sottile
che ferro morda. È colei
dai piedi azzurrigni? colei
che su ciascuna sua tempia
ha un candido segno, una nera
zona a mezzo il petto pugnace?
la cingallegra selvaggia?
Nel cavo dell'arbore aduna
già le lanugini molli

ma par che in aerea fucina
l'amor suo duri aspro travaglio.

San Miniato, ora il Sole
si piega verso la tua faccia
graziosa e abbaglia il dolente
tuo dio che non l'ama. Si leva
dall'Arno un vapore di perla
e si diffonde pe' campi
ove rilucono i fossi
colmi dell'acqua piovana;
ma il fumo dei tetti campestri
ceruleo par tuttavia.
L'Incontro s'indora e invermiglia:
cangia le sue querci in coralli;
ma la Vallombrosa remota
è tutta di violette
divina, apparita in un valco
che tra due colli s'insena
ah sì dolce alla vista
che tepido pare e segreto
come l'inguine della Donna
terrestra qui forse dormente,
onde quest'anelito esala.

E odo, se ascolto, venire
di Rovezzano il rombo
delle mulina che il vecchio
fromento convertono in fresca
farina; ma pe' solchi
tremano i fili del novo
fromento e con lor treman l'ombre,
e non si distingue il fil verde
dall'ombra sua cerula, e tutto
è un tremolio verdazzurro
che parmi aver quasi ai precordii.

E certo la noce bronzina
che nel cipressetto riluce
m'è cara, e l'orma essiccata
nella rèdola verde
che ieri fu molle di pioggia,
e la pendula chiave
che più non mi chiude il verziere
dal dì che nel suo rugginoso
cannello mellificò l'ape
come in celletta di bugno.

Molto al mio cuore son care
le cose che odo, che veggo;
e forse tutti i roseti
tralascerò per quel solo
anèmone aperto sul ciglio
del campo! E le campane
della preghiera servile,
il suono che vien di Rimaggio
di Candeli di Monteloro,
anche amerò per una nova
imagine, o Primavera,
che or mi nasce guardando
te sopra le file degli oppi.
Simili a concave mani
di nodose dita son gli oppi,
che reggono tenui sfere
cristalline; e tu vi trascorri
sopra e le tocchi traendo
da ciascuna fila un accordo
sì dolce che dal ciel sgorgar fa
Espero, la lacrima prima.

O Primavera, o Poesia,
in questa dolcezza m'indugio
per consolarmi e sorrido.
[...]

XV

[...]

«Delo» io pregai nel mio cuore
«sterilità più bella
che tutta la fronda di Tempe,
la forza dell'anima ellèna
in ogni tua pietra m'appare
chiusa qual seme in gleba,
sì che alcuna delle perfette 154
forme contemplate con gioia
ne' luoghi famosi, o febèa,
non mi ammaestra come
la tua solitudine inulta.
Deh fa che sempre io ti veda,
con gli occhi dell'anima invitta,
fa che io ti veda qual sei, 161
immobile ignuda e fatale
su le quattro ardue colonne
sorte dagli abissi del ponto
per sostenerti, e ch'io veda
Leto abbracciare la palma
pontare i ginocchi sul prato
per partorirti il bel dio! 168

Ecco, noi sciogliamo le vele
a dipartirci. Il periplo
è compiuto. Navigheremo
verso Messàna falcata,
verso la vorace Caribdi.
Da questa patria a un'altra
patria ch'è pur sacra agli iddii 175
veleggeremo, colmi
di vita i precordii, spumanti
e traboccanti d'ebrezza,

pronti a combattere, certi
di vincere, poi che apprendemmo
a cantare il peana
nelle acque di Salamina,
nei piani di Maratona,
e a correre dando l'assalto.
Vivemmo, divinamente
vivemmo! All'antica mammella
ci abbeverammo, ancor piena.
La bestia inferma uccidemmo
nel nostro fango penoso.

Come per osservare
l'oracolo gli Ateniesi
purgarono tutto il tuo suolo,
noi anche disseppellimmo
i nostri cadaveri informi
e li scagliammo all'abisso,
e dietro di loro gittammo
pietre pesanti ed obbrobrio
per consegnarli all'abisso.
Or tu, nella mia dipartita, *Delìaca Lex*
o Rupe, da tutta la tua
nudità cui più non fa velo
il fumo delle ecatombi,
ripeti a me l'unica legge
cui voglio obbedire: SII PURO.
T'obbedirò nella luce
t'obbedirò nell'ombra,
Delìaca Legge, che splendi
su l'Ellade come il suo cielo
pudico. In segreto e in palese,
per sempre sarò tuo fedele.

Vertice del Cinto, e sovente
io ti manderò sacri doni.
[...]

XVI

Le città terribili

[...]

Vesperi di primavera,
crepuscoli d'estate,
prime piogge d'autunno
croscianti su l'immondizia
polverosa che nera
fermenta sotto le suola
fendute onde si mostra
il miserevole piede
umano come tòrta
radice di dolore
divelta; rigùrgito crasso
delle cloache nell'ombra
della divina Sera,
tumulto della strada ingombra
ove tutte le fami
e le seti irrompono a gara
d'avidità belluina
per la forza che impera
e partisce i beni col ferro,
da voi sorgere io vidi
non so quale orrida gloria.

Gloria delle città
terribili, quando a vespro
s'arrestano le miriadi
possenti dei cavalli
che per tutto il giorno
fremettero nelle vaste
macchine mai stanchi,
e s'accendono i bianchi
globi come pendule lune
tra le attonite file

dei platani lungh'esse
le case mostruose
dalle cento e cento occhiaie,
e i carri su le rotaie
stridono carichi di scòria
umana scintillando
d'una luce più bella
che la luce degli astri,
e ne' cieli rossastri
grandeggiano solitarie
le cupole e le torri!

Orrore delle città
terribili, quando su le vie
arse cadono i larghi lembi
violacei della Sera
con un odor molle di morte,
e s'accendono su le porte
delle taverne i fanali
rossi che versano il sangue
luminoso al limitare
ove scoppierà la furente
rissa dopo l'ingiuria,
e i fuochi della lussuria
brillano negli occhi senili
della grigia larva che insegue
per l'ombra la vergine impube
con nel passo malfermo
l'indizio del morbo dorsale,
e il bardassa trae per le scale
già buie il soldato che ride,
e la libidine incide
l'enorme priàpo sul muro!

Febbre delle città
terribili, quando il Sole
come un mostro colpito

dal tridente marino
palpita ai limiti delle acque
in una immensità di sangue
e di bile moribondo,
e nel duolo del ciel profondo
la gran piaga persiste
livida di cancrena,
e s'ode la sirena
del vascello che giunge
caldo di più caldi mari,
e s'accendono i fari
su l'alte scogliere,
e le ciurme straniere
si precipitano all'orgia
frenetiche come baccanti,
e il porto suona di canti
di scherni di sfide di colpi
di crapula e d'oro!

Sonno delle città
terribili, quando dal fiume
accidioso (ove si stempra
tra la melma e il pattume
la polpa dei suicidi
fosforescente come
su i salsi lidi il viscidume
delle meduse morte)
sorgono le larve diffuse
della caligine tacente
con mille tentacoli molli
che sfiorano tutte le porte
e palpano i miseri e i folli,
il ladro e la venere vaga,
l'ebro dalla bocca amara
l'orfano dall'ossa contorte
assopiti sopra la fogna,

mentre s'amplia e s'arrossa
nei fumi la chiara finestra
del sapiente che indaga
e del poeta che sogna! 294

Alba delle città
terribili, aurora che squilla
con mille trombe di rame
sul silenzio opaco dei tetti
chiamando i dormenti a battaglia,
primo dardo che il Sole scaglia
a fiedere le sfere d'oro 301
su le cupole ancor notturne
e le cime ardue dei camini
emuli delle torri e le bianche
statue degli archi trionfali,
Speranza volante su ali
recenti come i fiori nati
sotto le rugiade celesti, 308
passo degli artefici dèsti
all'opere sonoro come
scalpitìo d'esercito grande,
rombo che si spande dai mossi
congegni pel vitreo duomo,
oh Alba, oh risveglio dell'Uomo
eletto al dominio del Mondo! 315

[...]

XIX

[...]

La quadriga imperiale

Volontà, Voluttà,
Orgoglio, Istinto, quadriga
imperiale mi foste,

quattro falerati corsieri,
prima di trasfigurarvi
in deità operose
come le Stagioni, che fanno
le danze lor circolari
e compagne son delle Grazie
e delle Parche in ricondurre
Prosèrpina ai giorni sereni:
quadriga che con freni
difficili resse l'auriga,
con rèdini tese nei pugni
ove serpeggiava la fiamma
del sangue sagliente pei fermi
cùbiti ai bicìpiti duri:
quadriga negli Atti più puri
coniata come l'antica
nel rovescio del tetradramma,
segno di potenza ai futuri.

Con quanto ardimento
trapassammo i termini d'ogni
saggezza e corremmo su l'orlo
dei precipizii, lungh'essi
gli alti argini delle fiumane
vorticose, in vista
del duplice abisso
pel crinale aguzzo dei monti
ove la vertigine afferra
subitamente colui
che crede al pericolo, e senza
scampo lo sbatte sul sasso,
gli spezza la nuca e la schiena!
O ebrietà d'ogni vena,
occhio gelido e chiaro
nella faccia ardente!
A levante, a ponente,

per ovunque guardai
quell'adamàntina cima
del rischio, e sempre mi chiesi:
«Ove debbo ancóra salire?» 189

[...]

Felicità, non ti cercai; *Felicità*
ché soltanto cercai me stesso,
me stesso e la terra lontana.
Ma nell'ora meridiana
tu venisti a me d'improvviso,
coi piedi scalzi e col viso
velato d'un velo tessuto 238
di quei fili che talora
brillano impalpabili all'aere
opere d'aeree fusa.
Ed ecco tu torni! E la Musa
t'ode mentre tu t'avvicini,
se bene i tuoi piedi
sien più delicati 245
del guaime che nasce
nei prati dopo la falce,
più tenui delle prime
foglie che spuntan nel salce,
e più lievi sieno i tuoi passi
che scorrer di talpa sotterra
o di lucertola in sassi. 252

Tu torni e tu tornerai,
come l'aura intermessa
che manca perché va più lungi,
forse sopra un letto di musco,
forse in una tremula stanza
di capelvenere, forse
dietro una cortina rosata 259

di madreselva, a vestirsi
di freschezza novella
da recare a colui che l'ama.
Il mio cor non ti chiama
né ti attende. Tu repentina
entri e mi guardi con occhi
negri d'un negrore velluto 266
come quel degli occhi onde occhiuto
è il fior della fava nel mese
di marzo tra pioggia e chiarìa.
E tu m'assempri l'iddia
parrasia, Carmenta dai lunghi
riccioli, che portava
ghirlande di foglie di fava. 273

Tu sei visibile, tu hai
la specie divina e selvaggia,
il primo odore del campo
di marzo, i denti di brina.
Ti guardo; e la prima peluria
della mandorla nova
è men dolce della tua guancia. 280
Ti guardo; e le tue dita chiuse
son come lo spicanardo
che chiuso è in mazzi pei forzieri
colmi di nivei lenzuoli;
e i petali dei giaggiuoli
nel piegarsi non han la grazia
de' tuoi capelli che piega 287
su le tue tempie il favonio;
e come il nido alcionio,
che palpita a fiore del sale
col palpito lento e infinito
di tutto il mare placato,
è il tuo sen verginale
mosso dal profondo tuo fiato. 294

Di cose fugaci e segrete
sei fatta, di silenzii
e di murmuri, lieve
come i frutti piumosi
della viorna, come
le lane del cardo argentino,
o Felicità del cor prode.
Ed ecco tu torni a me! T'ode
la Musa; e il suo vólto divino
nel volgersi ti rassomiglia,
se non che tra le ciglia
sembra ell'abbia il fiore del lino
ma in vero è il colore marino
che rimasto è per sempre
nel suo sguardo amico dei flutti.
Che ci porti? Quali bei frutti
di paradiso insulare
per invogliarci a largare
novamente le vele
umide ancor di tempesta?
Che ascondi nella tua vesta?

Encomio dell'opera

Noi abbiamo un canto novello
perché tu l'oda, questo grande
Inno che edificar ci piacque
a simiglianza d'un tempio
quadrato cui demmo per ogni
lato cento argute colonne
tutto aperto ai vènti salmastri.
Ai raggi del sole e degli astri
notturni l'artefice insonne
operò con puro fervore,
quasi fosse questa l'estrema
opera di sé morituro,
il monumento al suo spirto
liberato e liberatore.

Ei le materie sonore
con ìmpari numero, oscuro
e inimitabile, vinse.
Le sette Pleiadi ardenti
e le tre Càriti leni,
le stelle dell'Orsa e le Parche,
in rapido giro costrinse. 336

Tre volte sette: la strofe
qual triplicata sampogna
di canne ineguali risuona
con l'arte di Pan meriggiante.
Io tagliai le canne lungh'essi
i fiumi, sovr'esse le fonti
frigide, nel loto febbroso 343
delle paludi, sul ciglio
dei botri, nelle ruine
delle città venerande.
Per giugnerle insieme, la cera
separai dal nettare flavo
con la mia bocca ingorda
ma non sì che non rimanesse 350
nella masticata sostanza
l'odor del cefisio narcisso.
Trassi il refe da una sagena
logora per lungo esplorare
i fondi pescosi, ancor lorda
di scaglie, pregna di salso,
esperta del tacito abisso. 357

Il Dèmone dai mille nomi,
il vagabondo Orgiaste,
il Dio circolare, il Maestro
delle visioni, l'Amico
dei suoni, Colui che conduce
la melodìa del Tutto,
m'insegnò quest'arte nascosta. 364

Ebbi acuto l'orecchio
al rombo del ponto remoto,
allo sciame lene strepente,
al vario pulsare del sangue,
ai movimenti segreti
dell'anima vigile, a ogni
dimanda, a ogni risposta.
Il suono si fece acque foglie
glebe rupi nuvole marmi,
scroscio di doglienza, sorriso
di pace, grido di brama,
combattimento ordinato,
danza revoluta, solenne
coro, sicìnnide incomposta.

Ah, che mai sanno gli schiavi
faticosi intenti a mestare
con lor mestole ed assi
ne' vecchi truoghi di pietra
consunta lor polte ed imbratti,
come i ciechi servi di Scizia
posti in buon ordine ai vasi
della mungitura, or che sanno
eglino della potenza
e dello splendore dei suoni?
O parole, mitica forza
della stirpe fertile in opre
e acerrima in armi, per entro
alle fortune degli evi
fermata in sillabe eterne;
parole, corrotte da labbra
pestilenti d'ulceri tetre,
ammollite dalla balbuzie
senile, o italici segni,
rivendicarvi io seppi
nella vostra vergine gloria!

Io vi trassi con mano
casta e robusta dal gorgo
della prima origine, fresche
come le corolle del mare
contràttili che il novo lume
indicibilmente colora.
Io vi disposi nei modi
dell'arte così che la vita
vostra rivelò le segrete
radici, le innùmere fibre
che legano tutta la stirpe
alla Natura sonora.
Io feci apparire tra l'una
e l'altra sillaba i mille
vólti del Passato tremendi
come sembianze di morti
che un'anima sùbita inondi.
Io dal vostro cozzo faville
sprigionai, baleni d'amore
che illuminarono l'ombra
del Futuro pregna di mondi.

[...]

NOTE

ALLE PLEIADI E AI FATI (p. 175)

Composte presumibilmente nel 1902, le terzine introducono il vasto piano delle *Laudi* che all'origine prevedeva la composizione di sette Libri, quante sono le Pleiadi. Attraverso il motto di Pompeo Magno, «navigare necesse est, vivere non est necesse», viene qui rilanciata la grandezza di Roma dominatrice del Mediterraneo; motto di cui d'Annunzio si riappropria dopo che il Kaiser Guglielmo I se ne era servito per propagandare il potenziamento della Marina militare della Germania. Sono i Latini, e l'Italia in primo luogo, gli eredi degli intrepidi navigatori alla cui testa sta l'Ulisse cantato da Dante, secondo la leggenda medievale che vuole l'eroe omerico «perduto» (*Inf.*, XXVI, v. 84), come un cavaliere errante, nel tentativo di superare le Colonne d'Ercole. In questo rifacimento, anche nel metro, dei versi danteschi talora semplicemente citati («fiamma cornuta», «maggior corno della fiamma antica», «infin che il Mar fu sopra te richiuso», vv. 29, 47, 55), d'Annunzio declina in chiave superomistica un tema alquanto frequentato dalla letteratura ottocentesca: basterà ricordare il poema di Tennyson e, da noi, l'ultima lezione accademica di Carducci (1896) dedicata al XXVI canto dell'*Inferno*, per non dire del *Sogno di Odisseo* che poi Pascoli raccoglierà nei *Poemi Conviviali* (1904). Appunto carducciani sono i termini in cui Cristo è contrapposto a Ulisse (cfr. il «Galileo / di rosse chiome» di *Alle fonti del Clitumno* nelle *Odi barbare*).

L'ANNUNZIO (p. 178)

Pubblicati per la prima volta nella «Nuova Antologia», 16 novembre 1899, i versi preludono alle *Laudi del cielo, del mare, della terra e degli eroi* quando ancora le Pleiadi non sono intervenute a suddividere l'opera poetica con la quale il cantore intende annunciare il «nuovo Rinascimento» del secolo che sta per aprirsi. La «Lauda», che nelle nostre Origini, secondo gli studi di D'Ancona, è genere cantato e recitato nella «festa» cristiana, viene qui riproposta per una «festa» invece pagana, in onore del dio Pan che rinasce. Narra Plutarco come ai tempi di Tiberio, quando il Cristianesimo s'impone vittorioso, un pilota greco veleggiante nello Ionio verso l'Italia, a sud di Corfù (cfr. ai vv. 63 sgg. i riferimenti all'arcipelago delle Echinadi, a Paxo e all'Acheloo), abbia udito una voce misteriosa che annunciava la morte di Pan. L'episodio è ripreso da Nietzsche (*La nascita della tragedia*) e in generale da chi, alla fine dell'Ottocento, guarda con nostalgia all'età classica. Di là dal Carducci di *A Nicola Pisano*: «O terra, o ciel, o mar, Pan è risorto!», d'Annunzio intende superare l'atteggiamento nostalgico per affermare l'avvento di un'epoca di riscatto. Egli trema all'annuncio del ritorno di Pan, e il divino timor panico ridesterà tutti i figli della terra e del mare non umiliati dall'«ombra d'una croce» (v. 129), perché «nuovo Rinascimento» e nuovo paganesimo coincidono nella glorificazione della vita terrena, concepita quale fine dell'esistenza che per il Cristianesimo non è che «esiglio» (v. 152) rispetto all'oltremondo.

LAUS VITAE

I (vv. 1-126) (p. 183)

Il poema si inaugura con l'*élan vital* che subito suscita l'immagine del corteggio dionisiaco («Tìaso») delle Baccanti («Tìadi»), le quali di notte inneggiavano al dio impugnando e agitando fiaccole rituali («tirsi»). Non a caso questi versi (40 sgg.) trovano l'uguale, in *Elettra*, nell'ode *Per la morte di un distruttore*, epicedio per Nietzsche (25 agosto 1900, cfr. p. 292): al filosofo tedesco, secondo d'Annunzio un'«anima fraterna», fa capo la glorificazione pagana della vita come festa dei sensi che vince le avversità del destino (la «Mira» o Moira è la Parca che fila lo «stame», cioè il filo vitale del poeta, misto di «oro» e di «ferro»: la gloria che si ottiene con la lotta, vv. 82 ss.). Alle *Nourritures terrestres* (1897) di Gide, poema in prosa nato nell'ambito del Naturismo, corrente letteraria che in Francia raduna un gruppo di scrittori neopagani, si ispira la lode della «Diversità» (vv. 43 sgg.): «Formes diverses de la vie; toutes me parûtes belles», e ancora «La necessité de l'option me fut toujours intolérable; choisir m'apparissait non tant élir, que repousser ce que je n'élisai pas» o «j'ai porté hardiment ma main sur chaque chose et me suis cru des droits sur chaque objet des mes désirs».

II (vv. 127-189) (p. 187)

La seconda sezione di *Laus Vitae* riguarda la glorificazione del piacere carnale, dove la donna è strumento di una sperimentazione conoscitiva o meglio, come recita un assioma di d'Annunzio, la donna è «la sola scienza» che l'uomo possa apprendere. Da rilevare qui (vv. 136-138), nel contesto dionisiaco delle «Tìadi» da poco nominate (cfr. più sopra I, v. 41), il paragone tra la sensualità appagata e la pigiatura dell'uva (secondo il mito Dioniso è l'inventore del vino). Ripreso dalla *Laus Veneris* di Swinburne, il referente compariva in *Francesca da Rimini* (1901), quando Paolo si accingeva a «premere», cioè a «vendemmiare» Francesca (Atto V, Scena IV): «In quale / vigna cogliesti questi bei grappoli? [...] I piedi fiammeggianti / dell'Amore li premeranno». Il Tommaseo-Bellini, alla voce *Vendemmia*, reca una citazione da San Gregorio: «Non vi guardate pur dalle femmine che vi sono vietate, ma ancora dalle vostre mogli medesime [...] che voi non vendemmiate oltre misura». Lo stesso traslato, con allusione alla violenza carnale, sarà nella *Figlia di Iorio* (1903), dove il motivo verrà adattato magistralmente alla trivialità di Lazaro di Roio e alla sua salace pronuncia autoreferenziale: «Mila di Codra, [Lazaro] vendemmia / vuol fare con te, quest'ottobre. / Acconciate già son le sue tina. / L'uva vuol pigiare con te / Lazaro e azzuffarsi col mosto» (II, VI, p. 888). La metafora erotica della vendemmia comparirà di nuovo nell'opera di d'Annunzio: cfr. *Il grappolo del pudore*, nelle *Faville del maglio* (1924), e il *Libro segreto* (1935): «la bellezza vendemmiata spremuta vuotata è misera ma non scema di bellezza». La sezione III contiene infatti il *Dono di Dioniso*: un grappolo d'uva («opimo / frutto») che prelude appunto al *Dono di Afrodite*, cioè l'amore carnale («umano atto fugace»).

IV (vv. 22-147) (p. 189)

Raffigurato secondo l'iconografia tradizionale con il berretto intessuto («pìleo / tèstile», vv. 35-36) dei marinai, ad alette copriorecchie, d'Annunzio immagina l'incontro con l'eroe omerico navigando nelle acque di Itaca. La citazione dantesca di «allegra vendetta» (v. 52 e cfr. *Inf.*, XIV, v. 60) si unisce alle numerose omeriche: l'arco che stride «come la rondine nunzia» (v. 55) o «la nera / sua nave» (vv. 58-59), dato che il ritorno di Ulisse (*Od.* XX) è qui di continuo parafrasato se non citato letteralmente, in particolare ai vv. 127-147. «Same» è infatti nome omerico di Cefalonia; «Nèrito» il monte di Itaca; «Euriclèa» la nutrice di Ulisse, la prima a riconoscerlo nonostante il travestimento, come poi la dispensiera «Eurinòme», il cantore «Femio» e infine il padre «Laerte».

IV (vv. 253-399) (p. 192)

Navigando nei pressi di Itaca, patria a cui Ulisse farà infine ritorno, d'Annunzio diviene nostalgico della propria terra, l'Abruzzo di Pescara, e degli affetti familiari: il padre ormai sepolto (è morto nel 1893), le tre sorelle (Anna, Elvira, Ernestina) e la madre, qui *mortale* perché contrapposta alla *Madre immortale*, cioè la Natura, alla quale sarà dedicata, in parallelo, la *Preghiera* che chiude *Laus Vitae* (XXI).

Gli «oleastri» (v. 254) sono gli ulivi selvatici con i quali si coronavano i vincitori nelle gare di Olimpia; l'«Aterno» (v. 264) è il nome latino della Pescara, mentre il «ponte» di chiatte (v. 265) qui menzionato è lo stesso che figura in una delle novelle giovanili, *La guerra del ponte*: «un vecchio ponte di legname cavalca il fiume su grossi battelli tutti incatramati e trattenuti da ormeggi»; «monte nevoso» (v. 268) designa la Maiella, spesso raffigurata da d'Annunzio come una mammella («ubero», v. 269); su un «poggio» (v. 270) si trova il cimitero di Pescara (ma qui «poggio» ricorda i versi di Carducci per la nonna: «alta, dal poggio, vestita di nero, / parvemi nonna Lucia», *Davanti San Guido* nelle *Rime nuove*) dove giace Francesco Paolo, il padre corpulento e sanguigno, che non ha risparmiato alla famiglia l'onta dell'abbandono andando a convivere con l'ultima delle sue amanti e i figli illegittimi. Il rapporto conflittuale tra padre e figlio traspariva nella *Casa paterna*, un capitolo del *Trionfo della Morte* (1894) che volutamente rinviava ai *Fratelli Karamazov* di Dostoevskij. Ma, col tempo, d'Annunzio vorrà riconciliarsi con il padre tanto avversato, e nelle prose di memoria, dalle *Faville del maglio* (nel *Compagno dagli occhi senza cigli* del 1912) al *Libro segreto* (1935), non mancherà il riconoscimento di un'affinità profonda: «Ho potuto vivere lungo tempo discosto da lui, talvolta ho potuto avversarlo, talvolta perfino dimenticarlo: e ora d'un tratto un amore tumultuoso mi riempie». E ancora, ritornando all'infanzia e all'adolescenza: «Egli non mi lodava, non m'incoraggiava, né mi indicava una via né mi proponeva uno sforzo; ma aveva in me, fin dai miei più teneri anni, una fede così certa che sino al giorno della sua morte io non cessai di sentir viva in lui la mia radice. [...] Più d'una volta l'avevo veduto domare la sua natura per non contrariarmi; più d'una volta avevo udito nel suo gran corpo il fremito del sangue contenuto. Mi osservava con un'attenzione grave e continua, cercando di comprendermi. Se voglio rappresentare al mio amore la più commovente imagine di lui, evoco la sua espressione seria e raccolta nell'ascoltarmi. Non mai mi trattò alla leggera; né mai mi derise, pur davanti alle mie singolarità, ai miei eccessi o alle mie affettazioni. Era rispettoso e fidente, in un'attesa che non poteva essere delusa. E io, pur da lui tanto diverso di cultura e d'ingegno, sentivo che una parte profonda di me comunicava con l'oscurità chiusa nel suo corpo terribile e n'era nutrita».

Dinanzi alle sorelle, ritratte in termini omerici («floridi ricci» v. 278 o «occhi bovini» v. 286), d'Annunzio si raffigura qui come l'Ulisse «perduto» dell'*Inferno* dantesco (il termine si ripete infatti ai vv. 299, 301 e 315), con insistita autoriprovazione. Nato il 12 marzo 1863, sotto il segno dei Pesci, egli preferisce additare la costellazione dell'«Ariete durocozzante» (v. 351), più consona alla sua combattività e alle aspirazioni eroiche un giorno coronate dalla guerra effettivamente combattuta.

Innumerevoli versi e prose d'Annunzio ha dedicato alla madre, Luisa De Benedictis, a cominciare dalla «paradisiaca» *Consolazione* (cfr. pp. 129-131). Di rilievo sarà il rinvio alla *Pietà* michelangiolesca nel *Dialogo della convalescenza*, *favilla* del 1911: «Il titano della nostra razza, il titano d'Italia, t'ha scolpita già da quattrocent'anni. Non hai tu sempre su le tue ginocchia resistenti il corpo del crocefisso? Lo so. Ti sembra che io debba ancóra soffrire, perché tu possa amarmi ancor più. [...] Tu séguiti a nutrirmi. La parte migliore di me, quella che non conosco, quella che non s'è rivelata né a me né ad alcuno, tu la custodisci ancóra nel tuo profondo. [...] mi fai riconoscere in te la mia origine, l'azione a cui mi hai generato, la forza severa che m'hai trasmessa. Mi fai riudire nel cuore la mia voce di giovinetto – te ne ricordi? – la mia voce selvaggia e roca ed ebra d'amore e di dolore, che un giorno ti chiamò Buonarrota». Le pagine accorate del *Notturno* (1921) riportano poi l'ultimo incontro tra madre e figlio nel 1915, quando da noi la guerra è appena dichiarata e il poeta soldato torna a Pescara: «O ultimo ritorno infantile verso le tue braccia che nel tuo sogno costante non cessarono mai di sostenermi!». Colpita da paralisi, donna Luisa gli appare allora come una «povera creatura avvilita, percossa, sfigurata». Il figlio si sente così prigioniero del male terribile che ha stravolto la madre: «Imprigionata in lei la mia anima mi fissa dalla profondità di quelle ignote pupille». La morte, nel 1917, che miracolosamente ne ricompone i lineamenti, lo risarcirà di tanto strazio: del mugolio senza parola, della bocca senza più dolcezza, dei movimenti convulsi delle mani. L'ultimo ricordo dell'amore materno, «vigilante» e «divinante», risale ai tardi anni del Vittoriale, consegnato a una rapida notazione in cui d'Annunzio sa protrarre nella propria vecchiaia quella della madre, con la quale egli si identifica in un fulmineo avvicendarsi di piani prospettici che peraltro restituiscono il fanciullo di un tempo. Ormai più che sessantenne, il recluso di Gardone giace malato e le cure che lo «ammansano» si trasfigurano e lo trasfigurano: «Le persone famigliari ora spariscono, smarriscono il volto e il gesto. Sola mia madre mi è presente pel mio stesso corpo, per non so qual mistero di transustanziazione. / Ho le sue mani, ho la sua bocca, ho la sua maniera di masticare il cibo, ho il suo gusto schivo. Come spezzo qualcosa nel piatto, vedo escire – dall'ombra del cuscino che è sotto il mio capo dogliente – vedo escire la mia mano che è la sua stessa mano. Ella, ella mi partisce la vivanda, mi rompe il pane, mi misura il sale. / Ora son vecchio com'ella fu, e son fanciullo come per lei già fui! / Mistica e vivente comunione: la madre è il figlio, il figlio è la madre».

v (vv. 232-321) (p. 197)

In un itinerario ricco di visioni fantastiche che dal mondo omerico dell'*Odissea* spaziano dunque liberamente sino all'Abruzzo natale, *Laus Vitae* indugia sull'approdo a Patrasso. Il suolo greco è finalmente raggiunto nel porto dove la vita attuale, segnata dal degrado, stride con le antiche memorie della patria dell'Arte e del Pensiero, della Grecia madre di civiltà e ora in rovina. Come già per il Lemaître della *Vieillesse d'Hélène*, simbolo della grandezza decaduta è Elena, per la cui bellezza i Greci combatterono la guerra di Troia, che d'Annunzio immagina di incontrare nel porto di Patrasso nelle vesti di una vecchia meretrice ridotta in servitù. L'episodio dedicato a «Elena figlia del Cigno, / che fatta è serva millenne / d'una meretrice di Pirgo» (vv. 319-321) trasfigura circostanze verificatesi realmente a Patrasso, quando la brigata dei cinque italiani, dopo giorni e giorni di navigazione, va alla ricerca di qualche prostituta. Nel diario di quei giorni d'Annunzio ha registrato minutamente, quasi ora per ora, avventure e disavventure. Delle tre sezioni disponiamo così quasi di una parafrasi d'autore (III, pp. 43-46): «[1° agosto 1895] Sbarchiamo; siamo assediati da una quantità di uomini equivoci, dall'aspetto di lenoni. Ci offrono i loro servigi. [...] Il lenone ci conduce per vie ignote. Ci fermiamo d'avanti a una casa dove abita *una meretrice con la sua nipote.* Entriamo nel cortiletto. In cima della scala ripida appaiono le due donne: orribili! – Fuggiamo. / In un'altra strada remota, dopo un lungo e faticoso cammino, ci fermiamo d'avanti a un'altra casa. Ci accorgiamo che è piena di marinai e di soldati. Ma il lenone ci assicura che quivi è giunta da poco una bella donna di Pirgo "dalle bianche braccia". / Per trovare la donna di Pirgo saliamo una scala di legno in rovina. Entriamo in una stanza piena di cattivi odori. La donna, di bassa statura, pingue, col viso pieno di macchie rosse, in camicia, si ritrae verso il vano della finestra. Nessuno osa accostarsi a lei. Per compensarla dell'incomodo, qualcuno di noi le offre una dracma. Ella rifiuta sdegnosamente. / Ma nel pianerottolo nel bujo sorge un'ombra. Vedo luccicare qualche cosa d'argenteo. Accendo un fiammifero. / È una vecchia parca, coronata d'una grande criniera bianca, quasi tragica, con un viso profondamente incavato. Ci chiede la dracma offerta invano alla sua padrona. / Discendiamo. Il lenone finalmente ci promette una vergine di quindici anni – che dà *tutto* fuorché la sua verginità... Giriamo per vie polverose, prima di giungere alla casa della vergine. Ma è troppo tardi. Il lenone desolato ci dice che la misteriosa fanciulla non può riceverci. / Risolviamo di tornarcene castamente a bordo, nelle nostre pure *cuccette.* [...] M'addormento pensando con delizia che domani a Olimpia vedrò l'Ermete famoso, la sola statua di Prassitele veramente *originale*, di mano del maestro, giunta sino a noi quasi intatta».

Pirgo (v. 233) è città costiera dell'Elide, di fronte all'isola di Zacinto; «penetrale» (v. 239), la parte più riposta della casa o del tempio; «navarca» (v. 242) è il comandante di una nave; «irco» (v. 252), il becco; «attico accento» (v. 256), come «attico sale» (v. 263), sta per salacità, arguzia tipiche dello stile denominato dai filologi dall'Attica, regione della Grecia; «Minyeio», «Anigro», «Minthe» e «Lapitha» (vv. 258-60) sono fiumi greci; «Atropo» (v. 277) è la Parca o «Mira» che recide il filo della vita; «sanie» (v. 291) sta per putride secrezioni umorali; «lèna» (v. 303) per ruffiana; «figlia del Cigno» (v. 319) perché generata, secondo il mito, da Leda e da Giove trasformato in cigno.

VI (vv. 1-84) (p. 199)

Come reca la nota di diario dell'1 agosto 1895 (cfr. nota precedente), i periegeti lasciano la degradata Patrasso per recarsi a Olimpia («Peregrinammo da Patre / alla città santa d'Olimpia», vv. 43-44), dove visiteranno il Tempio dedicato a Giove e il Museo che custodisce *Ermete e Dioniso*, splendido marmo di Prassitele di recente recuperato. Lo scorcio paesistico elude qui i Greci attuali (gli «Efimeri» del v. 3, «imbelli» perché rassegnati alla perdita dell'antica grandezza), mentre il poeta loda l'ubertosità del suolo ellenico, trasfigurato attraverso il mito e la poesia classica. Così, i grappoli d'uva sono «violacei» (v. 20) come le chiome di Saffo nei versi di Alceo e nel cielo azzurro (per il dantesco «zaffiro sublime» del v. 28 cfr. *Purg.*, I, v. 13: «Dolce color d'oriental zaffiro») si stagliano il cipresso e l'oleandro, quest'ultimo già cantato in *Alcyone* (cfr. pp. 398-413), il Libro III che perciò d'Annunzio considera componimento strutturalmente successivo («un altro da me canto avrai», v. 42). Dopo aver divinizzato il Sole («Elio d'Eurifaessa», v. 51, cioè figlio della splendente Calliope), gli antichi Elleni, che un tempo accorrevano alle gare di Olimpia, ricompaiono all'improvviso, suscitati nell'immaginazione dei periegeti dalla sacralità del luogo denso di memorie gloriose. Va ricordato che dopo secoli e secoli di oblio i giochi olimpici vennero rilanciati con successo nel 1896, grazie all'iniziativa del barone De Coubertin a cui si deve se ancor oggi si tengono a cadenza quadriennale.

IX (vv. 1-105) (p. 202)

A Olimpia, situata nella valle dell'Alfeo, d'Annunzio visitò realmente i resti del Tempio dedicato a Giove e quindi il Museo della città. Le sezioni VII e VIII sono infatti dedicate rispettivamente a Giove, con la *Preghiera al Cronide* e il *Dono di Zeus*, e al mito di Alfeo e Aretusa, lo stesso già cantato nell'*Oleandro* di *Alcyone* (cfr. pp. 398-413). I taccuini consentono di ripercorrere passo passo l'itinerario che conduce i periegeti, come a una meta, all'*Ermete* prassiteleo, che su un braccio regge Dioniso-Bacco infante, mentre l'altro, alzato, «levava forse un grappolo» (III, pp. 49 sgg.): «Quando entriamo nel Museo, a capo scoperto, io vado direttamente alla sala rossa del fondo [...]. Solo, campeggiando nella parete rossa, su un piedestallo quadrato, la Statua sta come un mistero, come un prodigio di vita. Questa pacata e composta e pur potentissima espressione di vita soggioga d'un tratto chi fissa per la prima volta sul marmo i suoi occhi mortali. La vita, – la vita superiore, più intensa e più profonda della vita umana, quella che noi tutti artefici cerchiamo d'infondere nelle nostre finzioni, inutilmente, – è qui concentrata con una potenza inaudita, espressa da una pura e lenta armonia di linee. Si prova, contemplando, un sentimento religioso e quasi il bisogno di compiere un segno visibile di adorazione: di baciare la pietra o d'inginocchiarsi pregando». A monte della *Preghiera* rivolta al dio dei congiungimenti, figlio di Maia, la maggiore delle Pleiadi, e di Giove, sta l'inno omerico *A Ermes* (da lui tradotto in gioventù) a cui d'Annunzio rinvia nei taccuini, ma certo anche, in quanto modello stilistico-retorico, la *Prière sur l'Acropole* di Renan (nei *Souvenirs d'enfance et de jeunesse*, Paris 1883, pp. 62 sgg.), a sua volta improntata a Sant'Agostino (*Conf.* II, 2). Come Pallade-Atena, ovvero la Ragione, non viene esaltata nella *Prière* «que pour la traiter de plus haut», così d'Annunzio si rivolge a Ermete con la superiorità del «moderno» che illustra al dio i nuovi prodigi del progresso scientifico-industriale: «Udrai e vedrai maraviglie» (v. 63). Analoga è la serie degli appellativi, nell'una: «ô Théonoé», «ô Hygie», «ô Aréa», «ô Promachos», «ô Ergané», «ô Archègète», «ô Hippia»...; e nell'altra: «Criseotarso», «Agorèo», «Macchinatore», «Egemonio», «Enagonio», «Viale», « Psicagogo», «Ermerote»... quando lo si vuole qualificare come il dio dai talloni d'oro o protettore dei mercati di piazza o conduttore delle anime all'Ade. D'Annunzio lo rappresenta con il tipico copricapo alato («pètaso», v. 53), i sandali d'oro («talari», v. 54) al pari della verga a tre foglie donatagli da Apollo, la lunga tunica («clamide», v. 57) e la spada falcata («arpe», v. 57) con la quale, secondo il mito, Ermete avrebbe reciso la testa di Argo.

XI (vv. 64-213) (p. 205)

L'itinerario poetico del poema non prevede, come invece accadde in realtà, una sosta ateniese. Al posto dell'Attica e di Atene (all'Acropoli d'Annunzio ha del resto già dedicato il *Fanciullo* di *Alcyone*, cfr. pp. 350-360) abbiamo un «sogno di terra lontana»: dalla Grecia si passa alla Toscana sovrapponendosi, di Rinascimento in Rinascimento (cfr. la nota introduttiva pp. 172-173), la seconda alla prima. Da Olimpia si passerà dunque a Delfi, ma solo dopo che con l'immaginazione è stata raggiunta una primavera fiorentina, reale e simbolica a un tempo. Reale perché il paesaggio collinare delle alture intorno a Firenze è oggetto, da quando d'Annunzio vi si è stabilito (dal 1898 abita a Settignano nella villa dei Capponi), di appunti di taccuino (cfr. in particolare XXXIV, pp. 369-373), assai fitti di anno in anno durante la primavera: e sono questi che il poeta ora mette in versi facendo combaciare il dato naturalistico con l'intenzione simbolica, cioè la rinascita della natura con la rinascita dell'arte.

Il «lanoso Febbraio» già equinoziale (vv. 76 sgg.) è motivo folklorico sapientemente variato, solo che si rivada al canto popolare greco *Alla rondine* (nella traduzione di Tommaseo, III, *Canti popolari*, p. 278), peraltro già ripreso in *Francesca da Rimini* (1901): «febbraio mesto, / sebben tu nevichi, sebben diluvii, / pur di primavera odori». L'inserto lirico dedicato al risveglio primaverile avrà in futuro una replica nelle *Faville* con *Esequie della giovinezza*, breve prosa di memoria del 1911: stessi luoghi (Poggio Gherardo, Vincigliata, San Miniato, Vallombrosa, Rovezzano...) e stessa temperie nostalgico-sentimentale, ma ora consegnati al «poème en prose»: ricompaiono così aratura e potatura, il grano in erba, le coccole rilucenti dei cipressi, le viti allacciate agli oppi. Soprattutto, si ripete l'impressionismo sonoro, giacché la memoria, nell'un caso e nell'altro, si affida più all'udito che alla vista, in modo che «Odo i colpi iterati...» (v. 106), «Ma oggi la voce dell'uomo...» (v. 129), «Odo talor stridore...» (v. 136), «E odo, se ascolto» (v. 169) verranno riscritti da un *io* narrante che si dice a occhi chiusi, disteso sul letto («Volgo il dosso alla luce»), quasi un'anteprima del *Notturno*.

Da segnalare la sottile polemica anticristiana (per esempio «le campane / della preghiera servile», vv. 195-196) che, quando si tratta di San Miniato («il Sole [...] abbaglia il dolente / tuo dio che non l'ama», vv. 148-151), rinvia precisamente a Carducci: «Semitico nume! [...] i tuoi templi il sole escludono» (*A una chiesa gotica*, nelle *Odi barbare*). Da sottolineare, infine, la femminilizzazione o, meglio, erotizzazione del paesaggio, specie nel paragone con la Vallombrosa e «l'inguine della Donna / terrestra qui forse dormente» (vv. 166-167): mitica «géante» davvero ricorrente nelle descrizioni paesistiche di d'Annunzio, che già l'ha condotto ai versi di *Stabat nuda Aestas*: «Immensa apparve, immensa nudità» (in *Alcyone*, p. 421).

XV (vv. 148-212) (p. 210)

Ultimo approdo dei periegeti in terra greca, Delo è qui una «stella», come nell'inno omerico *Ad Apollo Delio* e in quello di Pindaro *A Zeus*: «astro lungiraggiante». E infatti Asteria era l'antico nome dell'isola, così battezzata dagli dei secondo la loro prospettiva, invertita rispetto a quella degli umani: per loro il nostro mare è il cielo e pertanto le isole sono stelle. Secondo il mito, Latona vi partorì Apollo, ai piedi del Cinto, l'altura che la sovrasta, non senza aver prima fissato la «stella», fluttuante nel mare-cielo, con quattro colonne (v. 163). L'isola, sacra al dio, venne poi «purificata» dagli Ateniesi, che la sgombrarono delle tombe, impedendo in Delo sia la morte che la nascita. Questa la legge deliaca, ovvero l'«arte di serbarsi puro», che il poeta addita quale «insegnamento della *Laus Vitae*»: «Tutto il poema converge alla Legge di Delo, come la piramide al suo apice» (l'autolettura è nella premessa di *Più che l'amore*, 1906).

Per «fronda di Tempe» (v. 150) s'intende l'alloro della Tessaglia, di cui Tempe è la grande pianura solcata dal Peneo. Il ritorno in patria, veleggiando verso la Sicilia («Messàna» è l'antico nome di Messina e «Caribdi», con Scilla, uno dei due mitici mostri dello stretto su cui si affaccia la città, vv. 172-173), comporta il congedo dall'Ellade all'insegna della continuità della Magna Grecia, figli come sono i Latini degli Elleni; l'«antica mammella» (v. 186) della Grecia materna compariva già in *Alcyone*: «Io son l'ultimo figlio degli Elleni: / m'abbeverai alla mammella antica» (*La Vittoria navale*).

XVI (vv. 190-315) (p. 212)

Concluso il periplo greco con la «visitazione votiva» del mondo antico, il poema si volge alla modernità: il «Passato augusto» viene inglobato nella «Vita novella» il cui simbolo è la nuova metropoli della rivoluzione industriale. A ben vedere, il Futurismo ormai alle porte (il *Manifesto* marinettiano risale al 1909) non potrebbe avere miglior fiancheggiatore; anche se d'Annunzio, a differenza di Marinetti, compie il suo balzo in avanti prendendo una lunga rincorsa. Il Passato sta alle nostre spalle non come un ingombro inerte, una pesante zavorra di cui liberarci per procedere veloci verso il Futuro, ma come «vita anteriore» di cui siamo gli eredi. I miti antichi offrono infatti un'interpretazione globale del mondo e tracciano il cammino che i moderni percorrono verso conquiste sempre più ardite.

Il passo è breve tra chi afferma che la luce artificiale è «più bella / che la luce degli astri» (vv. 227-228) e chi sentenzia che «un automobile da corsa è più bello della Nike di Samotracia». Ma intanto d'Annunzio condivide con Marinetti l'adesione affascinata alla nuova realtà metropolitana, che del resto ha già sollecitato non pochi poeti simbolisti. A cominciare da Baudelaire, le cui *Fleurs du mal* affondano le radici nell'infernale Parigi dei *boulevards* e dei *passages*, occorre segnalare almeno *Les villes tentaculaires* (1895) di Verhaeren, un poeta al quale d'Annunzio faceva riferimento per il ritratto di Roma nelle *Vergini delle rocce* (1895), qui precisamente riprese. Il «rigùrgito crasso / delle cloache» (vv. 200-201) trova appunto l'uguale nel romanzo di Cantelmo: «Vivendo in Roma, io era testimonio delle più ignominiose violazioni e dei più osceni connubii [...]. Come un rigurgito delle cloache l'onda delle basse cupidigie invadeva le piazze e i trivii [...]. Roma era terribile come un cratere, sotto una muta conflagrazione di nubi».

Il «morbo dorsale» (v. 248) è lo stesso attribuito al lascivo lord Edgcumbe del *Piacere* (1889): «un po' saltellante, malsicuro, come d'un uomo che abbia un principio di paralisi, una malattia spinale»; «bardassa» (v. 249) è l'omosessuale; «venere vaga» (v. 287), la prostituta; «trombe di rame» (v. 297) sono le sirene delle fabbriche.

XIX (vv. 148-189 e 232-420) (p. 215)

Avviato alla conclusione, il poema si fa metaletterario rivolgendosi in primo luogo alle qualità del poeta-eroe che l'ha composto. Il riferimento a Nietzsche, e in particolare al verbo di Zarathustra, è evidente nella «quadriga» che amplifica la concezione platonica (*Phaedr.*, 246a-254e) delle tre qualità dell'anima: ragione, coraggio, cupidigia. Più avanti, nelle tarde prose introspettive e di memoria (*Volontà, voluttà*, nelle *Faville* del 1924), d'Annunzio vorrà additare nel connubio etico-estetico una sorta di «erma bifronte». L'allegoria dei quattro cavalli bardati («falerati», v. 151) suscita la ripresa dell'inno orfico *Alle Stagioni*, dove appunto le Grazie e le Parche scortano Proserpina, secondo il mito che vede le prime nel suo corteggio primaverile, le seconde in quello autunnale, quando periodicamente va e viene dall'Ade. La «tetradramma» (v. 167) è moneta greca e siracusana, del valore di quattro dracme, su cui era effigiata la quadriga, simbolo di potenza; «crede» (v. 179) sta per cede, soccombe.

Anche l'inno alla *Felicità* è improntato a Zarathustra («Ricerco io forse la felicità? La mia opera ricerco!»): tutt'uno con la «Musa», essa funge qui da vestibolo all'*Encomio dell'opera*. «Velluto» (v. 266) sta per vellutato; «chiarìa» (v. 269), neologismo dedotto da foschia, come poi in *Undulna* di *Alcyone* (cfr. p. 442, qui precisamente allusa attraverso il «favonio», vento che apporta la bonaccia del solstizio d'inverno durante il quale gli alcioni nidificano) è la temperie di «Carmenta» (v. 271), divinità arcade («parrasia» perché proveniente dalla Parrasia, regione dell'Arcadia) raffigurata con il capo incoronato di «foglie di fava» (v. 273).

L'opera, sacra come un «tempio» dalle colonne sonore («argute», v. 321), è composta di strofe di 21 versi, numero dispari che moltiplica il tre, come le Grazie e le Parche, e il sette, come le Pleiadi e le stelle dell'Orsa. «Cefisio narcisso» (v. 352), in quanto secondo il mito Narciso è figlio di Cefiso; «sagena» (v. 353) è un'ampia rete da pesca.

È Pan il dio «dai mille nomi» (v. 358), qui cantato secondo l'inno orfico *A Pan*, ripreso letteralmente. Oltre all'aspetto metrico e ritmico, l'autoelogio riguarda la maestria linguistica del poeta, che sa rimettere in circolo termini disusati o usurati, avendo cura, secondo il monito di Carducci, di conoscere di ognuno la «prima origine» (v. 402), cioè l'etimo. Ben diversamente dai poetucoli, paragonati agli schiavi del Caucaso che, accecati, erano adibiti alla lavorazione del latte (vv. 379-388), d'Annunzio esalta l'ampia gamma delle parole da lui recuperate lungo le «fortune degli evi» (v. 392), ovvero il corso della storia. Egli ha fatto così rivivere il «Passato»: premessa, questa, indispensabile per il Vate che guarda al «Futuro».

Libro II
ELETTRA
(1904)

A cura di Giorgio Zanetti.

«La lettura di Carlyle la sera. L'eroico. La sfrenata sete di gloria. La musica che suona.» L'appunto dannunziano risale ai primi di settembre del 1899, ossia a una stagione cruciale per il progetto delle *Laudi* e per la loro storia che poi, a lungo, è soprattutto la storia delle *Laudi* degli Eroi. Le poesie in cui d'Annunzio ha trasfuso la sua «febbre civile», la sua ideologia appassionata, la sua speranza in una nuova e più grande Italia, sono infatti le prime a essere composte e ad apparire nei periodici o in *plaquette.* Confluiranno poi (dicembre 1903) nel libro intitolato a *Elettra*, la stella delle Pleiadi che splende più luminosa alla fine dell'inverno e in cui gli antichi riconoscevano la madre di Dardano, alle origini di Troia e dunque di Roma.

Indubbiamente nel disegno dell'opera gioca un ruolo di primo piano il libro di Thomas Carlyle che d'Annunzio possiede e legge nella versione francese, *Les Héros. Le culte des Héros et l'héroique dans l'histoire*, apparso nel 1888 con una fervorosa dedica del traduttore a Ernest Renan. Come non stupisce, nella copia che si conserva al Vittoriale i segni di lettura dannunziani, numerosissimi, si infittiscono nel capitolo dedicato all'eroe come poeta, che ha al centro le figure di Dante e di Shakespeare. Il poeta è eroe poiché reinterpreta e perpetua anche in un'epoca incredula gli eterni poteri che avevano presieduto ai simboli della religione e del mito: «mélodieuse Apocalypse de la Nature», la poesia resta intrinsecamente una forma di profezia, in quanto vedere profondamente significa vedere musicalmente e l'atto più alto del poeta è di sprigionare la virtù misteriosa e ardente del canto che si cela nell'intimo della parola umana.

Ma dalla mistica della storia di Carlyle d'Annunzio trae anche una lezione più generale, che egli annota di suo pugno sul foglio di guardia del volume: «Gli Eroi sono i seminatori e i trasfigurator della Terra *(i generatori del futuro)*. Gli eroi fanno della loro stirpe la Rivelazione di Dio, l'Arca dell'alleanza». L'idea già mazziniana che a ogni popolo sia assegnata una missione specifica nella storia universale si radicalizza nel mito dell'Italia «nazione eletta», come recita il titolo della lirica posta a chiusura di *Elettra*, ma già a stampa sulla «Nuova Antologia» del 16 novembre 1899. E certo non è un caso se, dopo il prologo *Alle montagne*, risalente al 1896, il libro di *Elettra* si apre con la poesia *A Dante*, che dà immediatamente seguito al progetto delle *Laudi* sullo scorcio estremo di quello stesso 1899. Con il titolo *La Laude di Dante*, la lirica viene letta pubblicamente il 9 gennaio 1900 a suggello della conferenza sul canto VIII dell'*Inferno* che d'Annunzio tiene in occasione dell'inaugurazione solenne della Sala Dantesca in Orsanmichele a Firenze. Alle origini della stessa identità nazionale italiana, il poeta della *Commedia* è invocato come il «Rivelatore», il «Purificatore», il «Liberatore»; egli è l'«Eroe primo di nostro sangue / rinnovellante».

Ma non è poi privo di significato che la nota da cui abbiamo preso le mosse appartenga al taccuino del viaggio compiuto insieme con la Duse (la quale, come sappiamo dal carteggio con l'amico, proprio nei giorni precedenti la partenza si abbandona ispirata alla lettura di Carlyle) alla volta della Svizzera, ove d'Annunzio incontra Romain Rolland, l'amico letterato e musicologo impegnato a sua volta in una riflessione strenua sulla forma moderna dell'individualità eroica nell'epoca grigia del nichilismo borghese. Ma Rolland attrae d'Annunzio anche per un'altra ragione: egli è infatti l'alfiere post-wagneriano di un nuovo Théâtre du Peuple, un progetto che d'Annunzio riconosce subito affine al suo sogno di una Bayreuth latina, di un teatro di massa *en plein air* sulle rive del lago di Albano, e che correla alla propria avventura politica, iniziata due anni prima con l'elezione al Parlamento nelle file della Destra conservatrice. Fuori da ogni aristocratico isolamento il poeta sperimenta l'ebbrezza della «comunione tra la sua anima e l'anima della folla» e si consacra alle «straordinarie apparizioni» che lo legano «allo spirito della sua stirpe e alle potenze del suo suolo». E così d'Annunzio persegue il disegno di ritrovarsi tra gli «artistes populaires», nel senso indicato da Rolland nelle *Origines du théâtre lyrique moderne. Histoire de l'Opéra en Europe avant Lully et Scarlatti* (Paris 1895). Sono gli artisti che, «plongeant leurs racine dans la bonne terre de la patrie, prêtent une voix aux puissances magiques qui dorment dans son sein» e ne estraggono le «apparitions mystérieuses de l'esprit de la race», vivificando tanto la propria arte quanto la nazione che la riceve nel reciproco scambio della «communion avec la foule». La concordanza con l'autoritratto del politico drammaturgo affidato al *Discorso della siepe* o alle pagine del *Fuoco* non potrebbe essere più stretta.

Ma nell'immaginarsi «uomo rappresentativo» della nazione, sulla linea di Rolland e di Emerson, più ancora che di Maurras o di Barrès, d'Annunzio accoglie suggestioni ulteriori, peraltro tutte convergenti. Certo non possono non averlo colpito le osservazioni che Villemarqué, introducendo la sua raccolta dei *Chants populaires de la Bretagne*, dedica alla figura e al ruolo degli antichi bardi celtici. Esperto delle arti magiche e di quelle alchemiche, profeta o «devin», il bardo rivestiva il ruolo del capo sia in guerra che nel lavoro agricolo; a lui spettava di presiedere i concili che riunivano le tribù provenienti dai diversi villaggi in occasione delle grandi feste religiose. Anche d'Annunzio, nell'intervista a Mario Morasso in cui delinea i caratteri del futuro Teatro di Festa sul Lago di Albano, mostra di aderire a una concezione non diversa del poeta dei primordi: il dramma aveva in origine la natura di una «cerimonia politica» e insieme «religiosa», in quanto «l'artefice primevo» era «in pari tempo il reggitore dei riti, come più tardi vediamo il capo della comunità esserne il pontefice massimo».

Attraverso l'evocazione degli antichissimi re-sacerdoti (che siano anche quelli che, presso Albano, reggevano il tempio di Diana nel bosco sacro di Nemi?) si attiva il corto circuito dalla «tribù primordiale» e dalla sua espressione artistica «collettiva» ai simboli di massa della società moderna, senza i quali non può prendere consistenza la tensione della parola dannunziana a farsi carne e azione, come in un rito. Ed è poi quasi naturale, in uno scrittore avvezzo a praticare simultaneamente generi diversi, che questa sensibilità istrionica si trasferisca sul terreno di una poesia protesa a integrare in sé il messaggio di una coscienza politica e sacerdotale che protesta, prega, esorta, commemora, evoca, narra. Anche con l'adozione del versetto biblico e whitmaniano o delle misure irregolari caratteristiche della strofe lunga che si ritrova in *Maia* e in *Alcyone*, le «Odi» poi raccolte in *Elettra*, si noti, sotto la denominazione di *Canti*, tendono a obliterare l'antitesi tra prosa e poesia, melodia e parlato, figura e concetto, immagine e racconto. E d'Annunzio spinge la sua reinvenzione dell'arcaico quasi al punto di indistinzione originaria fra teatro, epica e lirica, riscoprendo i procedimenti remoti della presentazione visionaria, della parola-miraggio. Non si afferma nell'intervista a Morasso l'origine del dramma dal rito «guerresco», dalla liturgia verbale tessuta di invocazioni, visioni, profezie, rivelazioni che aveva luogo intorno al carro su cui erano portati gli eroi morti in battaglia, ossia fuori scena?

Stando al racconto retrospettivo di Rolland, nei giorni trascorsi insieme nello stesso albergo zurighese d'Annunzio non aveva mancato di portare la conversazione sull'attualità politica e in particolare sul regime parlamentare italiano, che giudicava «triste, mort, privé de sève, sans rien du souffle révolutionnaire français». Indubbiamente la poesia di *Elettra*, a cominciare dai toni danteschi delle sue invettive, trae alimento dall'esperienza del deputato al Parlamento, e in particolare dal passaggio clamoroso, nel marzo 1900, nelle file dell'opposizione di estrema sinistra, dinanzi al tentativo del governo Pelloux di rispondere con una svolta autoritaria al dilagare della protesta sociale nelle piazze italiane. Dai più la presa di posizione dannunziana è giudicata un episodio senza seguito possibile, un *coup de théâtre* inautentico e velleitario. E tuttavia d'Annunzio non fa che tradurre sul piano concreto dell'azione o del gesto il complesso di umori e di idee cui già aveva dato espressione nel «Convito» e nel *Discorso della siepe*, con l'appello agli intellettuali ad assumere finalmente un ruolo civile adeguato al loro potere spirituale una volta constatato l'esaurimento della forza rappresentativa dei partiti tradizionali, sempre più invischiati nella logica burocratica e opportunistica del dibattito parlamentare.

Incapace di sanare le ferite lasciate aperte dalla storia gloriosa ma turbata e tragica del Risorgimento, il ceto politico e dirigente tende pur nella mediocrità, non di rado corrotta, dei suoi obiettivi e delle sue strategie a gestire il potere nei modi di un'oligarchia elitaria, dilacerando il fragile tessuto in formazione della «conscienza nazionale», il sentimento di tutti, anche delle classi subalterne, di essere partecipi di un carattere e di un destino comuni. Impossibile, agli occhi di d'Annunzio, affrontare le nuove sfide del moderno, a cominciare dai processi dell'industrializzazione in uno scenario mondiale travagliato dalla volontà di potenza e dall'ossessione dell'impero, senza intendere e interpretare quell'entità misteriosamente unitaria che anche la psicologia sociale coeva chiama «anima della folla» e di cui egli stesso predica la «bellezza riposta», la forza grandiosa e terribile. E la parola del poeta, con i suoi simboli di una memoria e di una immaginazione condivise, può costituire il luogo di un legame e di una concordia di là dalle differenze conflittuali di classe e di interessi. Una nazione, aveva ammonito Renan in *Qu'est-ce qu'une nation?* (1882), è una grande solidarietà, costituita dei sacrifici compiuti e di quelli che si è disposti a compiere. E se dunque essa presuppone un passato, un culto degli antenati, si riassume poi nel presente grazie a un fatto intangibile: il consenso, il desiderio chiaramente espresso di continuare la vita comune.

Dopo l'insuccesso della *Gloria* e del suo esperimento di teatro esplicitamente politico, l'*engagement* dannunziano e la sua ricerca di un contatto vivo con le tendenze della società si trasferisce sul «Giorno», il quotidiano romano fondato dall'amico Luigi Lodi nel dicembre 1899: il giornale si proclama «schiettamente e fervidamente liberale» ma senza crediti in bianco al partito di Zanardelli e di Giolitti, aperto invece alle prospettive e alle istanze della «generazione nuova che studia e lavora». E qui agli interventi ove l'intellettuale militante mette alla prova la sua forza di diagnosi e di prognosi, la sua strategia polemica e progettuale, si alternano i componimenti di poesia civile che andranno a costituire la prima parte di *Elettra*, traendo motivo da fatti e problemi di stringente attualità: l'assassinio di Umberto I e la successione al trono del giovane Vittorio Emanuele III (*Al re giovine*), le tensioni che percorrono le terre irredente (*Alla memoria di Narciso e di Pilade Bronzetti*), il tributo dell'Italia ai conflitti suscitati dall'avventura globale dell'imperialismo (*Per i marinai italiani morti in Cina*), l'anniversario della presa di Roma (*A Roma*), un tema, questo, carissimo al Vate riconosciuto della Terza Italia, Giosue Carducci. Non si legge in Villemarqué che per i contadini, i pastori, i pescatori, gli artigiani della Bretagna il poeta orale, erede del bardo, era tutto, «chroniquer et novelliste, romancier, légendaire», oltre che «lyrique sacré» e «auteur dramatique»? Fra i suoi uffici vi era anche quello di registrare le notizie del giorno, valutarne la forza di risonanza nell'anima del popolo, trasformarle in fasti e *memorabilia* grazie alla suggestione del verso intonato.

Dal giornale alla *performance* orale, la serie delle poesie civili di *Elettra* culmina nella *Notte di Caprera* (gennaio 1901), il poema garibaldino concepito nei modi di un'antica canzone di gesta, fatta dunque «non tanto [...] per essere letta su le pagine mute quanto per essere ascoltata da una moltitudine libera». Così d'Annunzio annette alla propria avventura l'eroe del Risorgimento di più intenso fascino popolare, amato e venerato per la sua stessa parabola audace di *outsider,* se non di fuorilegge, contesta anche di aspirazioni inappagate e di meriti misconosciuti, esempio mirabile di grandezza senza mercede. Stando alle cronache della lettura pubblica, acclamata in numerose città italiane, un brivido di stupito consenso percorre il pubblico dei lavoratori e degli studenti già al risuonare della formula arditamente polemica che apre il poema: «Donato il regno al sopraggiunto re».

Anche dopo la sconfitta nelle elezioni del maggio

1900, ove si presenta a Firenze come indipendente nei ranghi dell'Unione dei partiti popolari, d'Annunzio si mantiene fedele a una linea di nazionalismo spregiudicatamente aperto all'esperienza e alle attese delle masse. Del resto, fin dall'inizio della sua impresa parlamentare a Montecitorio egli si era dichiarato «al di là della destra e della sinistra come al di là del bene e del male». Certo d'Annunzio non può riconoscersi nei teoremi dottrinari del collettivismo politico. Ma ferma è la sua convinzione che una volta spezzate le misure ipocrite e asfittiche delle gerarchie, dei valori e degli interessi borghesi, finito il regime dell'utile e del profitto, sarà possibile una nuova cultura del soggetto e della sua forza libera di autocreazione, non più individuo isolato ma in rapporto organico con una società sollevata dalla pressione delle necessità materiali primarie, emancipata dai dogmi di ogni confessione, pronta ad abbandonarsi al sogno di una vita in bellezza.

Siamo su una lunghezza d'onda non lontana dalle scintillanti riflessioni di Oscar Wilde sull'*Anima dell'uomo sotto il socialismo*, sempre che vi si integri l'«anarchia intellettuale» di segno nietzschiano con il suo impulso a «distruggere» per creare, il suo pathos della ribellione e della lotta, la sua tensione a una giustificazione estetica dell'esistenza. Vero è che il «sovrumano» di Nietzsche convive in *Elettra* con un autore che d'Annunzio ha eletto da tempo a modello di una poesia moderna capace di passione ideologica senza tradire la sua vocazione specifica di fantasmagoria immaginosa e sonora, Shelley, il poeta orfico e prometeico che, come si ripete anche in *Alcyone*, in una vita anteriore aveva amato Antigone. E in quello stesso giro di anni alla svolta del secolo, a Shelley (magari riveduto attraverso Swinburne) guardano con venerazione anarchici, repubblicani, libertari, sindacalisti o socialisti rivoluzionari (per tacere dei giovani del

«Leonardo») come al profeta di un uomo nuovo e di un mondo liberato.

Con la loro sfida al nulla e alla morte, all'ordine angusto e ingiusto di un cattivo presente che merita di perire, la poesia o l'arte si propongono come il nucleo incandescente di ogni possibile rigenerazione della vita sociale e della cultura di un popolo. Ciò si afferma esplicitamente nella sezione dei *Canti della morte e della gloria*, ossia gli epicedi e gli inni commemorativi dedicati agli eroi di un'arte di comunità e di comunione, da cui d'Annunzio si sa e si dichiara diverso, nell'atto stesso di proclamarsi erede della loro attitudine prodigiosa a captare e a rappresentare gli impulsi e le forze che agiscono nella moltitudine: ecco allora la pittura sinfonica e *Jugendstil* di Segantini, il melodramma di Verdi («Egli trasse i suoi cori / dall'imo gorgo dell'ansante folla. / Diede una voce alle speranze e ai lutti. / Pianse ed amò per tutti»), l'arte «dorica» di Vincenzo Bellini («Oh sagliente nell'aria / che la nutrì, semplice nuda e sola, / come nel tempio la colonna paria, / la melodìa che vince ogni parola!»), «l'opera d'eterne parole / che ingombra l'orizzonte / umano con la sua mole / immensa» di Victor Hugo, prima di arrivare a Nietzsche (*Per la morte di un distruttore*), non tanto il filosofo quanto il «poeta» della morte di Dio e dell'amore del fato. E *Per la morte di un capolavoro*, sulla rovina irreparabile che minaccia il *Cenacolo* di Leonardo, si apre a un'interrogazione del significato di Gesù e del cristianesimo per lo spirito diseredato di un'epoca segnata da una rapida secolarizzazione delle fedi e dei valori. In un'aura gnostica a forti chiaroscuri drammatici, la Bellezza appare come l'ultimo travestimento del Sacro. In ogni caso la «nuova aurora» di cui gli artisti sono messaggeri presuppone l'iniziazione e la purificazione di una discesa alle origini, della propria gente, del canto e della natura. Non per nulla nei suoi interventi politici d'Annunzio torna più volte su un aforisma di Niccolò Tommaseo, il raccoglitore esperto e appassionato dei *Canti popolari*: «Ogni novità è cosa antica: ogni antica cosa è novità: veder l'una nell'altra è unica via di vero».

Per questa via, la stessa che conduce alla drammaturgia nazionale, religiosa e popolare della *Figlia di Iorio*, si giunge al *Canto di festa per Calendimaggio* (1902), a conclusione del libro in dittico con il *Canto augurale per la nazione eletta*, che esalta l'Italia nella sua vocazione, pensa d'Annunzio, in primo luogo agricola e navale. Ma la «vita bella» evocata nell'ode a Nietzsche può avverarsi, democratizzandosi, anche fra i conflitti e le insidie delle città tentacolari. Nel giorno della festa dei lavoratori, la voce del poeta ne correla i pensieri e le aspirazioni con i simboli e i riti remoti della primavera; e risveglia contadini, artigiani e operai dall'incubo della propria impotenza additando, sulla linea di William Morris, la prospettiva di un lavoro emancipato dalla sua alienazione capitalistica e fordista, inteso come forma creativa e gioiosa di espressione: «fatica senza fatica», come vuole lo slogan che compendierà poi a Fiume il senso definitivo della politica sociale di d'Annunzio. Fra i nuclei vivi dell'antropologia letteraria dannunziana vi è certo l'intuizione della solidarietà profonda della società democratica e della festa: nel tempo dell'extraquotidiano e della *dépense*, l'uomo della cultura di massa ritorna a contatto con gli impulsi più autentici ma solitamente repressi della propria natura, appaga una inquieta aspirazione a nuove forme di distinzione e di aggregazione, si concentra sulla sua appartenenza a una comunità di destino, dà libero corso, all'acme del desiderio mimetico, all'esigenza di essere non solo lo spettatore, ma anche l'attore e l'autore di un mito.

Ma ad avvalorare il motivo estetico-politico dell'Italia «ornamento del mondo» (per Robespierre, citato da Rolland, «ornement de la vie» era la festa rivoluzionaria) trova infine posto in *Elettra*, sotto la rubrica *Canti della ricordanza e dell'aspettazione*, anche la serie delle *Città del silenzio*, inaugurata già nel 1899 con le strofe in versi liberi dedicate a Ferrara, Pisa e Ravenna e proseguita fra il 1902 e il 1903 nella forma consacrata dalla nostra letteratura delle Origini, il sonetto. Lo sguardo dell'aedo civile si volge alle piccole città italiane per cantarne «con danteschi modi» il patrimonio artistico e culturale sovente negletto, secondo un'ottica non solo estetica ma antropologica, che accosta imparzialmente monumenti celebri e ignorati, arti maggiori e arti minori: così di ogni città si configura l'icona o anche, come è stato persuasivamente suggerito, la cartolina illustrata. Qui con l'esperienza del *pasticheur* filologo ed erudito della *Francesca da Rimini* svolge un ruolo di primo piano il rapporto con gli amici storici e critici d'arte impegnati nell'organizzazione e nella gestione dei musei, da Angelo Conti a Corrado Ricci, che nel 1901 inaugura con il volume dedicato a Ravenna la serie gloriosa di guide illustrate dell'*Italia artistica*. Ma appare per converso indubbio che, con la sua poesia, d'Annunzio fornisca un contributo determinante al clima ideologico ed emotivo in cui matura la prima legge organica di salvaguardia dei beni culturali del nostro paese (1909), significativamente preceduta, nel 1905, da un intervento legislativo per la conservazione della Pineta di Ravenna, dantesca e garibaldina.

In una temperie singolare di nostalgia volitiva fra pienezza e rovina, il senso del luogo scaturisce all'incrocio fra arte, storia e natura entro un tessuto di immagini e memorie figurative, reliquie di antiche cronache, antiche poesie e racconti leggendari, miti, usanze, riti ed emozioni collettive, alla scoperta delle radici elleniche e medievali del "bel paese". Già nella *Gloria*, lo sguardo rivolto all'Italia «una e molteplice», d'Annunzio aveva sottolineato come il proprio nazionalismo contemplasse una rivendicazione appassionata delle «antiche libertà comunali», in polemica con il centralismo statale. E non si può negare un valore di intuizione anticipatrice, anche di ordine politico, all'idea di celebrare i piccoli centri d'arte e di storia, apparentemente remoti dal modello vittorioso della metropoli industriale e mercantile, e di prospettarli nella loro molteplicità stratificata di aspetti e di tradizioni come il segno più certo dell'identità nazionale, in un mondo che i processi di modernizzazione sembrano condannare a una vischiosa omologazione cosmopolita.

Ma d'altra parte è a questo punto indubbio che, nel misurarsi con lo storicismo laico e parnassiano di Carducci, d'Annunzio ne trascende l'orizzonte affermando con convinzione perentoria una spiritualità postcristiana e una nuova sintesi tra la coscienza religiosa e la modernità, con un senso tanto più acuto della temporalità sospesa e multipla della memoria, tessuta di sopravvivenze, contaminazioni, ricorrenze. Anche l'epoca dell'«immane opificio vorace» e delle «ricchezze impure / fluttuanti nel traffico del mondo» lascia sopravvivere intatti e anzi alimenta di nuovi motivi l'anelito all'entusiasmo, forse anche al sacrificio, lo spirito di adorazione, il desiderio di una epifania. Il fantasma elusivo dell'eroismo moderno, inseguito a contatto con l'universo di emozioni e di desideri chiuso nell'anima della «moltitudine», non può non spingere alla ricerca del Sacro nel cuore del sociale.

Ecco perché la poesia di *Elettra*, anche là dove si nutre di una sin ostentata erudizione, tende ad assumere i lineamenti e i colori della leggenda, che della storia attinge e costituisce l'archeologia, quasi la verità inconscia, in quanto vi si oggettivano i sogni in cui una comunità riverbera quello che vorrebbe fare, provare ed essere se potesse vivere secondo le disposizioni intime della propria memoria e del proprio desiderio. Dagli artisti alle città, da Garibaldi allo stesso Nietzsche, i dati storici o biografici si trasfigurano nelle immagini oniriche di una vita inimitabile e tuttavia esemplare, così come si determinano e sopravvivono, per dirla con l'acutissimo Ricci, «nel culto delle masse».

Esattamente secondo quest'ottica, lirica e insieme epica, il poeta di *Elettra* costruisce la propria maschera sacerdotale e profetica, che nel tendere alla formularità di un rito chiama poi in causa i procedimenti poetico-musicali della scrittura al quadrato o della trascrizione: all'uso frequente della citazione esplicita introdotta dal *verbum dicendi*, in un montaggio che segna insième una diffrazione e uno sviluppo, si intreccia una tecnica molteplice ed esperta dell'allusione e della variazione su un tema, dal richiamo patente (massime a Dante) alla ripetizione segreta, che esplora e sfrutta un *thesaurus* composito di costanti e di immagini dell'origine radicate nella memoria collettiva, sollecitata a riconoscere l'equivalenza attraverso la metamorfosi. E può trattarsi anche di memoria involontaria, poiché ciò che conta in primo luogo è l'avvertimento sia anche confuso di una risonanza di immagini sovrapposte, una presente e una lontana, rese più intense e più vive per effetto l'una dell'altra. Anche in questo modo passato e futuro fanno irruzione nel presente della parola e della sua scena visionaria.

Ma fra i parallelismi, le cadenze, le immagini sonore ricorrenti che conferiscono al libro una fisionomia unitaria e coesa, quasi a sorpresa in una poesia di vibrante, sovente enfatico slancio oratorio, fa infine spicco il motivo del silenzio. Anche qui agiscono le riflessioni di Carlyle riprese da Maeterlinck per il suo *Théâtre du silence* («Le silence est l'élément dans lequel se forment les grandes choses, pour qu'enfin elles puissent émerger, parfaites et majestueuses, à la lumière de la vie qu'elles vont dominer [...] La parole est du temps, le silence de l'éternité») e svolte, vicino a d'Annunzio, dalla mistica del ritmo di Angelo Conti, per il quale la poesia e la musica sono «le sole arti notturne [...] le sole che, nate dal silenzio che precede l'apparire della vita, generino il silenzio in cui parla la vita». Ma in *Elettra* il silenzio, a cominciare da quello delle sue città, corrisponde anche alla percezione di un'*impasse* o di una svolta della storia, di un tempo apocalitticamente sospeso tra il mondo dei morti e un secondo avvento. L'assenza di cui esso è segno è tuttavia misteriosamente animata, non solo dai fantasmi di gloria, di potenza e di gioia del passato, ma anche dal travaglio segreto di ciò che non ha ancora preso forma. Così dal senso della fine sortisce una figura del possibile: «Verrà dal silenzio l'Eroe necessario».

Ancora Renan, in un saggio sopra *La poésie de la race céltique*, osservava come il popolo celtico, nazione oppressa e senza stato, unita da vincoli culturali e non politici (come a lungo era stata l'Italia), coltivasse una spiritualità cristiana tuttavia intrisa di un fervido misticismo della natura echeggiante di risonanze pagane: in questa cultura svolgevano un ruolo dominante tanto l'indagine rivolta ai misteri dell'oltretomba quanto l'attesa messianica di un Salvatore. Come la Bretagna che «prega rammemora e sogna» evocata nell'ode a Victor Hugo, anche l'Italia di *Elettra* è pervasa da un anelito potente di riscatto e di redenzione, e si configura come la sede predestinata di una rigenerazione imminente e persino di una nuova rivelazione, di un rapporto dell'uomo con il divino di cui sia parte integrante anche la pienezza carnale, di là dalla lezione ascetica e dolorista del cristianesimo. Sin da *Alle montagne*, il più antico testo delle *Laudi*, risalente alla stagione del «Convito» ove era apparso con il titolo *Ode per colui che deve venire* (nei Vangeli la formula identifica il

Messia), l'eroe come poeta integra la sua mistica del futuro in una apocalissi della natura primordiale e delle origini per proclamare la vigilia di una nuova epifania dello spirito italiano, di cui Dante è la prima, grandiosa incarnazione. Così di figura in figura, di leggenda in leggenda, *Elettra* elabora il motivo schiettamente folklorico dell'eroe scomparso ma forse non per sempre, che dunque potrà ritornare anche sotto altre specie in una diversa congiuntura della storia. In questa prospettiva la «ricordanza» non è davvero se non l'altra faccia della «aspettazione». Intanto la concezione di una politica e di una religione della cultura si avvia a diventare una delle idee guida del Novecento, fra le ambiguità, i paradossi, gli equivoci, le illusioni irresistibili, i drammi che, forse inevitabilmente, accompagnano la poesia moderna nel suo sogno ricorrente di farsi luogo e orizzonte del politico.

A DANTE

Oceano senza rive infinito d'intorno e oscuro
ma lampeggiante, e con un silenzio sotto i terribili tuoni
immoto ma vivente come il silenzio delle labbra
che parleranno:
tenebrore dei Tempi, profondità dell'affanno
umano, assidua mutazione delle cose, ritorno
perpetuo delle sorti:
oceano senza rive tra due poli, tra il Bene e il Male,
con le sue bave disperse dalla procella eternale,
co' suoi abissi ingombri dalle spoglie dei popoli morti,
era il Destino;

e tu come una rupe, come un'isola montuosa,
come una solitudine di pensiero e di potenza,
come una taciturna mole di dolor meditabondo
che ode e vede,
sorgevi uno dal gorgo; e nell'ululo delle prede,
nel sibilo dei nembi, nel rombo delle correnti,
il tuo orecchio udiva
quel silenzio e la sola Parola che doveva esser detta;
e di sotto alla fronte percossa dalle schiume e dai vènti
il tuo occhio insonne vedeva infiammarsi il mondo
all'alta tua vendetta.

Allora, nei baleni e nell'ombre, lo spirito dell'uomo
stette davanti a te, ignudo, senza la sua carne,

senza le sue ossa, disvelato davanti alla scienza
del tuo dolore;
e nel cavo delle tue mani, che sapean l'arme e il fiore,
più mansuefatti degli augelli che la neve caccia
verso gli asili umani,
discesero i messaggi delle divine speranze,
i poteri sconosciuti delle verità divine;
e ti diede i suoi tuoni e i suoi raggi il tuo Dio, cui tu
alzasti il canto
che non ha fine.

O nutrito in disparte su le cime del sacro monte,
abbeverato solo nell'albe al segreto fonte
delle cose immortali, Eroe primo di nostro sangue
rinnovellante;
oceanica mente ove dieci secoli atroci,
carichi d'oro d'ombra di strage di fede e di paura
metton lor foci
silenziosamente; anima vetusta e nuova,
instrutta e ignara, memore e indovina, ove si serra
tutto il pensier dei Saggi e palpitano il Fuoco l'Aria
l'Acqua e la Terra;

o Risvegliatore, o Purificatore, o Intercessore
per la vita e per la morte, o tu che cresci il vigore
della stirpe come il pane nato dal nostro sudore,
noi t'invochiamo;
o tu che col tuo canto disveli agli uomini i cammini
invisibili e discopri i vólti nascosti dei destini,
noi ti preghiamo;
o tu che risusciti l'antica virtù delle contrade
e tempri il medesimo ferro per la bontà delle spade
e per la gioia delle falci nelle profonde biade,
noi ti attendiamo;

perocché tu sii pur sempre atteso in prodigi, come il Figlio
del tuo Dio, dai cuori che nei battiti del tuo canto
appresero a sperare oltre il volo delle fortune,
o profeta in esiglio,
e pur sempre su le nuove tombe e su le nuove cune,
là dove un'opra si chiuse e là dove s'apre un germe,
suoni il tuo nome santo,
e il tuo nome pei forti sia come lo squillo degli oricalchi,
solo il nomar del tuo nome, come il turbine agita i lembi
d'un gran vessillo, scuota nei suoi mari e nei suoi valchi
l'Italia inerme.

Dove sono i pontefici e gli imperatori? Splendenti
erano nella specie dell'oro, e stampavano con piedi
obliqui le vestigia sanguigne, vestiti dell'antica
frode, e i lor vestimenti
odoravano. Rotti come i sermenti aridi, perduti
come i fuscelli nella tempesta, diffusi come crassa
cenere ai vènti.
E pallido il postremo alza le mani verso le porte
dei cieli e attende un segno, e chiama, e nulla appare fuor che la morte.
Ma il cuore della nazione è come la forza delle sorgenti
meraviglioso;

e tu rimani alzato nel conspetto della nazione
con la tua parola eterna nella tua bocca respirante,
col tuo potere eterno nel tuo pugno vivo; e la tua stagione
sta su la nostra terra
senza mutarsi; e la tua virtù è dentro le radici
di nostra vita come il sale è nel mare, come la fecondità
è nella nostra terra;

e nulla di te perisce nei tempi ma la tua passione,
ma il tuo furore, ma il tuo orgoglio e la tua fede e la tua pietà
e la tua estasi e tutta la tua grandezza dura nei tempi come
dura la nostra terra.

Tu la vedesti col tuo profetico onniveggente occhio infiammato
l'Italia bella, come una figura emersa dall'interno
abisso del tuo dolore, creata dalla tua stessa fiamma,
con i suoi monti,
con i suoi piani, con i suoi fiumi, con i suoi laghi,
con i suoi golfi, con le sue città ruggenti d'ire,
l'Italia bella;
e la tua rampogna la rifece sacra, la tua preghiera
fece risplendere di purità le sue membra schiave;
sì che sempre gli uomini vedran su lei bella il duplice splendore
del cielo e del tuo verbo.

Sol nel tuo verbo è per noi la luce, o Rivelatore,
sol nel tuo canto è per noi la forza, o Liberatore,
sol nella tua melodìa è la molt'anni lacrimata
pace, o Consolatore,
quando la cruda pena il veemente sdegno il duro spregio
si fanno eguali alle più dolci cose della foresta
primaverile
la mano che torturò la carne immonda, che trattò la ghiaccia
e il fuoco, la pece e il piombo, gli sterpi e i serpi, il fango e il sangue,
tocca segrete corde e nel silenzio fa il divin concento
ch'ella può sola.

Cammineremo noi ne' tuoi cammini? O imperiale
duce, o signore dei culmini, o insonne fabbro d'ale,
per la notte che si profonda e per l'alba che ancor
non sale
noi t'invochiamo!
Pel rancore dei forti che patiscono la vergogna,
pel tremito delle vergini forze che opprime la
menzogna,
noi ti preghiamo!
Per la quercia e per il lauro e per il ferro lampeggiante,
per la vittoria e per la gloria e per la gioia e per le tue
sante
speranze, o tu che odi e vedi e sai, custode alto dei
fati, o Dante,
noi ti attendiamo!

AL RE GIOVINE

Nella gran bandiera
che agitarono i vènti marini
a poppa della nave guerriera
tutt'armata di ferro gigante
contra i ferrei destini,
nella gran bandiera
di battaglia e di tempesta
avvolgi il tuo padre esangue,
coprigli la bianca testa,
consacragli il petto forte
con quella croce raggiante,
o tu, della purpurea sorte
erede, che navigavi il Mare,
Giovine, che assunto dalla Morte
fosti re nel Mare!

Avvolgi il tuo padre
nell'insegna che attese la gloria
sopra le acque così lungamente;
componilo sul carro scemato
del bronzo possente;
dàgli a scorta mute squadre
che in arme sognino la vittoria
pel sangue non vendicato
sul deserto ardente;
nella luce dell'Urbe fatale,

nel silenzio delle scorte
e del tuo dolor regale,
accompagna il tuo padre clemente,
o tu che chiamato dalla Morte
venisti dal Mare.

Accompagna il padre
alla tomba ove già l'avo dorme,
nel tempio sublime
che alzò su colonne
di granito la forza di Roma.
La romba degli inni austeri
come un turbine all'ultime cime
rapisca i tuoi pensieri
nuovi, oltre la tomba, oltre l'altare.
E i grandi pensieri
ti facciano insonne; e Roma
e la sua Fortuna dalla chioma
terribile ti facciano insonne,
Giovine, che assunto dalla Morte
fosti re nel Mare.

Tu non dormirai
se il tuo cuore è degno che lo morda
l'avvoltore violento;
tu non dormirai
se de' tuoi nervi indurati
attorca tu la corda
per l'arco che t'è innanzi lento;
tu non dormirai
se tu oda la voce dell'Urbe,
sepolcrale e marina,
non voce di volubili turbe
ma d'immutabili fati,
ma dell'anima eterna latina,
o tu che chiamato dalla Morte
venisti dal Mare.

Tu non dormirai
se degni sieno i tuoi occhi
di contemplar l'orizzonte
che il Quirinal discopre
al dominatore;
tu non dormirai
se le tue mani sien pronte
alle lotte ed all'opre,
alla spada ed al martello,
a foggiar per la tua fronte
un'altra corona di ferro
col ferro d'un altro Salvatore
sopra l'incudine d'un altare,
Giovine, che assunto dalla Morte
fosti re nel Mare.

Non dormimmo noi
nella notte solenne
quando passò per l'ombra
d'Italia il funereo convoglio
che portava il buono infranto cuore.
Non dormimmo. Ascoltammo gli eroi
favellare nella notte ingombra.
Ascoltammo il fragore
dei carri nel vento d'estate.
Tremammo. Più del cordoglio
poterono le speranze alate.
Per l'ombra era un fremito di penne.
Lampeggiavano i monti e le coste.
Gravido di vita e di morte
anelava il Mare.

Tremammo di forza
chiusa e di volontà raccolta;
fummo ebri d'un sogno virile.
Sentimmo nei polsi robusti

ardere la febbre civile.
Sentimmo nel suolo profondo
rivivere gli iddii vetusti.
Ebri di presagi augusti,
vedemmo ancóra sul mondo
splendere il latin sangue gentile.
Ascoltammo gli indigeti eroi
favellare nella notte ingombra.
Seguimmo nell'ombra
infinita il volo della Morte
lungo il patrio Mare.

E dicemmo: «Passa
lungo il patrio Mare,
Maestà della Morte!
Alza gli spirti; fa palpitare
il popolo che veglia
nella notte balenante.
Genova ti saluta
sul suo golfo magnifica e forte,
coronata di baleni.
La Spezia ti saluta,
in vista dell'Alpe, austera e forte,
coronata di baleni.
Salutano il tuo passare
le due madri delle navi, o Morte,
veglianti sul Mare.

Più grande saluto
avesti tu mai?
Ma, giunta alla mèta, tu avrai
il saluto del Sole e di Roma.
E il nuovo destino, segnato
dal sangue regio, avrà nella nuova
luce principio solenne.»
Per l'ombra era un fremito di penne.

Lampeggiavano i monti e le coste.
E dicemmo: «O Italia, o Italia,
non ti vedremo noi su l'alba,
per questo buon sangue che ti giova,
per la divina prova
di questa sacrificale morte,
rifiorir nel Mare?»

E dicemmo: «O Italia,
Italia sonnolente,
alfine ti svegli
tu dal tuo sonno vile?
Ahi sì lungamente
sotto il sole giaciuta
con l'obbrobrio senile,
tra le mani dei vegli
scaltri che t'han polluta,
che di te han fatto strame
docile all'ignavia loro
e d'ogni tuo nobile alloro
una verga per batter la fame,
non senti l'odor della morte?
Oh nuova sul Mare!»

Così noi dicemmo,
questo sognammo ascoltando
il fragore dei carri nel vento
d'estate per la funebre notte
recanti alla tomba il re spento,
al silenzio di Roma, alla pace.
Questo pregò sotto il firmamento
ingombro la nostra ansia seguace.
Or chi sarà l'eroe che attendiamo,
il pastor della stirpe ferace?
Tendi l'arco, accendi la face,
o tu che chiamato dalla Morte

venisti dal Mare,
Giovine, che assunto dalla Morte
fosti re nel Mare!

T'elesse il Destino
all'alta impresa combattuta.
Guai se tu gli manchi!
È perigliosa l'ora.
Ma tu sai che il periglio
è la cintura pe' fianchi
dell'eroe. Dal sangue vermiglio
fa che nasca un'aurora!
La fortuna d'Italia
prese l'ali sul campo
d'una battaglia perduta.
Ricòrdati d'un altro padre
partito per un più triste esiglio,
Giovine, che assunto dalla Morte
fosti re nel Mare.

T'elesse il Destino.
Ricòrdati del figliuol vinto
che cavalcò quel giorno
tra la Sesia e il Ticino
verso il bianco maresciallo.
Rifiorì l'itala primavera
tra i dolci fiumi; e il re sardo
scese dal suo cavallo
per segnare il duro patto.
Tutto fu nemico intorno.
Egli disse al suo cuore gagliardo:
«Sopporta, o cuore, e spera!»
Ricòrdati di quel ritorno
tu che chiamato dalla Morte
venisti dal Mare.

Egli volle Roma,
egli ebbe il Campidoglio,
egli ha pace nel Tempio romano.
Che vorrai tu sul tuo soglio?
Quale altura è il tuo segno?
Miri tu lontano?
È largo quanto il tuo orgoglio
il gesto della tua mano?
Sai tu come sia bello il tuo regno?
Conosci tu le sue sorgenti
innumerevoli e la forza
nuova o antica delle sue correnti?
Ami tu il suo divino mare,
Giovine, che assunto dalla Morte
fosti re nel Mare?

T'elesse il Destino
all'alta impresa audace.
Tendi l'arco, accendi la face,
colpisci, illumina, eroe latino!
Venera il lauro, esalta il forte!
Apri alla nostra virtù le porte
dei dominii futuri!
Ché, se il danno e la vergogna duri,
quando l'ora sia venuta,
tra i ribelli vedrai da vicino
anche colui che oggi ti saluta,
o tu che chiamato dalla Morte
venisti dal Mare,
Giovine, che assunto dalla Morte
fosti re nel Mare.

PER I MARINAI D'ITALIA MORTI IN CINA

Chi ti vide col suo cuore
puro, o Italia liberata,
detersa dal sangue e dal pianto,
dalla polve e dal sudore,
dopo l'alta gesta, alzata
nel mare nel sole nel canto?

Chi ti vide, dopo l'alta
gesta, vivere nel mare
col grande tuo corpo fecondo?
Chi sentì nella tua calda
giovinezza palpitare
l'antica speranza del mondo?

Forse i figli, forse i figli
tuoi migliori, i marinai
su l'acque remote, nei porti
strani, gli umili tuoi figli
che non sai né rivedrai,
ti videro e caddero morti.

Ah ti videro più bella
essi, i tuoi semplici eroi,
negli ultimi palpiti sacri!
Canterò oggi, per quella
tua bellezza, se tu m'odi,
il pianto di tutte le madri.

Ecco, una madre nell'antica Ichnusa
dei pastori, nell'isola diserta
che stampa sul Tirreno dalla Nurra
al Campidano sua durabile orma,
ecco, la madre che filò la nera
e bianca lana, ecco, la madre a sera
vien su la soglia con la nuora pregna,
quando le greggi tornan di pastura.
Sta su la soglia con la nuora, e conta
le stelle prime nell'aria serena,
nell'aria dolce ove il colmigno fuma;
e sta con nel suo cor la sua preghiera;
e guarda sopra i gioghi di Gallura
la falce della luna che tramonta.
E guarda verso il mare la Caprera
ove dorme il Leone in sepoltura
con un respiro che solleva l'onda;
e guarda l'ombra della Maddalena,
sul dolce mare un'ombra di guerriera
che tutta armata a guerreggiare è pronta.
E prega, ignara della sua sciagura,
e prega e dice: «Chi me l'assicura?
Tu, Vergine Maria, Vergine pura,
tu guardalo dal male e tu l'aiuta!
T'accenderò quant'io potrò di cera,
quant'io potrò d'oliva, se sventura
non gli accade, se salvo mi ritorna.
Guardalo, Vergine, alla madre sua,
guardalo alla sua madre e alla sua donna.
Dov'è, dov'è? Che fa egli a quest'ora,
il buono figliuol mio, mentre che annotta?
Lo rivedemmo ch'era primavera.
La rondine non era anco venuta.
Giunse improvviso, giunsemi alla porta
gridando: "O madre, o madre, apri la porta!"
Eri al telaio sotto la lucerna...»

A lungo a lungo ella così racconta
al cuore che ben sa, che ben ricorda,
che ben ricorda ch'era primavera.
Così racconta la madre canuta;
e guarda sopra i gioghi di Gallura
la falce della luna che tramonta;
e guarda verso il mare la Caprera
ove dorme il Leone in sepoltura
con un respiro che solleva l'onda.
E un'altra madre viene su la soglia
d'un'altra casa e guarda un'altra altura
un altro mare, il mar di Siracusa
e l'Etna grande che nell'ombra fuma;
e prega in cuore e dice: «O creatura
del sangue mio, quando ti rivedrò?»
Odorano le selve alla riviera
con frutta d'oro; cantano alla luna
le ciurme prima ch'ella si nasconda:
trema la rete, palpita la vela.
E un'altra madre viene su la soglia
d'un'altra casa, là nella remota
Italia, là sul Garda ove Peschiera
sorge custode nella sua cintura
forte, ove il Mincio memore saluta
i campi di battaglia. E un'altra ancóra
prega in silenzio e guarda la pianura
tra l'Oglio e l'Adda ove la primavera
fu cerula di molto lino. E ancóra
un'altra prega dalla pampinosa
rama dei Monti d'Alba, dalla volsca
Velletri che disotto le sue mura
vide un mattino tempestar fra l'onda
dei cavalli il Leone ebro di Roma.
E un'altra ancóra sta su la picena
spiaggia, di là dal Tronto, e si ricorda
del bel naviglio che la prima volta

portò il fanciullo a Spàlato, a Gravosa,
a Sebenico, alla latina sponda
cui San Marco legò la sua galera;
e prega in cuore e dice: «O creatura
delle mie pene, non ti rivedrò?»
Sì penano le madri in su la sera
al novilunio, alla dolce frescura.
E non, di qua dal Tronto, nella terra
d'Abruzzi, nella terra ove riposano
i miei maggiori con la rugginosa
àncora di speranza e di fortuna,
non prega qualche madre per ventura
guardando su la placida Maiella
tramontare la falce della luna?
Guarda greggi passare ad una ad una
lungh'esso il lito andando alla pianura
dell'Apulia, ai lor paschi, dall'altura
del Sannio che laggiù si fa nevosa;
migrar le greggi per la via saputa
dai primi avi la madre guarda, muta
presso la casa ove restò la cuna
antica per la nova genitura,
la madre veneranda cui virtù
di nostra prima gente in grembo dura;
e prega in cuore e dice: «O creatura,
creatura, che fai mentre che annotta?
Se sei grondante, ora chi ti rasciuga?
Forse hai tu sete, e la vigna ha tanta uva!
Figlio, che fai? Pensi alla madre tua?
Pensi alla madre tua che non t'aiuta?»
E guarda pel sentiere che s'oscura,
e il cor le stringe sùbita paura.
Tramontata è la falce della luna;
nell'ombra intorno altro non v'è che luca
se non il ferro pronto all'aratura.
È il mésso quei che per l'erta s'indugia?

Gran silenzio negli alberi s'aduna.
La madre ascolta, non respira più.
S'ode il campano in lontananza ancóra,
della greggia che valica la duna;
s'ode il passo per l'erta che s'oscura.
La madre attende, non palpita più.

Morti sono i figli, morti
sono i figli, morti sono
i figli alla guerra lontana.
Pochi erano contro molti.
Essi avean pel suolo ignoto
lasciata la nave lontana.

Morti come sopra il ponte
della nave, come sanno
marinai dovunque morire.
Non il fiume, non il monte,
non il piano, essi non hanno
veduto la casa e il confine.

Veduto non han Gallura
né il Mar Ligure né l'Adria
morendo su l'orride porte,
ma veduto han la figura
grande e sola della Patria
risplendere sopra la morte.

Veduto non hanno i Monti
d'Alba o l'Etna, non Peschiera
né il Garda, ma l'unica Italia.
Morti sono i figli, morti
sono intorno alla bandiera
d'Italia d'Italia d'Italia.

LA NOTTE DI CAPRERA

V

Or liberati   i cavalli di guerra
(ei palpitò   forte veggendo selci
risfavillar   sotto l'urto del ferro,
udendo su   per le rupi deserte
eco del gran   galoppo senza freno)
or nella bianca   stanza è solo con sé
il Dittatore,   solo con sé fedele.
Guarda le bianche   mura ch'ei fece, artiere
d'ogni arte, dopo   che preso e difeso ebbe
quelle di Roma.   È senza mutamento
la povertà,   è senza mutamento
la pace. Il sacco   delle semente è a piè
del letto. L'arme,   disopra l'origliere,   *Il*
al vacillar   della lucerna splende.   *Maestrale*
Palpita e guizza   la fiammella. È gran vento
alle finestre,   gran vento di maestro
sul mar che romba   nelle anse di Caprera,
grande clamore   a quando a quando, immenso
grido, selvaggio   urlo come a Palermo,
come a Palermo   urlo di popolo ebro.
«O cuore, balzi?   Placato ancor non sei?»
L'Eroe sorride;   ma gli occhi del veggente
veggono il sole   su la città che ferve,
colui che parla   e l'ultimo suo gesto,

il furibondo palpito che solleva
tutto quel muto popolo come un petto
immortale, e tutto il sangue repente
sparir dai vólti innumerevoli, e
tutte le bocche urlanti, tutte le
mani distese in alto alla ringhiera;
Piazza Pretoria fatta dal travincente
amore vasta come l'Italia intera;
l'anima d'un popolo fatta un cielo
di libertà, eguale al giorno ardente;
una bellezza nuova per sempre accesa
nel triste mondo, un'imagine eterna
di gloria impressa nel vano velo, eretta
un'altra cima, ala data alla Terra!

[...]

VIII

Ma la grandezza di ciò che fu compito
s'alza e sovrasta alla notte sublime,
sovrasta al cuore di colui che ha sorriso, *I mille*
occupa la solitudine, vince
la pace, infiamma l'ombra; non ha confine
in breve nome. O Italia, i Mille, i Mille!
Ali fulminee delle Vittorie latine,
rapidità della forza e dell'ira
su le riviere del sangue, alte e succinte
vergini d'oro, messaggere vestite
di vento, immenso amor di Roma, chi
si chiamerà fra voi l'eguale di
quella che un volo su da Calatafimi
sino al Volturno volò senza respiro
e dissetò la sua gran sete alfine
sol nelle vene di Leonida ucciso

un'altra volta? Pianto alla Porta Pila,
silenzioso pianto alla dipartita,
coro di donne liguri! Ultimo addio
di ferree madri ai giovinetti figli!
Divinità rivelata nei cigli
umani e primo tremito delle prime
stelle nel puro cielo primaverile!
Più dolce maggio in terra non fiorì.
Navi sospinte nel mare dal respiro
stesso dei petti eroici, dal destino
e dalla febbre, dalla speranza invitta
e dal prodigio, piene di melodìa
e di ruggito, nell'oscuro periglio
illuminate dai baleni d'un riso
silenzioso, con la prora diritta
a gloria e a morte, a un punto e all'infinito!
Rapida gioia de' bei delfini amici
nel solco, méssi d'un rinnovato mito!
Stelle augurali dell'Orsa al grande ardire,
accesa in cielo bandiera del naviglio!
Più alto sogno in Dante non salì.

[...]

XII

Sotto l'immensa gloria chino la fronte,
il Dittatore onniveggente è immoto.
Nel sacco rude la sua mano s'affonda
e inerte sta, immemore dell'opra.
Or è interrotta l'opra del buon colono.
Ei più non vede rilucere pe' solchi
le sue semente, né ribatte le porche
ei con la marra in suo pensiero. Ascolta
il vento e il mare nella notte profonda.

Ascolta il rombo del suo spirito solo.
Non ei toccò la cima di sua sorte?
Non proferì la sua più gran parola
quando a quel re sopraggiunto donò
il regno e solo poi si ritrasse all'ombra
d'un casolare, lungi alla bella scorta,
sol con taluno de' suoi laceri prodi?
Triste è la bocca nella sua barba d'oro,
ché le sovvien del molto amaro sorso.
Era laggiù, presso Teano, incontro
ai foschi monti del Sannio, il donatore;
seduto all'ombra era, su vecchia botte
non più capace di contener la forza
del vin novello. Era l'autunno intorno;
ammutolito sul Volturno il cannone;
piegata e rotta la gente di Borbone
sul Garigliano; scomparso con la scorta
splendida il re sul suo cavallo storno,
andato a mensa. Era l'autunno intorno:
cadean le foglie dal tremolio dei pioppi;
i campi roggi fumigavano sotto
l'aratro antico tratto dai bianchi buoi
campani cui rauco urgeva il bifolco
fasciato le anche dal vello del montone,
coperto il bronzeo capo dal frigio corno.
Antiche e grandi eran le cose intorno;
antico e grande era il cuore dell'uomo
seduto in pace su la fenduta botte.
Ognun taceva al conspetto dell'uomo
meditabondo. Quasi era a mezzo il giorno:
era il meriggio muto come la notte.
Ognun taceva, ogni anima era prona
dinanzi a lui, col silenzio che adora
e riconosce: alta preghiera in ora
che parve a ognuno scorrere per ignota
profondità. E il forte elce nodoso,
che negreggiava quivi, fu santo come

La meditazione all'ombra

i dolci olivi   dell'orto ove pregò
tre volte un altro   uomo di fulve chiome.
E il donatore,   seduto su la doga
vile, crollò   la testa di leone.
Calmo guardò   pei fumi il campo roggio,
col calmo sguardo   cerulo che soggioga
il rischio; udì   l'anelito dei buoi
affaticati   per quelle terre sode;
seguì un aratro   che discendea da un poggio,
considerò   se fosse dritto il solco
dietro l'attrito   vomere. Anche ascoltò
la lodoletta   che facea sua melode.
Venne per l'aria   il suono d'un rintocco.
Allor fu quivi   recato da un pastore
giovine irsuto   di pelli, sopra un moggio,
al donator   di regni un duro tozzo
di pane, e cacio   stantìo, di grave odore.
Aveva ei seco   il suo coltello a scrocco,
il suo coltello   di marinaio, ancóra
raccomandato   alla sua vecchia corda;
l'aperse pronto,   con quello s'affettò
il pane e il cacio.   Maciullando, guardò
l'aratro antico   tratto dai bianchi buoi,
e giudicò   del dritto solco; poi,
come il più duro   non passava pel gozzo,
chiese da bere   sorridendo al pastore.
Allor fu quivi   recato in un orciuolo
al donator   di regni acqua di pozzo.
Avido ei bevve,   accostatosi il rozzo
vaso alla bocca;   ma la bocca schifò.
L'acqua putiva,   come d'un otro immondo.
Senza sdegnarsi   ei versò l'acqua al suolo.
Poi s'asciugò, tranquillo;   e disse: «Il pozzo
è infetto. Certo,   v'è una carogna al fondo.»
S'alzò nel detto;   e andò pei campi solo.

Il banchetto del Vincitore

[...]

XVII

Villa Corsina, Casa dei Quattro Vènti,
fumida prua del Vascello protesa
nella tempesta, alti nomi per sempre
solenni come Maratona Platèa
Crèmera, luoghi già d'ozii di piaceri
di melodìe e di magnificenze
fuggitive, orti custoditi da cieche
statue ed arrisi da fontane serene,
trasfigurati sùbito in rossi inferni
vertiginosi, chi dirà la bellezza
che in voi s'alzò dalla ruina e stette
su l'Urbe come terribile astro a sera?
chi canterà la vostra grande sera?
Cadeva il dì crudo su fuoco e ferro.
Tre volte e quattro iterato per l'erte
scalèe l'assalto: grado per grado, pietra
per pietra, preso e perduto e ripreso
e riperduto il baluardo orrendo;
accumulati i cadaveri a piè
degli agrifogli, dei balaustri, delle
statue, delle urne; fatto il pendìo riviera
del sangue, cupo bulicame di membra
lacere; acceso l'incendio; alzato al cielo
impallidito il clamore supremo,
i Legionarii ansanti, arsi di sete
e d'ira, armati di tronconi e di schegge,
neri di fumo e di polvere, belli
e spaventosi parvero come quelli
che superato avean l'uman potere
con la scagliata anima (tale il segno
superato è dal dardo veemente)
e respiravan dai lor profondi petti
piagati l'ansia d'un miracolo ardente.
«Avanti!» allora gridò la voce immensa.

L'astro sanguigno

Erano questi reduci dall'inferno
raccolti presso le mura, tra il Vascello
e San Pancrazio. Ansavan come belve
cacciate innanzi dal fuoco nelle selve
incendiate, esausti, dalla sete
stretti le fauci; e non avean da bere
se non sudore e sangue. Ognun coi denti
secchi mozzò l'anelito, e si tese
per obbedire. «Avanti!» ripeté
la voce immensa. Ed il bianco mantello
ondeggiò, come l'onda delle bandiere,
su gli aridi occhi. S'udìa, contra il Vascello,
spesso il nemico tonar dalle trincere
della Corsina come da una fortezza.
Perduta omai l'altura; folle impresa
tentare un altro assalto; tutta l'erta
spazzata; dubbio giungere a mezzo; certa
la strage. «Avanti!» gridò la voce immensa
e pura come il ciel di primavera
sopra le fronti degli uomini promessi.
E comandò agli uomini il portento.
«Orsù, Emilio Dandolo, riprendete
Villa Corsina! Su, di corsa, con vénti
dei vostri prodi più prodi, a ferro freddo!»
Ed il nomato tremò nel cuore udendo
il nome suo in bocca della stessa
Gloria. Caduto eragli già il fratello
su la scalèa, spento. E disse: «O fratello,
teco verrò!» Pronto, fece l'appello
dei morituri. E la falange breve
mosse all'assalto ultimo. Una gran febbre
allora parve palpitare nel vespro,
visibil come l'ardore nei deserti
quando per l'aere vibra incessantemente.
Sorse un clamore terribile nel vespro,
terribil come quel dei romani petti

L'ultimo assalto

che ferì l'aere ed i volanti uccelli
quando rostrata salpò la quinquereme
di Scipione. Videsi in alto un negro
stuolo di corvi sbattere sul funesto
Gianicolo, ove scendean le aquile un tempo
con i presagi. E nel fuoco e nel ferro
il fato della Republica fu certo.
I morituri la videro morente
nel sangue loro. Un disse: «Vinceremo».

XVIII

La falange dei giovinetti

Veniva, senza squilli, in corsa, alla Porta
di San Pancrazio la seconda legione
lombarda, quella dal Medici condotta
florida schiera giovenile, corona
di Lombardia. Il Vascello, dal prode
Sacchi difeso fin quasi a mezzo il giorno,
quindi tenuto da quel santo e feroce
Manara cui serbata era la gloria
di Villa Spada, sosteneva il maggiore
sforzo nemico. Fervida era già l'opra
degli approcci, era imminente già il crollo
del fastigio, era già degli uccisi ingombro
tutto il palagio. Or veniva al soccorso
Giacomo Medici, incrollabile possa,
compatto bronzo contra le sorti immoto.
Dalla Toscana nel Lazio, senza colpo
ferire, avea condotta la legione
con disciplina durissima, per prove
e patimenti infiniti, veloce
e càuto, dando per guanciale al riposo
la gleba o il sasso, avendo giorno e notte
il rischio sempre alle spalle, di fronte
e ai fianchi come dogo o molosso pronto

ad azzannare senza latrato. Il sole,
il vento, l'erbe, i torrenti, le rocce
aveangli fatta selvaggia come un'orda
la bella schiera. Ai giovini leoni,
tutta la notte nutriti dall'odore
della Campagna sacra nel periglioso
cammino, Roma era apparita in fondo
alla pianura nella sùbita aurora
come una nube. Ed un grido era sorto:
«O Madre!» Ed ogni cuore in quella parola
s'era devoto, con volontà di gloria;
e taluno ebro avea sentito forse
nelle gramigne rimaste fra le chiome
incolte il peso mortale degli allori.
Veniva or dunque, senza squilli, alla Porta
di San Pancrazio la seconda legione
lombarda. Ed ecco, verso la Porta, incontro
a lei la fila delle barelle atroce,
con i feriti, con i morenti in mostra!
Ed i feriti ed i morenti, incontro
ai giovinetti floridi, del dolore
fecero un riso non umano. E coloro
che non avean più pel riso la bocca
ma cave piaghe, gittarono dagli occhi
il lor baleno; e taluno gittò
le bende intrise discoprendo la coscia *Il battesimo*
tronca od il ventre lacerato e gridò:
«Resti con voi questo segno!» Ed un monco
scosse ridendo il moncherino come
un aspersorio di sangue e battezzò
gli imberbi. E tutti ridevano di gioia
come fanciulli, poiché la morte ai loro
terribili atti mesceva un che di dolce,
una bontà puerile, un candore
di libertà mai detto da parola
d'uomo né vinto in terra; e di candore

splendevan essi nel dissanguarsi in fondo
alle barelle che penetravan l'ombra
di Roma fatta più profonda dal rombo
che il Campidoglio spandea sonando a stormo.
Nell'ombra «Viva la Republica!» urlò
l'anima alzata del coro moribondo.
E l'urlo sotto la Porta rimbombò.
E la legione, scagliata dalla Porta
eroica, entrò nella battaglia. Allora,
bianco a traverso la bufera del fuoco,
bianco sul suo cavallo agile come
un tigre dómo, non simile ad un uomo
fragile ma simile ad una forza
onnipresente espressa dalla lotta
stessa dei fati e degli uomini, incontro
ai giovinetti venne il Liberatore.
Muto trascorse lungh'esse le coorti
adolescenti come fa il nembo sopra
le spiche ma l'anime ch'ei piegò
col suo gran soffio parvero dall'angoscia
risollevarsi moltiplicate. Gli occhi
erano intenti a lui; e con un solo
sguardo ei toccò le anime come un solo
baleno tocca le innumerevoli onde.
«Avanti!» allora gridò l'immensa voce.
Ed il cavallo a un tratto s'arrestò
come un torrente precluso che si copre
di schiume. Calmo il cavaliere biondo
parve più alto, signore delle sorti,
sicuro. Spessi fischiavangli d'intorno
gli obici senza toccarlo; orrido scroscio
facean su i muri del Vascello; talora
sordi facean nella legione un solco
ove spariva qualche silenzioso
capo atterrato. Si protese, raccolse
il puro sogno dei giovinetti morti

nella sua voce   che fu pei vivi come
la melodìa   della materna Roma.
«Giovani, avanti,   ché vinceremo anche oggi!»
Non con lo sprone   ma col suo grande cuore
ei sollevò   il suo cavallo a volo:
nel balzo il bianco   mantello palpitò
come la bianca   ala della Vittoria.
Il giovenile   grido coperse i tuoni
del monte, dietro   il galoppo senza orma.
L'ala della Vittoria
Nella fumèa   del vespro, intorno a Roma,
erano ovunque   la ruina e la morte.
Ma chi morì,   morì vittorioso.

[...]

XXI

[...]
Il Dittatore   cammina contravvento.
A quando a quando   sosta, tende l'orecchio
se mai distingua,   tra i colpi del maestro,
sopra gli schianti   della risacca, il segno
di quel belare.   Conosce dall'altezza
dell'Orse l'ora.   Tutto il cielo è sereno.
Le sette Guardie   tramontan sul Tirreno.
Il buon piloto   mira le chiare stelle
dei marinai,   le dolci Gallinelle
sul collo al Toro,   nell'ala pegasèa
Markab, in bocca   al Cane Sirio ardente,
e su la spalla   d'Orione Adhaèr,
e Vega e Arturo   e Canòpo e la Perla.
D'antico tempo   or gli sovviene. Regge,
nella memoria,   col pollice l'anello
dell'astrolabio   e studia come ascenda
un astro e come   si colchi, nel silenzio
dei mari. Gira   sul capo il ciel sereno.

L'isola acclive è come una galèa
grande che sola navighi verso terre
lontane. Il vento cade. Ed ecco l'agnello
chiama la madre nelle rupi deserte:
s'ode la voce che trema prega geme.
«O creatura di Dio, dove sei persa?»
Ed ecco un che di bianco, un che di lieve
nell'ombra, come una falda di neve
intiepidita da una pena vivente.
L'uomo si china verso la pena, sente
il vello, prende con le mani leggiere
la creatura di Dio, l'alza, la tiene
fra le sue braccia, l'accoglie sul suo petto.
Non fu pastore ei forse? Gli sovviene
d'antico tempo quando migrò col gregge
alle pianure su l'ampia orma paterna,
quando di fuochi notturni cinse il gregge,
fatta la sosta intorno alla cisterna.
L'anima sua ora è come la terra,
è come il mare, è come il firmamento,
come la forza delle stirpi guerriere
e pastorali che nel cominciamento
furono, come la verginità fresca
del primo sguardo che dalla cosa espresse
il mito, come la meraviglia ingenua
animatrice che d'ogni cosa fece
una bellezza e la favola breve
dell'uom fallace converse in gioia eterna.

Il buon pastore

XXII

Col novel peso pianamente sen va
alla sua casa, portando nelle braccia
la creatura che tuttavia si lagna,
che chiama chiama, che chiama la sua madre.

Il vento cade, il mare s'abbonaccia,
il ciel s'imbianca. Ei sente nella faccia
pungere l'uzza mattutina, e la guazza
piovere sente su l'oro della barba
che si confonde con quella dolce lana.
«O creatura, non posso io darti latte»
dice il pastore sorridendo al belato
che non si placa. «Tu chiami la tua madre.
Dove sarà ella? Molto lontana?
E veggo già che s'avvicina l'alba;
sicché non giova tornare alla mia casa;
ma giova a te avere la tua madre
che anche ti chiama, che ha la poppa gonfiata
di molto latte che tu ti beverai.»
Ed ei si gode nel suo cuore piegando
a un'altra via, però che bene ei sa
la via del chiuso ove la greggia scarsa
attende l'ora della pastura. L'alba *L'ovile*
stampa nel ciel le sue dita rosate
quando all'ovile giunge, all'ovile fatto
di schiette pietre che scelse di sua mano
e poi commesse e legò con la calce
e vi coprì tutto il tetto di lastre
pulite ed anche vi fece di legname
sodo la porta, come artiere d'ogni arte
ch'ei fu, che sempre sarà finché le braccia
gli reggeranno. Or, mentre giunge, il cane
lo riconosce come riconobbe Argo
sul concio il dire del molto travagliato
Odisseo; sì lo riconosce il sardo
mastino, forte, fulvo, e balzagli innanzi
e gli fa festa. Ma, dal chiuso, al richiamo
della deserta creatura la madre
risponde. Senza indugio il pastore apre
la porta e càuto depone al limitare
di pietra il redo che, su le oblique zampe

lanose, come un infante traballa,
bela dal roseo muso, per l'ombra calda
saltella in cerca della poppa gonfiata.
Chino alla porta, dell'avido poppare
si gode l'uomo incolpevole; è pago;
ché buono ei stima l'odore della calda
lana nell'uzza che punge aspra di sale,
e invero sol gli rincresce d'un pane,
d'un pan che manca alla sua lieta fame *Il vincastro*
sì mattutina. «Ecco che è fatta l'alba.
Riconterò le mie pecore.» Taglia
una verga, entra nel chiuso, e caccia il branco.
Nitrire i suoi cavalli di battaglia
ode all'aperto. Respira: «Oh Libertà!»
Poi, sufolando ne' modi della Pampa
e dell'Oceano, pascola verso il mare.

PER LA MORTE DI UN DISTRUTTORE

F. N. XXV AGOSTO MCM

Disse al cuore dell'uomo: «Quando
tu fervi, o cuore, largo e pieno,
simile alla grande fiumana,
beneficio e periglio dei lidi,
quivi la tua virtù s'inizia.»
Disse: «Nel deserto estremo,
con risa e con gridi,
danzando e cantando,
irrompe il mio desiderio e irraggia
la sua letizia.
Nacque su le montagne eterne
la mia saggezza inumana,
su le montagne che stanno
vergini e sole
nel meriggio sereno,
nell'ardore solenne;
pregna divenne
su i culmini prossimi al Sole
la mia virtù selvaggia;
partorì su gli aridi macigni
il più giovine de' suoi figli.»

Disse: «Nel deserto estremo,
nella fulva sabbia,
sotto la rabbia
del sole, duro, violento,

silenzioso,
avido di conoscenza come
il leone di nutrimento,
senza dio, senza nome,
senza spavento
e spaventoso,
con la volontà del leone,
con la fame del leone,
famelico, sitibondo,
infaticabile, padrone
del deserto e del mondo
fui, e delle mie forze segrete.
Inesprimibile e senza nome
quel che fu il tormento
e il giubilo dell'anima mia,
quel che fu la fame e la sete
dell'anima mia!»

Disse: «Le fonti attossicate,
i fuochi graveolenti,
i sogni corrotti
e i vermi nel pane della vita
son necessarii?
Non io la mia vita
mendicai a frusto a frusto,
ma esso il mio disgusto
mi diede le forze e l'ale
che presentivano le sorgenti
dei fiumi solitarii.
E per giorni e per notti,
di monte in monte,
oltre il bene, oltre il male,
senza sosta, senza sonno,
il mio volo robusto
cercò cercò la fonte
della gioia; e la trovò in sommo.

Avido nelle acque canore
s'abbeverò il mio cuore
ove arde la mia grande estate.

Il mio cuore, ove splende
l'estate, s'abbeverò nell'acque
gelide e n'ebbe gioia infinita.
Tutta la mia vita
fu un'alta speranza.
O miei fratelli, dove siete?
Accorrete, accorrete
alla gioia che v'attende.
Troppo si piacque
della pianura
la vostra virtù. Non è sete
quella ch'estinguono i ruscelli
garruli, quella che alla cisterna
empie l'otro e vi s'indugia.
Uditemi, o miei fratelli!
Poi ch'io bevvi alla fonte apparita,
tutta la mia vita
fu una speranza eterna,
tutti i miei pensieri
per mille varchi e mille sentieri
migrarono alla terra futura.

Oh venite, fratelli in angoscia,
perché io vi mostri
la sorgente ignota
nell'alba che si leva!
Scaturisce ella con troppa
veemenza e scroscia
così che la coppa
si riempie e si vuota.
V'insegnerò come si beva.
Venite a me! Lasciate gli egri

e i vili alla bassura.
Venite perché io vi rallegri,
fratelli, ne' cuori vostri.
Grande sarà l'estate su i monti
con gelide fonti
e silenzio infinito.
L'aquile ci porteranno il cibo
con i lor curvi rostri.
Vivremo come i vènti forti.
Negli occhi profondi
avremo la terra futura.

Venite a me col vostro amore
che non soccombe,
con la vostra sete
che non si placa, quanti siete
uomini che v'accresceste
di conoscimento e di dolore,
che la vita incideste
con la vostra vita dura,
che osaste abbattere le tombe
perché taluno risorgesse,
che seguiste il più aspro cammino
a cercar le vostre anime stesse,
che chiamaste il più crudo nemico
per guerreggiar la vostra guerra,
che santificaste nei perigli
le vostre inesorabili sorti,
venite a me su l'ultima altura!
Vivremo come i vènti forti.
Saremo fedeli alla terra,
fedeli alla terra dei figli,
fedeli alla terra futura.»

Disse: «Il mio lavoro
fu la guerra, la mia pace

fu la vittoria.
La mia volontà fu sospesa
sul mio capo come una legge,
come una gloria,
come un nimbo d'oro.
In ogni impresa
il mio pensiere
fu la mia sola face.
Sdegnai di bere
dove bevve il gregge,
sdegnai di rimirare il cielo
oscurato dalla cava nube;
perch'io sapea che nella rupe
aerea tu eri, o sorgente
pura, o sorella dell'aria,
io sapea l'erta necessaria
per rimirarti, o cielo
pudico e ardente,
libertà, serenità d'oro.

O cielo su la mia testa
nuda, giocondo
abisso, gorgo
di luce, festa
del sole, o cielo senza
nube e senza tuono,
ecco la mia innocenza,
ecco che io risorgo
verso di te mondo
di ogni tabe e di ogni lebbra,
ecco che io sono
colui che afferma
e colui che benedice;
e per questo lottai su la terra,
per questo ebbi tanta guerra
tante armi tante ire:

per aver libere mani,
o serenità liberatrice,
miracolo d'oro sul mondo,
per avere un giorno le mani
libere a benedire!

E così benedico:
"Essere sopra ogni cosa
come il suo proprio cielo,
come il suo volubile tetto,
come la sua cerulea volta
e l'eterna sua pace." E felice
colui che benedice
così! Però che la sorgente
dell'eternità sia
il battesimale
fonte di tutte le cose,
oltre il bene, oltre il male;
e il bene e il male sien ombre
fuggitive; e su tutte le cose
unico si spanda il ridente
cielo delle sorti
misteriose;
e sia la terra una divina
tavola al divino
gioco degli iddii che tu porti,
Eternità, per colui che t'ama.

Però che io sia colui che t'ama,
e Eternità, colui che brama
il tuo anello eternale,
colui che vuole
da te il nuziale
anello del ritorno
e del divenire,
colui che ti chiama

al suo desire
ed al suo giorno,
o Eternità, per teco
generar la sua prole,
colui che fu cieco
per la possa del tuo sole
che a lungo ei mirò fiso,
colui che alfine ha un riso
vasto come un baleno
creatore sul mondo,
colui che ama il tuo seno,
il tuo seno profondo,
o Eternità, colui che t'ama!»

Così parlava l'Asceta.
Questa parola disse
colui che terribilmente visse
per la sua terribile mèta.
Così parlava
su la plebe schiava
su la moltitudine morta
colui che errò lunghi anni
pei labirinti fallaci,
per tutte le ambagi
dei secolari inganni,
e ritrovò la porta
antica della Vita bella.
Disse: «Insegno al cuore umano
una volontà novella.»
Disse: «Insegno all'uomo non l'amore
del prossimo ma del più lontano,
del vertice ch'ei s'elegge.
Sia l'uomo la sua propria stella,
sia la sua legge e il vendicatore
della sua legge.»

E il fiato impuro dell'uomo
lo soffocava; lo soffocava
il lezzo della bestia
inferma e vile.
Ed egli andava andava andava,
cupo ed ostile,
nell'aria gravida di tempesta,
emulo del lampo e del tuono,
ebro della sua guerra,
splendido della sua virtù, irto
de' suoi pensieri, tra i sogni grami
di mille e mille anime stanche.
E disse: «Il tuo spirto
e la tua virtù infiammino anche
la tua agonia, come il fuoco
del tramonto infiamma la terra.
Così voglio io morire
perché a causa di me tu ami,
o fratello, sempre più la terra;
così voglio io reddire
luminoso alla gran madre terra.»

Ahi che dal Fato,
cui d'evento in evento
amò di così gagliardo
amore, non gli fu dato
morire nel combattimento,
morire alzato e pronto
al più difficile varco,
nell'atto di tendere l'arco
lucido ponderoso
per l'ultimo dardo,
il grande arco d'Ulisse,
quello dal nervo che garrisce
come la rondine messaggera,
quello che tende sol uno

contro la schiera
innumerevole! Ahi che il notturno
Fato l'oppresse a mezzo dell'opra!
Ed egli stette nell'ombra
senza mutamento,
immoto, vacuo, taciturno
come un cratère spento.

Poi, come l'acqua informe
colma i cratèri
immemori del fuoco pugnace,
la materia eguale
l'agguagliò nell'ombra infinita
e nei silenzii eterni
ove si celano le norme
del ritorno e del divenire,
ove tutte le forme
dell'essere s'aprono in misteri
ineffabili e la morte è vita
e la vita è morte.
O Verità redimita
di quercia, cantami la sua vita
e la sua morte
con la possa delle antiche lire!
Canta pei figli degli Ellèni
il Barbaro enorme
che risollevò gli iddii sereni
dell'Ellade su le vaste porte
dell'Avvenire!

Io lo canterò, io figlio
degli Ellèni, con una ode
ampia, di possente volo;
perché dissi, quando udii la voce
di lui solo io solo,
dal suo esiglio nel mio esiglio,

dissi: «Questi è il mio pari.
Questo duro Barbaro che bevve
una colma tazza dell'ardente
vin campàno ed ebro di dominio
e di libertà corse i mari
armoniosi agognando il suolo
ove l'uomo per la divina
etra incedeva al fianco del dio
ed entrambi erano Ellèni,
questi è il fratel mio.
Salutammo le rosse triremi
nelle acque di Salamina
nutrice di colombe;
portammo una corona alle tombe
di Maratona.»

Dissi: «O Vita, egli non sa che vive
su le rive sonore
un figlio della florida stirpe.
Io nasco in ogni alba che si leva.
Io so io so come si beva,
o Vita. E chi t'amò su la terra
con questo furore?
Chi più larghe piaghe
s'ebbe nella tua guerra
e chi ferì con spade
di più sottili tempre?
Chi di te gioì sempre
come s'ei fosse per dipartirsi?
Ah tutti i suoi tirsi
il mio desiderio scosse
verso di te, o Vita
dai mille e mille vólti,
a ogni tua apparita,
come un Tìaso di rosse
Tìadi in boschi folti,
tutti i suoi tirsi!

Io nasco in ogni alba che si leva.
Ogni mio risveglio
è come un'improvvisa
nascita nella luce:
attoniti i miei occhi
mirano la luce e il mondo.
Egli non sa come sien pure
le mie pupille, o Vita,
mirando il cielo verecondo.
Egli non sa come trabocchi
il mio cuore, simile alla grande
fiumana. Che m'insegnerà egli,
o Vita? Io so come si danzi
sopra gli abissi e come si rida
quando il periglio è innanzi,
e come si compia sotto il rombo
della tempesta l'opera austera,
e come si combatta con l'ugne
e col rostro, e come si uccida,
e come si tessan le ghirlande
dopo le pugne.»

Ma riconobbi i suoi pensieri
fraterni come il navigatore
ansio riconosce i verzieri
d'Italia da lungi all'odore
che gli recano i vènti.
Il tuo sole, il tuo sole,
o Italia, colorò la sua fronte,
maturò la sua saggezza forte,
converse in oro
il ferro delle sue saette.
Il Barbaro pellegrino
sotto il tuo cielo alcionio
apprese il canto dal coro
alato delle tue selve aulenti.

O Italia, egli bevve il vino
delle tue vigne ambrosio;
colse il miele de' tuoi favi meri,
le rose de' tuoi roseti
gravi di api e di colombe. I piedi
suoi divennero leggeri
su i prati di violette.

La serenità adamantìna
che s'inarca su i ghiacciai dell'erme
Alpi placò la sua furia.
Gli proposero enimmi
le rupi che nel mar di Liguria
si protendono come sfingi
coronate di fiori.
Come un novo Erme
senza caducèo
egli portò su la sua spalla
Dioniso infante, nelle Terme
di Caracalla,
nel Fòro, nel Colossèo.
Come Eraclito nel tempio efesio,
egli meditò la sua dottrina
illuminato dagli ori
di San Marco nell'ombra marina.
E il fresco vento etesio
gonfiò la sua vela nei meriggi
d'estate, fra Sorrento e Cuma,
sul golfo ove il Vesuvio fuma.

Quivi, o triste ombra della greca
Antigone, anima profonda
che gli fosti custode
fedele nella notte cieca,
o sorella, quivi reca
il cadavere dell'eroe,
sul golfo lunato e grande

come l'arco ch'egli tese.
Gli alzeremo un tumulo grande,
un'altissima tomba,
là dove le coste
sono più scoscese
e il flutto più rimbomba
nelle caverne più nascoste
con le eterne risposte
alle eterne domande.
Gli daremo ghirlande
d'ulivo selvaggio e, tra le accese
faci, libàmi come all'altare.
Gli canteremo in coro una ode
misurata al respiro del mare.

Canteremo: «Qui dorme,
nella sacra Italia, sul mare
delle Sirene, sul Mare
Nostro, in vista dell'arce cumèa
dove il figlio di Venere Enea
giunse recando i Penati
di Troia ed i Fati
di Roma, qui dorme,
in vista del fuoco distruttore
e creatore
che irrompe dal cuor della Terra,
vegliato dalle antiche Mire
figlie della Notte arbitre sole
della nascita e della morte,
o prole degli Ellèni,
qui dorme, placate le ire
dopo tanta guerra,
il Barbaro enorme
che risollevò gli iddii sereni
dell'Ellade su le vaste porte
dell'Avvenire.»

LE CITTÀ DEL SILENZIO

FERRARA, PISA, RAVENNA

O deserta bellezza di Ferrara,
ti loderò come si loda il vólto
di colei che sul nostro cuor s'inclina
per aver pace di sue felicità lontane;
e loderò la chiara
sfera d'aere e d'acque
ove si chiude
la tua melanconia divina
musicalmente.

E loderò quella che più mi piacque
delle tue donne morte
e il tenue riso ond'ella mi delude
e l'alta imagine ond'io mi consolo
nella mia mente.
Loderò i tuoi chiostri ove tacque
l'uman dolore avvolto nelle lane
placide e cantò l'usignuolo
ebro furente.

Loderò le tue vie piane,
grandi come fiumane,
che conducono all'infinito chi va solo
col suo pensiero ardente,

e quel lor silenzio ove stanno in ascolto
tutte le porte
se il fabro occulto batta su l'incude,
e il sogno di voluttà che sta sepolto
sotto le pietre nude con la tua sorte.

O Pisa, o Pisa, per la fluviale
melodìa che fa sì dolce il tuo riposo
ti loderò come colui che vide
immemore del suo male
fluirti in cuore
il sangue dell'aurore
e la fiamma dei vespri
e il pianto delle stelle adamantino
e il filtro della luna oblivioso.

Quale una donna presso il davanzale,
socchiusa i cigli, tiepida nella sua vesta
di biondo lino,
che non è desta ed il suo sogno muore;
tale su le bell'acque pallido sorride
il tuo sopore.
E i santi marmi ascendono leggeri,
quasi lungi da te, come se gli echi
li animassero d'anime canore.

Ma il tuo segreto è forse tra i due neri
cipressi nati dal seno
de la morte, incontro alla foresta trionfale
di giovinezze e d'arbori che in festa
l'artefice creò su i sordi e ciechi
muri come su un ciel sereno.
Forse avverrà che quivi un giorno io rechi
il mio spirito, fuor della tempesta,
a mutar d'ale.

Ravenna, glauca notte rutilante d'oro,
sepolcro di violenti custodito
da terribili sguardi,
cupa carena grave d'un incarco
imperiale, ferrea, construtta
di quel ferro onde il Fato
è invincibile, spinta dal naufragio
ai confini del mondo,
sopra la riva estrema!

Ti loderò pel funebre tesoro
ove ogni orgoglio lascia un diadema.
Ti loderò pel mistico presagio
che è nella tua selva quando trema,
che è nella selvaggia febbre in che tu ardi.
O prisca, un altro eroe tenderà l'arco
dal tuo deserto verso l'infinito.
O testimone, un altro eroe farà di tutta
la tua sapienza il suo poema.

Ascolterà nel tuo profondo
sepolcro il Mare, cui 'l Tempo rapì quel lito
che da lui t'allontana; ascolterà il grido
dello sparviere, e il rombo
della procella, ed ogni disperato
gemito della selva. «È tardi! È tardi!»
Solo si partirà dal tuo sepolcro
per vincer solo il furibondo
Mare e il ferreo Fato.

LE CITTÀ DEL SILENZIO

PERUGIA

I

Maschia Peroscia, il tuo Grifon che rampa
in cor m'entrò col rostro e con l'artiglio,
onde tutto il mio sangue acro e vermiglio
delle immortali tue vendette avvampa.

Certo segnato fui della tua stampa
un dì, tra ferro e fuoco io fui tuo figlio:
ancor vivo, qual fecemi il Bonfiglio,
là sul muro ove Totila s'accampa.

Le catene spezzai nelle tue strade,
precipitai gli uccisi per isfregio
dalle tue torri, usai spiedo e roncone.

Brillar vidi tra il rugghio delle spade
il mio sogno di re nell'occhio regio
di Braccio Fortebraccio da Montone.

II

Dal Palagio non scendono, o Peroscia,
i tuoi Priori le solenni scale?
L'acqua, che ai gradi della Cattedrale
terse il sangue degli Oddi, ancóra scroscia.

Tace la piazza. Il Gonfalon s'affloscia.
Vento d'odio o d'amor più non l'assale?
Ecco Astorre Baglione, a Marte eguale,
che cavalca con l'asta in su la coscia!

Anco viene Gismondo a piè, con tanta
levità che assimiglia presta lonza:
lo scolare alemanno i passi ammira;

e Grifonetto, il figlio d'Atalanta,
senza elmo, come il sole che l'abbronza
bello: valletti ha il Tradimento e l'Ira.

III

Il magnifico Astorre a Porta Sole
mena la donna sua del sangue Ursino.
Monna Lavinia in veste d'oro fino
danza a suono di piffari e viuole.

La mensa d'ogni frutto e fior redole,
reca d'ogni ragion confetti e vino.
In quell'ora il signor di Camerino
soffia a Carlo Barciglia sue parole.

E il gobbo invesca Filippo di Braccio.
Mastro d'inganni è il bastardo: ei sghignazza
pensando a Giovan Pavolo e a Zenopia.

E, mentre Astorre nel fraterno abbraccio
sorride, su Peroscia che gavazza
versa una negra iddia la Cornucopia.

IV

Dorme col suo bagascio Simonetto
che in vita non conobbe mai paura;
ed Astorre non sa che in sepoltura
è per mutarsi il nuzial suo letto.

«Griffa! Griffa!» Il perduto giovinetto
apre tutte le porte alla congiura.
Ecco primo il bastardo. Ei raffigura
il grande Astorre al grande ignudo petto.

Questi urla: «Misero Astorre che more
commo poltrone!» E spira sotto i colpi
ciechi d'Ottaviano dalla Corgna.

Ma Gian Pavolo, il suo vendicatore
che tornerà lione tra le volpi,
escito è in salvo per la Porta Borgna.

V

Giacciono su la via come vil soma
gli occisi. Or qual potenza li fa sacri?
Nei corpi è la beltà dei simulacri
che custodisce l'almo suol di Roma.

Sembrano infusi in un sublime aroma,
se ben privi de' funebri lavacri.
Quasi letèi papaveri son gli acri
grumi, serto di porpora alla chioma.

Traggono allo spettacolo le genti,
percosse di stupore. Il Maturanzio
sogna Achille Pelìde e il Telamonio.

Ma nella cerchia di quegli occhi intenti,
o Peroscia, è un divino testimonio:
talun nomato Rafaele Sanzio.

VI

Coi fanti e con le lance alle Due Porte
Iovan Pavolo vien sul suo morello.
Nitrire ode il corsiero del fratello
tradito; e il cor gli rugge: «A morte! A morte!»

Di repente rivolgesi la sorte.
«Addosso a Corgna! A me Monte Sperello!»
D'ogni banda cavalcano al macello
i partigiani in arme con le scorte.

Entra il gran falco da Sant'Ercolano
e incontra il figlio d'Atalanta. «Addio,
traditore Grifone: sei pur qua!

Non t'ammazzo. Non vo' metter la mano
io nel mio sangue. Vattene con Dio.»
E sprona innanzi a prender la città.

VII

Cade reciso il bello infame fiore.
Filippo Cencie con Messer Gintile
l'abbatte in su le selci. «O Grifon vile,
or tu griffa se puoi, vil traditore.»

Portato è in piazza su la bara, ad ore
ventidue, come Astorre! Il grido ostile
tacesi a un tratto. Ecco la giovenile
madre china sul figlio che si muore.

Ecco Atalanta, la viola aulente,
ecco Zenopia, la soave rosa,
più belle nell'orror della gramaglia.

Inondano di pianto il moriente.
E intorno alla bellezza dolorosa
sospeso arde il furor della battaglia.

VIII

Ben è che dal tuo vertice selvaggio
tu guardi a valle il sacro fiume nostro,
maschia Peroscia che con l'ugne e il rostro
sì togli preda e vendichi l'oltraggio.

Dalla Lupa il tuo Grifo ebbe il retaggio.
Sempre il tuo sangue splende come l'ostro.
Per dardo in torre e per flagello in chiostro
sanguina fiammeggiando il tuo coraggio.

O Turrena, città pontificale,
grande arce guelfa, al Papa e a Dio ribelle,
ligia al Sole, devota all'Aquilone,

non odi su la porta comunale,
nell'irto bronzo contra l'evo imbelle,
l'urlo del Grifo e il rugghio del Leone?

LE CITTÀ DEL SILENZIO

AREZZO

I

Arezzo, come un ciel terrestro è il lino
cerulo, il vento aulisce di viola.
Ove sono Uguccion della Faggiuola
e il cavalier mitrato Guglielmino?

Non vedo Certomondo e Campaldino,
né Buonconte forato nella gola.
Alla tua Pieve il balestruccio vola;
in San Francesco è Piero, e il suo giardino.

Non vedo nella polve i tuoi pedoni
carpone sotto il ventre dei cavalli
con le coltella in mano a sbudellarli.

Van sonetti del tuo Guitton, canzoni
del tuo Petrarca per colline e valli;
e con voce d'amore tu mi parli.

II

Bruna ti miro dall'aerea loggia
che t'alzò Benedetto da Maiano.
Fan ghirlanda le nubi ove Lignano
e Catenaia e Pietramala poggia.

E fànnoti ghirlande i tralci a foggia
di quelle onde i tuoi vasi ornò la mano
pieghevole del figulo pagano
quando per lui vivea l'argilla roggia.

Or rivive pel mio sogno il liberto
grèculo intento a figurar le tigri
l'evie i tripodi i tirsi le pantere.

Arar penso i tuoi campi e, nell'aperto
solco da' buoi di Valdichiana impigri,
discoprir l'ansa infranta del cratère.

III

Aste in selva, stendardi al vento, elmetti
di cavalieri, Costantin securo,
Massenzio in fuga, Cosra morituro,
e le chiare fiumane e i cieli schietti!

Come innanzi a un giardin profondo io stetti,
o Pier della Francesca, innanzi al puro
fulgor de' tuoi pennelli; e il sacro muro
moveano i fiati dei pugnaci petti.

Ma il Vincitore e il Labaro e Massenzio
e la bella reina d'Asia oblìa
il mio cor; ché levasti più grand'ala!

Presso l'arca del crudo Pietramala
vidi il fiore di Magdala, Maria.
E un greco ritmo corse il pio silenzio.

IV

Forte come una Pallade senz'armi,
non ella ai piè del mite Galileo
si prostrò serva, ma il furente Orfeo
dissetò arso dal furor dei carmi.

Qui da tristi occhi profanata parmi,
mentre a specchio del Ionio o dell'Egeo
degna è che s'alzi in bianco propileo
come sorella dei perfetti marmi.

Ellade eterna! Non il vaso d'olio
odorifero è quel di Deianira,
ov'essa chiuse il dono del Biforme?

Per lei Ristoro ode cantar le torme
degli astri, come il Samio; e su la lira
Guido Monaco tenta il modo eolio.

CANTO DI FESTA PER CALENDIMAGGIO

Uomini, qual mai voce oggi si spera
nei campi della terra taciturna,
nelle città fatte silenziose,
nei puri solchi del rinato pane
e nelle selci delle vie maestre?
Qual parlerà vento di primavera
mentre si tace l'opera diurna,
se il giusto Sole genera le rose
presso le soglie e intorno alle fontane,
lungo le siepi e su per le finestre?
Uomini, qual s'attende messaggera
che tra le man sue certe arrechi l'urna
dei beni ignoti e, pallida di cose
ineffabili, annunzii la dimane
alla potenza del dolor terrestre?

Uomini operatori, anime rudi
ansanti nei toraci vasti, eroi
fuligginosi cui biancheggian buoni
i denti in fosco bronzo sorridenti
e le tempie s'imperlano di stille;
voi che torcete il ferro su le incudi,
il pio ferro atto alle froge dei buoi,
alle unghie dei cavalli, atto ai timoni
dei carri, atto agli aratri, agli strumenti
venerandi delle opere tranquille,

voi presso il fuoco avito seminudi
artieri delle antiche fogge; e voi
negli arsenali ove dà lampi e tuoni
il maglio atroce su le piastre ardenti,
atleti coronati di faville;

e voi anche, nei porti ove la nave
onusta approda, onde si parte onusta,
che recate su l'òmero servile
con vece alterna le ricchezze impure
fluttuanti nel traffico del mondo;
o voi che a piè delle inesauste cave,
pel nobile arco e per la porta angusta,
pel tempio insigne e pel fumoso ovile,
polite nelle semplici misure
la pietra che azzurreggia o il marmo biondo;
e voi, destri in quadrar la sana trave
pel tetto, in far la madia di robusta
quercia e di bosso l'arcolaio gentile,
inchini al pianto delle fibre dure
sotto la pialla o al tornio fremebondo;

uomini solitarii, su l'erbosa
via dove giunge suono di campane
fioco e quell'erba assorda il passo raro,
dati all'opra dei padri, senza pena
e senza gioia e senza mutamento;
uomini in alleanza minacciosa
di volontà ribelli entro l'immane
opificio vorace ove l'acciaro
con suo moto infallibile balena
ostile come nel combattimento;
o uomini, oggi che il lavoro posa
e il sudore non bagna il vostro pane
e letifica tutti gli occhi il chiaro
giorno, ascoltate la voce serena
che spazia ai campi e alle città sul vento.

Or si tace stridore di metalli,
rombo d'acque, e il vostro ànsito, operai.
Stan mute nel mistero le immortali
Forze signoreggiate dai congegni
lucidi e vigilate dagli schiavi.
Il sol di maggio brilla su i cristalli
dei tetti immensi come su i ghiacciai.
Tinte in sanguigno, dentro gli arsenali
ove marcì la Gloria in vecchi legni,
le ferrate carcasse delle navi
grandeggiano deserte. O poggi, o valli,
o per ovunque nevi di rosai!
Rondini su l'argilla dei canali
molli! Ombre delle nubi e soffii pregni
di pòlline su i pascoli soavi!

Torbidi uomini, uscite dalle porte,
disertate le mura ove il tribuno
stridulo, ignaro del misterioso
numero che governa i bei pensieri,
dispregia il culto delle sacre Fonti;
però che il verbo della nova sorte
ultimamente vi dirà sol uno
che ascoltato abbia il canto glorioso
dei secoli e con gli occhi suoi sinceri
contemplato il fulgor degli orizzonti.
Sol chi si nutre della terra è forte.
Glorificate in voi la Madre! Ognuno
la sentirà presente al suo riposo.
Di beltà si faran gli animi alteri,
di nobiltà s'accenderan le fronti.

È tutto il cielo come un fermo sguardo
su voi, ma l'erbe un palpito frequente
hanno come le ciglia per soverchio
lume. E gli olivi son come una veste

di verità su i colli inginocchiati.
Il fiume lento, simile al vegliardo,
reca la verità; pure il silente
lago la custodisce nel suo cerchio
di rupi; e l'armonia delle foreste
l'accompagna, e l'allodola dei prati.
Sembra che in ogni gleba un cuor gagliardo
pulsi. Ed ecco il passato a voi presente
come un sepolcro che non ha coperchio!
Ricca è l'antica Madre onde nasceste.
La sua mammella abbeveri i suoi nati.

Poi, Sol calando, ai reduci dal puro
giòlito la Città sembri d'amore
ardere co' i palagi e le fucine,
co' i lupanari e con le cattedrali,
oh come bella, avida e furibonda!
Il gesto dell'eroe verso il futuro
amplia la piazza; sola erge il vigore
d'una gente la torre; alle ruine
auguste sopra seggono fatali
presagi; sta nell'anima profonda
la virtù del pensiero nascituro;
la volontà si tempra nel dolore;
l'atto sublime sfolgora; divine
armonie surgon dai più crudi mali.
Glorificate la Città feconda!

Quivi restò la testimonianza
della forza magnifica e pugnace
che ben commetter seppe il marmo, eletto
nei monti ad eternar la sua memoria.
Uomini, in voi glorificate l'Uomo!
Il superbo disìo della possanza
quivi trovar soleva la sua pace
nell'edificio esculto, ai cieli eretto

qual visibile canto di vittoria.
Uomini, in voi glorificate l'Uomo!
Il vestimento d'ogni alta speranza
è la bellezza. Ogni conquista audace
non par compiuta, in terra, se un perfetto
fior non s'esprima dall'umana gloria.
Uomini, in voi glorificate l'Uomo!

Or quella torna, ch'era dipartita,
del Mare Egeo mirabil Primavera?
Par che un ìgneo spirito si mova
dal santo lido ad infiammare il mondo.
Glorifichiamo in noi la Vita bella!
La bellezza escir può dall'incallita
mano del fabro, s'ei la sua preghiera
alzi verso le Forme dalla nova
anima sua piena d'ardor giocondo.
Glorifichiamo in noi la Vita bella!
Sol nella plenitudine è la Vita.
Sol nella libertà l'anima è intera.
Ogni lavoro è un'arte che s'innova.
Ogni mano lavori a ornare il mondo.
Glorifichiamo in noi la Vita bella!

NOTE

A DANTE (p. 252)

Terminata il 28 dicembre 1899, come si legge sull'autografo, e apparsa a stampa sulla «Nuova Antologia» del 16 gennaio 1900 con il titolo *La laude di Dante* e il sopratitolo *Laudi del cielo del mare della terra e degli eroi*, l'ode esordisce come pubblica lettura, il 9 gennaio, a suggello del discorso con cui d'Annunzio celebra l'inaugurazione della nuova Sala di Dante in Orsanmichele a Firenze, destinata a conferenze, manifestazioni, «letture per il popolo» a tema dantesco.

Per l'occasione, a cui è chiamato in sostituzione di Carducci gravemente malato, il poeta esclude programmaticamente sia la sottigliezza dei «commentatori ingegnosi» (forse con riferimento a Pascoli) che le «ricerche» erudite degli «illustri dantisti» (di cui saprà comunque giovarsi il drammaturgo della *Francesca da Rimini*), per privilegiare anche nella lettura del Canto VIII dell'*Inferno* la «facoltà di risonare nell'anima della moltitudine», sulla quale, tra l'altro, ha non poco da insegnargli il fervido dantismo *naïf* di Eleonora Duse. E proprio come aveva indicato Enrico Nencioni nel suo contributo alle *Conferenze fiorentine* sulla *Vita italiana nel Trecento* (1891), *La letteratura mistica*, la *Lectura Dantis* dannunziana fa centro sulle pagine dantesche di Carlyle, nel capitolo del libro degli *Eroi* dedicato all'«Héros comme poète». Di qui, prefigurando fedelmente i nuclei ideologici costitutivi dell'ode, l'oratore trascrive un pensiero di Novalis su Shakespeare e la sua virtù prodigiosa di corrispondere sempre di nuovo agli orizzonti mutevoli di coloro che lo interrogano: «Dante è come la montagna, come il mare, come la foresta: ci appare ogni giorno in un aspetto impreveduto, ci rivela ogni giorno una verità subitanea. Noi discopriamo in lui "sempre nuove concordanze con l'imminente edifizio dell'Universo, riscontri inattesi con l'idea che nacque ieri, chiari annunzii di ciò che non è se non presentimento, aperte risposte a ciò che non osiamo chiedere ancora". Egli vive in tutto il passato e in tutto l'avvenire. [...] Il suo canto enuncia le leggi necessarie a cui la nostra stirpe deve obbedire per ritrovare la sua potenza. Egli soltanto ci aiuterà a rintracciare l'effigie smarrita dell'Italia bella; egli soltanto ci aiuterà a preparare l'avvento degli uomini che attendiamo, capaci di conciliare in una medesima idealità le grandi azioni e i grandi pensieri; egli soltanto infine potrà suscitare nei sinceri e nei forti il sentimento della vita eroica». Nelle undici strofe della poesia, ognuna di undici versi irregolarmente rimati (ai versi lunghi, d'impronta biblica e whitmaniana, si alterna in posizione fissa un verso breve, quinario o settenario; nelle strofe dell'invocazione e della preghiera, la V e l'XI, con palese funzione di climax, i versi lunghi danno luogo a una triplice rima baciata, secondo un modello frequente nella poesia popolare e nella poesia delle Origini), la dizione tra il parlato e il canto svolge il culto degli eroi in un rito di iniziazione alla vigorosa grandezza di un padre e di un nume, che attesta in tempi dominati dalla «menzogna» e dalla «vergogna» la possibilità di un rivolgimento e di un'epoca nuova.

La presenza di Carlyle, la sua lettura della *Commedia* come «chant mystique» e poema-mondo, è nitidamente avvertibile anche nelle cellule del testo poetico. Prese le distanze dal Dio cristiano di Dante («il tuo Dio», v. 32), in nome di un nuovo e più ampio sentimento del Sacro, l'ode punta sull'«oeil voyant» che ha «travaillé dans les profondeurs de notre existence» scendendo «dans l'Abîme de douleur» (cfr. l'«interno / abisso del tuo dolore», vv. 90-91) e soprattutto rilancia l'osservazione, poi cara anche a Borges, circa il prodigioso contrappunto emotivo e stilistico del poema dantesco, ove la «pitié» e una dolcissima «tendresse» convivono con la «rigueur» più implacabile e il più feroce «dédain» (cfr. vv. 27, 86 e 104-110). Altrettanto risalto (vv. 2-3, 18-19, 38-41) assume sulla scorta di Carlyle il secolare «silenzio [...] vivente» dell'età medievale, animato da una sotterranea e inappagata volontà di dire: in Dante «dix siècles silencieux avaient, d'une très étrange façon, trouvé une voix [...] Bien des choses, s'il n'eût pas parlé, auraient été muettes; non mortes, mais vivant sans voix!». Nella *Commedia* dunque s'incorpora il linguaggio stesso delle Origini, radicato nei simboli, nei riti, nelle usanze, nelle esperienze emotive più intense di una comunità,

Certo d'Annunzio non manca di rendere omaggio, sin dall'incipit, al Medioevo carducciano della *Chiesa di Polenta* (1897): «Fuga di tempi e barbari silenzi / vince e dal flutto de le cose emerge sola, di luce a' secoli affluenti faro, / l'idea». Ma la perenne attualità del poema dantesco esige che al Vate borghese della Terza Italia subentrino le voci di una modernità più inquieta e spregiudicata: non solo Shelley, a cui risale il motivo prometeico dell'uomo divenuto uno con la «rupe» e del suo «occhio insonne» (gli «sleepless eyes» del *Prometheus Unbound*, atto I, v. 4), ma anche Swinburne, nella splendida versione in prosa poetica francese di Gabriel Mourey, al cui *Hymne à Proserpine* si attinge la metafora continuata della «vague du monde» («Dans les tenèbres du temps, dans les profondeurs des années, dans le changement des choses»), in un'aura misteriosa di morte e rinascita: «Le Destin est une mer sans rivage et l'âme est un rocher qui demeure; / mais ses oreilles sont vexées par le mugissement et son visage par l'écume des flots». Anche la strofe di più esplicito tenore politico, in cui si sancisce la crisi irreversibile delle istituzioni politiche e religiose tradizionali preconizzando l'avvento di un potere della poesia, tiene conto della lirica carducciana *A Dante* («Son chiesa e impero una ruina mesta / Cui sorvola il tuo canto e al ciel risona: / Muor Giove, e l'inno del poeta resta»), ma solo per sovrapporvi, tanto più ardito, il disegno anarchico e ribelle della ballata swinburniana *En temps de révolution*, con i suoi «pontifes» e i suoi «rois» dai vestiti lordi di sangue, condannati dai tempi nuovi a una irreversibile, impotente decadenza: «Les prêtres sont dispersés comme l'ivraie, et les maîtres brisés comme les roseaux [...] Ils étaient beaux dans la grâce de l'or, ils marchaient avec des pieds délicats: / ils étaient vêtus de l'ancienne ruse, et le parfum de leur vêtements était doux [...] ils attendent le signe d'un signal; ils crient et rien ne se montre». D'altro canto, oramai alla vigilia di un nuovo appuntamento elettorale, d'Annunzio non esita ad attribuire temerariamente a Dante (vv. 46-47) una formula pronunciata a lode di sé nel *Discorso della siepe*: «Come l'acqua e come il pane, le figure del mio stile contribuiscono a perpetuare la vita di nostra gente». In questa prospettiva la citazione dantesca dei vv. 102-103, evocando l'annunzio del nuovo patto dell'uomo con il divino recato dall'Arcangelo Gabriele («L'Angel che venne in terra col decreto / della molt'anni lagrimata pace», *Purg.*, X, vv. 34-35; «lagrimata», spiega il Tommaseo-Bellini, vale «desiderata con lacrime»), ha quasi il valore di un rimando alla stessa avventura dannunziana e al suo disegno di una nuova alleanza fra il genio e il popolo.

Tanto in Dante quanto in colui che ne raccoglie il retaggio vivente, si avvalora una letteratura nelle cui stratificazioni sapienti si depositano e fermentano l'immaginario e il linguaggio del folklore, sino ad arieggiare, come si dichiara sempre nel *Discorso della siepe*, «le melopee semplici e gravi, antichissime e immortali, che ondeggiano intorno alle nostre culle e intorno alle nostre bare» (cfr. v. 60). Per questo la laude di Dante adotta le forme paratattiche e anaforiche del linguaggio liturgico («tu solus Dominus, tu solus sanctus, tu solus altissimus») e biblico (cfr. ad esempio il *Salmo* LXII, 2-3: «L'anima mia s'acqueta in Dio solo, da lui procede la mia salute. / Egli solo è la mia rocca, e la mia salvezza, il mio alto ricetto: io non sarò giammai grandemente smosso»), nel quadro di una religiosità senza dogmi né mortificazioni ascetiche, aperta anche a una cosmogonia fantastica della natura e dei suoi elementi. Ma tra paganesimo e cristianesimo non andrà dimenticata la lezione di Ernest Renan, «il divino poeta della preghiera sull'Acropoli», come lo chiama d'Annunzio nell'intervista a Ojetti. Quasi a suggerire un legame, una continuità, forse una nuova alchimia possibile fra la cultura greca e la medievale, con i loro simboli, la salmodia dantesca arieggia la preghiera che Renan rivolge ad Atena, principio troppo a lungo dimenticato di forza disciplinata in un ordine di saggezza, da riprendere ma anche da trasformare nell'orizzonte più complicato e inquieto del moderno: «Toi seule es jeune, ô CORA; toi seule es pure, ô VIÈRGE; [...] toi seule es forte, ô VICTOIRE. Les cités, tu les gardes, ô PROMACHOS [...] Démocratie, toi dont le dogme fondamental est que tout bien vient du peuple, et que partout où il n'y a pas de peuple pour nourrir et inspirer le génie, il n'y a rien, apprends nous à extraire le diamant des foules impures».

AL RE GIOVINE (p. 257)

Il 29 luglio 1900 il re d'Italia Umberto I, il «re buono», viene assassinato a Monza dall'anarchico Gaetano Bresci; nel giorno della morte del padre, il trentunenne erede al trono Vittorio Emanuele III si trova lontano dall'Italia, in navigazione sul Mare Mediterraneo. Su questa duplice circostanza d'Annunzio elabora la poesia che, come accerta la nota in calce all'autografo, viene conclusa la notte del 7 agosto e appare a stampa sul «Giorno» il 12 dello stesso mese, con il titolo di *Ode al Re*.

Con le allusioni alla vergogna di Lissa (vv. 17-18), alla disfatta di Adua e al naufragio dell'ambizione coloniale in Etiopia (vv. 23-24), nonché alla violenta repressione dei moti popolari milanesi del '98 da parte del generale Bava Beccaris (v. 148), alle origini dello stesso regicidio, l'ode si nutre copiosamente dell'oratoria politica dannunziana, anche nella sua declinazione giornalistica. La stessa immagine omerica e dantesca della tensione dell'arco (vv. 50 sgg.), in cui si identifica la missione del nuovo re, ha un precedente nell'articolo *Della mia legislatura*, scritto all'indomani del passaggio del deputato della Bellezza, fedele all'Italia «ornamento del mondo», nelle file dell'estrema sinistra («fra tutte le attitudini umane, io amo quella di colui che tende l'arco»), correlandosi insieme alle pagine che nelle *Vergini delle rocce* descrivono il disincanto cocente della grande illusione risorgimentale: «Tali, infatti, i padroni di quella Roma che sognatori e profeti, ebri dell'ardente esalazione di tanto latino sangue sparso, avevano assomigliata all'arco di Ulisse. – Bisogna curvarlo o morire. –». Più in generale la poesia presuppone e traduce in versi la dura critica che d'Annunzio non cessa di rivolgere alle classi dirigenti italiane, dal *Discorso della siepe* agli articoli apparsi sul «Giorno» nel corso del 1900. E alla fine il campione della «più pura anarchia intellettuale», che è anche l'«uomo rappresentativo» del «genio» e delle istanze profonde delle masse, può prospettare a Vittorio Emanuele III il medesimo spirito di «ribellione al re» vantato da Claudio Cantelmo nelle *Vergini delle rocce*. In una lettera a Tenneroni, il senso finale dell'ode è interpretato dallo stesso d'Annunzio in stretto rapporto con la clamorosa scelta di campo in cui è sfociata la sua avventura a Montecitorio: «Ma perché ti adonti tu dell'ultima strofe? Essa risponde a un sentimento giusto e fiero. E concorda col significato – disconosciuto – della mia attitudine in Parlamento».

E questo segna anche la distanza da Carducci, proprio quando d'Annunzio ne riprende, e ben in vista, le formule memorabili: «indigeti» (v. 101: autoctoni, patriii) fa eco ai «numi indigeti» dell'ode barbara *A Giuseppe Garibaldi* (cfr. anche, in *Maia*, il *Saluto al Maestro*, XX, vv. 251-252); Genova e La Spezia, le città dei maggiori arsenali italiani, l'una e l'altra «coronata di baleni» (vv. 114, 117), ripropongono *Miramar*: «di baleni / Trieste in fondo coronata». La semplificazione sintattica (anche rispetto al proprio stesso precedente di poeta politico, le *Odi navali*) si iscrive coerente nel disegno del nuovo bardo italico che dà alla poesia civile il piglio, l'*allure* della canzone impegnata, dalla protesta alla testimonianza o all'utopia, e che a cose fatte, ancora con Tenneroni, si interroga sollecito circa «l'effetto dell'ode sulla massa popolare». Decisiva qui è la forma strofica, con la trama delle corrispondenze e delle iterazioni («Tu non dormirai [...] Tu non dormirai [...] tu non dormirai [...] Non dormimmo noi»; «E dicemmo [...] E dicemmo [...] E dicemmo [...] Così noi dicemmo»; «T'elesse il Destino [...] T'elesse il Destino [...] T'elesse il Destino), le cifre ricorrenti e sospese del fato e dell'attesa («Ascoltammo il fragore / dei carri nel vento d'estate»; «Lampeggiavano i monti e le coste»), le cadenze scandite e martellanti («Tendi l'arco, accendi la face»). Soprattutto, a segno di un sicuro virtuosismo retorico e musicale, nel distico finale di ognuna delle quindici strofe libere (composte di quindici versi, conformemente al principio di simmetria caro a d'Annunzio per cui nella parte si riflette la struttura dell'insieme) si impone su uno sfondo mutevole di combinazioni verbali, quasi alla stregua di un *refrain*, la diade sonora allitterante «Morte-Mare» (ma per «mare» ripetuto in clausola di ogni strofe, cfr. anche la traduzione che Pascoli, nell'antologia scolastica *Sul limitare*, 1900, fornisce di uno dei *Chants populaires de la Bretagne* raccolti da Villemarqué, *Corvo il prigioniero bretone*). La forza suggestiva del suono si riverbera sul piano del senso, nell'esortazione ad ascoltare la voce di Roma «sepolcrale e marina» (v. 55), richiamando così una delle prime *Città del silenzio*, *Ravenna*, con il suo «Eroe» proiettato nel futuro da un luogo ove ogni cosa parla di morte, e della morte di un impero: «Ascolterà nel tuo profondo / sepolcro il Mare». La rovina e l'assenza, il segno tangibile di ciò che non è più, costituiscono il presupposto necessario della *renovatio* italiana, così come la sconfitta di Novara, con l'esilio di Carlo Alberto e il «duro patto» di resa siglato con il Maresciallo Radetzky (vv. 174 sgg.), recava in sé l'inizio della parabola vittoriosa che aveva condotto Vittorio Emanuele II alla conquista di Roma (in termini non dissimili d'Annunzio considererà poi la catastrofe di Caporetto). E per questa via affiora il motivo mitico e folklorico del re giovane, che non può sancire un nuovo inizio e spiegare la propria forza rigeneratrice senza il sacrificio cruento del predecessore. La morte di Umberto I è definita «sacrificale», dal «sangue regio» ecco nascere «un'aurora». Un'analoga tendenza ad accogliere nella propria parola le risonanze di voci e di immagini calate dal remoto nel profondo dell'anima collettiva impronta l'invettiva contro la senilità cupida e laida dei governanti (vv. 139 sgg.), ove su uno sfondo dantesco (cfr. *Inf.*, XV, vv. 73-74) spicca «polluta» (insozzata, contaminata sessualmente), che è voce assai frequente nella *Vulgata*. Se ne ricorderà Carlo Emilio Gadda, per l'acre, sferzante satira antimussoliniana di *Eros e Priapo*: «La Italia la era padronescamente polluta dallo spiritato».

PER I MARINAI D'ITALIA MORTI IN CINA (p. 264)

«Chi ha dinanzi al suo spirito ancora integra l'imagine dell'Italia?», chiede più volte polemicamente d'Annunzio nei suoi interventi politici del 1900. Alla domanda dà una risposta anch'essa polemica l'ode portata a termine, come si legge nell'autografo, il 9 settembre 1900 (subito dopo l'ode in morte di Nietzsche) e apparsa sul «Giorno» del 14. Ciò di cui sono incapaci le élites borghesi al potere è stato invece possibile ai «semplici eroi» che, morti lontano dalla loro terra, per una causa forse a loro estranea, nel momento del sacrificio supremo hanno veduto la figura dell'«unica Italia».

Si tratta dei marinai periti nel corso degli scontri cui aveva dato luogo la rivolta nazionalista dei Boxer, che aveva incendiato la Cina nell'estate 1900. Giunta notizia che nella stessa capitale si moltiplicavano le violenze nei confronti degli occidentali, i cacciatorpedinieri *Elba* e *Calabria*, alla fonda nella baia di Tianjin, avevano sbarcato a terra un manipolo di una trentina di marinai perché concorressero con truppe di diverse nazioni alla difesa contro i rivoltosi. Alcuni di loro avevano trovato la morte a Pechino durante l'epico assedio di cinquantacinque giorni, dal 25 giugno al 20 agosto, al quartiere delle Legazioni e alla Cattedrale cattolica di Ta-Peng; altri cinque marinai erano invece caduti in una imboscata tesa loro da forze preponderanti durante la loro marcia di avvicinamento alla capitale. Ma l'ode, scritta quando la rivolta è oramai stroncata a seguito dell'intervento massiccio della Alleanza delle Otto Nazioni (Inghilterra, Francia, Stati Uniti, Giappone, Germania, Austria, Russia, cui ultima si aggiunge l'Italia, appena in tempo per partecipare con i suoi soldati, il 28 agosto, all'ingresso dimostrativo delle truppe straniere nella Città proibita), mentre in Europa cominciano a giungere i réportages di Pierre Loti e, sul «Corriere», di Luigi Barzini, non si sofferma sulle circostanze della cronaca di guerra: solo conta l'esempio mirabile di «conscienza nazionale» di cui avevano dato prova, pur provenienti da regioni d'Italia molto lontane e diverse tra loro, questi poveri militi veri eredi dello spirito di Garibaldi (il «Leone» evocato ai vv. 40 e 93), tale da obbligare a ripetere in un senso più ampio il triplice grido all'Italia che chiude l'irredentistico *Saluto italico* di Carducci.

Nella lirica l'epicedio dell'epica trapassa in una tonalità di vocero popolare: «Morti sono i figli, morti / sono i figli, morti sono / i figli [...]» (vv. 139-141). Le strofe di ottonari e novenari che aprono e chiudono la poesia avvicendano alla rima l'assonanza, quasi ad attestare, come voleva Tommaseo, «la delicatezza dell'orecchio popolare, che di meno materiale corrispondenza s'appaga e coglie più tenui differenze» (*Canti toscani*, p. 13). E un libero alternarsi di rime e di assonanze caratterizza anche la sequenza di endecasillabi al centro della poesia, costruita sullo spunto di uno dei tanti *Canti* del popolo greco dedicati all'ansiosa, vana attesa delle donne trepidanti per il ritorno del figlio o del marito andato in guerra, *La madre e la moglie*: / «Molte madri s'affliggono; e tutte si racconsolano; / Di Giorgio la madre s'affligge, consolazione non ha: / Alla finestra si posa, a' campi riguarda: / Le falde del Luro vede intenebrate: / Forse son dalle nevi di molte, dal verno? / Né dalle nevi molte, nè dal verno [...]» (trad. di N. Tommaseo, *Canti greci*, p. 195). La dominanza delle rime in «-ura» (e delle assonanze che vi corrispondono) ha a sua volta certo un ruolo nel ricreare un'aria di cantilena funebre, «il pianto di tutte le madri» (v. 24), da intendersi anche come rimando a un genere diffuso della poesia medievale romanza, segnatamente quella religiosa, il Lamento o Compianto. Per questa cupa sonorità mostra spiccata predilezione Jacopone da Todi (ma il v. 130, «altro non v'è che luca», rimanda palesemente a *Inf.*, IV, v. 151), il poeta profondamente legato alla cultura del popolo di un saggio di D'Ancona raccolto negli *Studi sulla letteratura italiana de' primi secoli* (Ancona 1884), non solo nel *memento mori* di «Quando t'aliegre, omo d'altura», ma anche, con la sua invocazione a Cristo «figlio, pate e marito», nella celebre lauda *Donna del paradiso*, il "corrotto" alle origini del dramma sacro in Italia: «C'una aiam sepoltura, / figlio de mamma scura: / trovarse en afrantura / mate e figlio affocato». La poesia delle Origini costituisce del resto lo sfondo adeguato per il tentativo, sulla via della *Figlia di Iorio*, di dare la parola agli umili illetterati. Senza dar luogo a differenziazioni dialettali, la preghiera della madre sarda («Ichnusa», v. 25, orma, è l'antico nome greco della Sardegna) e l'invocazione di quella abruzzese arieggiano forme e toni del parlato popolare, a cominciare dalla profusione ridondante dei pronomi personali e possessivi («Guardalo alla sua madre», «Chi me l'assicura?»; «Se salvo mi ritorna», vv. 53, 46, 51; e cfr. anche il v. 36: «sta con nel suo cor la sua preghiera»). Anche Tommaseo (nei *Canti illirici*, p. 303) giudica questo «riempitivo» tipico di un parlare dominato dalla legge dell'intensità affettiva: esso «fa subbiettive (direbbesi adesso) tutte le cose di fuori; appropria cioè le cose sentite alla persona che sente; e dimostra sì la potenza e sì la generosità del sentire».

LA NOTTE DI CAPRERA

Come si legge nella *Nota* dell'autore in calce alla prima edizione in *plaquette*, uscita nel 1901 per i tipi di Treves, «questa canzone [...] non tanto è fatta per esser letta su le pagine mute quanto per essere ascoltata da una moltitudine libera. Per vivere della sua piena musicale ella ha bisogno di passare nella bocca sonante del dicitore». E in effetti d'Annunzio intraprende con la *Notte di Caprera* una tournée di pubbliche letture, che esordisce al Teatro Regio di Torino (25 gennaio 1901) per toccare poi nel giro di pochi mesi numerose città italiane, tra cui Firenze, Milano, Roma, Genova, Venezia, sempre introducendo l'esecuzione del testo con un discorso di natura politica o sociale, diverso ogni volta a seconda dei luoghi e delle circostanze. Particolarmente gremita la *performance* dell'1 marzo, con cui il poeta inaugura a Milano l'Università popolare, almeno a quanto afferma uno degli ascoltatori dal vivo, testimone tra scettico e ammirato della serata dannunziana. Sulla «Revue Blanche» dell'1 marzo 1901 Marinetti, poiché si tratta di lui, registra non senza stupore il contegno dell'«enorme» uditorio popolare: certo gli applausi più «formidables» si erano levati alle patenti allusioni polemiche alla monarchia, ma pur dinanzi a un poema interminabile, ostico da seguire e da comprendere, le «quattre mille têtes attentives» avevano reagito senza traccia di noia o di insofferenza. E dire che d'Annunzio, secondo i canoni simbolisti di lettura, aveva rinunciato a priori a tutti gli effetti pittoreschi o di movimento, e leggeva assai lentamente, con voce incolore, scandendo le parole preoccupato soltanto dello splendore intimo della lingua e del ritmo: un'esperienza certamente straniante per un pubblico abituato all'oratoria dei capi socialisti, dalle parabole veementi e semplicistiche di Turati ai colpi di clava di Enrico Ferri, ma infine bene accolta.

Benché nell'occasione Marinetti parli di metrica rinnovata, con tentativi felici di verso libero italiano, la soluzione ritmica proposta da d'Annunzio coinvolge il riferimento a una tradizione antica. Essa si fonda infatti sul *décasyllabe* dell'epica in *langue d'oil*, come spiega lo stesso autore nella *Nota* sopra ricordata: «il primo emistichio si compone di quattro sillabe: la quarta è costantemente accentata ma può essere seguita da una quinta sillaba atona. Il secondo emistichio si compone di sei sillabe: la sesta è costantemente accentata ma può essere seguita da una settima sillaba atona [...] Spesso, quando il primo emistichio termina con sillaba accentata o con due vocali e quando avviene nella pausa mediana l'elisione della sillaba atona, il verso ha il perfetto suono dell'endecasillabo consueto [...] Come nelle antiche canzoni di gesta e nei rifacimenti italiani, questi versi sono legati dall'assonanza in lasse di varia lunghezza: tutti i versi, ond'è formata una lassa, hanno nell'ultima sillaba tonica la medesima vocale». Si tratta, nella sostanza, della soluzione già adottata da Pascoli nel tradurre la *Chanson de Roland* per l'antologia scolastica *Sul limitare* (1900). E Pascoli, sfogandosi stizzito con gli amici, non mancherà di accusare d'Annunzio di una sorta di plagio. Ma su ambedue i poeti agisce certo anche la lettura comune della densa, dettagliatissima analisi delle forme metriche delle antiche *Chansons de geste* che suggella la ricerca di Pio Rajna sulle *Origini dell'epopea francese* (Firenze 1884). Qui oltretutto d'Annunzio ritrova motivi a lui consentanei, come la sottolineatura del rapporto con la musica, in un ritorno ai primordi della parola intonata.

Ma sul disegno formale e il progetto di senso della canzone garibaldina appare particolarmente illuminante l'articolo, quasi certamente ispirato dal poeta, apparso sulla «Illustrazione Italiana» del 2 giugno 1901 a firma di Mario Morasso, poi raccolto dal brillante sociologo della vita contemporanea nell'*Imperialismo artistico* (Torino 1903). Nello scrivere la *Notte di Caprera*, si legge, moderno poema eroico in cui si addensa «la poesia spirante dalle lotte per la liberazione della patria», d'Annunzio si è imposto una «norma» inderogabile: presentare e narrare tipi e avvenimenti «come li avrebbe cantati e figurati il popolo nei secoli» se avesse rinnovato il processo che, dalle tradizioni orali al poema epico, presiedeva alla formazione dei miti e delle leggende «nel gorgo anonimo e primitivo della moltitudine». E non basta. Nel poema prende corpo un nuovo e armonico intreccio di epico e lirico, per cui Garibaldi diventa «il vate della sua istessa avventura» essendo in pari tempo presentato e celebrato «in una verità assai più vera, che non quella della materialità degli eventi, nel modo cioè come viene ricordato e immaginato nella coscienza del popolo», sino ad arieggiare l'«ingenua litografia» o le «parole di una popolana che si inginocchiava nel passaggio di Garibaldi toccandone misticamente un lembo del manto». Ecco allora «le amplificazioni», «le semplicità», «i tratti immaginati», «le designazioni anche erronee», gli elementi insomma tramandatisi «all'infuori della storia, negli strati vivi della conscienza nazionale».

Per rievocare il controverso eroe del Risorgimento in questa dimensione di «leggenda obbiettiva», non una verità meramente fattuale né un arbitrio fantastico soggettivo, d'Annunzio attinge a piene mani alla memorialistica garibaldina, e in particolare ad Alberto Mario, *La camicia rossa* (1875), Giuseppe Guerzoni, *Giuseppe Garibaldi* (1882), Giulio Cesare Abba, *Da Quarto al Volturno: noterelle d'uno dei Mille* (1891), senza dimenticare il Guerrazzi dell'*Assedio di Roma* (1863-1865), tutte opere di testimoni oculari, e tutte di ispirazione mazziniana e democratica. E va anche ricordato che la *Notte di Caprera* si iscrive originariamente in un disegno molto più ampio, quale terza parte di un *Poema di Garibaldi* il cui piano complessivo è annunciato nell'edizione Treves 1901: «La nascita dell'Eroe / L'Oceano e la Pampa / ... / Da Roma alla Palude / Aspromonte e Mentana / La corona della Pace / La morte dell'Eroe».

V e VIII (p. 269, 270)

Nelle prime quattro lasse si narra come, dopo la vittoria finale sulle truppe borboniche, all'indomani dell'incontro di Teano, il Dittatore (tale l'imperio politico-militare assunto da Garibaldi una volta conquistato il Regno delle Due Sicilie) salpasse sdegnoso di riconoscimenti e di ricompense alla volta della povera dimora di Caprera, per riprendervi la vita consueta dedita alle attività contadine e pastorali (ma la «povertà» e la «pace» sono «senza mutamento», vv. 10-12, come l'«aura dolce» dell'Eden dantesco: cfr. *Purg.*, XXVIII, v. 7). Del resto, «il sopraggiunto re» si era ben guardato dal concedere al «donator di regni» (già A. Mario, nella *Camicia rossa*, aveva chiamato Garibaldi «plebeo donatore di regni») le luci della ribalta tributandogli onori imbarazzanti. Ora, in un andirivieni tra il modesto presente di Caprera e la gloria del recente passato, si impone il ricordo dell'impresa dei Mille, a cominciare dalla visione dell'Eroe che a Palermo arringa la folla dalla «ringhiera» (v. 30) suscitando un «urlo di popolo ebro» (v. 20): ed è quasi un'immagine del desiderio, nel d'Annunzio proteso a sua volta a un contatto magnetico con l'anima delle masse.

Poi nella lassa VIII si evoca il giorno mitico della partenza da Quarto, in una luce fulgida di rigenerazione anche spirituale, come suggerisce il parallelismo di «Più dolce maggio in terra non fiorì» (v. 24) e «Più alto sogno in Dante non salì» (v. 37). Nello *Scoglio di Quarto* Carducci aveva invece posto l'inizio dell'ardimentosa navigazione dei Mille sotto «l'astro di Venere». Ma l'avventura garibaldina ha sin dall'inizio il tono di un'epica rielaborata in chiave mitica e popolare, palese anche nel rapporto dell'Eroe con i suoi «cavalli di guerra» che «hanno i nomi delle Vittorie», Marsala e Calatafimi. Già presentati nella lassa II («Palpa le lor criniere ondose / che sanno ancor d'arsiccio, le lor froge / palpa, e le labbra frenate onde fioccò / la spuma come neve su i moribondi»; e cfr. nei *Chants populaires de la Bretagne* l'apparizione favolosa del cavallo marino della *Prédiction de Gwenc'hlan*: «il est aussi blanc que la neige brillante [...] l'eau bouillonne sous lui, au feu de tonnerre de ses naseaux»; reciprocamente, in un altro canto guerresco della raccolta di Villemarqué, la «cavale blanche» che «hennit et bondit d'allégresse», emblema della stessa Bretagna e della sua ansia di riscatto e di libertà, non è altro che il mare), i «cavalli di guerra», liberati, sono ora associati al tema ricorrente in *Elettra* dello sfavillìo delle selci percosse, fredda materia che si anima e dunque annuncio di «future sorti» vittoriose (cfr. ad esempio *Nel primo centenario di Vincenzo Bellini*, vv. 191-192). E nella lassa VIII il ricordo della partenza da Quarto è introdotto dalla mossa visione delle Vittorie alate, qui più che mai variante mediterranea delle Walkirie germaniche, nel loro scendere a volo sul cadavere di Pilade Bronzetti caduto a Castel Morrone, sul Volturno, in un episodio bellico che lo stesso Garibaldi aveva accostato alla battaglia delle Termopili. Ma poi anche il viaggio notturno dei Mille è accompagnato da auspici e segni beneauguranti: gli apollinei delfini, annuncio e promessa di bel tempo ai naviganti (o comunque avvisatori di tempesta, come in Dante, *Inf.*, XXII, vv. 19-21), e le stelle dell'Orsa maggiore, di cui effettivamente, molti anni dopo, il Comandante d'Annunzio farà la bandiera di Fiume.

Tratto costante nella rappresentazione dannunziana di Garibaldi, l'Eroe che «sorride», lo sguardo «veggente», combina la fenomenologia carlyliana del «Child-Man» e la spontanea, generosa «ironia» con cui l'eroe liberatore dell'epica slava tradotta da Tommaseo suole reagire all'avversità o accompagnare le sue iperboliche gesta: «Sorride Craglievic Marco [...]».

XII (p. 271)

Dopo il ricordo dello straordinario ciclo di vittorie che conduce i Mille a espugnare Palermo, il fuoco del racconto torna a concentrarsi sulla notte solitaria dell'Eroe nella sua isola. Degni di nota, ai vv. 1-4, gli echi multipli del *Cinque Maggio* manzoniano, che canta un altro eroe e un'altra isola («Ei fu. Siccome immobile / [...] stette la spoglia immemore / [...] così percossa e attonita / la terra al nunzio sta»), e subito dopo flagrante, il richiamo al Pascoli georgico e autunnale di *Arano*, in *Myricae* (1892): «un ribatte / le porche con sua marra paziente» (cfr. vv. 7-8). Ma le risonanze pascoliane si protraggono anche dopo che il pensiero di Garibaldi, nuovamente lontano da Caprera, si rivolge al drammatico, decisivo incontro con Vittorio Emanuele II a Teano. L'incipit della stessa poesia pascoliana, «Al campo, dove roggio», risuona nel «campo roggio» del v. 51 (cfr. anche v. 30, «i campi roggi»), mentre la «lodoletta» (v. 58) e «l'aratro antico tratto dai bianchi buoi» (vv. 31 e 69) riconducono, sempre in *Myricae*, alla poesia successiva della sezione *L'ultima passeggiata*, *Di lassù*, ove una «lodola perduta [...] bruni farsi / i solchi mira [...] e i bianchi bovi a coppie sparsi».

Per gli avvenimenti o gli aneddoti qui evocati, dall'esclusione dell'Eroe non invitato alla «splendida» mensa del re al povero pasto a base di pane e di cacio, suggellato da un sorso putrido d'acqua infetta, d'Annunzio attinge alle pagine tristemente indignate della *Camicia rossa* di A. Mario. Ma poi, dinanzi alla prova dell'ingratitudine e dell'abbandono, del dubbio, Garibaldi assume esplicitamente nella *Canzone* i tratti di un nuovo Cristo in meditazione nell'orto degli ulivi: dissentendo da Nietzsche, e d'accordo invece con Renan, d'Annunzio ravvisa infatti un Eroe anche in Gesù. Certo, come comprova la stessa temperie cupamente autunnale di questa scena di ripiegamento scorato e di crisi, in Garibaldi (la «barba d'oro», la chioma bionda, il volto «raggiante») si delineano nitidamente i caratteri dell'eroe solare, come l'avrebbero definito l'antropologia e la mitologia comparata dell'epoca, detentore dell'energia che fa rifluire la vita nel mondo. Il «meriggio muto come la notte» (v. 40), magari insieme con i «meriggi funerei» di *Maia*, si addensa nel «notturno meriggio» di una poesia di Ungaretti, *Le stagioni*, nel *Sentimento del tempo*.

«Maciull[are]» (v. 68) ha qui il «senso di ben masticare», come si legge nel *Dizionario dei sinonimi* del Tommaseo che lo giudica «traslato vivo ed acconcio» (la «maciulla» è l'attrezzo con cui si frantuma il lino o la canapa, termine di paragone di «dirompea coi denti» in *Inf.*, XXXIV, vv. 56-57).

XVII e XVIII (p. 274, 276)

Alla rievocazione di altri fatti guerrieri, ove spicca il motivo antropologico e folklorico dell'eroe che eredita e incorpora la forza di un altro eroe morto («tutta la virtù dell'estinto / ecco risorge viva in un cuore vivo», cfr. XIII, vv. 15 sgg.), segue l'apparizione dell'Agro romano con la sua «febbre sacra», la cui conoscenza (come nelle *Vergini delle rocce*) costituisce la condizione necessaria per raccogliere il retaggio della Città che d'Annunzio, con Machiavelli, chiama dei «padroni del Mondo». Ora infatti nella scena lampeggiante della memoria si stagliano le imprese generose e sfortunate di Garibaldi e dei suoi a sostegno della Repubblica Romana, strenuamente voluta da Mazzini dopo l'insurrezione che nel 1849 aveva cacciato da Roma il Papa Re.

Precedute da un *Catalogo dei guerrieri*, in cui si sottolinea la loro provenienza da ogni regione della «profonda Italia», le lasse XVII e XVIII si soffermano sull'episodio culminante della difesa della Repubblica, con l'assedio delle milizie francesi alla Villa Giraud (soprannominata il Vascello per la somiglianza con la forma di una nave) in cui si erano asserragliati i Garibaldini dopo essere stati costretti dalla preponderanza delle truppe nemiche a sgombrare Villa Corsini fuori Porta San Pancrazio e l'annesso Casino dei Quattro Venti. Sono gli episodi di guerra per i quali già Guerrazzi, nell'*Assedio di Roma*, aveva proposto il paragone con le battaglie «di Maratona, di Platea, delle Termopili» (cfr. XVII, vv. 4-5). Ma i processi di intensificazione e di amplificazione messi in atto dalla sceneggiatura epico-lirica dannunziana, fra grida provocatorie di «"Viva la Republica!"», si accampano efficacemente sullo sfondo del testo storico di Guerrazzi in corrispondenza con la narrazione dell'estremo contrattacco cui sono chiamate le giovani reclute lombarde (la «*falange dei giovinetti*») al comando di Giacomo Medici: «codesto fu un duro quarto d'ora, imperciocché sfilasse davanti alla presenza loro la processione dei feriti trasportati all'ospedale; e pure il fiero spettacolo, che avrebbe sgagliardito i meglio animosi, non isbigottì i giovani i quali udirono il comando di accorrere alla mischia lieti così come li chiamassero a prender parte ai balli; appena usciti ecco accorrere loro il Garibaldi quasi volando; di un tratto fermato il cavallo egli si inchina loro, e con quella sua voce, che vibra come metallo battuto, stupendo di tranquillità dice loro: "avanti bravi giovani, vinceremo anche oggi"». Anche inserendo il quadro, che Guerrazzi ascrive a un diverso episodio, di «Scarani mentre agita il moncherino e se ne serve a guisa di aspersorio di sangue» (cfr. XVIII, vv. 51-54), d'Annunzio sancisce il transfert del dato storico e della stessa figura di Garibaldi nella dimensione leggendaria della percezione collettiva.

Declinate in termini danteschi («fatto il pendìo riviera / del sangue, cupo bulicame di membra / lacere», XVII, vv. 21-23), l'ossessione e l'iperbole del sangue trovano un corrispettivo nella letteratura folklorica di popoli schiacciati da una lunga oppressione, come quelli celtici della *Prédiction de Gwenc'hlan*, nel *Barzaz-Breiz* di Villemarqué: «Les pieds nus glissent dans le sang! [...] Je vois le sang comme un ruisseau! [...] Je vois le sang lui monter au genou! Je vois le sang comme une mare!». Di non minor peso, nelle scene di guerra dannunziane, sono i racconti in cui Fauriel, nei *Chants populaires de la Grèce moderne*, narra dei clefti, gli arditi combattenti irregolari che, dai loro covi nelle montagne, lottavano per la libertà nella Grecia occupata dai Turchi. Si pensa soprattutto all'assedio della città di Suli stretta dalle forze soverchianti del pascià di Ioannina, in una vicenda esaltante di sortite audaci, rovesciamenti di fronte, prodigi di resistenza.

XXI (vv. 17-62) e XXII (p. 279, 280)

Le ultime inquadrature della *Canzone* svolgono un motivo attestato nella letteratura garibaldina, per esempio nella biografia di Giuseppe Guerzoni: il guerriero indomito era anche «l'uomo che, muovendo contro il nemico, sostava ad ascoltare il canto d'un usignolo; che balzava dal letto prima dell'alba per cercare tra gli scogli o nel monte l'agnello smarrito e recarselo sulle spalle alla madre». La compassione creaturale per la vita muta degli animali, come in Schopenhauer o in Wagner, diventa così elemento integrante della rappresentazione dell'Eroe. Ma nelle lasse finali confluiscono e si intrecciano in nuove variazioni motivi ricorrenti dell'opera, tra cui spicca quello del «buon piloto» (XXI, v. 24), espertissimo della marineria e, dunque, sapiente conoscitore del cielo, della posizione delle stelle e delle costellazioni, a cominciare dalle «Gallinelle», come il popolo chiama le Pleiadi (la sequenza di XXI, vv. 25 sgg. parafrasa la voce *Stella* del *Vocabolario marino e militare* di Alberto Guglielmotti: «i marinari, come gli agricoltori, usano chiamare le stelle coi nomi volgari [...] Alle Plejadi ed Hiadi dicono Gallinelle [...]. Plejadi: sul collo del Toro; Makrab: radice dell'ala pegasea; Sirio: in bocca al Cane Maggiore»). E ora l'Eroe, di cui nel corso del testo si è di volta in volta sottolineata l'eccellenza non solo di condottiero, ma di agricoltore e di artigiano, integra nella infallibile «sapienza pelasga» (XX, v. 35) quella remota della pastorizia.

Più volte, nella *Notte di Caprera*, il poeta invoca la Verità perché canti «questo canto» non solo «per i figli d'Italia» ma «per tutti gli uomini»; e anche Morasso, lettore di Gobineau e di Lapouge, osserva che nel Garibaldi di d'Annunzio sono «combinati» due tipi: all'eroe popolare dei contemporanei si affianca «una seconda personalità eroica più vasta, universale, uno schema immutabile». Di fatto, in un contesto non casuale di riferimenti alle grandi narrazioni della cultura occidentale, dall'Odisseo di Omero al Buon Pastore evangelico, l'«anima» dell'Eroe finisce con lo sperimentare il cammino denso di motivi antropologici di un ritorno ai primordi, fino a coincidere con «la forza delle stirpi guerriere / e pastorali che nel cominciamento / furono», con «la verginità fresca / del primo sguardo che dalla cosa espresse / il mito» (XXI, vv. 57-59).

PER LA MORTE DI UN DISTRUTTORE (p. 283)

Impossibile, alle origini dell'ode per la morte di Friedrich Nietzsche, sottovalutare il ruolo di Eleonora Duse. Il 27 agosto, da Ginevra, raggiunta dalla notizia della scomparsa del filosofo avvenuta due giorni innanzi, Eleonora sollecita l'amico a prendere la parola, evocando una consuetudine appassionata di letture e fervori comuni: «Un'ora dopo – un'ora e mezzo! - / Gabri! – Il tuo telegramma! – le 7 $^1/_2$ del mattino – Il telegramma per *Lui*! – / = È assolto! – è *interamente* libero! è ritornato, anche lui, *fra* l'eterna forza non più parte di Lei, ma *in Lei*! / Quanto lo abbiamo amato! - - ah! il sole è in alto – con lui – pel *coraggio dell'uomo*! – Povero! Eroe! / Oh! Gabri! / Canta – *Tu il suo alloro*!». E sono le parole di Pan in chiusa all'*Annunzio* («O figlio, / canta anche il tuo alloro»), la poesia destinata a introdurre il ciclo delle *Laudi*. Nella stessa giornata un telegramma plaude e incita il poeta: «Un'ode! La più bella». Ancora il 27 un'ulteriore missiva adombra anche, passando attraverso il ricordo dell'ode recente *Al re giovine*, alcuni elementi strutturali e tematici della poesia in gestazione (cfr., ad esempio, i vv. 274 sgg.): «Casa! Figlio! – Eroe tu stesso che canti l'eroe! – Ti vedo! – / [...] È giornata *sacra, anche oggi*! La vita è intrecciata alla morte – Incanto sovrano! [...] / Lavora. / Oggi è giornata alata! Tu hai udito stanotte, "*favellare l'eroe* - - nella notte ingombra" – Tu hai veduto, sopra di Lui, la verità che egli vede! Ti sento vibrare [...] di tutto il tuo Dio! – / - È forte la vita. È forte la morte. = È *una*. Coloro a cui tu parli - - dalla *tua* altezza, avranno la loro. / Quello che tu oggi, *consacri*, è degno del dono! – tu solo lo compenserai! – Ed'egli *sa, ora*. Ma, tu, *vedi*, e puoi dire, ciò che egli *è, oggi*. / Su! Al vento! È così la tua forza!». Terminata «Al Secco di Motrone / il 5 di settembre 1900», come si legge nell'autografo, la poesia approda alla stampa sul «Giorno» del 9 settembre.

E in essa effettivamente si ode «favellare» l'eroe scomparso. La prima parte si struttura in un montaggio di citazioni di Nietzsche esplicitamente dichiarate come tali, tolte tutte da *Così parlò Zarathustra* (o più esattamente, dalla traduzione francese di Henri Albert, uscita nel 1898, da cui d'Annunzio, come attestano i documenti d'archivio, ricava una serie di appunti preparatori in italiano), coinvolgendo numerosi capitoli dell'opera (*Della virtù che dona*, *Di antiche tavole e nuove*, *Il fanciullo con lo specchio*, *Dei saggi illustri*, *Della canaglia*, *Della guerra e dei guerrieri*, *Delle tarantole*, *Il cammino del creatore*, *Prima che il sole ascenda*, *I sette sigilli*, *Dell'amore del prossimo*, *Della libera morte*) in una sorta di fantasia su motivi nietzschiani. Per questa via, in realtà, Nietzsche viene associato ai profeti, ai fondatori di una fede, se è vero, come spiegava la storia delle religioni coeva, che all'origine di un testo sacro sta sempre la raccolta e la trascrizione dei loro detti, del loro insegnamento orale. Libero poi, l'evangelista moderno, di trascegliere elementi anche lontani tra loro, forse irrelati, e di ricombinarli in un quadro coerente: e si tratta di una coerenza di immagini, ove la sete e la fame, il deserto e le sorgenti, il cielo o la luce, l'anello nuziale dell'Eterno Ritorno si compongono intorno alla montagna, che del resto, osservava Renan, è nei millenni il luogo di ogni teofania.

In realtà, traducendo e riscrivendo *Zarathustra*, d'Annunzio obbedisce all'impulso di amplificarne le già intense risonanze bibliche (ne è una spia, tra l'altro, la congiunzione fra causale e finale «però che», vv. 176 e 190, in cui riecheggiano i frequentissimi «percioche», non di rado anaforici, della versione diodatina dei libri profetici, in particolare di Isaia; cfr. anche *A Dante*, v. 56 e *A Roma*, v. 181) o di innestarvi le tessere ben riconoscibili della tradizione poetica italiana, da Petrarca («di monte in monte», v. 55) a Dante (per «a frusto a frusto», v. 49, cfr. *Pd.*, VI, v. 141; il «gorgo / di luce», vv. 150-151, rimanda al «miro gurge» di *Pd.*, XXX, v. 68). Ma dagli estratti (o dai segni di lettura) al testo finale, si assiste appunto al *tour de force* stilistico del traduttore, impegnato in una *poiesis* virtuosistica di varianti e di immagini che fioriscono su altre immagini. Qui trova conferma quanto dichiara d'Annunzio nei dialoghi della *Beata riva* di Angelo Conti: di ammirare e amare in Nietzsche non il filosofo ma il poeta, che «ha il dono della visione» e sa tradurre la sua idea dell'esistenza in «un cerchio di belle imagini». In quest'ottica, che non significa un limite speculativo, il pensiero nietzschiano è interpretato come una metafisica della finzione, fondata sul primato della metafora e della retorica.

Non meno degna di nota, in rapporto all'ode, appare l'affermazione dell'autore che riconosce in Nietzsche un'anima «fraterna» alla propria: oltre che a un'affinità di temperamento si allude così a un itinerario parallelo di letture e di esperienze culturali, compiute entro l'orizzonte comune di una spregiudicata interrogazione del moderno. E questo spiega perché d'Annunzio, tra i primi in Europa, sia pronto a cogliere e a rilanciare l'annuncio di una stagione nietzschiana della letteratura, sulla stessa lunghezza d'onda di un simbolismo, per così dire, di nuova generazione, propugnato in Francia da riviste giovani come «Le Banquet», «La Revue Blanche», «Le Centaure», che si lascia alle spalle i dualismi, l'oscurità, l'ansia del trascendente di una poesia della coscienza infelice per proclamare la sacertà della vita nella sua immanenza e contingenza tremenda, alla ricerca di una sintesi appassionata e gioiosa tra mondo vero e mondo apparente. Se da un lato i motivi nietzschiani della «grande estate» e della «sete» riconducono alle poesie appena composte e poi destinate ad *Alcyone*, il *Ditirambo III* e l'*Oleandro*, dall'altro si anticipano qui le prime prove del progetto ancora informe di una *Laus Vitae* (sapeva d'Annunzio che Nietzsche, fra le sue prove di musicista, aveva composto un *Inno alla vita*?): fra le ventuno strofe dell'ode, composte ognuna di ventun versi, già nella misura del futuro poema, affiora anche il ditirambo del desiderio di vivere in un ciclo esaltante di epifanie che scandirà l'incipit della *Laus*, modulato mettendo a frutto la lettura delle *Nourritures terrestres* di Gide: «Ah! refaire à mes yeux une vision neuve, [...] les rendre plus pareils à l'azur qu'ils regardent [...] Regarde le soir comme si le jour y devait mourir; / Et le matin comme si toute chose y naissait. / Que ta vision soit à chaque instant nouvelle. / Le sage est celui qui s'étonne de tout. [...] Mon bonheur venait de ce que chaque source me révélait une soif [...]. Palingénésies merveilleuses!». È così Nietzsche si trova associato al sogno *Jugendstil* della «Vita bella», in una Grecia immaginale che sancisce anche un rapporto con l'Assoluto liberato dai «secolari inganni» del cristianesimo, nell'estasi panica della terrestrità, ove l'uomo diventa il proprio dio e la propria legge. Ma nelle ultime strofe si fa anche avvertire l'adesione di d'Annunzio ai grandi temi nietzschiani del riso e della danza, alla ricerca di una musica «più abbronzata, più riarsa», come nel *Caso Wagner* («quel che noi altri, noi alcionii, rimpiangiamo in Wagner – la gaya scienza; i piedi leggeri»; «cielo alcionio», v. 369, è espressione anche di Nietzsche, risalente all'autoritratto postumo di *Ecce homo*, noto nel 1900 solo a frammenti).

Beninteso, d'Annunzio non manca di sottolineare in Nietzsche anche il «Barbaro», ancorché «enorme», v. 291 («fuor d'ogni norma ed esempio», spiega il *Dizionario dei sinonimi* del Tommaseo, diverso da smisurato «perché il violare le norme è cosa più prossima al male, che eccedere le misure; però smisurato ha senso men reo»), che non può attingere se non a prezzo di uno sforzo travagliato quel sentimento della forma, della melodia, del ritmo, della *clarté* che per il «figlio degli Elleni» nato sul Mediterraneo costituisce invece un carattere originario. Nondimeno la figura e la vita di Nietzsche, nell'intrepido corso della sua *quête* («Ed egli andava andava andava», v. 236) come nello sprofondare nella notte della follia, sono assunte e trasfigurate in un alone di leggenda, che investe alla fine di un significato fatale i luoghi e i paesaggi d'Italia (le Alpi, Portofino, Roma, Venezia, Sorrento) testimoni della sua avventura esistenziale e intellettuale. Per questo, obbedendo fino in fondo alla fantasia combinatoria della leggenda, si immagina che il filosofo tedesco trovi infine sepoltura sul lido di Cuma, là dove era approdato Enea, istituendo un rapporto con il progenitore di Roma e del suo impero attraverso l'evocazione dei riti funebri e dei sacrifici («ignis [...] sacris, libamina prima») che nel *Libro sesto* dell'*Eneide*, iniziato nel segno di Dedalo e di Glauco, incorniciano l'incontro con la Sibilla e il rinvenimento del Ramo d'oro, prima della discesa agli inferi dell'eroe.

Qualche anno dopo, l'ode trova un'accoglienza calorosa, oltre che probabilmente inaspettata, da parte della sorella del filosofo, Elisabeth Förster Nietzsche. Certo a muovere le simpatie della suscettibile, imperiosa Elisabeth avrà contribuito anche l'invocazione dei vv. 400 sgg., in cui la donna che aveva indefettibilmente assistito il fratello negli anni della malattia viene assimilata all'archetipo mitico dell'amore sororale, Antigone, come accade poi con Mariù Pascoli nel *Commiato* di *Alcyone*. Ma la lettera che d'Annunzio riceve dall'«Antigone di Weimar» fra il giugno e il luglio 1906 non vale solo un plauso di rito: «Vorrebbe Ella dunque, illustre signore, avere la grande bontà di autorizzare la traduzione della sua grande ode in tedesco? [...] io le assicuro che la meravigliosa bellezza dei suoi pensieri – per cui Ella divinò in modo unico l'anima di mio fratello – sarà trasmessa nella traduzione tedesca del barone Taube con quella miglior fedeltà che in una traduzione sia possibile ottenere».

LE CITTÀ DEL SILENZIO

FERRARA, PISA, RAVENNA (p. 296)

Tra le suggestioni molteplici da cui nascono *Le città del silenzio* vale la pena di rammentare, nella *Vita italiana del Trecento* (1891), l'intervento che Enrico Nencioni dedica alla *Letteratura mistica*, soffermandosi sulla città di Santa Caterina: «E oggi, tra gli avanzi delle sue rosse mura, tra 'l giallo delle sue crete, e il verde cupo delle sue piante secolari, Siena riposa, spopolata e tranquilla. Un gran silenzio è succeduto ai procellosi tumulti – e nelle sue vie principali, fiancheggiate da solenni e taciturni palazzi, il buon borghese fa la sua quotidiana passeggiata [...] Tornano in mente i versi del Leopardi: "Or dov'è il suono / Di que' popoli antichi? or dov'è il grido / Dei nostri avi famosi? / ... e l'armi e il fragorìo / Che n'andò per la terra? ... / ... Tutto è pace, e silenzio!"». Quasi in risposta all'*ubi sunt?* leopardiano ripreso dalla prosa sensitiva e neoromantica dell'amico e mentore fiorentino, d'Annunzio canta le sue città del silenzio, un tempo pulsanti di vita eroica e voluttuosa, aggravando lo iato tra la rovina attuale e il passato glorioso, la cui morte è nel presente il presupposto necessario di una rinascita futura.

A questo schema, tra ricordo e aspettazione, obbedisce la lirica che, costituita di nove strofe ognuna di nove versi liberi, esordisce a stampa con il primo manipolo delle *Laudi* sulla «Nuova Antologia» del 16 novembre 1899, scandita dalle rubriche a margine *Il silenzio di Ferrara*, *Il silenzio di Pisa*, *Il silenzio di Ravenna*. Nel libro di *Elettra* gli elementi del trittico approderanno all'intitolazione collettiva, memore di una prima «Città del silenzio» che è anche «Città di Vita», la Venezia del *Fuoco*.

Una delle ragioni del fascino della poesia, cui la critica novecentesca ha di solito risparmiato il giudizio negativo riservato all'oratoria civile di *Elettra*, anche a costo di renderla estranea al disegno d'assieme, risiede certo nella sua tecnica suggestiva dell'allusione, tra presenze emblematiche che sollecitano ed eludono l'identificazione («l'usignuolo / ebro furente», vv. 17-18, o «l'alta imagine ond'io mi consolo / nella mia mente», vv. 13-14, di nuovo in replica a Leopardi, all'«alta specie» e all'«imago» di *Alla sua donna*) sfumando in una condizione di «silenzio musicale», come avrebbe detto Angelo Conti. La vera vita di un'opera di poesia, si legge infatti nella *Beata riva*, non sta nei suoni, ma nel silenzio che precede i suoni e nel silenzio che li segue, là dove l'immagine sonora del segno verbale si smaterializza nella regione fonda del *je-ne-sais-quoi* e del *prèsque-rien*. Non a caso, negli *Héros* di Carlyle, d'Annunzio segna vigorosamente a margine un passo del capitolo sull'Eroe come Poeta: «Musicale: que des choses tiennent dans cela! Une pensée musicale est une pensée parlée par un esprit qui a pénétré dans le coeur le plus intime de la chose; qui en a découvert le plus intime mystère, c'est-à-dire la mélodie qui gît cachée en elle [...] Voyez assez profondément, et vous verrez musicalement». Allora il rumore intermittente di un «fabro occulto» (v. 25) nel silenzio è quanto basta per rivelare nella città «deserta» il segno di un ricominciamento possibile, il presagio di un'epifania. Come è stato osservato, «batte l'incudine» anche il ferraio della montaliana *Elegia di Pico Farnese*.

E tuttavia gli elementi rarefatti che compongono il quadro della città, la stessa figura misteriosa del fabbro si ritrovano nei taccuini, in pagine che attestano come pur nell'opzione risoluta per una poesia di pure cifre musicali, la lirica si nutra di un sottotesto di percezioni e di esperienze dirette, da cui trae anzi un di più di complessità e di forza di vibrazione.

Tra i «chiostri» del Convento del Corpus Domini e «la casa della magia e della voluttà», la Palazzina di Marfisa, i taccuini dei giorni dal 6 al 9 novembre 1898, trascorsi «sotto il musical cielo ferrarese» per raccogliere materiali utili alla progettata prosecuzione del *Fuoco*, svelano in filigrana al remoto paesaggio urbano dei vv. 19 sgg. una topografia concreta e riconoscibile: «Escono, oppressi. Non ritrovano il respiro se non nel quadrivio dell'Infinito, là dove sorge il Palazzo dei Diamanti e dove le quattro strade deserte vanno ciascuna verso una meta di mistero». Nelle strofe su Pisa, poi, d'Annunzio riverbera il ricordo di un soggiorno nella città toscana risalente ai primi tempi della relazione amorosa con la Duse, durante il quale, come confida a Hérelle il 16 gennaio 1896, egli ha vissuto un'esperienza di rigenerazione, di ritrovata integrità: «*Illaesus*! È il fiore intatto e purissimo che sorge dall'interno dei rovi. E sia benedetta la Natura perché mi concede di ripetere questa parola, quando sto al sole, con i piedi nell'erba, con gli occhi fissi su una cosa di bellezza, sentendo tutto l'uragano delle passioni e tutta l'onda delle impurità dileguare». Il petrarchesco «mutar d'ale» che suggella *Pisa* (v. 54) sarà assunto a cifra ricorrente nella prosa di memoria dalla *Contemplazione della Morte* al *Libro segreto*. E nel taccuino del soggiorno pisano anche il «segreto» della città (vv. 46-51) trova la sua chiave tra le immagini della vita e della morte dipinte da Benozzo Gozzoli nei suoi affreschi al Camposanto di Pisa: «Benozzo solleva nei cieli verdi delle sue storie snelli alberi sovraccarichi di frutti – fra due cipressi acuti e sottili». A una successiva visita a Pisa, registrata nel taccuino del 21 febbraio 1898, risale invece la visione dei «marmi» (v. 43) che si smaterializzano nella luce e quasi si librano nel cielo:

«Il campanile, al tramonto, si tinge d'una delicata biondezza, diventa sì leggero che la sua inclinazione sembra dovuta allo slancio ch'egli sia per dare prendendo il vento, come un aerostato». Nello stesso taccuino trova riscontro anche l'incipit delle strofe pisane, con il suo paesaggio dell'aria riflesso nello specchio liquido del «dolce» fiume: «Il cielo è purissimo, e vi rampolla il pianto delle stelle [...] L'Arno, visto dal ponte, lucido come uno specchio tenebroso: un cielo riverso» (per le annotazioni ferraresi, cfr. XIX-XXII, pp. 253-282; gli appunti su Pisa si leggono in VI, p. 78 e *Altri taccuini* 9, pp. 94-95). Ma qui nella percezione diretta già è compresente una voce della letteratura, quella dello Shelley pisano di *Evening: Ponte al mare, Pisa* e di *To Jane: the Recollection*, con le sue immagini-specchio tra la terra e il cielo, a cui d'Annunzio non cessa di ritornare dal *Piacere* o dal *Paradisiaco* alle *Laudi* (cfr., in *Alcyone*, *Lungo l'Affrico* e nota relativa, pp. 361-362, 462-463). Oltre a Swinburne, «il pianto delle stelle», v. 35, risale allo Stil nuovo di Dante: cfr. *Vita nuova*, XXIII, 5 e 24.

Nella lirica gli stessi dantismi si sciolgono in un arabesco di cadenze e di risonanze. Ecco allora, nel v. 40, la pura eco di *Inf.*, XXV, v. 66 («che non è nero ancora e 'l bianco more») o, in *Ravenna*, vv. 67-68, la disseminazione della memorabile paronomasia «selva selvaggia» di *Inf.*, I, v. 5. Sono maniere di dire, figure di musica, quasi un'aria che si canta senza ricordarne con precisione le parole, come accade con i rimandi multipli al Canto di Francesca, da «aver pace», v. 4 (un sintagma che anche la Duse amava intrecciare alla sillabazione appassionata della sua scrittura epistolare; cfr. *Inf.*, V, v. 99), alla formula stessa della lode («Ti loderò come si loda il vólto / di colei [...]»; «Ti loderò come colui che vide», vv. 2-3, 30), in cui riecheggia nitida l'eccedenza del suono sulla semantica concettuale di «dirò come colui che piange e dice» (*Inf.*, V, v. 126). Certo anche per questa via, ed è per d'Annunzio acquisto duraturo, le tre *Città* del silenzio assumono caratteri inconfondibilmente femminili. E nel loro palinsesto di figure muliebri affiora con Francesca anche la Duse, se è vero che il «tenue riso» (cfr. v. 12) e una disperata «sapienza» (cfr. v. 72) appartengono all'attrice «non più giovane» del *Fuoco*, al pari dell'angosciato «È tardi! È troppo tardi!» riaffiorante in *Ravenna* (cfr. v. 78), che è poi a sua volta una citazione complessa, in cui la voce shakespeariana di Giulietta si confonde con quella dell'Isolde di Wagner.

Quanto a *Ravenna*, ove gli accenni allusivi a una rinascita confluiscono e s'adempiono nell'annuncio esplicito di «un altro Eroe», v. 69 (soprascritto nell'autografo a un originario «Vate»), l'ufficio dei taccuini è assunto da un saggio di Corrado Ricci, *Città monumentali: Ravenna. Carattere della sua storia e de' suoi monumenti*, apparso su «Emporium» nel dicembre 1898. Per convincersene, e accertarsi della reinvezione stilistica dannunziana, basta confrontare l'incipit delle strofi ravennati («Ravenna, glauca notte rutilante d'oro», v. 55) con le parole che lo studioso dedica al Mausoleo di Galla Placidia, «tutto costellato internamente d'oro, nell'azzurro quasi notturno dei suoi fondi». Ma di là dai particolari iconici delle «febbri» o del «diadema bizantino», del «mare, che già bagnava le sue mura» e «ora suona lontano parecchie miglia», l'adesione al testo di Ricci riguarda anche il significato finale, l'anima della «città storicamente grande e fatale, anzi angiporto della storia», consacrata al senso della fine, ove non si può fare a meno di paragonare «le glorie e le fortune trascorse alla solitudine e al silenzio presenti»: ora, conclude Ricci, «anche una volta si pensa che l'oblio e il silenzio cingano per l'eternità le ruvide mura», e tuttavia, quando «la selva dei pini ed il mare gemono sommessi», è impossibile non avvertire che «la solitudine di Ravenna è piena sempre di mistero e di aspettazione». Anche il motivo dominante del «sepolcro» presuppone il folto studio che nel 1891 l'erudito ravennate intitola all'*Ultimo rifugio di Dante* (lo stesso con cui dialoga Pascoli nella prefazione alla *Mirabile visione*, il volume di saggi danteschi del 1901 in cui Ravenna è chiamata «Città silenziosa»). Anche se non è mai esplicitamente nominato, Dante è pur strettamente coinvolto nel rimando iterato al sepolcro di Ravenna e al suo «funebre tesoro» (v. 64), come si scopre riandando al passo citato da Ricci in cui Boccaccio rimprovera aspramente Firenze per aver mancato l'occasione di avere fra le sue tombe quella del poeta della *Commedia*: «Egli giace in Ravenna, molto più per età veneranda di te; e come che la vecchiezza alquanto la renda deforme, ella fu nella sua giovinezza troppo più florida che tu non se'. Ella è quasi un generale sepolcro di santissimi corpi [...] E come che [...] con riverentia serbi le loro reliquie, e similmente i corpi di magnifici imperadori e di altri uomini chiarissimi [...], ella non si rallegra poco d'esserle stato da Dio [...] conceduto d'essere perpetua guardiana di così fatto tesoro». Inutile sottolineare la suggestione irresistibile, per un lettore come d'Annunzio, di una figura di poeta capace di adunare in sé la forza del potere politico e quella della fede religiosa. Anche nelle cifre pure dell'astrazione musicale continua a svolgersi il rito iniziatico della memoria.

PERUGIA (I-VIII) (p. 299)

La corona delle otto poesie dedicate a Perugia appare per la prima volta sulla «Nuova Antologia» dell'1 dicembre 1902, nel quadro dei quarantadue sonetti delle *Città* del silenzio toscane e umbre che d'Annunzio invia il 10 novembre all'amico tudertino Annibale Tenneroni, responsabile della rivista. Ed è come se il silenzio musicale delle prime *Città* si rovesciasse portando in piena luce una scena gremita di nomi, figure, eventi, segni tangibili di una vita remota appassionata e violenta. Vero è che all'origine delle poesie su Perugia sta il disegno di un'opera per il teatro ambientata nella città, *Atalanta Baglioni*, il dramma concepito sulla scia della *Francesca da Rimini* per il quale d'Annunzio compie anche un breve soggiorno di studio nel capoluogo umbro. Sono i tempi in cui Romain Rolland, autore a sua volta di un dramma intitolato ai Baglioni, è costretto a riconoscere che, in Europa, nessun altro come d'Annunzio sa restituire il passato italiano nella sua inconfondibile mescolanza di forza e bellezza, eleganza e crudeltà, vizio e valore, fuori dall'ordine della morale.

Nel corso delle letture compiute per il nuovo dramma, il poeta si imbatte nella *Cronaca della Città di Perugia dal 1492 al 1503* di Francesco Matarazzo, detto Maturanzio, pubblicata a cura di Ariodante Fabretti nell'«Archivio storico italiano», vol. XVI (1851), parte II, a cui risale puntualmente l'ordito narrativo soggiacente alla corona di sonetti. In un clima di accese lotte intestine tra fazioni in conflitto (ecco allora, I, v. 9, le «catene» di ferro tese attraverso le strade per ostacolare i cavalieri nemici; cfr. anche *Purg.*, XXXI, v. 25), giunge a maturazione la congiura omicida contro i Baglioni signori della città, ideata dal principe di Camerino, il Varano, e posta in atto dal «gobbo» Carlo Barciglia con l'aiuto del «bastardo» Filippo di Braccio; vi viene coinvolto, nel seno stesso della famiglia Baglioni, il bello infame Grifonetto (nel primo Dopoguerra, in una nuova temperie di conflitto civile, Gadda chiamerà Grifonetto il protagonista dell'incompiuto *Racconto italiano di ignoto del Novecento*), che viene guadagnato al tradimento istillando in lui il veleno della gelosia. Sempre sulla scorta del cronista cinquecentesco, evocate l'andatura felina, elegantissima, di Gismondo, Lavinia Orsini che con i suoi «vestimente d'oro» va in sposa al grande Astorre Baglioni, la stupefacente figura di Simonetto, coraggioso come un leone e omosessuale, d'Annunzio ritrae l'eccidio di Astorre e dei suoi avvenuto durante i festeggiamenti nuziali. Alla strage segue rapida e altrettanto cruenta la vendetta, con il superstite Giovan Paolo che «avante a tutte sopra uno suo cavallo morello» si reimpadronisce della città, incontra il traditore Grifonetto e, sdegnando di versare il sangue di un congiunto, lo abbandona all'odio dei suoi partigiani perché ne facciano scempio. Ma su Grifonetto colpito a morte si china a raccoglierne l'ultimo respiro la madre Atalanta, «vidua, giovene e bella», che con la nuora Zenopia eleva il proprio compianto, in una sospensione attonita della ferocia guerriera.

La *Cronaca* dell'umanista perugino è richiamata sia nelle pagine sullo stato come opera d'arte della *Civiltà del Rinascimento* di Burckhardt, che nell'opera di uno studioso e letterato inglese noto a d'Annunzio tramite Nencioni, John Addington Symonds, autore di una ponderosa *Renaissance in Italy* in cui il gusto erudito si congiunge a una sensibilità alla Swinburne, morbida ed esasperata. Sulla *Cronaca* del Matarazzo, che giudica un capolavoro di tensione drammatica, Symonds si sofferma a lungo anche nel capitolo *Perugia* degli *Studies and sketches in Italy and Greece*, ripreso quasi per intero dalla figlia Margaret in *The story of Perugia* (1898), di fatto una guida storica della città, di cui d'Annunzio possiede e consulta la tempestiva traduzione italiana, *Perugia. La sua storia i suoi monumenti*,

(Perugia 1901). Su questa base, tra dato erudito e ricostruzione simbolica o fantastica, i sonetti evocano l'origine etrusca della città («Turrena», VIII, v. 9), guelfa ma antipapale (cfr., in I, vv. 13-14, l'accenno al sogno regale del capitano di ventura Braccio Fortebraccio da Montone), consacrata segretamente, anche nelle pratiche devozionali promosse da «Ranieri Fasano de Peroscia», il fondatore della Congregazione dei Disciplinati o dei Battuti (i flagellanti ricordati in VIII, v. 7), al culto virile del Sole, che denomina una delle sue porte (menzionata anche da Dante nel Canto di San Francesco). E la storia o la leggenda si calano e s'illustrano in un tessuto di toponimi, monumenti, opere d'arte, dal dipinto del quattrocentesco Bonfigli con l'assedio di Perugia da parte del re goto Totila (I, vv. 7-8) ai simulacri bronzei che fregiano la facciata del Palazzo dei Priori (VIII, v.14). Più nascostamente, nei sonetti che aprono e chiudono il ciclo, d'Annunzio elegge per sé e promuove a segno della continuità tra Roma antica e Perugia («il sacro fiume nostro», VIII, v. 2, è il Tevere) l'impresa di Giovan Paolo Baglioni, un grifone con il motto «Unguibus et rostro atque alis armatus in hoste».

Ma anche nell'intavolare lo spartito verbale delle poesie, pur conferendo un risalto nuovo al motivo delle nozze di sangue e di morte, d'Annunzio si attiene all'universo remoto della *Cronaca* perugina. Symonds vi ravvisava del resto «a wonderful romance», degno della *Morte d'Arthur* o di un dramma elisabettiano, ove l'entusiasmo rinascimentale per la bellezza fisica (con la sottolineatura del «formoso corpo» di Grifonetto, sin nella morte: «qui ebbe [...] sopra sua nobile persona tante ferite che suoi membra leggiadre stese in terra») e per l'eroismo antico (davanti allo spettacolo dei cadaveri delle vittime della congiura gli astanti, «e maxime li forastiere studiante», paragonano Astorre «ad uno antico Romano, [...] tanto sua figura era degnia e magnia»; cfr. qui il sonetto V, insieme con «lo scolare alemanno» di II, v. 11) si comunicava con la fresca purità espressiva del Trecento, in una lingua che, senza disconoscere il primato di Firenze, nulla nasconde della sua origine umbra. E in un quadro fitto di dantismi (il sonetto I, vv. 4 sgg., riprende la rima «accampa / segnato de la stampa / avvampa» di *Purg.*, VIII, vv. 80-84; per «raffigura», IV, v. 7, nel senso di «riconosce», cfr. *Inf.*, XXXI, v. 35; per «si muore», VII, v. 8, cfr. *Purg.*, VIII, v. 6) e di arcaismi (cfr. almeno la connotazione erotica di «menare», III, v. 2), d'Annunzio accetta la sfida del bilinguismo più o meno dissimulato e del *pastiche*, già nell'ordine di pensieri che, di qui a poco, presiederà al rifacimento della trecentesca e romanesca *Vita di Cola di Rienzo*.

Oltre che nella trascrizione pressoché letterale dei discorsi diretti («Misero Astorre che more / commo poltrone!», IV, vv. 9-10), la voce della *Cronaca* risuona nitida nelle locuzioni che ritraggono i personaggi nella percezione ammirata dei contemporanei, si tratti di Astorre («ben mostrava uno Marte in aspetto e in opre»; cfr. II, v. 7), di Lavinia, la stupenda aristocratica romana «del sangue ursino» (cfr. III, v. 2), di Simonetto («E veramente costui fu quello che al tempo di sua vita non cogniovve mai paura»; cfr. IV, v. 2), o di Atalanta «giovenile madre» (VII, vv. 7-8). Nell'esclamazione di VII, vv. 5-6, tornano a vibrare lo stupore e il timor religioso popolari condivisi da Matarazzo: «et, per iustitia divina, commo a le vintadoi ore iaceva el magnifico messer Astorre in quello candeleto, così a quella medesima ora del seguente giorno ce giacque lui». E a fronte del testo antico d'Annunzio non manca di accoglierne e di rilanciarne gli impulsi metaforici, come esige il disegno di restituire dal passato un quadro non solo di personaggi e di eventi (o di stilemi preziosi) ma anche di atmosfere emotive. Così il «gran falco» che si avventa su Grifonetto (VI, v. 9) riporta al vendicatore che entra nella città da riconquistare «sopra el suo corsiero commo un falcone». L'assimilazione dell'eroe a un falco è d'altra parte ricorrente nell'epica popolare illirica tradotta da Tommaseo.

Fuori dall'orizzonte della *Cronaca*, ma accreditata sia da Burckhardt che da Symonds, è la presenza a Perugia, nei giorni della strage, di Raffaello (V, v. 14), cui Atalanta Baglioni, *mater dolorosa*, commissionerà nel 1507 la celebre *Deposizione* conservata a Roma nella Galleria Borghese.

AREZZO (I-IV) (p. 304)

Ai sonetti toscani e umbri apparsi sulla «Nuova Antologia» dell'1 dicembre 1902 appartiene anche la serie dedicata ad Arezzo. E anche qui, pur in un quadro di ariosa apertura sul cielo (sul lino come veste celeste del Sole insistevano i mitologi e gli antropologi ottocenteschi: cfr. A. De Gubernatis, *Mythologie des plantes*, Paris 1878, vol. II, pp. 198-199) in cui vola il «balestruccio» (l'alato simile alla rondine poi caro anche a Montale), il procedimento obliquo dell'*ubi sunt?* porta sulla scena la storia cruenta delle lotte comunali dell'epoca dantesca.

Con il suo aggressivo condottiero Uguccione dalla Faggiola o i suoi vescovi ferocemente guerrieri e ghibellini (Guglielmino degli Ubertini e Guido Tarlati da Pietramala), l'antica Arezzo riemerge nella memoria attraverso l'evocazione della grande battaglia svoltasi sulla piana di Campaldino nella località di Certomondo (1289), ove aveva combattuto lo stesso Dante e aveva trovato la morte uno dei personaggi del suo poema, Buonconte da Montefeltro «forato nella gola» (*Purg.*, V, v. 98). E d'Annunzio può intarsiare nel quadro violento dell'evento bellico un frammento d'epoca, desunto dalla *Cronica* di Dino Compagni: «I pedoni degli Aretini si metteano carponi sotto i ventri de' cavalli con le coltella in mano e sbudellavanli».

Ma sulla storia e sulla stessa poesia di Guittone o di Petrarca (I, vv. 12-13), ha poi il sopravvento il rinvio a un'intensa esperienza figurativa. Da Romena, nel pieno della grande estate alcionia del 1902, d'Annunzio si reca infatti ad Arezzo, come spiega a Conti chiedendogli di accompagnarlo, per riscontrare *de visu* nella Basilica di San Francesco lo stato di degrado degli affreschi di Piero della Francesca, un pittore di cui pochi, all'epoca, riconoscevano la grandezza assoluta. E nel taccuino della visita (XLIV, pp. 447-448) si prefigura puntualmente il rimando analogico su cui si costruisce il sonetto II, dallo scenario naturale e architettonico di Arezzo («Nella campagna i festoni delle viti *come nei vasi.* / La città è bruna – con la torre della Pieve – dalle colonnette biancheggianti. // A S. Maria delle Grazie il restauro ha ignobilmente distrutto l'eleganza di B. da Maiano») alla sua antica, fiorente industria artistica vascolare, istoriata di soggetti dionisiaci («Veltri / serpenti / tigri - / delfini / Pantere / Capri»; le «Danzatrici» del taccuino diventano le «èvie», le Baccanti) per mano di «liberti di greca origine». Ma nel taccuino, dal Museo al Duomo della città, il motivo dei vasi si prolunga anche dinanzi all'opera di Piero: «La Maddalena di Piero della Francesca, sul muro, accanto al Cenotafio del Tarlati - sorella delle greche statue. // Col vaso d'unguento simile al vaso di Pandora». Nel sonetto IV (vv. 9-11) muta l'allusione mitologica ma non la sua valenza tragicamente conflittuale, legandosi al «vaso d'olio / odorifero», dono funesto del centauro Nesso, con cui Deianira spinta dalla gelosia aveva provocato la morte terribile di Ercole. La continuità o la sopravvivenza dell'Ellade eterna nel Medioevo è ribadita dal riferimento musicale alla pitagorica armonia delle sfere illustrata nella duecentesca *Composizione del Mondo* di Ristoro d'Arezzo, il «vecchio libro di astronomia» che, come sappiamo dai carteggi, d'Annunzio sta consultando per il mito astrale e stagionale di *Alcyone*. Quasi a chiudere il cerchio, tanto Ristoro che Giovanni Villani nella sua *Cronaca* attestano lo stupore ammirato degli aretini quando, dal suolo dissodato, riemersero i frammenti fittili dei vasi antichi, che parvero opera miracolosa, non di mano dell'uomo (cfr. II, vv. 12-14). Le formule dannunziane sul «giardin profondo», le «chiare fiumane» e i «cieli schietti» degli affreschi in San Francesco, oltre che sul «greco ritmo» (cfr. III, vv. 5, 4, 14) che percorre il silenzio musicale generato dalla contemplazione della Maddalena, riscuotono il consenso del massimo interprete novecentesco della pittura di Piero della Francesca, Roberto Longhi, che le evoca con risalto nel capitolo sulla *Fortuna storica* aggiunto alla terza edizione (1962) della sua mirabile monografia.

CANTO DI FESTA PER CALENDIMAGGIO (p. 307)

Il *Canto* compare sul numero d'esordio, giugno 1902, del «Secolo XX», la nuova «rivista popolare illustrata» di Casa Treves. In chiusa a *Elettra*, prima del *Canto augurale per la nazione eletta* che preconizza all'Italia un futuro di vittoria, di «dominio» e di «strage», la poesia dà voce all'istanza di una coesione nazionale che contempli, imprescindibilmente, anche le classi lavoratrici. Rivolgendosi direttamente agli «uomini operatori» (v. 16), il poeta e intellettuale fuori dal Parlamento, da ogni partito o dal sindacato, fa appello al significato vero della loro Festa: non già un motivo di rivendicazione, ma l'occasione di chiamare a raccolta in uno stesso giorno i pensieri e le aspirazioni di tutti i lavoratori, additando alla loro frustrata impotenza la forza liberatrice del «disìo della possanza», v. 126 (ossia il nietzschiano *Wille zur Macht*), il coinvolgimento attivo nella moderna apoteosi dell'Uomo, la possibilità di una «Vita bella», affermata, prima che nel *Fanciullo* di *Alcyone*, nell'ode di *Elettra* consacrata a Nietzsche. A questo punto non sussistono dubbi: sciogliendo l'ambivalenza del sottotitolo di *Così parlò Zarathustra*, quello di Nietzsche è agli occhi di d'Annunzio un libro per tutti, e non per nessuno.

Per la rappresentazione del mondo del lavoro, evocato in tutte le sue categorie dai contadini o dagli artigiani agli uomini dei porti, degli arsenali e delle fabbriche, sino alla epifania temibile della macchina (vv. 63-65), il poeta mette a frutto un libro sintomatico e significativo della stagione post-simbolista, *Les villes tentaculaires* di Emile Verhaeren, lo stesso di cui si servirà in *Laus Vitae* per il sublime moderno delle *Città terribili*. I luoghi e gli elementi dello scenario urbano tratteggiato nell'ode sono gli stessi che, sin dall'indice, scandiscono la topografia metropolitana del libro di Verhaeren: *Les cathedrales*, *La statue*, *L'étal* (ossia l'«étal flasque et monstrueux de la luxure», il lupanare), soprattutto *Les usines* («Et les hangars uniformes qui fument; / et les préaux, où des hommes, le torse au clair / et les bras nus, brassent et ameutent d'éclairs / et de tridents ardentes, les poix et les bitumes») ove risuonano i «grands marteaux monumentaux» che «broyent des blocs d'or, sur des enclumes», mentre «des mâchoires d'acier mordent et fument», antecedente diretto, anche sul piano del significante acustico, di «opificio vorace ove l'acciaro [...]» (v. 53). E anche Verhaeren, nell'*Ame de la ville*, afferma che dai «maux [...] où la cité fermente, un rêve nouveaux se forge / [...] fumant dans la pensée et la sueur / des bras fiers de travail, des fronts fiers de lueur». Ma ciò che distingue dal fervore umanitario del poeta belga la posizione dannunziana e la sua intuizione della psicologia collettiva è il ruolo centrale attribuito all'idea e al sentimento della festa. Non è forse d'Annunzio l'inventore e il promotore di un Teatro di Festa?

Gli uomini «torbidi» (ossia irrequieti, turbolenti, potenzialmente sediziosi) sono invitati «a usci[re] dalle porte» e a ritrovare fuori città un rapporto di comunione con la natura e con la terra, che vale sempre una ripresa di contatto con l'origine (vv. 76 sgg.). Poi dopo il «puro / giòlito» (vv. 106-107) che, come spiega il Tommaseo-Bellini, è il «godimento che si prende nella quiete dopo la fatica»), la stessa Città con le sue «fucine» appare ai lavoratori in una luce fulgente di Primavera ellenica, nei termini cari a Angelo Conti ripresi da d'Annunzio nella prefazione alla *Beata riva*: «Il passato si fa presente [...] Sempre la Grecia si risveglia in fondo all'anima umana, nei momenti fortunati della vita; sempre la vita si rinnova e fiorisce come in quella meravigliosa primavera dell'umanità». A fronte della dura realtà del conflitto di classe, che pure non si ignora (cfr. i vv. 51-52), questa immagine trasfigurata suona illusione, se non mistificazione. Ma sta di fatto che negli anni Novanta a Vienna il capo del socialismo austriaco, Viktor Adler, cultore di Wagner e di Nietzsche, aveva ottenuto che la Festa del lavoro non avesse i caratteri di uno sciopero, ma fosse celebrata (pare moltiplicando i consensi) attraverso i simboli e i riti pagani della primavera. Nel Canto dannunziano la ripetuta invocazione al «Sole», con la maiuscola, non ha diverso significato.

E la rigenerazione offerta dal tempo straordinario della festa può portare anche a una diversa concezione del lavoro. Convinto più che mai che «la fortuna d'Italia è inseparabile dalle sorti della Bellezza, cui ella è madre», come aveva dichiarato nel *Discorso della siepe*, e che la Bellezza non è se non l'incarnazione sensibile delle più autentiche forze spirituali di un popolo, d'Annunzio aderisce alla visione di William Morris di una attività umana finalmente emancipata dalla fatica alienata e meccanica imposta dal regime del profitto: «Ogni lavoro è un'arte che s'innova. / Ogni mano lavori a ornare il mondo» (vv. 148-149). Si prospetta così, di fronte al cammino obbligato della società di massa novecentesca, un nuovo ordine corporativo capace di conciliare il desiderio individuale e il bene comune, senza privilegi né risentimenti di classe. Non a caso, simbolicamente datato «nell'anno primo del nuovo secolo», il *Canto* di *Elettra* sarà incorporato in *Per l'Italia degli Italiani*, nell'edizione che vede la luce nel gennaio 1923: quasi ad attestare da parte del poeta la resistente vitalità della propria immaginazione politica, anche di fronte all'«usurpazione» del fascismo al potere.

Libro III
ALCYONE
(1903)

A cura di Annamaria Andreoli.

Ha il nome di un uccello marino, *Alcyone*, e insieme quello di una delle sette Pleiadi la più importante raccolta lirica del secolo che inaugura. D'Annunzio la pubblica con i fregi rossi di Cellini nel dicembre 1903, avendo impiegato cinque anni per comporla e ordinarla in modo da farne il Libro III delle *Laudi*. Il Libro I, *Maia-Laus Vitae* ha visto la luce nel maggio di quello stesso anno mentre *Elettra*, il Libro II, figura nello stesso volume, per ragioni editoriali e anche per simmetria di mole con gli oltre ottomila versi della Pleiade inaugurale.

In quel lustro di straordinaria creatività compaiono inoltre un romanzo, *Il Fuoco* (1900), e un paio di tragedie, *Francesca da Rimini* (1901) e *La figlia di Iorio* (1903). Ma è *Alcyone* l'esito più alto di tanta abbondanza: ottantotto poesie, che sono tutte capolavori, strutturate come un diario – il diario di un'estate favolosa trascorsa lungo il litorale toscano, sulla riva del mare etrusco a cui fanno corona pini e monti. È il trionfo della vacanza che di lì a poco gli Italiani avrebbero sognato, accorrendo in massa sui litorali della Penisola, spalmando la pelle di olio solare per l'abbronzatura-simbolo, come le coste di cemento armato per le seconde case.

La dirompente novità della bella favola alcionia consiste nell'illusione temporanea, fra la stagione del grano e quella dell'uva, Canicola e Solleone di ritrovare il paradiso terrestre. Vagabondaggi volubili e ludici passatempi, diurni e notturni, colmano i giorni del beato ozio estivo, pago anche dell'immemore immobilità sulla sabbia, a corpo nudo, sotto il sole a picco: «il mio vólto / s'indora dell'oro / meridiano [...] la mia forza supina / si stampa nell'arena [...] E la mia vita è divina» (*Meriggio*).

Dominato dalla poesia del dolore, muore l'Ottocento. Se nelle *Fleurs du mal* di Baudelaire l'infernale metropoli moderna era la vera protagonista micidiale, *Alcyone* ne rappresenta ora l'antidoto, al punto che la celeberrima *Pioggia nel pineto* ribatte polemica al «coeur meurtri comme une pêche» di *Amour du mensonge*: «il cuor nel petto è come pèsca / intatta». In fuga dalla città inquinata e dalle sue cure, la Natura benigna offre per contro gli agi ameni che d'Annunzio canta tempestivamente. È persuaso che la macchina affrancherà via via la specie umana dalla fatica regalando tempo libero e ferie d'agosto dove consumare se mai le energie nel corroborante esercizio sportivo *en plein air*. Del resto il motto fiumano *Fatica senza fatica* conclamerà in futuro il suo rifiuto tutto mediterraneo dell'etica del lavoro e del sudore della fronte come espiazione.

Panico e pagano, popolato da fauni, ninfe, tritoni e centauri, carosello pubblicitario e *Baedeker* di un pionieristico turismo marino, soccorrevole persino nel caso del maltempo che non escluderà, di fratta in fratta, l'escursione a due nella pineta, e altre, poi, alle pendici delle sublimi Apuane o ai boschi intatti dell'Uccellina, non mancando di additare, con modi d'Almanacco, le memorie dei luoghi e le cose notevoli, *Alcyone* fonda uno dei grandi miti d'oggi: «Estate, Estate mia, non declinare!» (*Implorazione*).

Per incidere con efficacia nell'immaginario collettivo era necessaria la perizia consumata di un poeta d'avanguardia. E d'Annunzio lo è, ancor più di Marinetti, che batte sul tempo e su tutta la linea. Il suo balzo in avanti prende infatti slancio da una lunga rincorsa: solo il «Passato augusto» autorizza la «Vita novella», ovvero la «modernità» che ne è la replica accresciuta di maggiore Bellezza. Perciò il suo linguaggio è falso-antico, ora grecizzante e ora romanzo, ovidiano, francescano o dantesco, densamente stratificato nel percorso a ritroso della tradizione. Rivisita così, senza che ce ne accorgiamo, da magistrale persuasore occulto, le formule sacre della preghiera («ascolta», «odi») e dell'offerta votiva («l'uva sugosa [...] e nera e bionda [...] le pèsche e i fichi [...] le ulive [...] l'ombrìna e il dèntice la triglia», *Feria d'agosto*), mescolate a quelle popolari, prettamente folkloriche, dei bisticci nei ritornelli («ieri t'illuse/oggi m'illude-ieri m'illuse/oggi t'illude», *La pioggia nel pineto*) e delle ricche rime giaculatorie («Nostra spiaggia pisana [...] silvana e litorana», *I camelli*), con tale sapiente raffinatezza da attestarsi sul crinale del dialetto, quando il dialetto è conservatore di preziose pronunce remote: *naiàda* per naiade, *àliga* per alga, *àlbicare* per albeggiare, *blavo* per pallido, *àrbore* per albero, *piovorno* per piovoso...

Parole «non umane» della nascosta armonia creaturale che l'eletto scriba ha il dono di percepire e trasmettere ai comuni mortali. E la lingua è arcana al pari del sito, anch'esso antichizzato: «L'Ellade sta fra Luni e Populonia!» (*A Gorgo*). Come una scatola cinese la Toscana di d'Annunzio – cronotopo dove tempo e spazio s'intrecciano – contiene la Grecia di Pericle e il Rinascimento di Leonardo, stando anche all'etimo che accomuna Atene (da *Anthinea*, cioè «la fiorita») e *Fiorenza*-Firenze: entrambe «città dei fiori». Con le sette ballate del *Fanciullo*, *Alcyone* prende appunto avvio dai fiorentini Orti Oricellari per poi raggiungere l'Acropoli ateniese («la rupe veneranda») e infine approdare al *mare nostrum*: tappe ideali che mirano al recupero di un'eccellenza da modernizzare.

L'inventore dell'eterno ritorno della vacanza siede non per nulla in Parlamento, con l'aspirazione, ben presto coronata, di succedere a Carducci. Negli anni burrascosi del governo Pelloux e dell'assassinio di Umberto I, deve mostrarsi all'altezza del Vate-professore non avendo mai messo piede in un'aula universitaria. Ha alle spalle vent'anni di giornalismo, l'aggravante di versi erotici e romanzi moralmente riprovevoli, scandali e polemiche. Forte del registro antiquario, il suo sfoggio di bravura, sorretto da un'officina attrezzatissima («Ah perché non m'è dato di animare *col soffio* le mie visioni?»), consulenti di prim'ordine, partecipi letture erudite corroborate dalla consultazione di vocabolari, lessici speciali, repertori e guide illustrate, va ora calato su un piano ideologico competitivo rispetto a quello carducciano; non solo fortemente identitario, come si richiede al Vate d'Italia, ma di rilancio del Bel Paese in crisi.

«Quale uomo politico oggi mostra di ricordarsi che la vita italiana fu l'ornamento del mondo?»: è la protesta del deputato, paladino di un «nuovo Rinascimento». Continuando con le *Laudi* la nostra secolare tradizione neoclassica, d'Annunzio predica il *nihil maius* della «modernità», di gran lunga superiore ai trascorsi anche più illustri. Con *Maia*, «ditirambo delle origini», ha celebrato le radici profonde dell'Italia mediterranea, che farà capo alla Roma imperiale e quindi papale. In *Elettra* la celebrazione riguardava gli artisti-eroi di cui il cantore si dichiara l'erede, numi indigeti della Patria da riscoprire nei tesori d'arte custoditi nelle *Città del silenzio*, costellazione tutta italiana dei piccoli centri densi di memorie. Infine, «l'Estate ignuna ardendo a mezzo il cielo» (*La tregua*), nell'ora pànica del meriggio, le favole antiche rivivono nei «miti novelli» di *Alcyone*, garanti della poesia che perdura, secondo il verbo di Nietzsche, al quale il poeta ha saputo corrispondere, nella civiltà industriale di massa.

Dedicando il Libro a Pascoli, «ultimo figlio di Vergilio» (*Il commiato*), d'Annunzio liquidava con eleganza, e sul suo stesso terreno bucolico, il concorrente più diretto, roso dall'invidia. La prova è in effetti invidiabile. Ai versi penetrati d'aria e di salsedine, «eterei come una lodola o muscolosi come una lonza», non manca neppure, oltretutto, il partecipe accento vissuto di chi li ha composti proprio d'estate e proprio lì, alla foce dell'Arno, in Versilia, nella pineta di San Rossore, a Romena, anno dopo anno, accanto alla Duse che lo venera, discreta come Ermione di cui è controfigura.

Difficile concludere il diario lirico. Il rammarico nostalgico («il cor sentì che il giorno era più breve», *La sabbia del tempo*) da cui nascono le ultime composizioni, i *Sogni* ormai settembrini *di terre lontane*, suggerisce che il poeta baciato dalla Musa non sa risolversi al congedo. «Andiamo»: l'erratico comandamento, in clausola, fa di lui un esule tanto della grande Estate quanto della sua più fervida vena. «Tristezza, tu discendi oggi dal Sole / [...] e son le spume / del mare gli orli del tuo lino lungo»: noi, da quando ci sono le meraviglie di *Alcyone*, siamo più felici, osservava Sergio Solmi, uno fra i lettori, a suo tempo, più partecipi del Libro III delle *Laudi*, intorno al quale, se si eccettua la sconcertante sordità di Sapegno, scarse obiezioni sono state mosse nella tradizione critica ormai più che secolare.

Che qui sia il vertice del d'Annunzio lirico non si nutrono dubbi presso chi ha esercitato, anche in sublimine, la distinzione crociana «poesia/non-poesia», da Cecchi a De Robertis, da Gargiulo alla Noferi. Anzi, proprio l'eccellenza di *Alcyone* starebbe a dimostrare quanto l'ideologia nuoccia al lirico-puro, che altrove fallirebbe quasi sempre il bersaglio (cioè nel romanzo o, peggio, nel teatro): salvo certa prosa d'arte della stagione «notturna», ben poco sarebbe insomma salvabile, nel complesso, dello scrittore.

Ma, fiore nella palude dell'oratoria, il Libro III delle *Laudi* non è comunque sembrato del tutto immune dagli eccessi di virtuosismo che tanto pregiudicano la pagina di d'Annunzio, troppo «opima» perché dilettantesca, insincera e scaltra se non truffaldina. Per non dire della rubrica che Croce riservò nella sua rivista, «La Critica», ai plagi dannunziani, le indagini di Praz sono esemplari di un modo invalso di accostarsi ai versi di *Alcyone* a senso unico e, per giunta, nel vicolo cieco della consultazione vocabolaristica di un poeta che accelera il proprio lavoro perché riesce a ottimizzare le risorse del suo laboratorio.

LA TREGUA

Dèspota, andammo e combattemmo, sempre
fedeli al tuo comandamento. Vedi
che l'armi e i polsi eran di buone tempre.

O magnanimo Dèspota, concedi
al buon combattitor l'ombra del lauro,
ch'ei senta l'erba sotto i nudi piedi,

ch'ei consacri il suo bel cavallo sauro
alla forza dei Fiumi e in su l'aurora
ei conosca la gioia del Centauro.

O Dèspota, ei sarà giovine ancóra!
Dàgli le rive i boschi i prati i monti
i cieli, ed ei sarà giovine ancóra!

Deterso d'ogni umano lezzo in fonti
gelidi, ei chiederà per la sua festa
sol l'anello degli ultimi orizzonti.

I vènti e i raggi tesseran la vesta
nova, e la carne scevra d'ogni male
éntrovi balzerà leggera e presta.

Tu 'l sai: per t'obbedire, o Trionfale,
sì lungamente fummo a oste, franchi
e duri; né il cor disse mai «Che vale?»

disperato di vincere; né stanchi
mai apparimmo, né mai tristi o incerti,
ché il tuo volere ci fasciava i fianchi.

O Maestro, tu 'l sai: fu per piacerti.
Ma greve era l'umano lezzo ed era
vile talor come di mandre inerti;

e la turba faceva una Chimera
opaca e obesa che putiva forte
sì che stretta era all'afa la gorgiera.

Gli aspetti della Vita e della Morte
invano balenavan sul carname
folto, e gli enimmi dell'oscura sorte.

Non era pane a quella bassa fame
la bellezza terribile; onde il tardo
bruto mugghiava irato sul suo strame.

Pur, lieta maraviglia, se alcun dardo
tutt'oro gli giungea diritto insino
ai precordii, oh il suo fremito gagliardo!

E tu dicevi in noi: «Quel ch'è divino
si sveglierà nel faticoso mostro.
Bàttigli in fronte il novo suo destino.»

E noi perseverammo, col cuor nostro
ardente, per piacerti, o Imperatore;
e su noi non poté ugna né rostro.

Ma ne sorse per mezzo al chiuso ardore
la vena inestinguibile e gioconda
del riso, che sonò come clangore.

E ad ogni ingiuria della bestia immonda
scaturiva più vivido e più schietto
tal cristallo dall'anima profonda.

Erma allegrezza! Fin lo schiavo abietto,
sfamato con le miche del convito,
lungi rauco latrava il suo dispetto;

e l'obliquo lenone, imputridito
nel vizio suo, dal lubrico angiporto
con abominio ci segnava a dito.

O Dèspota, tu dài questo conforto
al cuor possente, cui l'oltraggio è lode
e assillo di virtù ricever torto.

Ei nella solitudine si gode
sentendo sé come inesausto fonte.
Dedica l'opre al Tempo; e ciò non ode.

Ammonisti l'alunno: «Se hai man pronte,
non iscegliere i vermini nel fimo
ma strozza i serpi di Laocoonte.»

Ed ei seguì l'ammonimento primo;
restò fedele ai tuoi comandamenti;
fiso fu ne' tuoi segni a sommo e ad imo.

Dèspota, or tu concedigli che allenti
il nervo ed abbandoni gli ebri spirti
alle voraci melodìe dei vènti!

Assai si travagliò per obbedirti.
Scorse gli Eroi su i prati d'asfodelo.
Or ode i Fauni ridere tra i mirti,

l'Estate ignuda ardendo a mezzo il cielo.

IL FANCIULLO

I

Figlio della Cicala e dell'Olivo,
nell'orto di qual Fauno
tu cogliesti la canna pel tuo flauto,
pel tuo sufolo doppio a sette fóri?

In quel che ha il nume agresto entro un'antica
villa di Camerata
deserta per la morte di Pampìnea?
O forse lungo l'Affrico che riga
la pallida contrada
ove i campi il cipresso han per confine?
Più presso, nella Mensola che ride
sotto il ponte selvaggia?
Più lungi, ove l'Ombron segue la traccia
d'Ambra e Lorenzo canta i vani ardori?

Ma il mio pensier mi finge che tu colta
l'abbia tra quelle mura
che Arno parte, negli Orti Oricellari,
ove dalla barbarie fu sepolta,
ahi sì trista, la Musa
Fiorenza che cantò ne' dì lontani
ai lauri insigni, ai chiari
fonti, all'eco dell'inclite caverne,

quando di Grecia le Sirene eterne
venner con Plato alla Città dei Fiori.

Te certo vide Luca della Robbia,
ti mirò Donatello,
operando le belle cantorìe.
Tutte le frutta della Cornucopia
per forza di scalpello
fecero onuste le ghirlande pie.
E tu danzavi le tue melodìe,
nudo fanciul pagano,
àlacre nel divin marmo apuano
come nell'aria, conducendo i cori.

Figlio della Cicala e dell'Olivo,
or col tuo sufoletto
incanti la lucertola verdognola
a cui sopra la selce il fianco vivo
palpita pel diletto
in misura seguendo il dolce suono.
Non tu conosci il sogno
forse della silente creatura?
Ver lei ti pieghi: in lei non è paura:
tu moduli secondo i suoi colori.

Tu moduli secondo l'aura e l'ombra
e l'acqua e il ramoscello
e la spica e la man dell'uom che falcia,
secondo il bianco vol della colomba,
la grazia del torello
che di repente pavido s'inarca,
la nuvola che varca
il colle qual pensier che seren vólto
muti, l'amore della vite all'olmo,
l'arte dell'ape, il flutto degli odori.

Ogni voce in tuo suono si ritrova
e in ogni voce sei
sparso, quando apri e chiudi i fóri alterni.
Par quasi che tu sol le cose muova
mentre solo ti bei
nell'obbedire ai movimenti eterni.
Tutto ignori, e discerni
tutte le verità che l'ombra asconde.
Se interroghi la terra, il ciel risponde;
se favelli con l'acque, odono i fiori.

O fiore innumerevole di tutta
la vita bella, umano
fiore della divina arte innocente,
preghiamo che la nostra anima nuda
si miri in te, preghiamo
che assempri te maravigliosamente!
L'immensa plenitudine vivente
trema nel lieve suono
creato dal virgineo tuo soffio,
e l'uom co' suoi fervori e i suoi dolori.

II

Or la tua melodìa
tutta la valle come un bel pensiere
di pace crea, le due canne leggiere
versando una la luce ed una l'ombra.

La spiga che s'inclina
per offerirsi all'uomo
e il monte che gli dà pietre del grembo,
se ben l'una vicina
e l'altro sia rimoto
e l'una esigua e l'altro ingente, sembra

si giungano per l'aere sereno
come i tuoi labbri e le tue dolci canne,
come su letto d'erbe amato e amante,
come i tuoi diti snelli e i sette fóri,

come il mare e le foci,
come nell'ala chiare e negre penne,
come il fior del leandro e le tue tempie,
come il pampino e l'uva,
come la fonte e l'urna,
come la gronda e il nido della rondine,
come l'argilla e il pollice,
come ne' fiari tuoi la cera e il miele,
come il fuoco e la stipula stridente,
come il sentiere e l'orma,
come la luce ovunque tocca l'ombra.

III

Sopor mi colse presso la fontana.
Lo sciame era discorde:
avea due re; pendea come due poppe
fulve. E il rame s'udìa come campana.

Ti vidi nel mio sogno, o lene aulete.
Lottato avevi ignudo
contro il torrente folle di rapina.
Raccolto avevi piuma di sparviere
che a sommo del ciel muto
in sue rote ferìa l'aer di strida.
Ahi, lungi dalle tue musiche dita
gittato avevi i calami forati.
Chino con sopraccigli corrugati
eri, fanciul pugnace,
intento a farti archi da saettare
col legno della flèssile avellana.

IV

Eleggere sapesti il re splendente
nello sciame diviso,
ridere d'un tuo bel selvaggio riso
spegnendo il fuco sterile e sonoro.

Con la man tinta in mele di sosillo
traesti fuor la troppa
signoria. Cauto e fermo la calcavi.
Sporgeva a modo d'uvero di poppa
il buon sire tranquillo
che fu re delle artefici soavi.
Poi franco te n'andavi
sonando per le prata di trifoglio,
incoronato d'ellera e d'orgoglio,
entro la nube delle pecchie d'oro.

V

L'acqua sorgiva fra i tuoi neri cigli
fecesi occhio che vede e che sorride;
fecesi chioma su la tua cervice
il crespo capelvenere.

Fatto sei di segreto e di freschezza.
Fatte sono di làtice
fluido e d'umide fibre le tue membra.
Il tuo spirto, dal fonte come il salice
ma senza l'amarezza
nato, le amiche naiadi rimembra;
tutte le polle sembra
trarre per le invisibili sue stirpi.
E se gli occhi tuoi cesii han neri cigli,
ha neri gambi il verde capelvenere.

Converse le tue canne sono in chiari
vetri, onde lenti i suoni
stillano come gocce da clessidre.
S'appressano i colùbri maculosi,
gli aspidi i cencri e gli angui
e le ceraste e le verdissime idre.
Taciti, senza spire,
eretti i serpi bevono l'incanto.
Sol le bìfide lingue a quando a quando
tremano come trema il capelvenere.

Sino ai ginocchi immerso nella cupa
linfa, alla venenata
greggia tu moduli il tuo lento carme.
Par che da' piedi tuoi torta sia nata
radice e di natura
erbida par ti sien fatte le gambe.
Ma il fior della tua carne
suso come il nenùfaro s'ingiglia.
E se gli occhi tuoi cesii han nere ciglia,
neri ha gli steli il verde capelvenere.

VI

Se t'è l'acqua visibile negli occhi
e se il làtice nudre le tue carni,
viver puoi anco ne' perfetti marmi
e la colonna dorica abitare.

Natura ed Arte sono un dio bifronte
che conduce il tuo passo armonioso
per tutti i campi della Terra pura.
Tu non distingui l'un dall'altro vólto
ma pulsare odi il cuor che si nasconde
unico nella duplice figura.

O ignuda creatura,
teco salir la rupe veneranda
voglio, teco offerire una ghirlanda
del nostro ulivo a quell'eterno altare.

Torna con me nell'Ellade scolpita
ove la pietra è figlia della luce
e sostanza dell'aere è il pensiere.
Navigando nell'alta notte illune,
noi vedremo rilucere la riva
del diurno fulgor ch'ella ritiene.
Stamperai nelle arene
del Fàlero orme ardenti. Ospiti soli
presso Colòno udremo gli usignuoli
di Sofocle ad Antigone cantare.

Vedremo nei Propìlei le porte
del Giorno aperte, nell'intercolunnio
tutto il cielo dell'Attica gioire;
nel tempio d'Erettèo, coro notturno
dai negricanti pepli le sopposte
vergini stare come urne votive;
la potenza sublime
della Città, transfusa in ogni vena
del vital marmo ov'è presente Atena,
regnar col ritmo il ciel la terra il mare.

Alcun arbore mai non t'avrà dato
gioia sì come la colonna intatta
che serba i raggi ne' suoi solchi eguali.
All'ora quando l'ombra sua trapassa
i gradi, tu t'assiderai sul grado
più alto, co' tuoi calami toscani.
La Vittoria senz'ali
forse t'udrà, spoglia d'avorio e d'oro;
e quella alata che raffrèna il toro;
e quella che dislaccia il suo calzare.

Taci! La cima della gioia è attinta.
Guarda il Parnete al ciel, come leggero!
Guarda l'Imetto roscido di miele!
Flessibile m'appar come l'efebo,
vestito della clamide succinta,
che cavalcò nelle Panatenee.
Sorse dall'acque egee
il bel monte dell'api e fu vivente.
Or tuttavia nella sua forma ei sente
la vita delle belle acque ondeggiare.

Seno d'Egina! Oh isola nutrice
di colombe e d'eroi! Pallida via
d'Eleusi coi vestigi di Demetra!
Splendore della duplice ferita
nel fianco del Pentelico! Armonie
del glauco olivo e della bianca pietra!
Ogni golfo è una cetra.
Tu taci, aulete, e ascolti. Per l'Imetto
l'ombra si spande. Il monte violetto
mormora e odora come un alveare.

VII

L'odo fuggir tra gli arcipressi foschi,
e l'ansia il cor mi punge.
Ei mi chiama di lunge
solo negli alti boschi, e s'allontana.

Mutato è il suon delle sue dolci canne.
Trèmane il cor che l'ode,
balza se sotto il piè strida l'arbusto;
pavido è fatto al rombo del suo sangue,
ed altro più non ode
il cor presàgo di remoto lutto.

Prego: «O fanciul venusto,
non esser sì veloce
ch'io non ti giunga!» È vana la mia voce.
Melodiosamente ei s'allontana.

Elci nereggian dopo gli arcipressi,
antiqui arbori cavi.
Pascono suso in ciel nuvole bianche.
A quando a quando tra gli intrichi spessi
le nuvole soavi
son come prede tra selvagge branche.
E sempre odo le canne
gemere d'ombra in ombra
roche quasi richiamo di colomba
che va di ramo in ramo e s'allontana.

«O fanciullo fuggevole, t'arresta!
Tu non sai com'io t'ami,
intimo fiore dell'anima mia.
Una sol volta almen volgi la testa,
se te la inghirlandai,
bel figlio della mia melancolìa!
Con la tua melodìa
fugge quel che divino
era venuto in me, quasi improvviso
ritorno dell'infanzia più lontana.

Fa che l'ultima volta io t'incoroni,
pur di negro cipresso,
e teco io sia nella dolente sera!»
Ei nell'onda volubile dei suoni
con un gentil suo gesto,
simile a un spirto della primavera,
volgesi; alla preghiera
sorride, e non l'esaude.
L'ansia mia vana odo sol tra le pause,
mentre che d'ombra in ombra ei s'allontana.

Ad un fonte m'abbatto che s'accoglie
entro conca profonda
per aver pace, e un elce gli fa notte.
«O figlio, sosta! Imiterai le foglie
e l'acque anche una volta
e i silenzii del dì con le tue note.
Sediamo in su le prode.
Fa ch'io veda l'imagine
puerile di te presso l'imagine
di me nel cupo speglio!» Ei s'allontana.

S'allontana melodiosamente
né più mi volge il viso,
emulo di Favonio ei nel suo volo.
Sol calando, la plaga d'occidente
s'infiamma; e d'improvviso
tutta la selva è fatta un vasto rogo.
Le nuvole di foco
ardono gli elci forti,
aerie vergini al disìo dei mostri.
Giunge clangor di bùccina lontana.

E un tempio ecco apparire, alte ruine
cui scindon le radici
errabonde. Gli antichi iddii son vinti.
Giaccion tronche le statue divine
cadute dai fastigi;
dormono in bruni pepli di corimbi.
Lentischi e terebinti
l'odor dei timiami
fan loro intorno. «O figlio, se tu m'ami,
sosta nel luogo santo!» Ei s'allontana.

«Rialzerò le candide colonne,
rialzerò l'altare
e tu l'abiterai unico dio.

M'odi: te l'ornerò con arti nuove.
E non avrà l'eguale.
Maraviglioso artefice son io.
T'adorerò nel mio
petto e nel tempio. M'odi,
figlio! Che immortalmente io t'incoroni!»
Nel gran fuoco del vespro ei s'allontana.

Si dilegua ne' fiammei orizzonti.
Forse è fratel degli astri.
O forse nel mio sogno s'è converso?
«Ti cercherò, ti cercherò ne' monti,
ti cercherò per gli aspri
torrenti dove ti sarai deterso.
E ti vedrò diverso!
Gittato avrai le canne,
intento a farti archi da saettare
col legno della flèssile avellana.»

LUNGO L'AFFRICO

NELLA SERA DI GIUGNO DOPO LA PIOGGIA

Grazia del ciel, come soavemente
ti miri ne la terra abbeverata,
anima fatta bella dal suo pianto!
O in mille e mille specchi sorridente
grazia, che da la nuvola sei nata
come la voluttà nasce dal pianto,
musica nel mio canto
ora t'effondi, che non è fugace,
per me trasfigurata in alta pace
a chi l'ascolti.

Nascente Luna, in cielo esigua come
il sopracciglio de la giovinetta
e la midolla de la nova canna,
sì che il più lieve ramo ti nasconde
e l'occhio mio, se ti smarrisce, a pena
ti ritrova, pel sogno che l'appanna,
Luna, il rio che s'avvalla
senza parola erboso anche ti vide;
e per ogni fil d'erba ti sorride,
solo a te sola.
O nere e bianche rondini, tra notte
e alba, tra vespro e notte, o bianche e nere
ospiti lungo l'Affrico notturno!
Volan elle sì basso che la molle
erba sfioran coi petti, e dal piacere

il loro volo sembra fatto azzurro.
Sopra non ha susurro
l'arbore grande, se ben trema sempre.
Non tesse il volo intorno a le mie tempie
fresche ghirlande?

E non promette ogni lor breve grido
un ben che forse il cuore ignora e forse
indovina se udendo ne trasale?
S'attardan quasi immemori del nido,
e sul margine dove son trascorse
par si prolunghi il fremito dell'ale.
Tutta la terra pare
argilla offerta all'opera d'amore,
un nunzio il grido, e il vespero che muore
un'alba certa.

LA SERA FIESOLANA

Fresche le mie parole ne la sera
ti sien come il fruscìo che fan le foglie
del gelso ne la man di chi le coglie
silenzioso e ancor s'attarda a l'opra lenta
su l'alta scala che s'annera
contro il fusto che s'inargenta
con le sue rame spoglie
mentre la Luna è prossima a le soglie
cerule e par che innanzi a sé distenda un velo
ove il nostro sogno si giace
e par che la campagna già si senta
da lei sommersa nel notturno gelo
e da lei beva la sperata pace
senza vederla.

Laudata sii pel tuo viso di perla,
o Sera, e pe' tuoi grandi umidi occhi ove si tace
l'acqua del cielo!

Dolci le mie parole ne la sera
ti sien come la pioggia che bruiva
tepida e fuggitiva,
commiato lacrimoso de la primavera,
su i gelsi e su gli olmi e su le viti
e su i pini dai novelli rosei diti
che giocano con l'aura che si perde,

e su 'l grano che non è biondo ancóra
e non è verde,
e su 'l fieno che già patì la falce
e trascolora,
e su gli olivi, su i fratelli olivi
che fan di santità pallidi i clivi
e sorridenti.

Laudata sii per le tue vesti aulenti,
o Sera, e pel cinto che ti cinge come il salce
il fien che odora!

Io ti dirò verso quali reami
d'amor ci chiami il fiume, le cui fonti
eterne a l'ombra de gli antichi rami
parlano nel mistero sacro dei monti;
e ti dirò per qual segreto
le colline su i limpidi orizzonti
s'incùrvino come labbra che un divieto
chiuda, e perché la volontà di dire
le faccia belle
oltre ogni uman desire
e nel silenzio lor sempre novelle
consolatrici, sì che pare
che ogni sera l'anima le possa amare
d'amor più forte.

Laudata sii per la tua pura morte,
o Sera, e per l'attesa che in te fa palpitare
le prime stelle!

L'ULIVO

Laudato sia l'ulivo nel mattino!
Una ghirlanda semplice, una bianca
tunica, una preghiera armoniosa
a noi son festa.

Chiaro leggero è l'arbore nell'aria.
E perché l'imo cor la sua bellezza
ci tocchi, tu non sai, noi non sappiamo,
non sa l'ulivo.

Esili foglie, magri rami, cavo
tronco, distorte barbe, piccol frutto,
ecco, e un nume ineffabile risplende
nel suo pallore!

O sorella, comandano gli Ellèni
quando piantar vuolsi l'ulivo, o côrre,
che 'l facciano i fanciulli della terra
vergini e mondi,

imperocché la castitate sia
prelata di quell'arbore palladio
e assai gli noccia mano impura e tristo
alito il perda.

Tu nel tuo sonno hai valicato l'acque
lustrali, inceduto hai su l'asfodelo

senza piegarlo; e degna al casto ulivo
ora t'appressi.

Biancovestita come la Vittoria,
alto raccolta intorno al capo il crine,
premendo con piede àlacre la gleba,
a lui t'appressi.

L'aura move la tunica fluente
che numerosa ferve, come schiume
su la marina cui l'ulivo arride
senza vederla.

Nuda le braccia come la Vittoria,
sul flessibile sandalo ti levi
a giugnere il men folto ramoscello
per la ghirlanda.

Tenue serto a noi, di poca fronda,
è bastevole: tal che d'alcun peso
non gravi i bei pensieri mattutini
e d'alcuna ombra.

O dolce Luce, gioventù dell'aria,
giustizia incorruttibile, divina
nudità delle cose, o Animatrice,
in noi discendi!

Tocca l'anima nostra come tocchi
il casto ulivo in tutte le sue foglie;
e non sia parte in lei che tu non veda,
Onniveggente!

L'OPERE E I GIORNI

O sposo della Terra venerando,
è bello a sera noverare l'opre
della dimane e misurar nel cuore
meditabondo la durabil forza.
Veglio, la tua parola su me piove
candida come il fior del melo allora
che già comincia ad allegare il frutto.
Parlami, e dimmi quali sieno l'opre.
«Di questo mese m'apparecchio l'aia.
La mondo e sarchiellata lievemente
la concio con la pula e con la morchia
sicché difenda la biada da topi
e da formiche e d'altra gente infesta.
E poi la piano con la pietra tonda,
o con legno; o pur suvvi spargo l'acqua
e suvvi metto le mie bestie, e bene
co' piedi lor la faccio rassodare;
e poi si secca al sole» il veglio dice.
E sta su la sua soglia rinnovata
di quella pietra ch'è detta serena
(nasce del Monte Céceri in gran copia)
schietta pietra, pendente nell'azzurro
alquanto, di color d'acqua piovana
ove cotta la foglia sia del glastro.
E dietro la sua faccia, che la grande
etade arò con invisibil vomere

sì che raggia di curvi e retti solchi
qual iugero già pronto alla sementa,
sale su per lo stipite di pietra
il bianco gelsomin grato alle pecchie,
eguale di candore al crin canuto.
«Di questo mese nel solstizio, quando
il Sol non puote più salire, semino
le brasche; le qua' poi di mezzo agosto
trapiantar mi bisogna in luogo irriguo.
E la bietola e l'appio e il coriandro
e la lattuga semino, ed innacquo.
Colgo la veccia, e sego per pastura
il fien greco. La fava anzi la luce
vello, scemante la luna; la fava,
anzi che compia lo scemar la luna,
batto; e refrigerata la ripongo.
Di questo mese inocchio il pesco, impiastro
il fico, vòto l'arnia, il condottiero
eleggo nel gomitolo dell'api.
E prossima si fa la mietitura
dell'orzo, la qual compiere mi giova
anzi che mi comincino a cascare
le spighe, imperocché non son vestite
sue granella di foglie, come il grano.
Da giovine sei moggia il dì potei
segarne!» sorridendo il veglio dice.
Ancóra armata è la gengiva, salda
nel suo sorriso e nella sua favella.
E non pur gli vacillano i ginocchi,
se ben la falce nell'oprare gli abbia
a simiglianza del suo ferro istesso
curve le gambe. E sopra il santo petto
il lin rude, che l'indaco fe' quasi
celeste, crea misteriosamente
l'imagine di Pan duce degli astri,
cui nel torace si rispecchia il Cielo.

DITIRAMBO I

ROMAE FRVGIFERAE DIC.

Ove sono i cavalli del Sole
criniti di furia e di fiamma?
le code prolisse
annodate con liste
di porpora, l'ugne
adorne di lampi
su l'aride ariste?
Ove l'aie come circhi,
le trebbie come pugne,
come atleti la rustica prole?
Ove sono i cavalli del Sole
disgiunti dal carro celeste?
Ove le sferze sonanti,
le rèdine lunghe sbandite,
il tinnir dei metalli,
il brillar delle madide groppe?
Ove gli urli, ove i canti, ove i balli?
Ove la femmina bella
coperta di loppe e di reste
come d'ori e di gemme?
Ove gli scherni, le risse,
le nude coltella,
il sangue che fuma e che bolle,
il giovine ucciso che cade
nelle sue biade
asperse del suo ricco sangue

e del vin suo vermiglio?
Ove il tuo nume, o Dionìso,
e il tuo riso e il tuo furore
e il tuo periglio?
Qui scarsa mèsse
per piccole vite,
aia angusta, fatica molle,
mani prudenti, fievoli gole.
O Maremme, o Maremme,
bellezza immite
nata dalla Febbre e dal Sole,
o regni diurni di Dite,
voi l'anima mia sogna!
O Roma, o Roma, la prima
davanti alla faccia del Sole,
incombustibile forza,
semenza di gloria,
unica nata dal solco
del violento
ardua spica opima,
te l'anima mia sogna ed agogna
in un mar di frumento,
dal Cimino solitario
ai vitiferi colli dei Volsci,
fino a Minturno ov'erra
nel limo l'ombra di Mario,
fino a Sinuessa
ebra di Massico forte,
fino alle auree porte
della Campania promessa,
in un mar di frumento
innumerevole
come le trionfate stirpi
dalla tua guerra!

O arce della Terra,
nel dipartirmi

da te, al conspetto dell'Agro
ebbi presagio cruento
che m'infiammò d'amore
più novo e gagliardo
per tutte le tue are
e per tutte le tue tombe.
Vidi campo di rossi
papaveri vasto al mio sguardo
come letto di strage,
come flutto ancor caldo
sgorgato da una ecatombe.
Non mai più fervente rossore
veduto avean gli occhi miei grandi,
e tutta la mia vita tremava
dalle radici
come s'io mi svenassi
sul sacro tuo suolo
con vene giganti.
E l'anima, che si dipartiva,
impetuosamente
verso di te si rivolse, incesa
da dolor rovente
ch'ella udì stridere come
tizzo in piaga viva;
e tutta verso di te protesa
era, gridando il tuo nome
al fulgor vermiglio,
dal carro strepitoso
che la traeva in esiglio.
E intollerabile male
tra tutti i suoi mali
a lei parve la sua dipartita;
sentì la sua vita
spoglia d'ogni forza e senz'ali,
pallida e senza riposo
piegata su l'acre ferita,
ahi, mirò sé stessa lontana.

O Toscana, o Toscana,
dolce tu sei ne' tuoi orti
che lo spino ti chiude
e il cipresso ti guarda;
dolce sei nelle tue colline
che il ruscello ti riga
e l'ulivo t'inghirlanda.
E una dura virtude
certo nelle tue torri commise
e murò per la guerra civile
le pietre forti;
e carca di grandi morti
tu sei ne' tuoi sculti sepolcri,
o Fiorenza, o Fiorenza,
giglio di potenza,
virgulto primaverile;
e certo non è grazia alcuna
che vinca tua grazia d'aprile
quando la valle è una cuna
di fiori di sogni e di pace
ove Simonetta si giace.
Ma cuna dell'anima mia
è il solco del carro stridente
nella pietra dell'Appia via.
A piè del Celio infrequente,
sotto la Porta Capena
gemere udì l'Acqua Marcia
che abbevera l'Urbe affocata.
Si mosse di là fra le tombe
e i lauri, fra la Morte che guata
e la Gloria che perde le frondi,
ai colli d'Alba giocondi.
Lasciò dietro sé le molli ombre;
più non vide la lunga catena
rosseggiar degli acquedutti;
non vide la fresca Preneste;

sdegnò di Tuscolo i frutti,
d'Aricia la selva serena;
s'affrettò alla spiaggia tirrena
ove dura fervente
la bava delle tempeste,
alle reggie di Circe funeste
ove urtò d'Odisseo la carena.
Anelante al deserto di luce
ove fuma vapor che avvelena
e rapisce gli spirti errabondi,
scoperse la candida rupe
onde Anxur pendente
nella truce canicola incombe
allo stagno mortifero e al Mare.

Appia via, cammino solare
incontro all'Austro rapido-ardente,
Appia via, dalla Porta Capena
cui la recondita vena
geme l'assidua stilla,
ove condurrai tu la mia
anima impaziente
che d'avidità risfavilla?
Non qui la mia mèsse è mietuta.
A mietere l'alta mia mèsse
mille falci indefesse
travagliarono solco per solco,
dall'aurora al tramonto,
per nove aurore
e per nove tramonti,
in terra sconosciuta.
E s'udiva in ogni meriggio
venir dagli orizzonti
infiammati la voce
e il tuono di Pan sopra a noi.
E ululava la torma feroce:

«O Pan, aiuta, aiuta!»
E per la stoppia i buoi
candidi, aggiogati ai plaustri
contra le biche manomesse,
mugghiavano di spavento.
O Pan, dammi il mio frumento,
dammi l'oro della mia mèsse
australe e la furia degli Austri
libici e la furia dei cavalli
dall'ugne adorne di lampi!
Non qui non qui ebbi i miei campi,
non qui ebbi i miei plaustri,
ma nel grande Lazio tirreno,
fino a Minturno,
fino a Sinuessa,
nella terra ebra di Massico
nella terra ebra di Cècubo,
a Fondi lacustre,
ad Amicle marina,
ad Ardea danaèia
ov'arde il sangue di Turno,
e su la curva spiaggia nomata
dalla nutrice eneia,
di qua dal rapace Volturno,
e presso lo stagno taciturno
pingue di calami e d'ulve
ove di Latino il lauro vige
tra le spiche fatte più fulve,
e ad Anzio amor del pirata
e della Fortuna crudeli
e del crudele Imperatore,
e a Ostia, nella sacra bocca
del Tevere irta di prore
gonfia di vele
ingombra de' lunghi granai.

Ovunque falciai e trebbiai
nel grande Lazio tirreno,
alle porte dell'Urbe e al confine
estremo, fra il Tevere e il Liri,
in ogni più fertile plaga.
Ma a te vanno i miei sospiri,
a te, ombra del Monte Circèo
letifera come il veleno
e il carme dell'avida maga
che tenne l'insonne
piloto re d'Itaca Odisseo
nel letto dall'alte colonne.
Quivi ancor regna nel Monte
l'Iddia callida, figlia del Sole;
e spia dal palagio rupestro,
tra sue stellate pantere
e sue tazze attoscate di suchi.
Gemon prigioni i suoi drudi,
bestiame del suo piacere,
cui ella tocca la fronte
con verga e susurra parole.
E i suoi pastori astati, prole
dell'Evia e del Centauro
generata nell'ora dell'estro,
di bronzea pelle, di pél sauro,
prole furibonda,
quivi sotto gettano rauco
ululo su la palude
e pungono il negro armento
dalle code nude,
i bufali, irosi mostri
profondati nel lutulento
pascolo che s'inselva di corna.
E, quando aggiorna,
tutta la palude ansa e soffia
per le froge e per le fauci emerse,

occhiuta di mille occhi torvi;
e l'acqua putre gorgoglia
e bulica occlusa dall'erbe
cui sradica il piè bisulco,
mentre nube di corvi
sinistra offusca e assorda l'aria
ove passa in silenzio mortale
la Febbre velata di nebbia.

Quivi io farò la mia trebbia,
quivi batterò la mia mèsse
in un'area vasta
come campo per oste schierata.
Ove sono i cavalli del Sole
criniti di furia e di fiamma?
le code prolisse
annodate con liste
di porpora, l'ugne
adorne di lampi
su l'aride ariste?
Ove le sferze sonanti,
le rèdine lunghe sbandite,
il tinnir dei metalli,
il brillar delle madide groppe?
Ove gli urli, ove i canti, ove i balli?

Ecco, al tripudio, ecco i cavalli!
Chi li conduce?
Ecco le sferze, ecco i crotali,
i cimbali cavi-sonori
che vince il rombo dei cuori,
le femmine scalze-succinte
ebre di luce,
i giovini possa-di-tori
ebri di strepito.
Ecco il fiore del sangue latino.

Ecco gli otri gonfi di vino.
Ecco la sapa dolce a mescere.
Ecco l'arido pane che asseta.
Ecco la tazza di creta,
foggia antica e ne' secoli bella,
ampia come bucranio,
rosea come mammella.
Ecco tutto il tripudio!
Versate i manipoli
sul suol vulcanio,
versate dal plaustro
accline i manipoli
come da cornucopia.
Tutta la terra è roggia
più che sinopia
agli occhi torbidi.
Il vento turbina,
suscita polvere in vortici.
Versano i plaustri
nell'aia l'oro stridulo.
L'oro s'accumula.
Dispare il suolo igneo
sotto la congerie
innumerevole.
Sola una bica, solo un aureo
monte è la grande area.
Tutto il Lazio è una stoppia
che arde e solvesi in cenere,
da Sinuessa massica
fino a Roma romùlea.
Sola una bica, solo un aureo
monte è la grande area;
e i cavalli l'ascendono.
Scalpita, scalpita!
O Roma, questo è il monte di Cerere
madre di Prosèrpina,

questo è il monte della Magna Madre
che navigò pel Tevere.
I cavalli terribili
erti su l'unghia solida
l'ascendono, l'assaltano.
Scalpita, scalpita!
Crollano i manipoli
sotto l'urto, si spezzano
i culmi, si sgranano
le spiche, le ariste stridono,
le loppe volano.
Scalpita, scalpita!
Le sferze schioccano,
per l'aere guizzano
come le folgori.
Come le gómene
della nave in pericolo
sotto la ràffica,
si tendono le rèdine.
Gli umani polsi battono,
tremano i muscoli,
si gonfiano le arterie.
Chi osa reggere
la forza degli Alipedi?
Balzano, s'impennano
le fiere, vèrberano
l'aere, col ferro quadruplice
i cumuli dirompono.
Le code intonse inarcansi,
le criniere svèntolano
come vessilli vividi,
le nari spirano
fiamma, gli occhi si rigano
di sangue, i fianchi pulsano,
le vene si palesano,
per l'ampie groppe rivoli

di sudore fluiscono,
nella schiuma dei difficili
freni brilla l'iride.
Scalpita, scalpita!
Tutto il fuoco dell'anima
ferina esalasi
nell'impeto e nell'ànsito,
par circonfondere
gli acri corpi madidi,
sul sudor fremere
come un'ala invisibile.
Svegliasi nei rapidi
cuori l'anelito di Pègaso
verso il cammin sidereo?
Scalpita, scalpita!
Il vento turbina,
agita in nugoli
vani le spoglie spìcee.
Tutto l'aere è volatile
oro, per ove le candide
e negre e saure
e maculate groppe splendono,
per ove passano
i gridi rauchi,
gli schiocchi, i sibili,
l'urto dei crotali,
il tintinnìo dei cimbali,
il mugghio delle bufale,
il riso delle femmine
umane che Libero èccita.

Ma il cielo dilatasi
muto e solenne sul tripudio;
lungi si tace il Mare Infero
ove il figlio di Venere
dall'alta prora iliaca

gridò: «Italia! Italia!»
E l'ombra del re d'Itaca,
l'ombra dell'antico nauta
esperto degli uomini e dei pelaghi,
guata dalla magica
rupe se il Fato ferreo
lui anco chiami a vincere
un più grande pericolo.
O Forza, o Abondanza, o Vittoria,
voi all'opera terrestre auspici
siete e testimonii!
Tutto di voi s'illumina
il grande Lazio. In purpureo
lume il giorno cangiasi.
Il vento chiude i suoi turbini.
L'aere la terra pènetra.
Par nelle cose nascere
una vita indicibile,
però che i prischi numi italici,
subitamente reduci
dall'Ombra delle Origini,
nella gleba rivivano,
nell'acqua nell'erba nella silice,
e laggiù, entro la reggia
del re Latino figlio
di Marica e di Fauno,
rinverdiscasi il Lauro
che fu sacro ad Apolline
Febo pria che il vedovo
di Creusa da Ilio
venisse per congiugnersi
con Lavinia vergine fertile.
O prodigio! O metamorfosi!
Su la grande area,
quadrata come la saturnia
Urbe nel nascere,

la calpesta mèsse al par d'occidua
nuvola s'imporpora.
Scalpita, scalpita!
E i cavalli son rosei
splendenti, come se nell'intimo
sangue una sùbita
aurora accendasi
e per i fumidi
fianchi trasparir veggasi.
S'ergono e di roseo
fuoco il petto e il ventre splendono,
ove s'intrecciano le tumide
vene come d'edera
intrichi per arborei còrtici.
Fiammei spiriti
dalle narici esalano.
Scalpita, scalpita!
Or senton gli uomini
che un divin numero
modera l'impeto
dei solidunguli.
O prodigio! O metamorfosi!
Ecco, le ali titanie,
le solari penne, le lucifere
piume, infaticabili
flagelli dell'Etere
diurno, artefici
della rapidità precìpite,
cui le trame dei muscoli
contro le dure scapule
parean constringere,
ecco, ecco, si liberano
si spiegano s'allargano.
Nell'oro e nella porpora
aperte palpitano
le ali, le ali apollinee.

Il vento ch'elle muovono
solleva il cuor degli uomini
come un peàn che càntino
per sacri intercolunnii
cetere a miriadi.
Io Peàn! Io Peàn! Gloria
al Maestro dell'Opere,
allo Specchio degli Uomini,
al Titan dalla rutila chioma,
al Re delle alate parole,
al Duce dei cori eliconii!
O Forza, Abondanza, Vittoria,
e tu, Genio che mai non si doma,
voi siatemi qui testimonii.
Calpestano i cavalli del Sole
il rinato frumento di Roma.

LA TENZONE

O Marina di Pisa, quando folgora
il solleone!
Le lodolette cantan su le pratora
di San Rossore
e le cicale cantano su i platani
d'Arno a tenzone.

Come l'Estate porta l'oro in bocca,
l'Arno porta il silenzio alla sua foce.
Tutto il mattino per la dolce landa
quinci è un cantare e quindi altro cantare;
tace l'acqua tra l'una e l'altra voce.
E l'Estate or si china da una banda
or dall'altra si piega ad ascoltare.
È lento il fiume, il naviglio è veloce.
La riva è pura come una ghirlanda.
Tu ridi tuttavia co' raggi in bocca,
come l'Estate a me, come l'Estate!
Sopra di noi sono le vele bianche,
sopra di noi le vele immacolate.
Il vento che le tocca
tocca anche le tue pàlpebre un po' stanche,
tocca anche le tue vene delicate;
e un divino sopor ti persuade,
fresco ne' cigli tuoi come rugiade
in erbe all'albeggiare.

S'inazzurra il tuo sangue come il mare.
L'anima tua di pace s'inghirlanda.
L'Arno porta il silenzio alla sua foce
come l'Estate porta l'oro in bocca.
Stormi d'augelli varcano la foce,
poi tutte l'ali bagnano nel mare!
Ogni passato mal nell'oblìo cade.
S'estingue ogni desìo vano e feroce.
Quel che ieri mi nocque, or non mi nuoce;
quello che mi toccò, più non mi tocca.
È paga nel mio cuore ogni dimanda,
come l'acqua tra l'una e l'altra voce.
Così discendo al mare;
così veleggio. E per la dolce landa
quinci è un cantare e quindi altro cantare.

Le lodolette cantan su le pratora
di San Rossore
e le cicale cantano su i platani
d'Arno a tenzone.

INTRA DU' ARNI

Ecco l'isola di Progne
ove sorridi
ai gridi
della rondine trace
che per le molli crete
ripete
le antiche rampogne
al re fallace,
e senza pace,
appena aggiorna,
va e torna
vigile all'opra
nidace,
né si posa né si tace
se non si copra
d'ombra la riviera
a sera
circa l'isola leggiera
di canne e di crete,
che all'aulete
dà flauti,
alla migrante nidi
e, se sorridi, lauti
giacigli all'amor folle.
Ecco l'isola molle.

Ecco l'isola molle
intra du' Arni,
cuna di carmi,
ove cantano l'Estate
le canne virenti
ai vènti
in varii modi,
non odi?,
quasi di nodi
prive e di midolle,
quasi inspirate
da volubili bocche
e tocche
da dita sapienti,
quasi con arte elette
e giunte insieme
a schiera,
su l'esempio divino,
con lino
attorto e con cera
sapida di miele,
a sette a sette,
quasi perfette
sampogne.
Ecco l'isola di Progne.

LA PIOGGIA NEL PINETO

Taci. Su le soglie
del bosco non odo
parole che dici
umane; ma odo
parole più nuove
che parlano gocciole e foglie
lontane.
Ascolta. Piove
dalle nuvole sparse.
Piove su le tamerici
salmastre ed arse,
piove su i pini
scagliosi ed irti,
piove su i mirti
divini,
su le ginestre fulgenti
di fiori accolti,
su i ginepri folti
di coccole aulenti,
piove su i nostri vólti
silvani,
piove su le nostre mani
ignude,
su i nostri vestimenti
leggieri,
su i freschi pensieri

che l'anima schiude
novella,
su la favola bella
che ieri
t'illuse, che oggi m'illude,
o Ermione.

Odi? La pioggia cade
su la solitaria
verdura
con un crepitìo che dura
e varia nell'aria
secondo le fronde
più rade, men rade.
Ascolta. Risponde
al pianto il canto
delle cicale
che il pianto australe
non impaura,
né il ciel cinerino.
E il pino
ha un suono, e il mirto
altro suono, e il ginepro
altro ancóra, stromenti
diversi
sotto innumerevoli dita.
E immersi
noi siam nello spirto
silvestre,
d'arborea vita viventi;
e il tuo vólto ebro
è molle di pioggia
come una foglia,
e le tue chiome
auliscono come
le chiare ginestre,

o creatura terrestre
che hai nome
Ermione.

Ascolta, ascolta. L'accordo
delle aeree cicale
a poco a poco
più sordo
si fa sotto il pianto
che cresce;
ma un canto vi si mesce
più roco
che di laggiù sale,
dall'umida ombra remota.
Più sordo e più fioco
s'allenta, si spegne.
Sola una nota
ancor trema, si spegne,
risorge, trema, si spegne.
Non s'ode voce del mare.
Or s'ode su tutta la fronda
crosciare
l'argentea pioggia
che monda,
il croscio che varia
secondo la fronda
più folta, men folta.
Ascolta.
La figlia dell'aria
è muta; ma la figlia
del limo lontana,
la rana,
canta nell'ombra più fonda,
chi sa dove, chi sa dove!
E piove su le tue ciglia,
Ermione.

Piove su le tue ciglia nere
sì che par tu pianga
ma di piacere; non bianca
ma quasi fatta virente,
par da scorza tu esca.
E tutta la vita è in noi fresca
aulente,
il cuor nel petto è come pèsca
intatta,
tra le pàlpebre gli occhi
son come polle tra l'erbe,
i denti negli alvèoli
son come mandorle acerbe.
E andiam di fratta in fratta,
or congiunti or disciolti
(e il verde vigor rude
ci allaccia i mallèoli
c'intrica i ginocchi)
chi sa dove, chi sa dove!
E piove su i nostri vólti
silvani,
piove su le nostre mani
ignude,
su i nostri vestimenti
leggieri,
su i freschi pensieri
che l'anima schiude
novella,
su la favola bella
che ieri
m'illuse, che oggi t'illude,
o Ermione.

MERIGGIO

A mezzo il giorno
sul Mare etrusco
pallido verdicante
come il dissepolto
bronzo dagli ipogei, grava
la bonaccia. Non bava
di vento intorno
alita. Non trema canna
su la solitaria
spiaggia aspra di rusco,
di ginepri arsi. Non suona
voce, se ascolto.
Riga di vele in panna
verso Livorno
biancica. Pel chiaro
silenzio il Capo Corvo
l'isola del Faro
scorgo; e più lontane,
forme d'aria nell'aria,
l'isole del tuo sdegno,
o padre Dante,
la Capraia e la Gorgóna
Marmorea corona
di minaccevoli punte,
le grandi Alpi Apuane
regnano il regno amaro,
dal loro orgoglio assunte.

La foce è come salso
stagno. Del marin colore,
per mezzo alle capanne,
per entro alle reti
che pendono dalla croce
degli staggi, si tace.
Come il bronzo sepolcrale
pallida verdica in pace
quella che sorridea.
Quasi letèa,
obliviosa, eguale,
segno non mostra
di corrente, non ruga
d'aura. La fuga
delle due rive
si chiude come in un cerchio
di canne, che circonscrive
l'oblìo silente; e le canne
non han susurri. Più foschi
i boschi di San Rossore
fan di sé cupa chiostra;
ma i più lontani,
verso il Gombo, verso il Serchio,
son quasi azzurri.
Dormono i Monti Pisani
coperti da inerti
cumuli di vapore.

Bonaccia, calura,
per ovunque silenzio.
L'Estate si matura
sul mio capo come un pomo
che promesso mi sia,
che cogliere io debba
con la mia mano,
che suggere io debba

con le mie labbra solo.
Perduta è ogni traccia
dell'uomo. Voce non suona,
se ascolto. Ogni duolo
umano m'abbandona.
Non ho più nome.
E sento che il mio vólto
s'indora dell'oro
meridiano,
e che la mia bionda
barba riluce
come la paglia marina;
sento che il lido rigato
con sì delicato
lavoro dall'onda
e dal vento è come
il mio palato, è come
il cavo della mia mano
ove il tatto s'affina.

E la mia forza supina
si stampa nell'arena,
diffondesi nel mare;
e il fiume è la mia vena,
il monte è la mia fronte,
la selva è la mia pube,
la nube è il mio sudore.
E io sono nel fiore
della stiancia, nella scaglia
della pina, nella bacca
del ginepro: io son nel fuco,
nella paglia marina,
in ogni cosa esigua,
in ogni cosa immane,
nella sabbia contigua,
nelle vette lontane.

Ardo, riluco.
E non ho più nome.
E l'alpi e l'isole e i golfi
e i capi e i fari e i boschi
e le foci ch'io nomai
non han più l'usato nome
che suona in labbra umane.
Non ho più nome né sorte
tra gli uomini; ma il mio nome
è Meriggio. In tutto io vivo
tacito come la Morte.

E la mia vita è divina.

IL GOMBO

L'immensità del duolo,
del lutto immedicabile senza
fine, terrestre fatta
qual Niobe nell'umida rupe,
quivi abitare sembra
nel lito deserto, nell'alpe
ardua, nella selva
che piange il suo pianto aromale.

Tutto è quivi alto e puro
e funebre come le plaghe
ove duran nel Tempo
i grandi castighi che inflisse
il rigor degli iddii
agli uomini obliosi del sacro
limite imposto all'ansia
del lor desiderio immortale.

Tre disse quivi immense
parole il Mistero del Mondo,
pel Mare pel Lito per l'Alpe,
visibile enigma divino
che inebria di spavento
e d'estasi l'anima umana
cui travagliano il peso
del corpo e lo sforzo dell'ale.

Poi che non val la possa
della Vita a comprendere tanta
bellezza, ecco la Morte
che braccia più vaste possiede
e silenzii più intenti
e rapidità più sicura;
ecco la Morte, e l'Arte
che è la sua sorella eternale:

quella che anco rapisce
la Vita e la toglie per sempre
all'inganno del Tempo
e nuda l'inalza tra l'Ombra
e la Luce, e le dona
col ritmo il novello respiro:
ecco la Morte e l'Arte
apparsemi nel cerchio fatale.

O Niobe, l'antico
tuo grido odo alzarsi repente
al conspetto del Mare,
e il tuo disperato dolore
chiamar le figlie e i figli
per l'inesorabile chiostra,
e stridere odo l'arco
forte e sibilare lo strale.

«Tera, Ftia, Cleodossa,
Astìoche, Pelòpia, Fedìmo!»
Tu chiami; e i dolci nomi,
i nomi che furono il miele
della tua bocca, o Madre,
si frangon nell'ululo crudo
come pel mìssile oro
l'incolpevole fior filiale.

Procombono sul petto
sul fianco, procombono i corpi
floridi, i giovinetti
venusti, le vergini leni;
copron la sabbia amara,
mescono le chiome alle spume
non il sangue: incruenta
è la piaga dell'oro letale.

Procombono, stanno
ai tuoi piedi, o Madre demente!
Poi tutto è marmo, immota
bellezza, effigiato silenzio.
L'immensità del duolo
è fatta terrestre e marina.
Il Mare il Lito l'Alpe
sono il tuo simulacro ferale.

O Tantalide audace,
io veggo il tuo bellissimo vólto
impietrato e il tuo pianto
nella solitudine esangue,
e il sacrilego orgoglio
che feceti chiedere altari
per la generatrice
virtù del tuo grembo mortale.

Tutto è quivi alto e puro
e funebre e ai cieli superbo,
memore dell'umane
grandezze e dei castighi divini.
Ed in nessuna plaga
con più guerra, ahi, l'anima audace
travagliarono il peso
del corpo e lo sforzo dell'ale.

L'OLEANDRO

I

Erigone, Aretusa, Berenice,
quale di voi accompagnò la notte
d'estate con più dolce melodìa
tra gli oleandri lungo il bianco mare?
Sedean con noi le donne presso il mare
e avea ciascuna la sua melodìa
entro il suo cuore per l'amica notte;
e ciascuna di lor parea contenta.

E sedevamo su la riva, esciti
dalle chiare acque, con beato il sangue
del fresco sale; e gli oleandri ambigui
intrecciavan le rose al regio alloro
sul nostro capo; e il giorno di sì grandi
beni ci avea ricolmi che noi paghi
sorridevamo di riconoscenza
indicibile al suo divin morire.

«Il Giorno» disse pianamente Erigone
verso la luce «non potrà morire.
Mai la sua faccia parve tanto pura,
non ebbe mai tanta soavità.»
Era la sua parola come il vento
d'estate quando ci disseta a sorsi

e nella pausa noi pensiamo i fonti
dei remoti giardini ov'egli errò.

L'udii come s'io fossi ancor sommerso
e la sua voce avesse umido velo.
Ma reclinai la gota, e d'improvviso
tiepida come sangue dalla conca
dell'udito sgorgò l'acqua marina.
Pur, profondando nella sabbia i nudi
piedi, io sentia partirsi lentamente
il buon calor del tramontato sole.

E chi recise all'oleandro un ramo?
Io non mi volsi, ma l'amarulenta
fragranza della linfa dalla fresca
piaga mi giunse alle narici, vinse
l'odor muschiato dei vermigli fiori.
«O Glauco» disse Berenice «ho sete.»
Ed Aretusa disse: «O Derbe, quando
fiorì di rose il lauro trionfale?»

Ella ben sapea quando, ma non Derbe
inesperto in foggiar lucidi miti.
Ed il cuore profondo mi tremò,
tremò della divina poesia.
Ond'io pregava: «O desiderii miei,
stirpe vorace e vigile, dormite!
E voi lasciate che nel vostro sonno
io mi cinga del lauro trionfale!»

Tutto allora fu grande, anche il mio cuore.
Oh poesia, divina libertà!
Ergevasi con mille cime l'Alpe
grande, quasi con volo di mille aquile,
per il salir d'impetuosa forza
dalle sue dure viscere di marmo

onde l'uom che non volle umana prole
trasse i suoi muti figli imperituri.

E le curve propaggini dell'Alpe
si protendeano ad abbracciare il mare;
ed il mare splendeva di candore
meraviglioso nel lunato golfo
con la bellezza delle donne nostre.
E quella luce un rinascente mito
fece di voi su l'irraggiato mondo,
Erigone, Aretusa, Berenice!

Così ci parve riudire il canto
delle Sirene, dalla nave concava
di prora azzurra, fornita di ponti,
veloce, in un doloroso ritorno
spinta dal vento al frangente del mare,
né ci difese Odisseo dal periglio
con la sua cera; ma il cuore, non più
libero, novellamente anelava.

II

«O Glauco», disse Berenice «ho sete.
Dov'è la fonte? dove sono i frutti?
Dov'è Cyane azzurra come l'aria?
Dove coglierai tu con le tue mani
l'arancia aurata nella cupa fronda?
Come ci dissetammo! Quante volte
ci dissetammo! E tanto era soave
il dissetarsi che desiderammo
l'ardente sete. Al par di noi chi seppe
distinguere il sapore d'ogni frutto
e la maturità dal suo colore?
distinguere d'ogni acqua la freschezza

e ritrovar la sua più fredda vena?
e regolar le labbra al vario bere
e il sorso modular come una nota?
L'imagine di me nell'acque amavi.
Dell'amore di me arsi inclinata,
sì bella nel ninfale specchio fui.
Io fui Cyane azzurra come l'aria.
Tu mi ghermisti fra natanti foglie.
L'ombra divina mi trasfigurò.
Un fiore subitaneo s'aperse
tra i miei ginocchi. Vincolata fui
da verdi intrichi, fra radici pallide
come i miei piedi, con segreto gelo.
Il sol divino mi trasfigurò.
Anelli innumerevoli alle dita
furonmi i raggi, pettini ai capelli,
monili al collo, e veste tutta d'oro.
O Aretusa, perché non ho il tuo nome?
Nascesti tu nell'isola d'Ortigia
come l'amor del violento fiume?
La Sirena scagliosa abbeveravi,
già fatto il vespero, al tacer dei flauti.
Diedi io le canne ai flauti dei pastori.
Io fui Cyane azzurra come l'aria.
L'acqua sorgiva mi restò negli occhi;
la lenta correntìa mi levigò.
O Glauco, ti sovvien della Sicilia
bella?» Ed io più non vidi la grande Alpe,
il bianco mare. Io dissi: «Andiamo, andiamo!»

«Ti sovvien della bella Doriese
nomata Siracusa nell'effigie
d'oro co' suoi delfini e i suoi cavalli,
serto del mare? Noi scoprimmo un giorno,
stando su l'Acradina, la triere
che recava da Ceo l'Ode novella

di Bacchilide al re vittorioso.
Udivasi nel vento il suon del flauto
che regolava l'impeto dei remi,
or sì or no s'udiva il canto roco
del celeùste; ma silenziosa
l'Ode, foggiata di parole eterne,
più lieve che corona d'oleastro,
onerava di gloria la carena.
Scendemmo al porto. Ti sovvien dell'ora?
Un rogo era l'Acropoli in Ortigia;
ardevano le nubi sul Plemmirio
belle come le statue sul fronte
dei templi; parea teso dalla forza
di Siracusa il grande arco marino.
E noi gridammo, e un sùbito clamore
corse lungo le stoe quando la nave
piena d'eternità giunse all'approdo.
Portatrice di gloria, ella vivea
magnanima, sublime. Giù pe' trasti
anelava l'anelito servile;
s'intravedean su' banchi sovrapposti
i remiganti ignudi unti d'oliva:
la lor fatica ansava dai portelli;
il giglione del remo ai raggi obliqui
lucea come la scapula; un ferigno
odore si spandea, quasi di belve.
E non di quell'anelito servile
era viva la nave, non del sangue
e dell'ossa pesanti ne' suoi fianchi;
ma sì vivea divinamente d'una
cosa ch'ella recava d'oltremare
al re Ierone vincitor col carro;
ma la facea magnanima e sublime
una cosa recata d'oltremare,
più lieve che corona d'oleastro:
l'Ode, foggiata di parole eterne.»

«È vero, è vero!» io dissi. «Mi sovviene.»
Ed il cuore profondo mi tremò,
tremò della divina poesia.
«Mi sovviene. Era l'Ode trionfale:
'Canta Demetra che regna i feraci
campi siciliani, e la sua figlia
cinta di violette! Canta, o Clio,
dispensatrice della dolce fama,
la corsa dei cavalli di Ierone!
Nike ed Aglaia eran con essi quando
trasvolavano...' E l'anima invelata
di sogni andava per le lontananze
dei tempi verso i gloriosi approdi
piena d'eternità come la nave
di Ceo. Passammo gli ellesponti, i golfi,
l'isole, gli arcipelaghi, le sirti:
riverimmo le foci dei paterni
fiumi, pregammo i promontorii sacri,
salutammo le bianche cittadelle
custodite da Pallade rupestri;
varcammo l'Istmo pel diolco. Quivi
eroi vedemmo e Pindaro con loro.
Ed obliammo l'usignuol di Ceo
per l'aquila tebana. Era la tua
mitica luce sul Tirreno, o madre
Ellade, ed era bella come i tuoi
monti la nuda Alpe di Luni, o madre
Ellade, come i tuoi monti bellissima
era, onde a te discesero le stirpi
degli Immortali che incedeano al fianco
degli Efimeri sopra il dominato
dolore, e quelli e questi erano eguali,
e tutti erano Ellèni ed una lingua
parlavano divina, uomini e iddii.

In silenzio guardammo i grandi miti
come le nubi sorgere dall'Alpe

ed inclinarsi verso il bianco mare.
Io vidi allora Pègaso pontare
su gli altissimi marmi i piè di vento
e balzar nell'azzurro con aperte
le immense penne, senza cavaliere;
e per il petto e per il ventre vasti
trasparia come fiamma palpitante
la potenza del sangue gorgonèo.
Ardi gridò: "Ecco il teschio d'Orfeo,
che vien dall'Ebro!" Ed il solenne lido
parve attendere il fato dopo il grido.
La sua bellezza s'aggrandì d'orrore.
Il flutto nell'insolito splendore
era meravigliosamente puro.
Splendea sul mondo un giorno imperituro.»

III

Ma non sostenne il nostro cuor mortale
quel silenzio sublime. Si piegò
verso il sorriso delle donne nostre.
E Derbe disse ad Aretusa: «Quando
fiorì di rose il lauro trionfale?»
Era la donna giovinetta alzata,
mutevole onda con un viso d'oro,
tra gli oleandri; ed il reciso ramo
per la capellatura umida effusa,
che fingevale intorno al chiaro viso
l'avvolgimento dell'antica fonte,
intrecciava le rose al regio alloro.
Disse Aretusa: «Bene io te 'l dirò»
mutevole onda con un viso d'oro.

Disse: «Inseguiva il re Apollo Dafne
lungh'esso il fiume, come si racconta.

La figlia di Penèo correva ansante
chiamando il padre suo dall'erma sponda.
Correva, e ad ora ad or le snelle gambe
le s'intricavan nella chioma bionda.
Ben così la poledra di Tessaglia
galoppa nella sua criniera falba
che fino a terra la corsa le ingombra.

Rapido il re Apollo più l'incalza,
infiammato desìo, per lei predare.
All'alito del dio doventa fiamma
la chioma della ninfa fluvïale.
"O padre, o padre" grida "tu mi scampa!"
Chiama ella il padre suo con grida vane.
"Padre, un veloce fuoco mi ghermisce!"
E corre, ed ansa, e le sue gambe lisce
crescon la furia del desìo predace.

"O gran padre Penèo, perduta sono,
ché mi si rompono i ginocchi. Salva-
mi dalla brama del veloce fuoco
che ora mi giunge, ecco, ecco, ora m'abbranca!"
Ma il dolce sangue suo in altro suono,
la sua bellezza in altro suono parla.
Balzale il cuor, si piegano i ginocchi.
Ed ecco ella s'arresta, chiude gli occhi
e trema e dice: "Or ecco m'abbandono."

Una gioia s'aggiunge al suo terrore
ignota che il divin periglio affretta.
Tremante e nuda dentro la chioma ode
la vergine il tinnir della faretra,
sente la forza del perseguitore,
vede l'ardor pe' chiusi cigli e aspetta
d'esser ghermita, e più non chiama il padre.
Ma il dio la chiama: "Dafne, Dafne! Dafne!"
Ed ella non udì voce più bella.

Il dio la chiama: "Dafne, Dafne!" Ed osa
ella aprir gli occhi: la rutila faccia
vede da presso e la bocca bramosa
mentre il dio con le due braccia l'allaccia.
Rapita dalla forza luminosa
gitta ella un grido che per la selvaggia
sponda ultimo risuona, e l'ode il padre.
Avido il dio districa la soave
nudità dalla chioma che la fascia.

Bianca midolla in còrtice lucente,
in folti pampini uva delicata!
Tenera e nuda il dio la piega, e sente
ch'ella resiste come se combatta.
Tenera cede il seno; ma dal ventre
in giuso, quasi fosse radicata,
ella sta rigida ed immota in terra.
Attonito l'amante la disserra.
"Ahi lassa, Dafne, ch'arbore sei fatta!"

Subitamente Dafne s'impaura:
le copre il vólto e il seno un pallor verde.
Ella sembra cader; ma la giuntura
dei ginocchi riman dura ed inerte.
S'agita invano. L'atto della fuga
invan le torce il fianco. Si disperde
il senso di sua vita nella terra.
E l'amante deluso ancor la serra.
"Ahi lassa, Dafne, chi ti trasfigura?"

Ma non il suo melodioso duolo
giova a trarre colei dalla sua sorte.
Nell'umidore del selvaggio suolo
i piedi farsi radiche contorte
ella sente e da lor sorgere un tronco
che le gambe su su fino alle cosce

include e della pelle scorza fa
e dov'è il fiore di verginità
un nodo inviolabile compone.

"O Apollo" geme tal novo dolore
"prendimi! Dov'è dunque il tuo desìo?
O Febo, non sei tu figlio di Giove?
Arco-d'-argento, non sei dunque un dio?
Prendimi, strappami alla terra atroce
che mi si prende e beve il sangue mio!
Tutto furente m'hai perseguitata
ed or più non mi vuoi? Me sciagurata!
Salva mio grembo per lo tuo desìo!

Salvami, Cintio, per la tua pietà!
Se i miei capelli, che m'avvinsero, ami,
de' miei capelli corda all'arco fa!
Prendimi, Apollo!" E tendegli le mani,
che son fogliute; e il verde sale; e già
le braccia sino ai cubiti son rami;
e il verde e il bruno salgon per la pelle;
e su per l'ombelico alle mammelle
già il duro tronco arriva; e i lai son vani.

"Aita, aita! Il cuore mi si serra.
Vedi atra scorza che il petto m'opprime!
O Apollo Febo, strappami da terra!
Tanto furente, non sai più ghermire?
Nuda mi prenderai su la dolce erba,
su la dolce erba e su 'l mio dolce crine.
Ardo di te come tu di me ardi.
O Apollo, o re Apollo, perché tardi?
Già tutta quanta sentomi inverdire."

Il dolce crine è già novella fronda
intorno al viso che si trascolora.

La figlia di Penèo non è più bionda;
non è più ninfa e non è lauro ancóra.
Sola è rossa la bocca gemebonda
che del novello aroma s'insapora.
Escon parole e lacrime odorate
dall'ultima doglianza. O fior d'estate,
prima rosa del lauro che s'infiora!

Tutto è già verde linfa, e sola è sangue
la bocca che querelasi interrotta-
mente. In pallide fibre il cor si sface
ma il suo rossore è in sommo della bocca.
Desioso dolor preme l'amante.
Guarda ei l'arbore sua ma non la tocca;
l'ode implorare ma non ha virtù.
E chiama: "Dafne! Dafne!" Ella non più
implora, non più geme. "Dafne! Dafne!"

Ella non più risponde: è senza voce.
Pur la gola sonora è fatta legno.
Le pàlpebre son due tremule foglie;
li occhi gocciole son d'umor silvestro;
bruni margini inasprano le gote;
delle tenui nari è appena il segno.
Ma nell'ombra la bocca è ancóra sangue,
sola nel lauro la bocca di Dafne
arde e al dio s'offre, virginal mistero.

Curvasi Apollo verso quella ardente,
la bacia con impetuosa brama.
Ne freme tutta l'arbore; s'accende
l'ombra intorno alla fronte sovrana;
ogni ramo in corona si protende,
e la fronte d'Apollo è laureata.
Pean! O gloria! Ma sotto i suoi baci
or più non sente che foglie vivaci,
amare bacche. E Dafne Dafne chiama.

"Ahi lassa, Dafne, ch'arbore sei tutta!
Ahi chi ti fece al mio desìo diversa?
In durissimo tronco e in fronda cupa
la dolce carne tua or s'è conversa.
La tua bocca vermiglia s'è distrutta,
che pareva di fiamma ardere eterna.
Come leggieri i piedi tuoi su l'erba,
or radicati nella negra terra!
M'odi tu? M'odi tu? Dafne, sei muta?

Rispondi!" Abbrividiscono le frondi
sino alla vetta. Nel silenzio un breve
murmure spira. "M'odi tu? Rispondi!"
Move la vetta un fremito più lieve.
Poi tutto tace e sta. Sotto i profondi
cieli le rive alto silenzio tiene.
Il bellissimo lauro è senza pianto;
il dolore del dio s'inalza in canto.
Odono i monti e le valli serene.

Odono i monti e le valli e le selve
e i fonti e i fiumi e l'isole del mare.
Spandesi il canto dall'anima ardente
e par tutte le cose generare.
La bellezza di Dafne ecco riveste
la terra; le sue membra delicate
son monti e valli e selve e fiumi e fonti,
il suo sguardo inzaffira gli orizzonti,
la sua chioma fa l'oro dell'estate.

O Dafne, sempre il dio e l'uom cantando
non vorranno altro onor che un ramoscello
di te! Così l'Arco-d'-argento, quando
ha placato il suo cuore nell'immenso
inno, pago si giace sotto il sacro
lauro ad attendere il suo dì novello.

Cade la notte. Sul sonno divino
l'arbore luce d'un baglior sanguigno,
qual bronzo che si vada arroventando.

Scorre la notte. Tra l'Olimpo e l'Ossa
una stella tramonta e l'altra sale.
Misteriosa l'arbore s'arrossa
ma sul suo fuoco piovon le rugiade.
Sogna il Cintio la desiata bocca
di Dafne, e balza il suo cuore immortale.
È l'alba, è l'alba. Il dio si desta: un grido
di meraviglia irraggia tutto il lido.
Brilla di rose il lauro trionfale!»

IV

E così della rosa e dell'alloro
parlò quell'Aretusa fiorentina,
mutevole onda con un viso d'oro.

La sua voce era come acqua argentina
che recasse lavandula o pur menta
o salvia o altra fresca erba mattutina.

Tutto rigato dalla schietta vena
«Sol d'oleandro voglio laurearmi»
io dissi. Ed Aretusa era contenta;

e recise per me altri due rami
e fe' l'atto di cingermi le tempie
dicendomi: «Pe' tuoi novelli carmi!

Che la cerula e fulva Estate sempre
abbia tu nel tuo cuore e in te le rime
nascano come le sue rose scempie!»

E il giorno estivo non potea morire,
ma sorrideva sopra il bianco mare
silenziosamente senza fine;

e la notte, che avea parte ineguale,
spiava il bel nemico dalle chiostre
dei monti azzurra come te, Cyane.

Ebri e tristi d'aver bevuto a troppe
fonti e incantato il cor per tutte guise,
cercammo il grembo delle donne nostre.

Ma la Melancolìa venne e s'assise
in mezzo a noi tra gli oleandri, muta
guatando noi con le pupille fise.

Ed Erigone, ch'ebbe conosciuta
la taciturna amica del pensiero,
chinò la fronte come chi saluta.

E poi disse la Notte e il suo mistero.

V

«Il Giorno» disse «non potrà morire.
Il suo sangue non tinge il bianco mare.
Mai la sua faccia parve tanto pura,
non ebbe mai tanta soavità.
Giace supino sopra il bianco mare,
sorride al cielo ch'ei regnava, attende
ei non sa quale morte o voluttà.
Pur tanto è dolce che la Notte oscura
non già lo spegne ma di lui s'accende,
e lui aurato nelle braccia prende,
lui cela nella sua capellatura,

ma non così che quelle membra d'oro
non veggansi pel fosco trasparire
e illuminare la serenità.
Caldi soffiano i vènti al bianco mare,
calde passano e lente le riviere
in cuore alle terribili città,
passano e vanno per ignoti piani,
cingono ignoti boschi: i cervi a bere
scendono ansanti nella gran caldura;
lunghi bràmiti ascoltano lontani;
bevono: in qualche tacita radura
poi fino a morte si combatterà.
O Notte, o Notte, invano tu nascondi
ne' tuoi capelli il dolce tuo nemico!
Non sono i tuoi capelli sì profondi
che non veggasi dai nostri occhi umani
fiammeggiarvi per entro il tuo piacere.
La terra oppressa respiro non ha.
Arde l'ombra. La vigna è come il vino:
il grappolo sul tralcio si matura
poi che il raggio nell'uva è prigioniere.
La terra soffre nell'ebrietà.
Arde come una glauca vampa l'ombra.
Aduna e vita e morte il bianco mare,
immensa cuna il mare, immensa tomba.
A lui dal monte la sorgente va.
Impallidisce sotto il pianto il coro
delle Pleiadi e l'una d'elle è occulta,
l'una che seppe la felicità.
Orione si slaccia l'armatura,
e Boote si volge, e Cinosura
vacilla; e l'Orsa anche impallidirà.
Oblìa la Notte tutte le sue stelle
e il duolo antico degli amanti umani.
Che con lei piangeremo ella non sa.

O Notte, piangi tutte le tue stelle!
Il grido dell'allodola domani
dall'amor nostro ci disgiungerà.»

Un'altra era con noi, ma restò muta,
tra gli oleandri lungo il bianco mare.

L'IPPOCAMPO

Vimine svelto,
pieghevole Musa
furtivamente
fuggita del Coro
lasciando l'alloro
pel leandro crinale,
mutevole Aretusa
dal viso d'oro,
offri in ristoro
il tuo sal lucente
al mio cavallo Folo
dagli occhi d'elettro,
dal ventre di veltro,
ch'è solo l'eguale
del sangue di Medusa
ahi ma senz'ale!
Offrigli il sale,
sonoro al dente,
o Aretusa,
nella palma dischiusa
e nuda, senza spavento
ché, per prendere il dono,
ha labbra più leggiere
delle sue gambe
di vento.
Appena ti lambe,

come per bere!
Del suo piacere
ti bagna; e la tua palma
appena sente, dietro
le labbra, il fresco
suo dente di puledro,
che brucar l'erba calma
può sì dolcemente
e rodere il ferro
difficile quando serro
la rapidità focace
pe' solitarii
lidi io senza pace.

Come per te, furace
fauna dei pomarii,
un bugno
di miel redolente
non vale
simiana acerba,
così per lui biada opima
non vale un pugno
di sale mordace.
Troppo gli piace,
Aretusa. Ingordo
n'è come capra sima.
Forse ha un ricordo
marino il sangue di Folo.
Egli è forse figliuolo
degli Ippocampi
dalla coda di squamme.
Ora è fiamme e lampi,
ma prima
era forse argentino
o cerulo o verdastro
come il flutto, gagliardo

come il flutto decumano.
E nel vespero tardo,
all'apparir dell'astro
che cresce,
al levar della brezza,
tutto acquoso e salmastro
venuto in su la proda,
mansuefatto,
battendo con la coda
di pesce l'arena
per la dolcezza,
sogguardando in atto
d'amore, gocciando bava,
prono la schiena,
mangiava piano
l'aliga nella mano
cava della Sirena.

L'ONDA

Nella cala tranquilla
scintilla,
intesto di scaglia
come l'antica
lorica
del catafratto,
il Mare.
Sembra trascolorare.
S'argenta? s'oscura?
A un tratto
come colpo dismaglia
l'arme, la forza
del vento l'intacca.
Non dura.
Nasce l'onda fiacca,
sùbito s'ammorza.
Il vento rinforza.
Altra onda nasce,
si perde,
come agnello che pasce
pel verde:
un fiocco di spuma
che balza!
Ma il vento riviene,
rincalza, ridonda.
Altra onda s'alza,

nel suo nascimento
più lene
che ventre virginale!
Palpita, sale,
si gonfia, s'incurva,
s'alluma, propende.
Il dorso ampio splende
come cristallo;
la cima leggiera
s'arruffa
come criniera
nivea di cavallo.
Il vento la scavezza.
L'onda si spezza,
precipita nel cavo
del solco sonora;
spumeggia, biancheggia,
s'infiora, odora,
travolge la cuora,
trae l'alga e l'ulva;
s'allunga,
rotola, galoppa;
intoppa
in altra cui 'l vento
diè tempra diversa;
l'avversa,
l'assalta, la sormonta,
vi si mesce, s'accresce.
Di spruzzi, di sprazzi,
di fiocchi, d'iridi
ferve nella risacca;
par che di crisopazzi
scintilli
e di berilli
viridi a sacca.

O sua favella!
Sciacqua, sciaborda,
scroscia, schiocca, schianta,
romba, ride, canta,
accorda, discorda,
tutte accoglie e fonde
le dissonanze acute
nelle sue volute
profonde,
libera e bella,
numerosa e folle,
possente e molle,
creatura viva
che gode
del suo mistero
fugace.
E per la riva l'ode
la sua sorella scalza
dal passo leggero
e dalle gambe lisce,
Aretusa rapace
che rapisce le frutta
ond'ha colmo suo grembo.
Sùbito le balza
il cor, le raggia
il viso d'oro.
Lascia ella il lembo,
s'inclina
al richiamo canoro;
e la selvaggia
rapina,
l'acerbo suo tesoro
oblìa nella melode.
E anch'ella si gode
come l'onda, l'asciutta

fura, quasi che tutta
la freschezza marina
a nembo
entro le giunga!

Musa, cantai la lode
della mia Strofe Lunga.

STABAT NVDA AESTAS

Primamente intravidi il suo piè stretto
scorrere su per gli aghi arsi dei pini
ove estuava l'aere con grande
tremito, quasi bianca vampa effusa.
Le cicale si tacquero. Più rochi
si fecero i ruscelli. Copiosa
la résina gemette giù pe' fusti.
Riconobbi il colùbro dal sentore.

Nel bosco degli ulivi la raggiunsi.
Scorsi l'ombre cerulee dei rami
su la schiena falcata, e i capei fulvi
nell'argento pallàdio trasvolare
senza suono. Più lungi, nella stoppia,
l'allodola balzò dal solco raso,
la chiamò, la chiamò per nome in cielo.
Allora anch'io per nome la chiamai.

Tra i leandri la vidi che si volse.
Come in bronzea mèsse nel falasco
entrò, che richiudeasi strepitoso.
Più lungi, verso il lido, tra la paglia
marina il piede le si torse in fallo.
Distesa cadde tra le sabbie e l'acque.
Il ponente schiumò ne' suoi capegli.
Immensa apparve, immensa nudità.

VERSILIA

Non temere, o uomo dagli occhi
glauchi! Erompo dalla corteccia
fragile io ninfa boschereccia
Versilia, perché tu mi tocchi.

Tu mondi la persica dolce
e della sua polpa ti godi.
Passò per le scaglie e pe' nodi
l'odore che il cuore ti molce.

Mi giunse alle nari; e la mia
lingua come tenera foglia,
bagnata di sùbita voglia,
contra i denti forti languìa.

Sapevi tu tanto sagaci
nari, o uomo, in legno sì grezzo?
Inconsapevole eri, e del rezzo
gioivi e de' frutti spiccaci

e dell'ombre cui fànnoti gli aghi
del pino, seguendo il piacere
de' vènti, su gli occhi leggiere
come ombre di voli su laghi.

Io ti spiava dal mio fusto
scaglioso; ma tu non sentivi,

o uomo, battere i miei vivi
cigli presso il tuo collo adusto.

Talora la scaglia del pino
è come una pàlpebra rude
che subitamente si schiude,
nell'ombra, a uno sguardo divino.

Io sono divina; e tu forse
mi piaci. Non piacquemi l'irto
Satiro sul letto di mirto,
e il Panisco in van mi rincorse.

Ma tu forse mi piaci. Aulisce
d'acqua marina la tua pelle
che il Sol feceti fosca. Snelle
hai gambe come bronzo lisce.

Offrimi il canestro di giunco
ricolmo di persiche bionde!
Poiché non mi giovano monde,
riponi il tuo coltello adunco.

Io so come si morda il pomo
senza perdere stilla di suco.
Poi co' miei labbri umidi induco
il miele nel cuore dell'uomo.

Riponi il ferro acre che attosca
ogni sapore. Tu non pregi
i tuoi frutti. I peschi, i ciriegi,
i peri, i fichi in terra tosca

son di dolcezza carchi, e i meli,
gli albricocchi, i nespoli ancóra!
E tu li spogli in su l'aurora
velati dei notturni geli.

Da tempo in cuor mio non è gaudio
di tal copia. Ahimè, sono scarsi
i doni. E tu vedi curvarsi
i rami del susino claudio!

Ma io non ho se non la tetra
pigna dal suggellato seme.
E a romper la scaglia che il preme
non giovami pur una pietra.

O uomo occhicèrulo, m'odi!
Lascia che alfine io mi satolli
di queste tue persiche molli
che hai nel cesto intesto di biodi.

Ti priego! La pigna malvagia
mi vale sol per iscagliarla
contro la ghiandaia che ciarla
rauca. Non s'inghiotte la ragia.

Ma se la mastichi negli ozii,
quantunque ha sapore amarogno,
allor che il tuo cuore nel sogno
si bea lungi ai vili negozii,

certo ti piace, o uomo; ed io
te ne darò della più ricca.
Tu la persica che si spicca,
e ne cola il suco giulìo,

dammi, ch'io mi muoio di voglia
e da tempo non ebbi a provarne.
Non temere! Io sono di carne,
se ben fresca come una foglia.

Toccami. Non vello, non ugne
ricurve han le tue mani come

quelle ch'io so. Guarda: ho le chiome
violette come le prugne.

Guarda: ho i denti eguali, più bianchi
che appena sbucciati pinocchi.
Non temere, o uomo dagli occhi
glauchi! Rido, se tu m'abbranchi.

Abbrancami come il bicorne
villoso. La frasca ci copra,
i mirti sien letto, di sopra
ci pendano l'albe viorne.

Ma come, Occhiazzurro, sei cauto!
Forse amico sei di Diana?
Ora scende da Pietrapana
il lesto Settembre col flauto,

se cruenta nel corniolo
rosseggi la cornia afra e lazza.
Odo tra il gridìo della gazza
il richiamo del cavriuolo.

Sei tu cacciatore? Sei destro
ad arco, esperto a cerbottana?
Ora scende da Pietrapana
Settembre. Tu dammi il canestro.

Eh, veduto n'ho del pél baio
verso il Serchio correre il bosco!
Tu dammi il canestro. Conosco
la pesta se ben non abbaio.

Accomanda il nervo alla cocca.
Ne avrai della preda, s'io t'amo!
Imito qualunque richiamo
con un filo d'erba alla bocca.

LA MORTE DEL CERVO

Quasi era vespro. Atteso avea soverchio
alla posta del cervo, quatto quatto
fra le canne; e vinceami l'uggia. A un tratto
vidi l'uom che natava in mezzo al Serchio.

Un uomo egli era, e pur sentii la pelle
aggricciarmisi come a odor ferigno.
Di capegli e di barba era rossigno
come saggina, folte avea le ascelle;

ma pél diverso da quel delle gote
sotto il ventre parea gli cominciasse,
bestial pelo, e che le parti basse
fossero enormi, cosce gambe piote,

come di mostro, tanto era il volume
dell'acqua che moveva il natatore
se ben tenesse ambe le braccia fuore
con tutto il busto eretto in su le spume.

Un uomo era. A una frotta d'anitroccoli
sbigottita egli rise. Intesi il croscio.
Repente si gittò su per lo scoscio
della ripa, saltò su quattro zoccoli!

Lo conobbi tremando a foglia a foglia.
Ben era il generato dalla Nube

acro e bimembre, uomo fin quasi al pube,
stallone il resto dalla grossa coglia.

Il Centauro! Di manto sagginato
era, ma nella groppa rabicano
e nella coda, di due piè balzàno,
l'equine schiene e le virili arcato.

Ritondo il capo avea, tutto di ricci
folto come la vite di racimoli;
e l'inclinava a mordicare i cimoli
dei ramicelli, i teneri viticci

con la gran bocca usa alla vettovaglia
sanguinolenta, a tritar gli ossi, a bere
d'un fiato il vin fumoso nel cratère
ampio, sopra le mense di Tessaglia.

Levava il braccio umano, dal bicipite
guizzante, a côrre il ramicel d'un pioppo.
Repente trasaltò, di gran galoppo
sparì per mezzo agli arbori precipite.

Il cor m'urtava il petto, in ogni nervo
io tremando. Ma, nella mia latèbra
umida verde, l'anima erami ebra
d'antiche forze. E udii bramire il cervo!

L'udii bramir di furia e di dolore
come s'ei fosse lacero da zanne
leonine. Balzai di tra le canne,
vincendo a un tratto il corporale orrore,

agile divenuto come un veltro
pe' gineprai, per gli sterpeti rossi,
con silenzio veloce, quasi fossi
in sogno, quasi avessi i piè di feltro.

O Derbe, la potenza che desidero
è nei metalli che il gran fuoco ha vinto.
Eternato nel bronzo di Corinto
ti darò quel che i lucidi occhi videro?

Il Centauro afferrato avea pei palchi
delle corna il gran cervo nella zuffa,
come l'uom pe' capei di retro acciuffa
il nemico e lo trae, finché lo calchi

a terra per dirompergli la schiena
e la cervice sotto il suo tallone,
o come nella foia lo stallone
la sua giumenta assal per farla piena.

Erto alla presa della cornea chioma,
con le due zampe attanagliava il dorso
cervino, superandolo del torso,
premendolo con tutta la sua soma.

Furente il cervo si divincolava
sotto, gli occhi riverso, il bruno collo
gonfio d'ira e di mugghio, in ogni crollo
crudo spargendo al suol fiocchi di bava.

Era del più vetusto sangue regio,
di quelli che ammansiva il suon del sufolo,
vasto e robusto il corpo come bufolo,
di vénti punte in ogni stanga egregio.

Quanti rivali, oh lune di Settembre,
cacciati avea da' freschi suoi ricoveri
e infissi nella scorza delle roveri,
pria d'abbattersi al Tessalo bimembre!

Si scrollò, si squassò, si svincolò.
E le muglia sonavan d'ogni intorno.

In pugno al mostro un ramo del suo corno
lasciando, corse un tratto; e si voltò.

Si voltò per combattere, le vampe
dalle froge soffiando e le vendette.
Il Tessalo gittò la scheggia; e stette
guardingo, fermo su le quattro zampe.

Un fil di sangue gli colava giù
pel viril petto, giù per il pelame
cavallino il sudore. Come rame
gli brillava la groppa or meno or più

al sole obliquo che ferìa lontano
pe' tronchi, variato dalle frondi.
S'era fatto silenzio nei profondi
boschi. Il soffio s'udìa ferino e umano.

Gli aghi dei pini ardere come bragia
parean sul campo del combattimento.
E l'aspro lezzo bestial nel vento
si mesceva all'odore della ragia.

Pontata a terra la sua forza avversa,
il cervo, come fa nel cozzo il tauro,
bassò l'arme. La coda del Centauro
tre volte batté l'aria come fersa.

Una rapidità fulva e ramosa
si scagliò con un bràmito di morte.
O Derbe, ancor ne freme per la sorte
del petto umano l'anima ansiosa.

Credetti udire il gemito dell'uomo
su l'impennarsi del caval selvaggio.
Ma il Tessalo con inuman coraggio
il cervo avea pur quella volta dómo!

Preso l'avea di fronte, alle radici
delle corna, e gli avea riverso il muso.
Entrambi inalberati, l'un confuso
con l'altro in un viluppo, i due nemici,

tra luci ed ombre, sotto il muto cielo
saettato da sprazzi porporini,
lottavano; e su i due corpi ferini,
su le zampe le punte il fitto pelo

il crino irsuto il prepotente sesso,
io vedea con angoscia il capo alzarsi
di mia specie, agitare i ricci sparsi
quel vento d'ira sul mio capo istesso.

E, gonfio il cor fraterno d'un antico
rimorso, tesi l'arco dall'agguato.
Ma l'uom co' pugni avea divaricato
e divelto le corna del nemico.

Udii lo schianto stridulo dell'osso
infranto, aperto sino alla mascella.
Fumide giù dal cranio le cervella
sgorgarono commiste al sangue rosso.

L'erto corpo piombò nel gran riposo
con urto sordo; sanguinò silente;
senza palpito stette; del cocente
flutto bagnò l'arsiccio suol pinoso.

Rise il Centauro come a quella frotta
lieve natante giù pel verde Serchio.
Poi levò, grande nel silvano cerchio,
il duplice trofeo della sua lotta.

Fiutò il vento. Ma prima di partirsi
colse tre rami carichi di pine;

e due n'avvolse intorno alle cervine
corna, e sì n'ebbe due notturni tirsi.

Del terzo incurvo fece un serto sacro
e se ne inghirlandò le tempie umane
ove le vene, enfiate dall'immane
sforzo, ancor cupe ardeangli di sangue acro.

Precinto, armato dei due tirsi foschi,
sollevò la gran bocca a respirare
verso il Cielo. S'udìa remoto il Mare
seguir col rombo il murmure dei boschi.

Sola una Nube era nell'alte zone
dell'Etere qual dea scinta che dorma.
Venerava il Nubìgena la forma
cui fecondò l'audacia d'Issione.

Bellissimo m'apparve. In ogni muscolo
gli fremeva una vita inimitabile.
Repente s'impennò. Sparve Ombra labile
verso il Mito nell'ombre del crepuscolo.

MADRIGALI DELL'ESTATE

IMPLORAZIONE

Estate, Estate mia, non declinare!
Fa che prima nel petto il cor mi scoppi
come pomo granato a troppo ardore.

Estate, Estate, indugia a maturare
i grappoli dei tralci su per gli oppi.
Fa che il colchico dia più tardo il fiore.

Forte comprimi sul tuo sen rubesto
il fin Settembre, che non sia sì lesto.

Sòffoca, Estate, fra le tue mammelle
il fabro di canestre e di tinelle.

LA SABBIA DEL TEMPO

Come scorrea la calda sabbia lieve
per entro il cavo della mano in ozio,
il cor sentì che il giorno era più breve.

E un'ansia repentina il cor m'assalse
per l'appressar dell'umido equinozio
che offusca l'oro delle piagge salse.

Alla sabbia del Tempo urna la mano
era, clessidra il cor mio palpitante,

l'ombra crescente d'ogni stelo vano
quasi ombra d'ago in tacito quadrante.

L'ORMA

Sol calando, lungh'essa la marina
giunsi alla pigra foce del Motrone
e mi scalzai per trapassare a guado.

Da stuol migrante un suono di chiarina
venìa per l'aria, e il mar tenea bordone.
Nitrì di fra lo sparto un caval brado.

Ristetti. Strana era nel limo un'orma.
Però dall'alpe già scendeva l'ombra.

ALL'ALBA

All'alba ritrovai l'orma sul posto,
selvatica qual pesta di cerbiatto;
ma v'era il segno delle cinque dita.

Era il pollice alquanto più discosto
dall'altre dita e il mignolo rattratto
come ugnello di gàzzera marina.

La foce ingombra di tritume negro
odorava di sale e di ginepro.

Seguitai l'orma esigua, come bracco
che tracci e fiuti il baio capriuolo.
Giunsi al canneto e mi scontrai col riccio.

Livido si fuggì pel folto il biacco.
Si levarono due tre quattro a volo
migliarini già tinti di gialliccio.

Vidi un che bianco; e un velo era dell'alba.
Per guatar l'alba dismarrii la traccia.

A MEZZODÌ

A mezzodì scopersi tra le canne
del Motrone argiglioso l'aspra ninfa
nericiglia, sorella di Siringa.

L'ebbi su' miei ginocchi di silvano;
e nella sua saliva amarulenta
assaporai l'orìgano e la menta.

Per entro al rombo della nostra ardenza
udimmo crepitar sopra le canne
pioggia d'agosto calda come sangue.

Fremere udimmo nelle arsicce crete
le mille bocche della nostra sete.

IN SUL VESPERO

In sul vespero, scendo alla radura.
Prendo col laccio la puledra brada
che ancor tra i denti ha schiuma di pastura.

Tanaglio il dorso nudo, alle difese;
e per le ascelle afferro la naiàda,
la sollevo, la pianto sul garrese.

Schizzan di sotto all'ugne nel galoppo
gli aghi i rami le pigne le cortecce.
Di là dai fossi, ecco il triforme groppo
su per le vampe delle fulve secce!

L'INCANTO CIRCEO

Tra i due porti, tra l'uno e l'altro faro,
bonaccia senza vele e senza nubi
dolce venata come le tue tempie.

Assai lungi, di là dall'Argentaro,
assai lungi le rupi e le paludi
di Circe, dell'iddìa dalle molt'erbe.
E c'incantò con una stilla d'erbe
tutto il Tirreno, come un suo lebete!

IL VENTO SCRIVE

Su la docile sabbia il vento scrive
con le penne dell'ala; e in sua favella
parlano i segni per le bianche rive.

Ma, quando il sol declina, d'ogni nota
ombra lene si crea, d'ogni ondicella,
quasi di ciglia su soave gota.

E par che nell'immenso arido viso
della piaggia s'immilli il tuo sorriso.

LE LAMPADE MARINE

Lucono le meduse come stanche
lampade sul cammin della Sirena
sparso d'ulve e di pallide radici.

Bonaccia spira su le rive bianche
ove il nascente plenilunio appena
segna l'ombra alle amare tamerici.

Sugger di labbra fievole fa l'acqua
ch'empie l'orma del piè tuo delicata.

NELLA BELLETTA

Nella belletta i giunchi hanno l'odore
delle persiche mézze e delle rose
passe, del miele guasto e della morte.

Or tutta la palude è come un fiore
lutulento che il sol d'agosto cuoce,
con non so che dolcigna afa di morte.

Ammutisce la rana, se m'appresso.
Le bolle d'aria salgono in silenzio.

L'UVA GRECA

Or laggiù, nelle vigne dell'Acaia,
l'uva simile ai ricci di Giacinto
si cuoce; e già comincia a esser vaia.

Si cuoce al sole, e detta è passolina,
anche laggiù su l'istmo, anche a Corinto,
e nella bianca di colombe Egina.

In Onchesto il mio grappolo era azzurro
come forca di rondine che vola.
All'ombra della tomba di Nettuno
l'assaporai, guardando l'Elicona.

FERIA D'AGOSTO

Espero sgorga, e tremola sul lento
vapor che fuma dalla Val di Magra.
Un vertice laggiù, nel cielo spento,
ultimo flagra.

Emulo della stella e della vetta,
arde il Faro nell'isola del Tino.
Dóppiano il Capo Corvo una goletta
e un brigantino.

Or sì or no la ragia con la cuora
si mescola nel vento diforàno.
Dell'agrore salmastro s'insapora
l'odor silvano.

Àlbica il mar, di cristalline strisce
varia, su i liti ansare odesi appena.
Ed ecco, il promontorio s'addolcisce
come l'arena.

Ogni cosa più gran dolcezza impetra.
Tutto avvolve l'immensa pace urania.
Fin, nell'aere tenue, si spetra
la cruda Pania.

O fanciullo, inghirlanda l'architrave;
salda la cera ai tuoi calami arguti;

rinfondi nella lampada il soave
olio di Buti.

Fa grido e aduna i tuoi compagni auleti,
che rechino le fistole sonore
composte con le canne dei canneti
di Camaiore.

Sette di pino belle faci olenti
e sette di ginepro irsuto appresta,
a rischiarare gli ospiti vegnenti
per la foresta.

Fresche delizie avranno elli da scerre
bene accordate su la stoia monda:
l'uva sugosa delle Cinque Terre
e nera e bionda,

l'uva con i suoi pampani e i suoi tralci,
le pèsche e i fichi su la chiara stoia,
e le ulive dolcissime di Calci
in salamoia.

Infra l'ombrìna e il dèntice la triglia
grassa di scoglio veggan rosseggiare,
e il vino di Vernazza e di Corniglia
nelle inguistare.

Anche avremo di miele e di friscello
la focaccia che fu grata a Priapo,
e ghirlanda di cùnzia e d'albarello
per ogni capo.

O fanciulli, e per voi saremo lauti.
Io farò sì che ognun di voi ricordi
la mia feria d'agosto, ma se i flauti
non sien discordi.

Accendete le faci, e andiam nel bosco
a rischiarare l'ospite che viene.
Odo tinnire un riso ch'io conosco,
ch'io mi so bene.

È di quella che fùstiga i miei spirti,
d'una che acerba ride e dolce parla.
Accendete le faci e andiam tra i mirti
ad incontrarla.

Non vi stupite già che la crocòta
sia guisa d'oggidì tra Serchio e Magra.
Quest'ospite è d'origine beota,
vien di Tanagra.

Ma ben la grazia onde succinge il giallo
bisso e i sandali scopre è maraviglia
(porta anelli d'elettro e di cristallo
alla caviglia)

mentre il suo capo sottilmente ordito
piega, ove ferma un lungo ago l'intreccio,
fulvo come i ginepri che sul lito
morde il libeccio.

Rugge e odora il ginepro nella teda.
Or configgete in terra acceso il fusto.
Flauti silvestri, e il nume vi conceda
il tono giusto.

Fanciulli, attenti! Fate un bel concerto.
Pan vi guardi da nota roca o agra.
Quest'ospite che v'ode ha orecchio esperto;
vien di Tanagra.

UNDULNA

Ai piedi ho quattro ali d'alcèdine,
ne ho due per mallèolo, azzurre
e verdi, che per la salsèdine
curvi sanno errori dedurre.

Pellùcide son le mie gambe
come la medusa errabonda,
che il puro pancrazio e la crambe
difforme sorvolano e l'onda.

Io l'onda in misura conduco
perché su la riva si spanda
con l'alga con l'ulva e col fuco
che fànnole amara ghirlanda.

Io règolo il segno lucente
che lascian le spume degli orli:
l'antico il men novo e il recente
io so con bell'arte comporli.

I musici umani hanno modi
lor varii, dal dorico al frigio:
divine infinite melodi
io creo nell'esiguo vestigio.

Le tempre dell'onda trascrivo
su l'umida sabbia correndo;

nel tràmite mio fuggitivo
gli accordi e le pause avvicendo.

O sabbia mia melodiosa,
non un tuo granello di sìlice
darei per la pómice ascosa
della fonte all'ombra dell'ìlice.

Brilli innumerevole e immensa
alla mia lunata scrittura;
e l'acqua che bevi t'addensa,
lo sterile sale t'indura.

Il rilievo t'è tanto sottile,
dedotto con arte sì parca,
che men gracile in puerile
fronte sopracciglio s'inarca.

A quando a quando orma trisulca
il lineamento intercide;
pesta umana, se ti conculca,
s'impregna di luce e sorride.

Figure di nèumi elle sono
in questa concordia discorde.
O cètera curva ch'io suono,
né dito né plettro ti morde.

Io trascorro; e il grande concento
in me taciturna s'adempie,
dall'unghie de' miei piè d'argento
alle vene delle mie tempie.

Scerno con orecchia tranquilla
i toni dell'onda che viene,
indago con chiara pupilla
più oltre ogni segno più lene;

così che la musica traccia
m'è suono, e ne' righi leggeri,
mentre oggi odo ansar la bonaccia,
leggo la tempesta di ieri.

Che è questo insolito albore
che per le piagge si spande?
Teti offre alla madre di Core
dogliosa le salse ghirlande?

L'albàsia de' giorni alcionii
anzi il verno giunge precoce
e dagli arcipelaghi ionii
attinge del Serchio la foce?

Il molle Settembre, il tibìcine
dei pomarii, che ha violetti
gli occhi come il fiore del glìcine
tra i riccioli suoi giovinetti,

fa tanta chiarìa con due ossi
di gru modulando un partènio
mentre sotto l'ombra dei rossi
corbézzoli indulge al suo genio.

Respira securo il mar dolce
qual pargolo in grembo materno.
La pace alcionia lo molce
quasi aureo latte, anzi il verno.

Onda non si leva; non s'ode
risucchio, non s'ode sciacquìo.
Di luce beata si gode
la riva su mare d'oblìo.

La sabbia scintilla infinita,
quasi in ogni granello gioisca.

Lùccica la valva polita,
la morta medusa, la lisca.

In ogni sostanza si tace
la luce e il silenzio risplende.
La Pania di marmi ferace
alza in gloria le arci stupende.

Tra il Serchio e la Magra, su l'ozio
del mare deserto di vele,
sospeso è l'incanto. Equinozio
d'autunno, già sento il tuo miele.

Già sento l'odore del mosto
fumar dalla vigna arenosa.
All'alba la luna d'agosto
era come una falce corrosa.

Di Vergine valica in Libra
l'amico dell'opere, il Sole;
e già le quadrella ch'ei vibra
han meno pennute asticciuole.

Silenzio di morte divina
per le chiarità solitarie!
Trapassa l'Estate, supina
nel grande oro della cesarie.

Mi soffermo, intenta al trapasso.
Onda non si leva. L'albèdine
è immota. Odo fremere in basso,
a' miei piedi, l'ali d'alcèdine.

Bianche si dilungan le rive,
tra l'acque e le sabbie dilegua
la zona che l'arte mia scrive
fugace. Sorrido alla tregua.

A' miei piedi il segno d'un'onda
gravato di nero tritume
s'incurva, una màcera fronda
di rovere sta tra due piume,

un'arida pigna dischiusa
che pesò nel pino sonoro
sta tra l'orbe d'una medusa
dispersa e una bacca d'alloro.

Vengono farfalle di neve
tremolando a coppie ed a sciami:
nella luce assemprano lieve
spuma fatta alata che ami.

Azzurre son l'ombre sul mare
come sparti fiori d'acònito.
Il lor tremolìo fa tremare
l'Infinito al mio sguardo attonito.

SOGNI DI TERRE LONTANE

I PASTORI

Settembre, andiamo. È tempo di migrare.
Ora in terra d'Abruzzi i miei pastori
lascian gli stazzi e vanno verso il mare:
scendono all'Adriatico selvaggio
che verde è come i pascoli dei monti.

Han bevuto profondamente ai fonti
alpestri, che sapor d'acqua natìa
rimanga ne' cuori esuli a conforto,
che lungo illuda la lor sete in via.
Rinnovato hanno verga d'avellano.

E vanno pel tratturo antico al piano,
quasi per un erbal fiume silente,
su le vestigia degli antichi padri.
O voce di colui che primamente
conosce il tremolar della marina!

Ora lungh'esso il litoral cammina
la greggia. Senza mutamento è l'aria.
Il sole imbionda sì la viva lana
che quasi dalla sabbia non divaria.
Isciacquìo, calpestìo, dolci romori.

Ah perché non son io co' miei pastori?

LE TERME

Settembre, oggi veder vorrei l'azzurro
del tuo cielo riempiere la bocca
rotonda della maschera di pietra
in cima alla colonna che si sfalda
nei secoli, convolta dal rosaio
che si sfoglia nell'ora, entro quel chiostro
quadrato che di biondo travertino
chiarisce il cotto delle antiche Terme.

Forse d'Orfeo ragionerei con Erme
sul margine del fonte ove i delfini
reggon la tazza in su le code erette;
e forse udrei l'ammonimento grave
dei due neri superstiti cipressi
ai due lor verdi cipressetti alunni
che crescono ove caddero i maggiori
percossi dalla folgore di luglio.

O forse mi parrebbe, oltre il cespuglio
soave, udire l'ànsito del servo
alla stanga appaiato col giumento
circa la mola cònica di lava;
e più de' nudi torsi, e più de' busti
e più de' cippi mi sarebbe cara
l'ombra delle farfalle su pe' dolii
risarciti con piombo dal colono.

Settembre, là, sul fianco del bel Trono
d'Afrodite, l'aulètride dagli occhi
a mandorla e dal seno di cotogna
sta, sovrapposta l'una all'altra coscia,
adagiata sonando le due tibie
con i frammenti dell'esperte dita;
e il Re Pastore immoto nel basalte
figge all'Eternità gli occhi corrosi.

Ronzano l'api ne' silenziosi
orti dei bianchi monaci defunti;
e nelle celle àbitano gli iddii,
làcerano le Menadi la vittima,
Anassimandro medita, dal muro
svégliasi il carme dei fratelli Arvali.
«Enos Lases iuvate.» Un'ape or entra,
per la chioma di Iulia che l'illude.

Nell'àlveo d'un ricciolo si chiude.

LO STORMO E IL GREGGE

Settembre, teco io sia sul Loricino
che fece blandi gli ozii del pretore:
in sabbia quasi rosea fluisce
scabra di rughe e sparsa di negrore
come il palato del mio dolce veltro.

Sorvolano le rondini quel vetro
lieve cui godon rompere coi bianchi
petti: una piuma cade e corre al mare.
E di là dalle verdi canne i monti
di Cori son cilestri come il mare.

Forza del Lazio quanto sei soave!
Obliate città dei re vetusti,
atrii del Citaredo imperiale,
un bel fanciullo vien con le sue capre
e regna i lidi, impube re latino!

Il suo gregge è di numero divino,
nero e bianco a sembianza delle frotte
alate che sorvolano il bel rivo,

pari olocausto al Giorno ed alla Notte.
Quasi fiore l'esigua foce s'apre.

Equa ride alle rondini e alle capre.

LACVS IVTVRNAE

Settembre, chiare fresche e dolci l'acque
ove il tuo delicato viso miri;
e dolce m'è nella memoria il mio
natale Aterno in letto d'erbe lente,
e l'Amaseno quando muor domato
presso l'Appia col fratel suo l'Uffente,
e la Cyane ascosa tra i papìri,
e la Vella sì cara alla vitalba.

E pien di deità dai colli d'Alba
lo specchio di Diana ancor mi luce.
Ma un'altr'acqua al mio sogno è più divina.
Quella m'attingi e ne riempi l'urna.
Sotto la roggia mole palatina
presso il Tempio di Castore e Polluce,
occhio di Roma è il Fonte di Iuturna.
Deh mio misterioso amor lontano!

Alte sul Fòro nel meridiano
silenzio stan le tre colonne parie
come d'argento cui salsezza infoschi.
Gli elci neri sul colle imperiale
sembran ruine dei primevi boschi.
Di ferrigno basalte arde la Via
Sacra tra gli oleandri giovinetti
e i sepolcreti dei Latini prisci.

Si tace il Fonte ne' suoi marmi lisci
come quando Tarpeia la Vestale

vi discendea con l'anfora d'argilla.
Tremola il capelvenere sul tufo
e sul mattone, l'acqua è glauca, tinge
il suo letto lunense; una lucerta
su l'ara dei Diòscuri tranquilla
gode in grembo alla dea di lunga face.

Ombre delle farfalle in quella pace!
Poc'acqua accolta, santità dell'Urbe!
Le custodi del Fuoco sempiterno
scendono alla marmorea piscina?
o i Tindàridi rossi di latina
strage, per beverare i due cavalli?
Deh lauri nuovi! Presso il puteale
crescono, nel sacrario di Iuturna.

Li veglia la Speranza taciturna.

LA LOGGIA

Settembre, il tuo minor fratello Aprile
fioriva le vestigia di San Marco
a Capodistria, quando navigammo
il patrio mare cui Trieste addenta
co' i forti moli per tenace amore.

Capodistria, succiso adriaco fiore!
Io vidi nella loggia d'un palagio
nidi di balestrucci appesi a travi
fosche, tra mazzi penduli di sorbe.
Cinericcio era il tempo, umido e dolco.

Or laggiù, pel remeggio senza solco,
tu certo aduni i neribianchi stormi,
e quelli di Pirano e di Parenzo,

che si rincontreranno in alto mare
con l'altra compagnia che vien di Chioggia.

E son deserti i nidi nella loggia,
e dei mazzi di sorbe son rimase
forse le canne appese pel lor cappio.
S'ode nell'ombra quella parlatura
che ricorda Rialto e Cannaregio.

Una colomba tuba dal bel fregio.

LA MUTA

Settembre, ora nel pian di Lombardia
è già pronta la muta dei segugi,
de' bei segugi falbi e maculati
dall'orecchie biondette e molli come
foglie del fiore di magnolia passe.
La muta dei segugi a volpe e a damma
or già tracciando va per scope e sterpi.
Erta ogni coda in bianca punta splende.

Presso il gran ponte sta Sesto Calende.
Corre il Ticino tra selvette rare,
verso diga di roseo granito
corre, spumeggia su la china eguale,
come labile tela su telaio
cèlere intesta di nevosi fiori.
Chiudon le grandi conche antichi ingegni,
opere del divino Leonardo.

Il sorriso tu sei del pian lombardo,
o Ticino, il sorriso onde fu pieno
l'artefice che t'ebbe in signoria;
e il diè constretto alle sue chiuse donne.

Oh radure tra l'oro che rosseggia
dello sterpame, tiepide e soavi
come grembi di donne desiate,
sì che al calcar repugna il cavaliere!

Vanno i cani tra l'èriche leggiere
con alzate le code e i musi bassi,
davanti il capocaccia che gli allena
per mezz'ottobre ai lunghi inseguimenti.
S'ode chiaro squittire in que' silenzii.
Il suon del corno chiama chi si sbanda
e chi s'attarda e trae la lingua ed ansa.
Già la virtù si mostra del più prode.

Il buon mastro dell'arte sua si gode:
talor gli ultimi aneliti esalare
sembra l'Estate aulenti sotto l'ugne
del palafren che nel galoppo falca.
E, fornito il lavoro, ei torna al passo
per la carraia ingombra di fascine:
con la sua muta va verso il canile,
va verso Oleggio ricca di filande.

Vapora il fiume le sterpose lande.

LE CARRUBE

Settembre, son mature le carrube.
Or tu pel caldo mare di Cilicia
conduci dalla riva cipriota
la sàica a scafo tondo e a vele quadre.
Bonaccia, e nel saffiro non è nube.

Germa con sue maggiori quattro vele,
garbo o schirazzo, legni levantini

carichi di baccelli dolci e bruni
conduci verso l'isola dei Sardi.
E vien teco un odor di tetro miele.

La siliqua, che ingrassa la muletta
dall'ambio lene e in carestìa disfama
la plebe dalla bianca dentatura,
lustra come i capelli tuoi castagni
mentre stai su la coffa alla vedetta.

Certo, d'olio di sèsamo son unte
quelle tue ciocche in forma di corimbi.
Certo, ritrovi or tu nel gran dolciore
del Mar Cilicio l'obliato carme
che alla Cipride piacque in Amatunte.

Settembre, teco esser vorremmo ovunque!

IL NOVILUNIO

Novilunio di settembre!
Nell'aria lontana
il viso della creatura
celeste che ha nome
Luna, trasparente come
la medusa marina,
come la brina nell'alba,
labile come
la neve su l'acqua,
la schiuma su la sabbia,
pallido come
il piacere
su l'origliere,
pallido s'inclina
e smuore e langue
con una collana
sotto il mento sì chiara
che l'oscura:
silenzioso viso esangue
della creatura
celeste che ha nome Luna,
cui sotto il mento s'incurva
una collana
sì chiara che l'offusca,
nell'aria lontana
ov'ebbe nome Diana

tra le ninfe eterne,
ov'ebbe nome Selene
dalle bianche braccia
quando amava quel pastore
giovinetto Endimione
che tra le bianche braccia
dormiva sempre.

Novilunio di settembre!
Sotto l'ambiguo lume,
tra il giorno senza fiamme
e la notte senza ombre,
il mare, più soave
del cielo nel suo volume
lento, più molle
della nube
lattea che la montagna
esprime dalle sue mamme
delicate,
il mare accompagna
la melodìa
della terra, la melodìa
che i flauti dei grilli
fan nei campi tranquilli
roca assiduamente,
la melodìa
che le rane
fan nelle pantane
morte, nel fiume che stagna
tra i salci e le canne
lutulente,
la melodìa
che fan tra i vinchi
che fan tra i giunchi
delle ripe rimote
uomini solinghi

tessendo le vermene
in canestre,
con sì lunghi
indugi su quelle parole
che ritornano sempre.

Novilunio di settembre!
Tal chiaritate
il giorno e la notte commisti
sul letto del mare
non lieti non tristi
effondono ancóra,
che tu vedi ancóra
nella sabbia le onde
del vento, le orme
dei fanciulli, le conche
vacue, le alghe
argentine,
gli ossi delle seppie,
le guaine
delle carrube,
e vedi nella siepe
rosseggiar le nude
bacche delle rose canine
e nel campo la pannocchia
dalla barba d'oro
lucere, che al plenilunio
su l'aia il coro
agreste monderà con canti,
e nella vigna
il grappolo d'oro
che già fu sonoro d'api,
e nel verziere il fico
che dall'ombelico stilla
il suo miele,
e su la soglia del tugurio

biancheggiar la conocchia
dell'antica madre che fila,
che fila sempre.

Novilunio di settembre,
dolce come il viso
della creatura
terrestre che ha nome
Ermione, tiepido come
le sue chiome,
umido come il sorriso
della sua bocca
umida ancóra
della prima uva matura,
breve come la sua cintura
nel cielo verde
come la sua veste!
Ha tremato
nella sua veste
verde che odora
ad ogni passo
come un cespo ad ogni fiato,
ha tremato
al primo gelo notturno
ella che a mezzo il giorno
dormì con la guancia
sul braccio curvo
e si svegliò con le tempie
madide, con imperlato
il labbro, nella calura,
vermiglia come un'aurora
aspersa di calda rugiada
e sorridente.
E io le dico: «O Ermione,
tu hai tremato.
Anche agosto, anche agosto
andato è per sempre!

Guarda il cielo di settembre.
Nell'aria lontana
il viso della creatura
celeste che ha nome
Luna, con una collana
sotto il mento sì chiara
che l'oscura,
pallido s'inclina e muore...»
Ma dice Ermione,
non lieta non triste:
«T'inganni. Quella ch'è sì chiara
è la falce
dell'Estate, è la falce
che l'Estate abbandona
morendo, è la falce
che falciò le ariste
e il papavero e il cìano
quando fiorìano
per la mia corona
vincendo in lume il cielo e il sangue;
ed è la faccia dell'Estate
quella che langue
nell'aria lontana, che muore
nella sua chiaritate
sopra le acque
tra il giorno senza fiamme
e la notte senza ombre,
dopo che tanto l'amammo,
dopo che tanto ci piacque;
e la sua canzone
di foglie di ali di aure di ombre
di aromi di silenzii e di acque
si tace per sempre;

e la melodìa di settembre,
che fanno i flauti campestri

ed accompagna il mare
col suo lento ploro,
non s'ode lassù nell'aria
lontana ov'ella spira
solitaria
il suo spirto odorato
di alga di résina e di alloro;
e l'uomo che s'attarda
in tessere vermene
già fece del grano mannelle
ed or fa canestri
per l'uva, con un canto eguale,
e tutto è obliato;
obliato anche agosto
sarà nell'odor del mosto,
nel murmure delle api d'oro;
per tutto sarà l'oblìo,
per tutto sarà l'oblìo;
e niuno più saprà
quanto sien dolci
l'ombre dei voli
su le sabbie saline,
l'orme degli uccelli
nell'argilla dei fiumi,
se non io, se non io,
se non quella che andrà
di là dai fiumi sereni,
di là dalle verdi colline,
di là dai monti cilestri,
se non quella che andrà
che andrà lungi per sempre,

e non con le tue rondini, o Settembre!»

NOTE

LA TREGUA (p. 347)

Composta a Romena, nel Casentino, nell'estate 1902 (10 luglio), è pubblicata la prima volta nella «Nuova Antologia» dell'1 novembre 1903, a ridosso del volume che avrebbe contenuto, di lì a poco, il Libro II e III delle *Laudi*. Per tema e titolo, la poesia nasce quando l'architettura di *Alcyone* è ormai disegnata: il diario lirico dell'estate marina verrà proposto quale vacanza favolosa del personaggio-poeta che nei Libri precedenti ha svolto invece un ruolo militante. Ma il tono polemico delle terzine, non a caso dantesche come il risentimento espresso attraverso non poche citazioni dalla *Commedia* (per esempio: «leggera e presta» v. 18 – *Inf.*, I, v. 32; «stretta [...] gorgiera» v. 30 – *Inf.*, XXXII, v. 121; «non poté ugna né rostro» v. 45 – *Inf.*, XXII, v. 69; «cui l'oltraggio è lode» v. 59 – *Inf.*, XXXIII, v. 150; «e ciò non ode» v. 63 – *Inf.*, VII, v. 94; etc.), riguarda, nel complesso, il rapporto di d'Annunzio con il pubblico, e certo qui egli allude alle prove teatrali, dalla *Città morta* a *Francesca da Rimini*, che di recente non hanno riscosso il successo sperato. La «Chimera», «faticoso mostro» e «bestia immonda» (vv. 28, 41 e 49), è la folla, tarda a recepire il messaggio di chi, rivelando la Bellezza, ne vorrebbe risvegliare «Quel ch'è divino» (v. 40).

Senza demordere, il poeta di *Alcyone* allenterà ora il «nervo» (v. 71), opponendo «riso» e «allegrezza» (vv. 48 e 52) all'ottusità di quanti non l'hanno corrisposto, e in primo luogo dei critici di professione che, schiavi e parassiti, usano sfamarsi «con le miche del convito» (v. 53), ripetendo qui d'Annunzio una sua antica battuta contro coloro che un tempo l'avevano accusato di plagio: «En voulez-vous des phrases et des images, mes amis qui vivez quotidiennement de miettes tombées de ma table?» (nel «Figaro», 20 febbraio 1896).

Le terzine sono strutturate in forma di dialogo con il «Dèspota», detto anche «Maestro» e «Imperatore», ovvero il dèmone socratico – una sorta di superego – che aveva esordito nelle *Vergini delle rocce* (1895), dove era l'«immaginario uditore» a cui si rivolgeva il protagonista del romanzo, Claudio Cantelmo, avendone in cambio un perentorio comandamento: «O tu, sii quale devi essere». Il «Dèspota» ricomparirà anche nel rifacimento di *Canto novo* (1896, *Canto dell'Ospite*, XII) e quindi nei versi conclusivi di *Maia*: «maschia / voce nel mio cor solitario» (1903, *Preghiera alla Madre immortale*, XXI). Sempre a *Maia* le terzine sono collegate anche per altri aspetti, a cominciare dall'«anello degli ultimi orizzonti» (v. 15) che il poeta chiede in dono al Dèspota. Di qui al *Dono di Zeus* (VII) il passo appunto è breve: al grande «Tiranno» il poeta chiederà di nuovo in dono l'«orizzonte», non «anello» ma «cintura» («come a sua donna l'amato / offre una cintura più bella / rinnova [...] l'orizzonte / cui volgere io possa la prora / scolpita cantando il mio canto»). E s'avverte l'eco, se non quasi il rifacimento, di un canto popolare bretone caro a Shakespeare, *La ceinture de noce.* Nel laboratorio del cantore delle *Laudi* è infatti una nutrita schiera di raccolte popolari fra le quali, come si è detto, spiccano i *Barzaz-Breiz. Chants populaires de la Bretagne*, trascritti e commentati da Th. Hersart de la Villemarqué, 2 voll., 1846 (ora nella Biblioteca del Vittoriale con fitti segni di lettura; *La ceinture de noce* è a p. 387 del vol. I).

IL FANCIULLO (p. 350)

Composte a Romena dal 13 al 19 luglio 1902, le sette ballate svolgono un ruolo proemiale, al pari della *Tregua* di cui sviluppano una delle citazioni: «ei sarà giovine ancóra!» (v. 12). Dal verso di Keats («I shall be young again, be young!»), in *exergo* nel giovanile *Canto novo* (1882) e quindi fra i più ricorrenti nel d'Annunzio poeta e prosatore, sembra infatti prendere corpo la coincidenza infanzia-poesia secondo il canone romantico che già Pascoli aveva declinato nei *Pensieri dell'arte poetica*: «È dentro di noi un fanciullo». Quei capitoli metaletterari, poi ripresi nel *Fanciullino*, erano destinati nel 1897 al «Marzocco», in sintonia con il clima culturale della rivista che Giovanni e Gabriele condividono, come emerge, oltretutto, dal dialogo di entrambi con Angelo Conti. Tant'è vero che nella sua *Beata riva* (1900), trattato di estetica per molti aspetti vicinissimo al poeta delle *Laudi* (che ne è per giunta il prefatore), non mancano riscontri quali: «l'artista al cospetto della Natura ritrova la sua anima infantile». E Conti rinviava a Baudelaire: «Le génie n'est que l'enfance retrouvée a volonté», ma delineando un processo interiore che recuperava la fanciullezza dell'intera umanità e cioè le «favole antiche» dei Greci così rimpiante da Leopardi.

Al suo fanciullo sufolatore e insieme «pugnace» (v. 113), vero *alter ego*, «Figlio della Cicala e dell'Olivo» (vv. 1 e 35), ovvero di istinto e sapienza, di «Natura» e «Arte», d'Annunzio formula un *invitation au voyage* dove tempo e spazio collimano. Perché attraverso quella lontananza temporale che è l'infanzia si raggiunge appunto la Grecia, lontananza spaziale altrettanto originaria: «Torna con me nell'Ellade» (v. 178). L'itinerario prende le mosse dagli Orti Oricellari (v. 17), culla del Rinascimento fiorentino dell'età di Leonardo, per concludersi sull'Acropoli («rupe veneranda», v. 175), epicentro del Rinascimento ateniese dell'età di Pericle. Spetterà fra poco a *Maia-Laus Vitae* la predicazione del terzo e «nuovo Rinascimento» novecentesco, erede e perciò maggiore dei due che l'hanno preceduto, di cui il cantore delle *Laudi* vede gli albori nel progresso industriale che libera l'uomo dalla fatica.

Tra le innumerevoli fonti delle ballate è senz'altro da segnalare l'Eraclito di Nietzsche, là dove il filosofo discorre di «Hybris» e «Armonia» attraverso il trittico fanciullo-artista-fuoco, elemento, quest'ultimo, che motiva l'incendio della clausola (vv. 285 sgg.): «s'infiamma», «vasto rogo», «gran fuoco», «fiammei orizzonti»... A sentire dunque Nietzsche: «come giocano il fanciullo e l'artista, gioca il fuoco sempre-vivente, costruisce e distrugge con innocenza – e questo gioca l'Eone con se stesso. Trasmutandosi in acqua e terra, a somiglianza d'un fanciullo innalza cumuli di sabbia sul lido marino, ammonta e fa ruinare: di tempo in tempo riprende il nuovo gioco [...]. A un certo punto il fanciullo getta via il suo trastullo: ma ecco che subito ricomincia con estro innocente [...]. Soltanto l'uomo esteta riguarda in questo modo il mondo, lui che [...] ha appreso come conflitto e armonia debbano congiungersi per generare l'opera d'arte» (*La filosofia nell'età tragica dei Greci*, pp. 101-103). «Conflitto e armonia», che d'Annunzio traduce con «arco» e «flauto», trovano poi riscontro in un'altra pagina di Nietzsche. Nella *Nascita della tragedia*, si attribuisce al poeta lirico la facoltà di replicare quella che nella ballata I viene definita «immensa plenitudine vivente» (v. 71): «Egli è per prima cosa e soprattutto un artista dionisiaco che si è interamente identificato con l'Unità originale [...] che riproduce come musica, se la musica può essere vista come ripetizione del mondo» (p. 21). Se di qui («Ogni voce in tuo suono si ritrova», v. 55) prende avvio l'interminabile serie comparativa della ballata II, ancora nietzschiano è il contraltare «apollineo» della musica «dionisiaca» («nel mondo greco sussiste un enorme contrasto, per origine e per fini, fra l'arte dello scultore, apollinea, e l'arte non figurativa della musica, quella di Dioniso», *ivi*, p. 21): nella ballata VI il *Fanciullo* vive «ne' perfetti marmi» e abita la «colonna dorica» (vv. 166-167). Infine, sempre a Nietzsche va fatta risalire la misura onirica («Il sogno è il presupposto di una metà essenziale della poesia») della fuggevole apparizione infantile («Ti vidi nel mio sogno», «nel mio sogno s'è converso?», vv. 104 e 314) che ha molto da spartire, quanto ad antecedenti, con il pastorello in scena nel III atto del *Tristano e Isotta* di Wagner, su cui d'Annunzio aveva a suo tempo appuntato l'attenzione: «Il pastore modula nella fragile canna la melodia imperitura [...] ed è senza inquietudine nella sua profonda inconsapevolezza» (*Il caso Wagner*, in «La Tribuna», 9 agosto 1893). A riprova, il *Dono di Zeus* di *Maia-Laus Vitae* (VII) sarà non per nulla il «fanciullo pastore», replica perfetta del «lene aulete» di *Alcyone*, anche lì sdoppiamento del poeta; sdoppiamento additato qui con chiarezza nel riflesso speculare: «l'imagine / puerile di te presso l'imagine / di me nel cupo speglio!» (vv. 279-281).

Sorvegliatissimo, il linguaggio, al solito controllato sul Tommaseo-Bellini, si avvale qui del *Volgarizzamento dell'Agricoltura* del Palladio (in particolare i riferimenti alla coltivazione delle api nella ballata IV), fonte che d'Annunzio deve a un erudito del calibro di Francesco Novati (cfr. i saggi *Di due poesie del secolo XV su «La natura delle frutta»*, 1891, e *Le poesie sulla Natura delle frutta e i canterini di Firenze*, 1892, quest'ultimo poi raccolto in *Attraverso il Medio Evo*, Bari 1905, nella biblioteca del Vittoriale con segni di lettura). E ai consueti dantismi (per l'enumerazione dei serpenti nella ballata V, cfr. *Inf.*, IX, v. 40 [ma il motivo antropologico è suggerito da E. Renan: «Le génie joue avec l'erreur, comme l'enfance avec les serpents; il n'en est pas atteint», *Feuilles détachées*, Paris 1892, p. 293]; per «s'ingiglia» del v. 161, cfr. *Pd.*, VIII, v. 113; per «Sol calando» del v. 285, cfr. *Purg.*, V, v. 39) si somma qualche movenza tratta dai *Canti popolari toscani* raccolti da Tommaseo, strumento capitale del poeta alla scoperta della matrice popolare della poesia. Si direbbe per esempio che il verso a chiasmo di un rustico amiatino (p. 70): «Test'occhi neri sotto nero ciglio» abbia suggerito il *refrain* della ballata V: «E se gli occhi tuoi cesii han nere ciglia, / ha neri gambi [poi variato con "neri ha gli steli"] il verde capelvenere» (vv. 142-143 e 162-163).

LUNGO L'AFFRICO (p. 361)

Composta negli ultimi giorni del giugno 1902, rielabora alcuni motivi a lungo collaudati. Il motivo del cielo che si rispecchia, e raddoppia, nell'acqua (fiume, mare, lago o pozza) è per esempio provato e riprovato, dal *Piacere* al *Fuoco*, nella pagina di d'Annunzio, che lo ricava sia dalla classicità (Pindaro) sia dalla poesia romantica, in particolare dal prediletto Shelley. Ma la sinopia dell'ode alcionia si riscontra negli appunti di un taccuino del 1898 (XVII, marzo-giugno, pp. 227-236), a riprova della lenta incubazione che al tempo stesso è autostilizzazione: «La luna è nel primo quarto sottilissima; tanto sottile che, se lo sguardo la smarrisce, pena a ritrovarla. Un ramo secco basta a nasconderla [...]. La terra è inondata. I rivoli corrono per i solchi. I campi e i prati s'allagano. 1) Il cielo può mirare nella terra la sua immagine riflessa da innumerevoli specchi. 2) La grazia del cielo si mira nella terra abbeverata. 3) Il cielo vede riflessi nella terra i suoi mille volti [...] lungo gli argini dell'Affrico [...] La vita sembra estatica. Un filo d'acqua tra gli argini erbosi mormora fioco. [...] Ricordarsi della lacrima [...] La donna piange [...] Innumerevoli rondini volano basse, radendo l'erba». A questi appunti, che non tolgono alla riscrittura l'immediatezza dell'impressione, d'Annunzio ricorrerà per elaborare le repliche (della luna nuova, dello specchio dell'acqua, delle rondini in volo) che occorreranno poi frequenti nelle prose di memoria. Basti riandare a una *favilla* del 1911 (*Esequie della giovinezza*): «[...] una vicenda della luce palesa i solchi pieni d'acqua piovana, le vasche i serbatoi i fossi colmi: specchi del cielo e dell'anima»; o al *Proemio* aggiunto nel 1912 alla riedizione della *Vita di Cola di Rienzo*: «Sere d'ottobre tra l'Affrico e la Mensola [...] travedevo i campi inondati, i solchi mutati in rivoli, i fossi traboccanti, qua e là una faccia del cielo riflessa in quei mille specchi fuggitivi».

Sulle varie fonti romantiche insistono tutti i lettori, facendo riferimento a Leopardi per l'invocazione alla luna («Nascente Luna», v. 11) e ancor più per la «voluttà» che, nascendo dal «pianto» (v. 6), riproporrebbe il leopardiano «piacer figlio d'affanno»; come nella notazione metapoetica di «musica nel mio canto [...] che non è fugace» (vv. 7-8) sarebbe avvertibile il «cantico che forse non morrà» del manzoniano *Cinque Maggio*. Ai sedimenti della tradizione, sempre largamente fruiti da d'Annunzio, che in una lettera all'amante Barbara Leoni, al tempo del *Piacere*, già scriveva: «La voluttà aveva l'amarezza del pianto [...]. Gli stagni qua e là riflettevano il cielo come specchi pallidi» (17 luglio 1888), si mescolano ora nuove pronunce popolari. Così, il motivo anch'esso assai ricorrente delle rondini si affida qui a un bisticcio a chiasmo («O nere e bianche rondini [...] o bianche e nere», vv. 21-22) di spiccato sapore demotico. Non meno ricorrente di quest'«occaso pien di voli» è l'ossimoro della chiusa, con la coincidenza «vespero»-«alba» collaudata, oltre che nella poesia giovanile, nella vicina *Gioconda* (*pièce* del 1898: «*il tramonto sembra un'aurora*»), e derivata, forse una volta per tutte, da Maupassant: «Et la nuit qui tombait me semblait une aurore!» (*Au bord de l'eau* in *Des vers*).

LA SERA FIESOLANA (p. 363)

Esordisce qui la poetica alcionia delle «parole non umane» attraverso la similitudine allitterata dell'attacco: «come il fruscìo che fan le foglie». La poesia è infatti cronologicamente la prima di *Alcyone*, stando alla data in calce al manoscritto: «La Capponcina, Settignano di Desiderio, ai dì 17 di giugno 1899, verso sera, dopo la pioggia» (sarà anticipata nella «Nuova Antologia» del 16 novembre di quell'anno). I nuclei fondamentali, segnalati nella *princeps* da titoletti in margine alle tre strofe: *La natività della luna*, *La pioggia di giugno*, *Le colline*, risalgono agli appunti di taccuino stesi nel 1897 durante un'escursione ad Assisi insieme con la Duse (XIV, pp. 178-192): «[...] sulla collina di Assisi un albore vago annuncia la natività della luna [...] il cielo si sgombra, lavato dalla pioggia recente [...]. Isa [come d'Annunzio soprannomina l'attrice] diceva dianzi che in nessun paese del mondo la Natura è *tanto vicina a noi* quanto è nella *campagna francescana* [...]. L'orizzonte *ci guarda*; ha la bontà consapevole di una pupilla azzurra. [...] Le colline [...] si colorano di un azzurro intenso e profondo [...]. Una solennità ineffabile si leva nel crepuscolo della campagna serafica [...]. Il sommo del cielo è sgombro; e le stelle vi tremolano pallide e pie». Invero assisiate, a dispetto del titolo che la colloca a Fiesole, è la genesi dei versi che palesemente propongono il rifacimento del *Cantico delle creature* di San Francesco, secondo la lezione di Carducci, al quale occorre risalire per le movenze della *lauda* (cfr. *Santa Maria degli Angeli* nelle *Rime nuove*: «Laudato sia, signore, / per nostra corporal sorella morte»), mescolate alla ripresa di Dante («notturno gelo» del v. 12 ha l'identico in *Inf.*, II, v. 127), anch'essa già carducciana: «quando su' campi arsi la pia / luna imminente il gelo estivo infonde» (*Virgilio*, sempre nelle *Rime nuove*). Ma sembrerebbero ora entrare in gioco, oltretutto, stilemi leopardiani, dal *Tramonto della luna*: «E rami e siepi e collinette [...] al confin del cielo [...] lo splendor che all'occidente / inargentava della notte il velo», se non persino intonazioni melodiche, dal libretto della *Norma* di Bellini: «Casta diva che inargenti / queste sacre antiche piante».

Per non dire poi di «stelle» in clausola, il d'Annunzio che si avvale del laboratorio dantesco approntato per *Francesca da Rimini* (1901) sovrappone la «volontà di dire» (v. 42) delle sue «colline» alla *Vita Nuova*: «mi mosse una volontà di dire» (XVI 2); «giunge a me tanta volontà di dire» (XIX 3); «vennemi volontà di dire» (XXI 2); «però me venne anche volontà di dire parole» (XXVII 12). Tant'è vero che il modulo comparirà, fra poco, nella scena finale della *Figlia di Iorio* (1903), quando il parricida Aligi consola la madre rompendo il silenzio. Del resto il modulo è collaudatissimo e proprio le colline «come labbra» (v. 41) comparivano già in una prosa evangelica del 1898: «E il lineamento delle colline nel silenzio dell'orizzonte era sinuoso come quelle labbra che non parlavano» (*La parabola delle vergini fatue e delle vergini prudenti*).

Sul «silenzio musicale» della poesia si diffonderà del resto lo stesso d'Annunzio nel dialogo con l'amico Angelo Conti: «[...] dietro i colli fiesolani sorgeva la luna. Ella sorgeva e diffondeva per la campagna il suo silenzio, stendeva sugli alberi, sulle case, sulle colline il suo velo [...]. A tutte le creature che avevano tremato sotto la diurna luce implacabile, ella donava una pace simile a quella che dà la preghiera [...]. E mentre la luna ascendeva nel cielo sereno, tutte le cose entravano a poco a poco sotto l'incanto del silenzio musicale» (*La beata riva*, 1900, pp. 243-244).

L'ULIVO (p. 365)

La data nel manoscritto (20 luglio 1902) ne accerta la composizione a Romena, riscontrabile anche in una lettera del poeta all'editore Emilio Treves del 24 luglio: «Io sono a Romena [...] e sospiro al mare come fa l'ulivo che non lo vede e pur gli sorride» (cfr. i vv. 31-32: «la marina cui l'ulivo arride / senza vederla). Verrà pubblicata subito nella «Settimana» (17 agosto) e in autunno nel «Secolo XX» (novembre). Come un dipinto di Sartorio, l'elegante quadro bucolico è impreziosito dalla *callida junctura* fra tono cromatico dell'ulivo («pallore», v. 12) e attributo sacrale («palladio», v. 18, cioè sacro a Pallade Atena).

La poesia sembra configurare un dittico con la *Sera fiesolana*, nel canzoniere alcionio immediatamente precedente: al crepuscolo si avvicenda il mattino con l'inno alla luce, che è il fulcro di questi versi. In quanto «cibo e luce» l'ulivo ricomparirà nel *Commiato* (v. 168), dove sarà ancor più palese la ripresa di uno dei *Canti popolari greci* raccolti e tradotti da Tommaseo: «I' amo l'uliva, perché fa l'olio, / Che luce all'amor mio» (III, p. 284), qui amplificato grazie all'intensa consultazione vocabolaristica (in primo luogo il Tommaseo-Bellini), corrispondente all'intento didascalico dei vv. 9-12, con la descrizione quasi tecnica dell'albero («arbore» alla latina), in stretto rapporto poi con i rituali dei sacri «fanciulli della terra» (vv. 13-16), che conservano le pronunce arcaiche del *Volgarizzamento dell'Agricoltura* del Palladio, citato anch'esso con intenzione: «imperocché», «castitate», «prelata» (cioè "presieda", dal latino *esse praesul*).

Lo stesso d'Annunzio, che all'amico Conti confidava il proposito di «dire qualcosa di nuovo intorno alla virtù delle parole e considerare specialmente quelle meravigliose forme vitali che sono i dizionari delle arti e mestieri» (19 luglio 1899), illustrerà il suo uso appunto intenzionale, esibito, del repertorio di parole in un'intervista del 1910 (nella «Tribuna di Roma», 10 gennaio): «Quanti parlano e scrivono con *ottocento sole* parole! Io finora ne ho usate almeno *quindicimila*, molte ne ho richiamate in vita, a molte ho dato significato e accento nuovo; e ad ogni libro rifaccio il lavoro di spoglio dei classici e dei vocabolari [...] e trovo materiali nuovissimi: ora in un antico libro di Agricoltura (e lo sa il Novati, che ha scoperta la fonte di un mio passo dell'*Ulivo*, nelle *Laudi*), ora nella tradizione trecentesca di Ovidio, ora in un libro del Machiavelli!».

L'OPERE E I GIORNI (p. 367)

Composta a Romena nel luglio 1902, la poesia, il cui titolo replica Esiodo, fa parte del ciclo didascalico comprendente *L'ulivo* e *La spica*, che la precedono, e *L'aedo senza lira*, che la segue. Appunto un aedo, qui nella chiusa identificato con «Pan duce degli astri» (come nell'*Inno orfico*, XI 5), è il «veglio» (v. 5) da cui fluisce la più che mai aderente ripresa del *Volgarizzamento dell'Agricoltura* del Palladio: «Di questo mese [*giugno*] s'apparecchi l'aia, e poi sarchiellata lievemente, si conci con pula e con morchia, sicché difenda la biada da topi e formiche. E poi si piani o con pietra tonda o con legno, sicché si piani: e poi al sole si lasci seccare. E alcuni, mondate l'aie, vi si spargono su l'acqua; e poi vi metton su le bestie, e co' piedi lor la fanno mazzarangare, e rassodare; e poi si secca al sole [...] Di questo mese nel solstizio, cioè quando il sole non puote più salire, semineremo le brasche [*piante di cavolo*]; le qual poi d'agosto trapianteremo in luogo irriguo d'acque. L'appio [*sedano*], la bietola, e il coriandro [*coriandolo*], e la lattuga semineremo, se noi le innacqueremo. [...] Coglieremo la veccia [*erba di prato*]; e 'l fien greco coglieremo per pastura [...]. Agual la fava, scemante la luna, si vella [*si svelle*] anzi la luce; e anzi che luna compia lo scemare si batta, e refrigerata si riponga [...]. Inocchiasi [*si innesta a occhio*] il pesco [...]. Di questo mese, e di luglio, si fa la 'mpiastrazione [*innesto con impiastro*], cioè innestar fra buccia e stipite. Ma vuolsi solamente fare a quelli arbori, i quali abbondano di sugo nella corteccia, siccome a fico e ad ulivo. [...] Castreremole [*le arnie*], cioè voteremole la mattina molto per tempo

[...]. Allora con la man tinta in mele di sosillo o d'appio cerca là dove vedi il gomitolo dell'api più grosso. [...] Agual comincia la mietitura dell'orzo, la qual si vuole compiere anzi che le spighe comincino a cascare, imperocché non son vestite le sue granelle di foglie, come 'l grano. Puotene segare un mietitore esperto sei moggia il dì».

Quando si consideri che dal Tommaseo-Bellini derivano i vv. 19-24, relativi alla «pietra serena» («che pende in azzurrino o in bigio») e al «glastro» («pianta assai coltivata tempi addietro per cavare dalle sue foglie una fecola buona per tingere di azzurro scuro»; «Cuoci le foglie tenere del glastro in acqua piovana»), appare evidente che d'Annunzio intende qui vistosamente segnalare la poesia dei vocabolari. Per la sua formazione culturale, così vicina ai grandi studiosi della Scuola storica (Carducci, D'Ancona, Comparetti, Rajna, Graf, Renier, Novati...), il repertorio è infatti tanto suggestivo quanto un paesaggio o un'opera d'arte. Non si tratta pertanto di «plagio» truffaldino, come da Thovez, Croce o Praz a lungo si è ritenuto, ma piuttosto di contemplazione e provocazione estetica. In particolare, d'Annunzio appartiene alla specie degli scrittori «livresques» e potrebbe affermare, al pari di un Renan (sua immancabile pietra di paragone): «j'ai donné, chaque matin, à ma passion un dictionnaire ou un lexique à dévorer» (cfr. M. Barrès, *Huit jours chez M. Renan*, Paris 1888, p. 16).

DITIRAMBO I (p. 369)

La data in calce al manoscritto (1 agosto 1902) contraddice quella che compare nella *princeps* («Kal. Iul. Ann. MCMII») affidata alla «Rassegna internazionale» l'1 settembre di quell'anno: arretramento deciso dalla mietitura, tema del componimento dal titolo «dionisiaco», consono alla foga orgiastica dei versi, in voluto contrasto – nell'ingegneria testuale di *Alcyone* – con i componimenti invece «apollinei». E in effetti, proprio gli appunti che ne tesaurizzano taluni motivi sono contenuti nello stesso taccuino assisiate (XIV, pp. 191-192) da cui aveva preso le mosse la *Sera fiesolana* (cfr. più sopra). Da Assisi, Gabriele ed Eleonora avevano raggiunto Roma in treno, e le note di taccuino avevano registrato il contrasto violento tra la campagna francescana e l'Agro: «Uscendo dall'*Umbria verde*, a *Orte* il carattere della campagna è interamente mutato. I campi hanno un aspetto selvaggio [...]. Ed ecco la vasta, severa, meditabonda, feroce, sacra campagna di Roma. [...] Un sentimento *ostile* è per ovunque sparso. Rimasto è nella valle umbra quel sentimento di intimità familiare e dolce, di cui parlava Isa [la Duse] [...]. Il quieto sogno francescano è finito. Ecco la vita crudele e la lotta implacabile».

È questo il movente del *Ditirambo* laziale, non poco spaesato nell'ambientazione tutta toscana di *Alcyone*. Così, anche le fonti si distaccano ora dalla nostra tradizione, preferendo il poeta dionisiaco ricorrere al folklore corso, specie a un canto della trebbiatura, anche ritmicamente indiziato, che il Tommaseo, trascrivendolo, giudicava «di vera poesia»: «Tribia tu, chi tribia anch'ellu, [...]. Tribia, tribia, e fa gaspura, / Chi la paglia torni in pula, / E la pula torni granellu [...] / Gira l'archia in tondu in tondu: / Paglia in pula, e granu mondu. / Guarda l'ommu: alò, alò» (*Canti popolari corsi*, II, p. 300). E a maggior ragione il poeta orgiastico ricorrerà poi, in aggiunta, al più ferino folklore bretone, in cui mietitura e trebbiatura, che si compiono, come qui – si badi –, a cavallo, non sono che metafore della strage dei nemici. Il canto del barbuto *Alain-le-Renard* è infatti da accostare, persino nelle formule diegetiche, ai versi cruenti a oltranza: «Vidi campo di rossi / papaveri [...] come letto di strage, / come flutto ancor caldo / sgorgato da una ecatombe» (vv. 69-73). Le «trebbie come pugne» (v. 9) trovano appunto l'analogo in «J'ai vu les Bretons moissonner sur le champ de la bataille [...] / Non pas le froment du pays [...] mais les épis sans barbe du pays des Saxons, et les épis sans barbe du pays des Gaulois. / J'ai vu les Bretons battre le blé dans l'aire foulée [...] avec les pieds des chevaux» (*Barzaz-Breiz. Chants populaires de la Bretagne*, cit., I, p. 201).

Da tempo nel catalogo dei temi prediletti, l'aggressività dei mietitori faceva già capo alla pittura folklorica di Michetti, solo che si rivada al saggio che d'Annunzio aveva dedicato all'amico conterraneo proprio mentre il *Trionfo della Morte* era in fase conclusiva (*Francesco Paolo Michetti*, nella «Tribuna illustrata», maggio 1893). Venivano allora poste in risalto le rappresentazioni michettiane dell'Abruzzo agricolo, dove i mietitori «accesi da una brama inestinguibile seguono a torme la femmina bella e possente che emana dal suo corpo una malia sconosciuta; e si battono a colpi di falce, tra le biche gigantesche», preludio non solo di questo *Ditirambo* (cfr. i vv. 18-27: «Ove la femmina bella / [...] / il giovine ucciso che cade / nelle sue biade / asperse del suo ricco sangue[...]?»), ma anche della *Figlia di Iorio* (1903), la più folklorica tra le opere di d'Annunzio.

Per ricondurre nei limiti geografici, tra Luni e Populonia, del canzoniere alcionio l'esaltazione oraziana dell'Agro e di Roma «arce della Terra» (v. 61), cioè *Caput Mundi*, il poeta intavola la dimensione onirica: «te [Roma] l'anima mia sogna ed agogna» (v. 47, formula dantesca; cfr. *Inf.*, XXX, vv. 137-138: «sognando desidera sognare, / sì quel ch'è, come non fosse, agogna»). Alla Toscana è comunque dedicata parte della strofa III, con l'elogio della «dura virtude» di chi edificò la città medievale, dove traspare la lettura della *Vita italiana nel Trecento* (la terza edizione trevesiana del 1895 è nella Biblioteca del Vittoriale con numerosi segni di lettura), volume che raccoglie una serie di conferenze fiorentine volte a illustrare vari aspetti di quella lontana quotidianità. L'intervento di M. Tabarrini sulle *Consorterie* non mancava infatti di riportare: «Mi ricordo che [...] passeggiando con Adolfo Thiers le vie di Firenze, ed ammirando le solide costruzioni degli antichi palazzi dei secoli XIII e XIV, senza finestre al pian terreno e colle mura rivestite di pietra forte, senza che il tempo vi abbia potuto fare una scommettitura, egli osservava acutamente che i Fiorentini avevano inventato l'architettura della guerra civile» (p. 109). Battute perfettamente sovrapponibili ai vv. 107-110 che ne conservano persino l'aggettivazione: «E una dura virtude / certo nelle tue torri commise / e murò per la guerra civile / le pietre forti».

Il «rinato frumento di Roma», in clausola, simboleggia il terzo e «nuovo Rinascimento» che d'Annunzio va predicando in versi e prose: ad esso egli riserva una «via romana» che spetterà più a *Maia* ed *Elettra* di illustrare (ma nel 1902 il Libro I delle *Laudi* è ancora in massima parte da comporre).

LA TENZONE (p. 383)

Datata nell'autografo «Marina di Pisa, ai dì 5 di luglio del '99», compare per la prima volta nel «Giorno» (1 luglio 1900) con il titolo *La tregua* che poi passerà al componimento inaugurale del canzoniere alcionio (cfr. più sopra). I motivi della poesia sono registrati in appunti di taccuino che immediatamente ne precedono la composizione, stesi come sono (2 luglio) durante l'estate che d'Annunzio trascorre con la Duse presso il litorale pisano (10, p. 111): «Si veleggia su per l'Arno [...]. S'ode il canto delle lodole e quello delle cicale e il palpito delle vele [...]. Tornando verso la foce si bordeggia. La vela latina passa sulla mia testa palpitando. Il battello ora va verso San Rossore, e s'ode il canto delle cicale che stanno su i platani. Ora vince l'uno, ora vince l'altro [...]. Come la barca per lo sforzo del vento si piega su un fianco, *ella* è più in alto, seduta dall'altra banda. Come la barca si piega su quel fianco, *ella* è più in basso». Così aderenti alla poesia, gli appunti testimoniano una disposizione lirica irrefrenabile, tale da scavalcare il romanzo (il *Fuoco*) cui pure d'Annunzio sta attendendo, sollecitato con insistenza dall'editore. E proprio con Giuseppe Treves il poeta rapito, da Marina di Pisa il 7 luglio, giustifica il repentino cambiamento di rotta: «Vorrei rimanere qui e *cantare*. Ho una volontà di cantare così veemente che i versi nascono spontanei dalla mia anima come le schiume delle onde. In questi giorni, in fondo alla mia barca, ho composto alcune *Laudi* che sembrano veramente figlie dell'acqua e dei raggi, tutte penetrate di aria e di salsedine. [...] Se tu potessi imaginare le bellezze di questa marina!».

Quasi canto amebeo, i versi realizzano quella commistione tra registro popolare e aulico che connota il Libro III delle *Laudi*. Qui, in particolare, la *cobla capfinida* (vv. 17-19) e una pronuncia quale «pratora» (v. 3), latinismo al contempo dialettale, poiché spesso il dialetto è conservatore di pronunce arcaiche, si mescolano alla ripresa dantesca della trafila rimica «inghirlanda»-«dimanda»-«lan da», per la quale cfr. *Purg.*, XXVII, vv. 97-102: «giovane e bella in sogno mi parea / donna vedere andar per una landa / cogliendo fiori; e cantando dicea: / "Sappia qualunque il mio nome dimanda / ch'i' mi son Lia, e vo movendo intorno / le belle mani a farmi una ghirlanda"».

INTRA DU' ARNI (p. 385)

Con la perifrasi dialettale e insieme preziosa viene designata dagli abitanti del luogo l'isoletta che divide in due l'estuario dell'Arno. L'«ode fiumale», come d'Annunzio la definisce, è composta a Romena nell'estate 1902 ma ricalca appunti di taccuino stesi nel 1899 (10, pp. 105 e 109): «Nel luogo detto *Intra du' Arni* appare un'isola coperta di lunghe erbe fluviali che ondeggiano e si piegano sulla corrente [...] coperta di cannucce che bruiscono. Il battello s'accosta dolcemente e la tocca». E a queste vanno congiunte altre rapide annotazioni dell'anno successivo (XXXIX, p. 418): «I canneti verdeggiano [...] La melodia delle canne – (Siringa)». Proprio il mito di Siringa, che il dio Pan trasforma in strumento musicale, chiude il componimento inaugurato da un altro mito, quello di Progne, moglie di Tereo, re della Tracia, trasformata in rondine («rondine trace», v. 4) dopo che per vendetta ha imbandito il figlio Iti al marito fedifrago («re fallace», v. 8).

«Nidace» (v. 13) è neologismo (al pari di «furace», nell'*Ippocampo*) dedotto dai *Canti popolari toscani* di Tommaseo, che sottolineava la pregnanza demotica di «crudace» (cfr. «un'amante crudace / [...] non mi vuol dar pace») commentando: «Sull'analogia di *vivace*. Boccaccio: *penace*» (I, p. 256). «Amor folle» (v. 24) riecheggia la «fole amor» (quello di Tristano e Isotta) del romanzo bretone e quindi dei poeti provenzali e stilnovisti.

LA PIOGGIA NEL PINETO (p. 387)

Composta a Romena nell'estate 1902, è considerata il capolavoro della stagione dannunziana cosiddetta «solare», che una lunga tradizione critica distingue dalla stagione «notturna»: due temperie di cui la prima, da *Canto novo* alle *Laudi*, caratterizzerebbe il panismo del d'Annunzio lirico, la seconda il ripiegamento intimistico e memoriale del prosatore «d'arte», dalle *Faville* (1911) al *Libro segreto* (1935). Quanto a immedesimazione panica, qui è addirittura la poesia «preformata» della Natura a manifestarsi, secondo il dettame schopenhaueriano condiviso da più di un Simbolista e in particolare da quella corrente – il Naturismo – che intorno alla fine del secolo annovera anche Gide (*Les nourritures terrestres*) tra i propri seguaci.

Le «parole non umane» di «gocciole» e «foglie» sono ora udibili solo dall'eletto in grado di decifrarle e anzi di celebrarle in un metamorfico rito a due. Quasi formule salmodianti della preghiera, gli insistiti «ascolta» e «odi» ripropongono il genere dei *chants de l'ouï* («parce qu'ils commencent toujours par les mots *as-tu entendu*?») diffusi presso gli antichi bardi con i quali d'Annunzio ha da tempo familiarizzato (cfr. *Barzaz-Breiz. Chants populaires de la Bretagne*, cit.). Non per nulla già in una sestina del *Poema paradisiaco* (*Suspiria de profundis*) si segnalava il mormorio «alterno» di «acque» e «alberi» («facevano l'acque e gli alberi un romore / alterno, come di parole. – Ascolta!»); parole «come il fruscìo» delle foglie e «come pioggia» sono già anche nella *Sera fiesolana*, che esordiva con un'allitterazione fonosimbolica: «le mie parole [...] come il fruscìo che fan le foglie», per proseguire nella seconda strofa con la struttura elencatoria qui riproposta: «le mie parole [...] come la pioggia che bruiva» su gelsi, olmi, viti, pini, grano, fieno, ulivi...

Negli annunci aurorali delle *Laudi* d'Annunzio non taceva il suo proposito imitativo, per esempio con Angelo Conti: «Molte *Laudi* ho composto imitando le acque e le foglie» (13 agosto 1900), ribadito nel programmatico *Fanciullo*: «Imiterai le foglie / e l'acque», e infine sanzionato nelle *Stirpi canore*: «I miei carmi son prole / delle foreste, / altri dell'onde», in modo che gli innumerevoli appunti di taccuino riservati a tali voci rappresentano altrettanti esercizi imitativi di cui il cantore saprà infine avvalersi. Anni indietro, nel diario della crociera in Grecia del 1895, entravano infatti in gioco, insieme con acqua e foglie, cicale e rane (per esempio: «Le cicale mescono il loro canto al mormorio fresco dell'acqua», III, p. 55; e cfr. qui «un canto vi si mesce», v. 71), mentre ai cipressi paragonati a «canne d'organo» si affiancava un «pino» musicale che non verrà eluso: «di tratto in tratto dà un suono melodioso, come uno strumento» (*ivi*, p. 57; e cfr. qui «stromenti», v. 49).

Sono nel complesso davvero numerosi i taccuini relativi alle pinete che da sempre hanno attratto d'Annunzio; pinete dell'Adriatico, fra le quali, oltre a quella della nativa Pescara, è da menzionare quella ravennate, «in su 'l lito di Chiassi», cantata da Dante (*Purg.*, XXVIII) e perciò visitata palmo a palmo nel 1901 insieme con la Duse. Sulle rive del Tirreno, invece, la pineta laziale di Astura, con gli appunti stesi nel 1897, avrà grande rilevanza per i motivi lì fissati e che d'ora innanzi guideranno l'osservatore. Il quale non solo annotava: «s'ode [...] il rumore del Mare» (cfr. qui «Non s'ode voce del mare», v. 80), ma a quegli appunti vorrà esplicitamente riferirsi («Ricordo della pineta di Astura») stendendone due anni dopo (1899) altri, analoghi, riguardanti la pineta di San Rossore a Marina di Pisa, la più vicina alla poesia di *Alcyone.*

La pioggia nel pineto conta insomma su cospicui antecedenti e in primo luogo proprio sul taccuino del 1899 che sembra tutti riassumerli, intriso com'è – vedremo – di trascorsi poetici e di memoria di scrittura. Da esso nascono le prime poesie alcionie con il rapimento lirico che il poeta amerebbe ininterrotto: «vorrei rimaner qui e *cantare*», scriveva a Giuseppe Treves il 7 luglio, in una lettera da collocare lungo il corso, facendone quasi parte, di quel capitale taccuino datato 2-8 luglio (10, pp. 105-110): «*La Pineta* è selvaggia, tutta chiusa da cespugli fitti, da mirti, da tamerici. Qua e là le ginestre fiorite *risplendono* con i loro gialli fiori. La pioggia discende su la verdura con un crepitìo che varia secondo la densità del fogliame. I pini hanno alla cima i rametti simili a *dita* "che giocano con l'aura che si perde" [autocitazione del v. 24 della *Sera fiesolana*]. Riodo il rumore del mare. [...] Le cicale che cantavano ancora sotto il cielo cinerino, a poco a poco ammutoliscono. Il loro canto si fa sordo, sotto la pioggia; poi si rallenta; poi si spegne. Di tratto in tratto una nota roca e fioca risorge, spira. E su tutta la foresta si spande il suono della pioggia tiepida, un suono infinitamente dolce e persuasivo. Le ginestre sono così chiare, così brillanti, che sembrano *illuminare* i luoghi ove fioriscono. Dal crepitìo più forte mi accorgo della maggior densità del bosco».

Il grande stile musicale, tra contrappunto e armonia, con cui vengono elaborate le notazioni impressionistiche, trova l'epicentro nella metamorfosi vegetale dell'*io* e del *tu* lirici «d'arborea vita viventi» (v. 55). È quanto distingue la composizione di d'Annunzio da prove simili (nei *Jeux rustiques et divins* di H. de Régnier, era per esempio un analogo *chant de l'ouï*: «Ecoute, sur le seuil»), dove sarà se mai da rapportare al modello ovidiano, insieme con la genealogia creaturale («figlia dell'aria / [...] figlia / del limo», vv. 89-91), l'intercambiabilità di «volto-foglia», «chiome-ginestre», «occhi-polle», «denti-mandorle» (già nel giovane d'Annunzio del *Piacere*: «una fila di piccole mandorle nude»), per non dire di «cuore-pèsca» («il cuor nel petto è come pèsca / intatta», vv. 104-105), che tanto più segnala la fusione felice in quanto variante polemica di un verso di Baudelaire (*Amour du mensonge*): «mon coeur meurtri comme une pêche».

Lontano da cure e negozi dell'habitat cittadino, a differenza del poeta dei *Fiori del male*, trionfa qui, per quanto illusorio, l'eden ritrovato: la «favola bella» – altra variante polemica, questa volta del querulo Petrarca («la favola breve di mia vita») – sulla quale si è diffuso il narratore del *Fuoco* (1900), primo destinatario degli studi preparatori di pinete, acque mormoranti o canto amebeo di cicale e rane: «Tutti i rumori si trasformavano in voci espressive. Ascolta! [...] Ascolta! Io distinguo un tema melodico che si perde e risorge senza avere la forza di svilupparsi»; «Il cuore dell'amato fu come un frutto [...] subitamente i suoi occhi furono come un'acqua pullulante»; «L'amore colpì entrambi gli illusi».

Ma al di là dei trascorsi in prosa, che peraltro annoverano, fin dagli anni giovanili, il tema dell'escursione a due nella pineta (già in una novella flaubertiana qual era *Nell'assenza di Lanciotto*, 1884), giova ora al cantore la «strofe lunga», metro di suo conio, più che mai funzionale al fonosimbolismo a cui esortava Tommaseo: «I vocaboli propri alle voci, agli atti e abiti de' vari animali, sarebbero da raccogliere in tutti i dialetti e in tutte le lingue con cura: e sarebbe storia della lingua, e luce dell'intendimento degli usi umani. Nella parte onomatopeica del linguaggio è creazione» (*Canti popolari greci*, III, p. 275, a proposito del «gorgheggiare» della pernice). E il verso libero, breve e brevissimo, spesso coincidente con il singolo vocabolo, apripista della poesia d'avanguardia, è reso fulmineo dalle rime fitte e dalle iterazioni, in una gamma che va dalla *cobla capfinida* («piove su le tue ciglia [...] / Piove su le tue ciglia nere», vv. 95-97) al *bisticcio* del ritornello («t'illuse – m'illude» / «m'illuse – t'illude»), soluzioni, accanto alla topica dell'*ubi sunt* e della *retardatio nominis*, appunto inconcepibili se non in margine al canto popolare.

È grazie alla maestria della versificazione, con la coincidenza tra metro e tema, che d'Annunzio ha «creato in noi», è stato detto, «un nuovo modo di leggere», esito alto di prove e riprove che infine fruttano la calibrata sobrietà così ardua da raggiungere per l'artista che in più di un'occasione ha lamentato, giova ricordare, l'eccessiva abbondanza («ostile foltezza») della propria vena creativa.

MERIGGIO (p. 391)

Composta a Romena nell'estate 1902, si colloca al culmine della «bella favola» alcionia, quando il sole allo zenith presiede all'esperienza totale dell'immedesimazione panica: «Perduta è ogni traccia / dell'uomo» (vv. 64-65). «Il gran Pan non è morto!» annunciava il cantore introducendo le *Laudi* (cfr. più sopra *L'Annunzio*) con un pronunciamento polemico: rivivranno nei suoi versi le «favole antiche» che Leopardi voleva annientate dall'«atra face del Ver». D'Annunzio condivide con Nietzsche quel pronunciamento a favore della rinascita del mito, garante della poesia nel mondo moderno, avendo alle spalle la lunga tradizione che celebra l'ora dei miraggi, sacra al dio dell'«eterno ritorno». D'obbligo il riferimento al Carducci di *Davanti San Guido* (*Rime nuove*): «a mezzo il giorno [...] tutto è silenzio nell'ardente pian», e al Pascoli di *Dall'argine* (*Myricae*): «Pesa il meriggio su la prateria. / Non ala orma ombra nell'azzurro e verde. / Un fumo al sole biancica; va via, / fila e si perde». Ma assai più rilevante delle riprese è quanto *Meriggio* consegna alla lirica del Novecento, e segnatamente a Ungaretti e Montale, all'«ora di luce nera / nelle vene» del primo (*Le stagioni*, *L'isola* o *Ricordo d'Affrica* nel *Sentimento del tempo*); all'altrettanto «buio meriggio» del secondo, che oltretutto deve alla mediazione di d'Annunzio il dantismo di *Casa sul mare* (*Ossi di seppia*): «nella bonaccia muta / tra l'isole dell'aria migrabonde / la Corsica dorsuta o la Capraia» (*Inf.*, XXXIII, vv. 82-83: «Muovasi la Capraia e la Gorgona / e faccian siepe ad Arno in su la foce»), che accoglie la dannunziana immagine aerea nel silenzio marino: «forme d'aria nell'aria» (v. 19).

Da accostare al *Cuore titanico* di *Laus Vitae*: «O mondo, sei mio! / Ti coglierò come un pomo» (cfr. i vv. 57-58: «L'Estate [...] come un pomo / che promesso mi sia»), l'*élan vital* traguarda qui la «vita divina» che coincide con l'annientamento, con la perdita dell'*io* e cioè del «nome» (cfr. la triade in crescendo: «Non ho più nome» / «E non ho più nome» / «Non ho più nome né sorte / tra gli uomini», vv. 68, 99, 105-106). La perdita di confine tra Tutto e Nulla ha non a caso accenti ultraterreni accordati su Dante: i «boschi» che «fan di sé cupa chiostra» (vv. 47-48) provengono infatti da *Inf.*, XXIX, v. 40.

Nell'incipit, che per asindeto e anafora sembra rinviare alla *Vita solitaria* di Leopardi, la nota di colore («Mare Etrusco / pallido verdicante») avrà da d'Annunzio un tardivo commento: «quel verde ineffabile che non mai si vide in alcuno dei bronzi di Delfo e di Dodona» (*Il fiore del bronzo* nelle *Faville* 1911), ma nel sistema espressivo di *Alcyone* la pronuncia «verdicare» segnala un'iniziativa linguisticamente ardita e al tempo stesso normalizzata nella serie, tra preziosa e dialettale, «biancicare», «albicare», «negricare», «rossicare»... che punteggia il canzoniere. Negli appunti di taccuino datati 2-8 luglio 1899, che anche in questo caso soggiacciono ai versi (10, pp. 106-111), l'acqua era «verde *chiarissimo*» e «verdina», né mancava la menzione delle reti da pesca pensili dei vv. 31-33 («Rimane fuor *dell'acqua la croce degli staggi*»), né la serie dei paragoni della seconda strofa («Le capanne sono coperte di paglia che brilla al sole, *come il pelo degli animali villosi* [...]. Presso la riva, la sabbia è rigata dall'acqua e dal vento con ondulazioni leggere come quelle di certi *palati* d'animali»). Immagine, quest'ultima, destinata a ripetersi più e più volte nell'opera di d'Annunzio, come spesso accade quando l'osservatore non si affida all'impressione estemporanea ma ricorre a mediazioni collaudate. L'appunto di taccuino riprende infatti dai *Fragments d'un journal intime* (1886, II, p. 156) di F. Amiel: «une nappe de sable fin, plissé par l'eau comme le palais rose de la bouche d'un petit chat» (cfr. ai vv. 75-79 «il lido rigato [...] come / il mio palato» e più avanti i vv. 3-5 dello *Stormo e il gregge*: «sabbia [...] scabra di rughe [...] come il palato del mio dolce veltro»).

IL GOMBO (p. 395)

Composta a Romena nell'estate 1902 (13 agosto, in calce all'autografo); il Gombo sarà nella *Contemplazione della morte* (1912) «la funebre spiaggia tra il Serchio e l'Arno»: «funebre» perché qui il mare restituì il cadavere del poeta P.B. Shelley, prediletto da d'Annunzio. Il quale anni indietro, nel gennaio 1896, vi aveva compiuto un pellegrinaggio insieme con la Duse, come testimoniano gli appunti di taccuino (VI, p. 81): «La Pineta del Gombo. Tutta la spiaggia arenosa è sparsa di alghe morte, dalle radici contorte e nodose. Il mare grigio romoreggia. Una solitudine immensa, quasi terrificante. / Da lungi le montagne di Carrara, con la cima suprema di Monte Pellegrino, coperte di neve. Un sole declinante indora la macchia dei pini e l'arena umida. Tutto il gran cielo è puro, lontanissimo. E il cadavere di Percy Shelley approda d'improvviso, sotto i miei occhi stupefatti».

Ma ora un altro «duolo» è rievocato: il mito di Niobe impietrita. Figlia di Tantalo e moglie di Anfione, re di Tebe, Niobe peccò di superbia pretendendo che i Tebani tributassero a lei, genitrice di prole numerosa e florida, i sacrifici, anziché a Latona. La dea adirata la punì inducendo i suoi figli, Apollo e Diana, a uccidere quelli di Niobe. Il «mìssile oro» designa appunto le frecce divine che trafiggono il «fior filiale» (vv. 55-56). La «Madre demente» (v. 66) è tema caro a d'Annunzio che a lungo progetterà una *Madre folle*, opera narrativa o teatrale. Invero, per il teatro, l'Atto III della *Figlia di Iorio* mette in scena la follia di Candia (anche lei impietrita dal dolore: «pare tutta una pietra»), madre di Aligi condannato a morte, rapportandola però al contesto cristiano della Passione di Cristo.

L'OLEANDRO (p. 398)

Datata nell'autografo 2 agosto 1900, con il sottotitolo di *Ecloga* compare la prima volta nella «Nuova Antologia» del 16 novembre di quell'anno. Poco dopo aver ultimato i versi densamente mitologici, d'Annunzio scriveva all'amico Angelo Conti: «Molte laudi ho composto, imitando le acque e le foglie. / Pubblicherò in autunno i primi tre libri – *Merope*, *Maia*, *Alcjone* (sic) [...]. Io veramente ho parlato con le Sirene e mi sono trasfuso nel mito di Glauco» (13 agosto). A quell'altezza, come si vede, la suddivisione della materia poetica nei diversi libri delle *Laudi* è ancora lontana dall'assetto definitivo. Il primo posto assegnato ora a *Merope* sembra da attribuire alla genealogia, poiché la madre di Glauco è la sola tra le Pleiadi che, secondo il mito, sposasse un mortale, cioè Sisifo re di Corinto, ed è perciò la stella meno visibile della costellazione («pudibonda latitat», «obscura mansisse traditur», e cfr. qui: «l'una d'elle è occulta, / l'una che seppe la felicità», vv. 470-471). Insieme con Glauco, anche le «Sirene» (vv. 65-66) menzionate nella lettera compaiono nell'ecloga floreale, dedicata a una specie arborea «ambigua» (v. 11), risultante cioè dall'innesto di rosa e alloro. Da annettere, fra le predilette, alla serie *rosa*, *giglio*, *melograno*, che intitolano i cicli narrativi, l'*oleandro* sarà chiamato in futuro a dare il nome all'ultima edizione nazionale (1931) di *Tutte le Opere* di d'Annunzio. Del resto il «laurier-rose» domina l'iconografia falso-antica di fine secolo, tant'è vero che alla pittura di Alma Tadema d'Annunzio si riferiva già nel *Piacere* (1889) in questi termini: «nelle isole dell'Arcipelago e nella Magna Grecia e in Pompei le donne oziavano e ascoltavano lèggere i poeti, all'ombra degli oleandri, in cospetto del mare».

Fra i rimandi interni ai Libri delle *Laudi* va segnalata la sezione *Il cipresso e l'oleandro* di *Maia* (VI), composta nel 1903 ma anteriore a *Alcyone* quanto a data di pubblicazione: «Oleandro, e allora t'elessi / in riva ai ruscelli fiorito / per inghirlandar la mia Musa [...]. E un altro da me canto avrai». L'«altro canto» è appunto l'ecloga in cui dialogano con Glauco (l'*io* poetico), Derbe e Ardi, presenze poi ricorrenti nel canzoniere alcionio, tre donne della mitologia (triade che ricorda le *Vergini delle rocce*, 1895): Erigone, Aretusa (poi ripresa nell'*Ippocampo* e nell'*Onda*, cfr. più avanti) e Berenice, di cui la prima è la figlia di Icario ateniese, la seconda la ninfa siracusana convertita in fonte, la terza la callimachea «dalla bella chioma». Ma altre creature del mito compaiono in questi versi cruciali per la struttura di *Alcyone*; intanto Cyane, ninfa d'acqua trasformata in ninfea («L'acqua sorgiva mi restò negli occhi» del v. 109 certo prelude all'«acqua sorgiva fra i tuoi neri cigli» del *Fanciullo* e agli «occhi [...] come polle tra l'erbe» della *Pioggia nel pineto*) che trasloca la scena in Sicilia («ti sovvien della Sicilia / bella? [...] "Andiamo, andiamo!"», vv. 111-113) inaugurando il procedimento che metterà il cantore alcionio in grado di volgersi in sogno (anche qui: «l'anima invelata / di sogni», vv. 166-167) a *terre lontane*.

Si tratta dunque di un viaggio nel tempo oltre che nello spazio, e del resto, la datazione alta dell'ecloga la ricollega all'impianto aurorale, strategico delle *Laudi*: il mare etrusco, con il litorale da cui si ergono le Apuane michelangiolesche (è infatti Michelangelo «l'uom che non volle umana prole», v. 55), suggerisce la coincidenza fra Grecia e Toscana, tra Rinascimento dell'età di Pericle e Rinascimento cinquecentesco («Era la tua / mitica luce sul Tirreno, o madre / Ellade», vv. 179-181): l'uno e l'altro ripercorsi e cantati quali presupposti – *vie antérieure* – del «nuovo Rinascimento» di cui d'Annunzio è il paladino-ideologo. I miti antichi sono pertanto rivissuti (compaiono Demetra e Persefone, Pegaso, Orfeo...) mentre si evocano Bacchilide e Pindaro. Non a caso è dell'«Aretusa fiorentina» (v. 402) l'iniziativa di far rivivere il mito di Apollo e Dafne, ripronunciato secondo le *Metamorfosi* di Ovidio.

Accanto alla fonte ovidiana molte altre entrano in gioco. L'innografia greca è citata tra virgolette; come citazione dantesca sono il v. 8 «e ciascuna di lor parea contenta» (dal sonetto *Guido i' vorrei*) e il v. 425 «Ma la Melancolìa venne e s'assise» (da *Rime*, LXXII: «venne a me Malinconia / e disse: i' voglio un poco stare teco»). Fra le meno remote sono da segnalare le *Nourritures terrestres* di Gide, specie perché anche lì l'ambientazione è toscana, né manca il tema del «laurier-rose» con la ninfa «Cyané» nella *Ronde de mes soifs étanchées*, laddove la *Ronde de tous mes désirs* ha probabilmente suggerito le alterne voci narranti dell'ecloga: «Et cette nuit chacun de nous chanta, sous forme de ballade [...]. Et le désir [qui la dantesca «Melancolìa» del v. 425] s'est assis».

L'IPPOCAMPO (p. 414)

Composta a Romena, come indica la data nell'autografo: 21 agosto 1902. Aretusa, anche qui «viso d'oro» (v. 8), esce dal «Coro» dell'*Oleandro* (cfr. più sopra) per foggiare il mito «novello» del cavallo marino. E al folklore neogreco rinvia subito l'incipit: «Vimine svelto», che potrebbe significare "divelto" se non fosse rapportabile, oltre che per antifrasi al «lentum vimen» virgiliano, a più di un canto popolare, nella raccolta e traduzione di Tommaseo: «Svelto mio giunco, alloro mio ombroso»; «O alta e svelta, alta e svelta mia rosa! / [...] O alta e svelta, alto e svelto mio ramicello! [...] O alto e svelto, alto mio cipresso!» (*Canti popolari greci*, III, pp. 208 e 216). Senza contare che la «furace [da allineare a «nidace» di *Intra du' Arni*, cfr. più sopra] fauna» (vv. 40-41), cioè fauno al femminile, proviene sempre dal folklore neogreco, ma in questo caso dalla raccolta e traduzione di Claude Fauriel (*Chants populaires de la Grèce moderne*, al Vittoriale con segni di lettura), appartenendo certo alla specie neomitologica delle singolari «Néréïdes» della Morea: «de la plus ravissante beauté [...] elles ont des jambes et des pieds de chèvre» (I, p. 56). Nell'*Onda*, composta il giorno successivo (cfr. più sotto), Aretusa ricomparirà con il solito «viso d'oro» e nella stessa attitudine faunesca, consegnata a una figura etimologica: «Aretusa rapace / che rapisce le frutta».

L'ONDA (p. 417)

Composta a Romena (nell'autografo è datata 22 agosto 1902), la poesia esibisce la bravura del poeta nel riprodurre la parola «non umana» dell'acqua. Dopo la pioggia è la volta dell'onda, trattandosi in questo caso di una replica. Nel *Trionfo della Morte* (1894) d'Annunzio aveva infatti tentato di riprodurre quella che aveva definito la «sinfonia del mare»: «Arrivava l'onda con una veemenza d'amore e di collera su i massi incrollabili; vi si precipitava rimbombando, vi si dileguava gorgogliando [...]. Rideva, gemeva, pregava, cantava, accarezzava, singhiozzava, minacciava: ilare, flebile, umile, ironica, lusinghevole, disperata, crudele». La lontana pagina di prosa sarà non per nulla a monte degli appunti di taccuino (1899) da cui hanno infine origine i versi (10, pp. 107 e 112): «Il mare è mosso di color misto, tra di perla e di berillo, delicato [...]. Si vede [...] il biancheggiare *ilare* e *giovane* dei flutti marini. Appaiono, scompaiono, si allungano, balenano, ridono, danzano. Una danza gioconda. Imagine di polledre dalle criniere bianche, che lasciviscono su un prato». Oltre che dell'autolettura, gli appunti risentono della consultazione vocabolaristica; in particolare, dalla voce *Onda* del *Vocabolario marino e militare* del Guglielmotti provengono l'immagine scontata del «cavallo» (vv. 37-38 e cfr.: «una mandra di cavalli che galoppano per la campagna»), quindi dell'agnello (vv. 20-21 e cfr.: «il mare ti sembra un campo ove corrano sbrancati agnelli») o del «ventre» (v. 29 e cfr.: «ventre dell'onda»), per non dire della vasta gamma dei predicati: *trascolorare*, *argentarsi*, *oscurarsi*, *dismagliare*, *intaccare*, *fiaccare*, *ammorzare*, *rinforzare*, *pascere*, *rivenire*, *ridondare*, *incurvarsi*, *allumarsi*, *propendere*, *scavezzare*, *spezzare*, *spumeggiare*, *biancheggiare*, *infiorarsi*, *travolgere*, *allungarsi*, *rotolare*, *galoppare*, *intoppare*, *assaltare*, *sormontare*... Se tutti sono attestati nel vocabolario, il poeta sa poi accordarli affinché riproducano la «favella» (v. 62) del moto ondoso, cioè l'onomatopea ottenuta dalla trafila anche delle sole voci verbali. Ma nei «Sciacqua, sciaborda, / scroscia, schiocca, schianta, / romba, ride, canta, / accorda, discorda» (vv. 63-66) va rilevata la derivazione tutt'altro che supina, e anzi il massimo d'iniziativa messa in atto per complesse operazioni denominali, come accade anche con «s'oscura» (v. 9) ricavato da «macchie a screzi scuri», «s'incurva» (v. 31) da «dorso dell'onda», «s'infiora» (v. 44) da «onda a fiorami», «rotola» (v. 48) da «onda a rotoloni», imponendosi qui il soccorso dantesco, modello di tali operazioni: per «s'ammorza» (v. 16) cfr. *Inf.*, XIV, vv. 63-64: «non s'ammorza / la tua superbia» o per «s'alluma» (v. 32) cfr. *Pd.*, XX, v. 1: «colui che tutto 'l mondo alluma». Anche l'uso medio di «si gode» (v. 95) è dantesco, tanto più che la rima «melode / lode» (vv. 94-101) occorre in *Pd.*, XIV, vv. 122-124 (cfr. più sotto lo stesso in *Undulna*).

Che poi al Guglielmotti venga affiancato il mai eluso Tommaseo-Bellini, risulta già dall'incipit, con la *retardatio nominis* che combina entrambi i repertori nel paragone tra il mare e l'antica armatura del cavaliere corazzato («lorica / del catafratto», vv. 5-6). Al pari di *Meriggio*, dove il raffronto era con il bronzo ossidato emergente dagli scavi archeologici, sembra che per d'Annunzio apprezzamento estetico e antichizzazione procedano di pari passo. Perciò, il rinvio remoto del Guglielmotti, sempre alla voce *Onda*: «Tutto il mare dà [...] vista di una superficie coperta di scaglie [...] come le corazze degli antichi guerrieri», induce il poeta a consultare la voce *Corazza* del Tommaseo-Bellini, non sfuggendogli così la «catafratta», cioè quella corazza «che di piastre o lamiere di ferro è contesta in foggia di scaglie». Peripezie linguistiche da consegnare alla «Strofe Lunga» perfettamente adatta ad accoglierle e perciò meritevole dell'autoelogio in clausola.

STABAT NUDA AESTAS (p. 421)

Composta a Romena nell'agosto 1902; il titolo latino (da Ovidio, *Metamorfosi*, II, v. 28: «Stabat nuda Aestas et spicea serta gerebat») si attaglia alla rivisitazione del mito dell'Estate smisurata che qui vede d'Annunzio competere con Carducci: «ignea nell'aria immota / l'estate immensa sta» (*Davanti a una Cattedrale* nelle *Rime nuove*) e con il Pascoli di *Patuit dea* (*Poesie varie*); ma vi si intrecciano anche analoghe visioni e personificazioni della poesia simbolista francese. In particolare, nella tradizione critica l'accostamento è con l'*Aube* di Rimbaud (nelle *Illuminations*), benché qui sia dominante il miraggio visionario dell'ora panica, quando il calore del sole allo zenith fa tremare l'aria. All'atmosfera sospesa delle apparizioni, tipica delle numerose epifanie alcionie, giova (esito fra i più alti del d'Annunzio lirico) il tempo verbale al passato remoto, che esclude la durata sommando lontananza temporale e lontananza spaziale.

La ripresa visiva è di spalle, secondo il canone di tanta pittura e soprattutto fotografia d'epoca, dal basso («piè stretto», v. 1) verso l'alto, per gradi («schiena», «capei», v. 11), finché lo sguardo si innalza al cielo, insieme con il sapientissimo richiamo iterato dell'allodola e dell'inseguitore (la triade dei vv. 14-16), per poi riprecipitare al suolo dove abbraccia la linea dell'orizzonte interamente invasa dalla «géante». Conforta la decifrazione visiva della poesia un appunto di taccuino, steso a Vienna nell'ottobre 1899, in margine a un disegno di Dürer (XXX, p. 338): «Una donna nuda giacente a terra, su una pianura, col corpo atteggiato secondo la linea dell'orizzonte».

VERSILIA (p. 422)

In calce all'autografo la data «21 giugno 1902, San Luigi» e un verso dell'*Oleandro*: «Oh Poesia, divina libertà!» che a sua volta è tratto da Goethe (la prima pubblicazione risale al 13 luglio di quell'anno nel «Marzocco»). Il motivo dell'amadriade, occhieggiante e canzonatoria, veniva battuto e ribattuto già dal giovane d'Annunzio (cfr. *Vegliando* del 1881: «Occhieggiano le driadi [...] curiose fra' rami [...] e s'odono risa fuggevoli») che riecheggiava Carducci («Occhi di ninfe antiche / che guardano il mortal», *Brindisi d'aprile* nelle *Rime nuove*). Di amadriadi pullulava del resto *Canto novo*, anche nel rifacimento del 1896 («Certo ripalpitan vive le driadi antiche / ne' tronchi [...] Rompi dal cortice», *Canto del Sole*, VII), dopo che il narratore delle *Vergini delle rocce* (1895) ha vagheggiato il «Dio che nel tempo novello amò assidersi sotto gli alberi floridi ed estrarre dagli involucri di scorza le amadriadi segrete», mentre quello del *Fuoco* (1900) sarà ormai disposto alla metamorfosi vegetale: «Bisogna che la nostra anima divenga a quando a quando simile all'amadriade, per sentir circolare in sé la fresca energia dell'albero convivente». Forte di tante prove, il poeta di *Alcyone* conia qui il mito nuovo di una «ninfa boschereccia» (v. 3) eponima, tutt'uno con la sua «invenzione» della Versilia come luogo edenico della vacanza estiva, che nella veste di grande comunicatore mediatico egli lancia con successo nell'immaginario collettivo.

Va da sé poi che *Versilia* mostri una forte parentela sia con Ermione nella *Pioggia nel pineto* («quasi fatta virente, / par da scorza tu esca», e qui «Erompo dalla corteccia», v. 2; per non dire del paragone denti-mandorle e qui denti-«pinocchi», v. 86), e ancor più con l'Aretusa dell'*Ippocampo* («furace / fauna dei pomarii») e dell'*Onda* («che rapisce le frutta»). Poesie composte successivamente, quando, in particolare, l'elogio della frutta, nella pronuncia antiquaria e insieme dialettale della ghiotta ninfa («pinocchi», «ciriegi», «albricocchi»...), è consumato nei margini di una lettura che d'Annunzio va compiendo proprio ora: «Rileggevo dianzi i tuoi saggi su la natura delle frutta», scriveva a Novati il 19 giugno, riferendosi a *Di due poesie del secolo XIV su "La natura delle frutta"* e *Le poesie sulla Natura delle frutta e i canterini di Firenze* (nel volume *Attraverso il Medio Evo*, al Vittoriale con un cartiglio segnalibro che reca appunto «Frutta»). Lavori, entrambi, dedicati dal filologo a un genere trecentesco, il «vanto», qui a ben vedere ampiamente ripreso, in modo che «Sonto cornaio da lo cholore vermilio» diventerà per esempio la «cruenta [...] cornia» che rosseggia (vv. 97-98). Il poeta di *Alcyone* non si limiterà tuttavia a rimettere in circolo taluni moduli dei *canterini* trecenteschi, ma profitterà in più larga misura dell'apparato erudito utile al dotto studioso per le note di commento, trovandovi infatti segnalati vocabolari, prontuari, lessici speciali, raccolte proverbiali, trattati: ciò di cui abbisogna il suo laboratorio per funzionare a pieno ritmo. Donde «frutti spiccaci» e «persica che si spicca» (vv. 16 e 75, cioè la cui polpa si divide in due con la mano), «susino claudio» (v. 56, cioè la specie pregiata detta «della regina Claudia»), o «cornia afra e lazza» (v. 98, con aggettivazione ricavata dall'apparato di Novati, che peraltro non dimentica i «lazzi sorbi» di Dante, *Inf.*, XV, v. 65).

Accanto alla fonte retorico-linguistica va segnalato per taluni motivi almeno il Régnier della mitologica *Nuit des dieux* nelle *Médailles d'argile*: «Homme! Je t'ai suivi longtemps, tu ne m'as pas / entendue», da sovrapporre ai vv. 21-23: «Io ti spiava dal mio fusto / scaglioso; ma tu non sentivi, / o uomo»; mentre l'esortazione della ninfa adescatrice a riporre «il ferro acre che attosca / ogni sapore» (vv. 45-46) già compariva nel repertorio di Andrea Sperelli, la cui replica giova ora a illustrare le allusioni erotiche del dialogo poetico tutto incentrato sulla frutta. Se durante la relazione felice dell'eroe del *Piacere* con Elena Muti, il bacio dava al cuore degli amanti «la sensazione di un frutto molle e roscido che vi si sciogliesse» (immagine proveniente dal Flaubert della *Tentation de Saint Antoine*: «mes baisers ont le goût d'un fruit qui se fondrait dans ton coeur»), sarà poi la volta, per il giovane tradito, di «quegli immondi e rapidi amori che gli lasciavan nella bocca come la strana acidezza di un frutto tagliato con un coltello d'acciaio» (immagine proveniente dal *Journal* dei Goncourt: «la malheureuse des choses qui nous coupent l'appétit en nous mettant dans la bouche l'amertume acide d'un fruit coupé avec un couteau d'acier»).

LA MORTE DEL CERVO (p. 426)

Datata nel manoscritto «Romena, 24 agosto 1902. Mezzanotte (domenica)»; la prima pubblicazione è nel «Marzocco» del 31 maggio 1903.

Si svolge sullo sfondo della nuova realtà industriale la giocosa vacanza marina cantata in *Alcyone*: e al Centauro, creatura bimembre generata dalla Nube e da Issione, si attaglia il nuovo mito della velocità e della macchina, variamente declinato, infatti, dalla letteratura d'avanguardia. In una *favilla* del 1924, *Il dèmone mimetico*, d'Annunzio rivivrà la stesura della poesia: «Ora m'imbestio» dice rievocando il suo totale coinvolgimento. E prima si ritrae «in piedi, davanti al leggìo, con alta la fronte di poeta», quasi che comporre versi sia per lui un gesto eroico; quindi la violenza dell'ispirazione lo respinge letteralmente dalle carte e lo costringe ad assumere, mimandola, l'attitudine del Centauro: «mi prende, mi tiene. Mi preme la nuca, mi piega la schiena, m'abbassa le braccia, mi ponta le mani aperte su l'impiantito di mattoni, mi cangia le mani e i piedi in quattro zoccoli, m'avviluppa la lingua tra parola che rigna e nitrito che parla, mi chiude nel contorno vocale della mia strofe che io chiudo». La memoria di quel giorno d'agosto era cominciata con il racconto di un'inebriante cavalcata mattutina, quando formandosi tutti i suoi pensieri in «una specie di sensualità plastica [...] scùltile e conflàtile», aveva avvertito il perfetto accordo equestre: «come s'io mi provassi in commettermi al cavallo e in ottener la perfezione dell'innesto». L'esigenza della scrittura sarà poi impellente: «Faccio di gitto. Formo d'animo e gitto di bronzo; e attendere non posso».

Insomma il poeta gareggia con lo scultore. Del resto, i vv. 53-54 («la potenza che desidero / è nei metalli che il gran fuoco ha vinto») hanno deciso il destino della poesia, che infatti lo scultore Clemente Origo tradurrà nel gruppo bronzeo esposto a Venezia nel 1907. Per la circostanza, *La morte del cervo* viene ristampata in una *plaquette* insieme con *La resurrezione del Centauro*, prosa di commento in cui d'Annunzio rilancia, con segno rinnovato, il connubio di Issione e della Nube inneggiando alla «modernità». Quel mito non è che *vie antérieure* in grado di conferire «bellezza» alla potenza del motore: «Fraterna tra tutte le creature generate dal suolo mitico! Nessuna ci tocca, anche oggi, più a dentro; nessuna ci sembra meglio rappresentare la più recente delle aspirazioni umane, meglio significare il nuovo aspetto della vita terrestre, poiché l'uomo moderno non è se non un centauro storpio e mutilato il quale ricostituisce il mito primitivo riconnettendo indissolubilmente il suo genio all'energia atroce della Natura. [...] Una insaziabile fame di conoscenza lo incita a misurare tutti gli spazii, a trascendere ogni confine, a respingere sempre verso gli orizzonti i limiti dei suoi dominii che il desiderio supera sempre in grandezza».

Sembra difficile che d'Annunzio non conosca il Marinetti di *A mon Pégase* (1905), dove il mito del Centauro è rapportato all'automobile e ancor più all'aereo. Fra poco, nel *Manifesto* futurista del 1909 troveremo appunto: «Nous allons assister à la naissance du Centaure et nous verrons bientôt voler les premiers Anges!». Quanto alla composizione del 1903, occorre rilevarne il linguaggio volutamente antiquario, disseminato di dantismi: «piote» (v. 12), «scoscio / della ripa» (vv. 19-20), «tremando a foglia a foglia» (v. 21), «grossa coglia» (v. 24)... Da conoscitore, la descrizione tecnica del manto equino (vv. 25-27): «sagginato» e «rabicano» riguardano il colore, tra rossiccio e screziato di bianco, mentre «balzàno» si riferisce alla balza bianca sopra lo zoccolo.

MADRIGALI DELL'ESTATE

IMPLORAZIONE (p. 432)
LA SABBIA DEL TEMPO (p. 432)
L'ORMA (p. 433)
ALL'ALBA (p. 433)
A MEZZODÌ (p. 434)
IN SUL VESPERO (p. 434)
L'INCANTO CIRCEO (p. 435)
IL VENTO SCRIVE (p. 435)
LE LAMPADE MARINE (p. 435)
NELLA BELLETTA (p. 436)
L'UVA GRECA (p. 436)

Dopo l'estate 1902 trascorsa a Romena, nel Casentino, interamente dedicata alle poesie di *Alcyone*, d'Annunzio rivede il piano delle *Laudi* che si va via via precisando. Nell'autunno compone una nuova serie di *Città del silenzio* da assegnare, per il momento, a *Maia*, la maggiore delle Pleiadi, a cui sarà poi dedicato il Libro I, in gran parte da comporre. Ponendovi ora mano, il poeta ignora che la *Strofe Lunga*, metro agile e libero, vittoriosamente collaudato in numerose composizioni alcionie, determinerà l'aumento della mole dei versi, tanto più che li sorregge la traccia narrativa dei taccuini (anche questo è un acquisto alcionio), in particolare quelli diaristici relativi alla crociera greca del 1895.

Conclusa *Maia* nell'aprile 1903, gli oltre ottomila versi di cui consiste configurano un libro a sé stante, dove non hanno trovato posto neppure le *Città del silenzio* (verranno incluse in *Elettra*, il Libro II). Ma invece di dedicarsi al Libro III delle *Laudi*, d'Annunzio compone la *Figlia di Iorio*, tragedia pastorale in versi che lo tiene occupato nei mesi estivi. Solo a cominciare da settembre potrà accingersi «alle poche cose che mancano» per licenziare *Alcyone*. È così la volta di questi *Madrigali*, veri capolavori di poesia che, insieme con i *Sogni di terre lontane*, rappresentano il coronamento di una prodigiosa stagione lirica. E invero con i *Sogni* i *Madrigali* sono imparentati, sia per la fuoriuscita dal tracciato toscano (cfr. in particolare *L'incanto circeo* e *L'uva greca*, che riguardano luoghi rammemoranti se non onirici), sia per il linguaggio dantesco così intensamente riproposto, in quanto canone popolare italico, nella *Figlia di Iorio*. E dantismi sono «rubesto», v. 7 di *Implorazione* (*Inf.*, XX, v. 32); «Sol calando» e «bordone», vv. 1 e 5 dell'*Orma* (*Purg.*, V, v. 39 e XXXVIII, v. 18); «ugnello», v. 6 di *All'Alba* (*Inf.*, XXII, v. 69); «naiàda», v. 5 di *In sul Vespero* (*Purg.*, XXXIII, v. 49); «in sua favella», «sol declina», «s'immilli», vv. 2, 4, 8 di *Il vento scrive* (*Inf.*, II, v. 57, *Purg.*, XXXI, v. 120, XXVIII, v. 93); senza contare che *Nella belletta* riprende Dante sin nel titolo (cfr. *Inf.*, VII, vv. 118 sgg.: «sotto l'acqua ha gente che sospira, / e fanno pullular quest'acqua al summo, / [...] nella belletta negra [...]. / Così girammo della lorda pozza»).

FERIA D'AGOSTO (p. 437)

Composta nello scorcio del 1903, come *L'uva greca* nei *Madrigali dell'estate* rinvia al periplo ellenico cantato in *Maia*: al pari di «Onchesto» e dell'«Elicona» (cfr. p. 436), rispettivamente città e montagna della Beozia, sempre alla Beozia si riferisce ora la città di «Tanagra», anticamente celebre per le danzatrici che restano effigiate nella statuaria ammirata da d'Annunzio nel museo di Atene. Ancora una volta l'itinerario greco si mescola con quello toscano, essendo qui ribadita la somiglianza, fisica e insieme ideologica, di Rinascimento in Rinascimento, tra l'Ellade e la regione compresa tra Luni e Populonia. Proprio in vista della Lunigiana (cfr. «Val di Magra», v. 2; «isola del Tino» e «Capo Corvo», vv. 6-7; «Pania» nelle Apuane,

v. 20), al confine con la Liguria, viene festeggiato il ferragosto. E la festa è notturna: «Espero sgorga», nell'incipit, allude infatti al «pianto» della stella della sera per il giorno che muore, immagine ricorrente nell'opera di d'Annunzio, che la cede a Montale: «quando / sgorga bianca la stella di Canicola» (*Arsenio* nelle *Occasioni*).

Suoni e balli si apprestano dunque nella pineta odorosa di resina («ragia») e di alghe marine («cuora», v. 9) aleggianti con la brezza notturna («vento diforàno», cioè di mare, v. 10), mentre sul far della sera il mare «Àlbica» (v. 13, biancheggia, termine dialettale e latino a un tempo). Illuminata da lampade, che il pregiato «olio di Buti» (v. 24, in Lucchesia, come poi «Calci», v. 39) alimenterà, e da fiaccole profumate («faci olenti», v. 29, lo stesso che «teda», al v. 73) in quanto composte da rami di pino e di ginepro, la festa danzante sarà anche conviviale. A cominciare dall'uva ormai matura e dalle anfore («inguistare», v. 44) colme del vino delle liguri Cinque Terre (fra queste «Vernazza» e «Corniglia», v. 43), l'elenco delle invitanti vivande ripropone, come un rito, le antiche offerte votive; e infatti la focaccia di «friscello» (v. 45, termine, di nuovo, latino e dialettale per indicare il fior di farina) era sacrificata a Priapo, dio della fecondità, propiziatoria personificazione giocosa del membro virile. Non per nulla la bella «ospite», regina della festa, è annunciata dal «riso» (v. 55, e ancora al v. 58: «acerba ride e dolce parla», che varia il «dulce ridentem dulce loquentem» della Lalage di Orazio con un attributo, «acerba», equivalente a scherzosa) e dai «mirti» (v. 59) sacri a Venere, dea dell'amore. Beota di Tanagra, la danzatrice veste foggia e ornamenti («crocòta», v. 61, è tunica di color croceo, cioè giallo) di quella Grecia antica che qui è chiamata a simboleggiare per farla rivivere in Toscana.

UNDULNA (p. 440)

La data in calce all'autografo (4 novembre 1903) la colloca fra le ultime composizioni della raccolta. La ninfa dai piedi alati è per d'Annunzio la «vera creatura alcionia», come dirà nel *Libro segreto* (1935) osservando che «nella ode e lode di sé medesima Undulna s'elegge un numero noto, la stanza di quattro versi, la quartina alterna del Chiabrera». Ma aggiunge poi che con quel metro tradizionale egli ha fatto «della vetustà nota una modernità ignota, una invenzione novissima, anzi la più gemmante novellizia ne' giardini del mare». L'autolettura, dov'è un pronunciamento estetico dei più aderenti alla poesia delle *Laudi*, è preceduta, anni indietro, da una *favilla* (*Undulna figlia di Pegaso e della Sirena*, 1924) con il racconto avventuroso della genesi delle quartine che si dovrebbero a un incidente durante una cavalcata sul litorale versiliese: «Una mattina d'agosto, lungo il mare della Versilia, per un fallo della mia bestia in un cavo della sabbia smossa, caddi giù di sella e rimasi col piede nella staffa, rimasi staffato [...]. Trascinato nella corsa sbigottita, il mio corpo sobbalzava e rimbalzava sulla spiaggia, riconoscendo e misurando tutte le particolarità del litorale, quasi con quella divina veggenza onde poi mi sorse il mito di Undulna dai piè d'ali. Sentivo l'alga molle, sentivo a tratti l'odore di quel giglio marino "che ha il greco nome del doppio ludo", sentivo la durezza d'un sasso, lo spigolo d'un rottame, il sapore del sangue che mi colava dal naso. Ed ero intento, con un miracolo assiduo di lucidità e di destrezza, ero intento a togliere dalla staffa il piede. E non per un attimo solo, nel pericolo bestiale, s'interruppe in me il senso scaltro della destrezza tra ginocchio e mallèolo. Incalcolabili erano gli attimi. Riescii finalmente a togliere il piede, e fui lanciato contro la sabbia. Mi ritrovai disteso bocconi, con la faccia sanguinosa in un ciuffo di quei gigli che si chiamano pancrazii. Udii rigar l'aria il ronzo d'un insetto fuggito da un de' calici premuti nell'urto. Sentii su la gota il viscidume degli steli schiacciati. Con l'orecchio aderente alla spiaggia calda, seguii il suono de' quattro zoccoli nel galoppo che s'allontanava; e sotto le mie palpebre le scintillazioni rosse parevano comunicate dai quattro ferri politi. / Si chiamava Undulna la mia cavalla difficile, che forse con troppa imprudenza iperiònia talvolta forzavo a gareggiare con l'onda. E, come mi rialzai lesto e m'accertai di non aver danni alle ossa e m'inginocchiai sul lido per lavarmi e medicarmi la faccia con l'acqua salsa che sana ogni male, dal cervello non intronato né incrinato mi balzò subitanea l'invenzione della grande ode alcionia».

Al di là della peripezia, la composizione è fortemente stilizzata, essendo Undulna innanzitutto un singolare strumento musicale, che scrive note mentre le modula. Come su un pentagramma, la danza dei suoi piedi doppiamente alati («ali d'alcèdine», cioè di alcione, l'uccello marino che nidifica nella bonaccia invernale, l'«albàsia de' giorni alcionii» del v. 61) disegna infatti sulla riva del mare («salsèdine», v. 3) una notazione ritmica e melodica: «errori» (v. 4, cioè movimenti), «misura» (v. 9), «vestigio» (v. 20), «tràmite» (v. 23), «scrittura» (v. 30), «rilievo» (v. 33), «lineamento» (v. 38), «nèumi» (sono i segni della notazione musicale medievale, v. 41), «traccia» (v. 53), «righi» (v. 54), in cui si armonizza – «concordia discorde», v. 42 – ogni presenza e parvenza. Il pronunciamento conoscitivo di Undulna («Scerno», «indago», «leggo», vv. 49, 51, 56) è quello stesso del libro di poesia che si conclude in vista dell'autunno, quando Core piange Persefone che ritorna agli Inferi (vv. 59-60) e il «molle Settembre» (v. 65) segna il trapasso dalla costellazione della Vergine a quella della Bilancia con i raggi del sole («quadrella», v. 99, cioè frecce) che diminuiscono d'intensità.

Il paragone tra le «farfalle» bianche («di neve», v. 121, come nel *Fortunio* di Gautier: «papillons couleur de neige, / volent par essaim sur la mer») e la spuma delle onde era già in un taccuino del 1902 (XLIV, p. 453): «Le farfalle bianche volano lungo il mare – / La lieve spuma fatta *alata*. [...] Volano volano sull'acqua – ondeggiano – sfiorano il fiore del mare. [...] Volano, dileguano – Tornano a riva. La loro ombra su la sabbia, fuggevole. Sfiorano le alghe brune ammassate». Anche l'immagine della «falce» della luna (v. 96) mietitrice è collaudata (cfr. «O falce di luna calante», nel giovanile *Canto novo*), per non dire della sinestesia tutta dantesca della «luce» che «si tace» (vv. 85-86, e cfr. «luogo d'ogni luce muto» di *Inf.*, V, v. 28). E nel campo semantico della luce bianca della bonaccia («albàsia», v. 61) si segnala la pronuncia di «chiarìa» (v. 69, dedotta da foschìa), effetto cromatico-musicale, prodotto com'è dal flauto composto da due tibie di gru con il quale il Settembre, appunto «tibìcine» (v. 65), intona un canto corale per voci bianche («partènio», v. 70).

SOGNI DI TERRE LONTANE

I PASTORI (p. 445)
LE TERME (p. 446)
LO STORMO E IL GREGGE (p. 447)
LACUS IUTURNAE (p. 448)
LA LOGGIA (p. 449)
LA MUTA (p. 450)
LE CARRUBE (p. 451)

Racchiusi nel sopratitolo che varia Jaufré Rudel («Amor de terra londhana»), composti nell'incipiente autunno (1903), i *Sogni* ne glorificano l'avvento, secondo il piano stagionale del Libro III, da giugno a settembre, dove giugno è il mese del commiato della primavera (cfr. *La sera fiesolana*, v. 21) come settembre il mese del commiato dell'estate: anche per questo, nella *Loggia* (v. 1), Aprile è il «minor fratello» di Settembre. Invero, l'abbondanza creativa del 1902 sembrava protrarre il disegno, quando l'avventura lirica avviata al tempo del grano, «che non è biondo ancóra / e non è verde» (*La sera fiesolana*), non si concludeva con quello dell'uva, ma guardava all'«uliva» novembrina. Progetto tuttavia abbandonato, forse perché l'anno successivo il volume comprendente *Elettra* e *Alcyone* deve uscire al più presto, in modo da lasciare il drammaturgo libero di dedicare tutte le sue cure all'allestimento scenico della *Figlia di Iorio*. O forse perché la fase compositiva volta all'incipiente autunno allarga il tracciato non in rapporto al tempo ma in rapporto allo spazio. Proprio con la collana dei sette *Sogni*, che tutti nell'incipit invocano «Settembre», il diario poetico esce liberamente dal confine toscano per spaziare «ovunque», secondo l'esplicita clausola della serie: «Settembre, teco esser vorremmo ovunque!» (*Le carrube*).

Del resto, tra il *grosso* delle composizioni alcionie del 1902 e questa fase finale si colloca la stesura di *Maia-Laus Vitae*, diario lirico di un periplo in Grecia (la *vie antérieure* della Toscana) che ha già imposto al poeta ideologo del «Nuovo Rinascimento» la fuoriuscita dal tracciato geografico: anche lì, dalla Grecia si passava alla Toscana e dalla Toscana a Roma, epicentro mediterraneo del futuro riscatto italico. Così ora, con il primo dei *Sogni*, la scena si sposta in Abruzzo: *I Pastori* hanno certo alle spalle l'intensità folklorica della *Figlia di*

Iorio, di cui rappresentano il suggello irrinunciabile. Il recupero dell'antica dimensione patriarcale, persistente nella modernità, è garantito dalla chiave onirica sorretta da un volubile comandamento itinerante: «Andiamo». E puntualmente (vv. 15 e 17) affiorano le cifre del mito purgatoriale ed edenico di Dante: cfr. *Purg.*, I, v. 117 («conobbi il tremolar de la marina») e XXVIII, v. 7 («un'aura dolce, senza mutamento»).

Perché allora non recuperare in questa stessa chiave anche le numerose suggestioni poetiche che il confine geografico di *Alcyone* escluderebbe? È quanto accade negli altri *Sogni*, se *Le Terme*, dedicato al museo romano di Diocleziano nel chiostro michelangiolesco di Santa Maria degli Angeli, quasi contrappone «Natura» e «Arte», il «dio bifronte» del *Fanciullo* (cfr. v. 168). Già di mira nel *Trionfo della Morte* (1894), tema, in futuro, di una *favilla* (*La maschera aerea*, 1911), a visitare ancora una volta quel museo d'Annunzio si reca, con intenzione, proprio nel settembre 1903, come attestano gli appunti stesi a ridosso dei versi (XLV, p. 460): «La capellatura di Giulia figlia di Tito, simile a un alveare bucherellato [...]. Le Maschere tragiche con l'azzurro in bocca [...] Il rosaio bianco sul cipresso moribondo ancora ha qualche rosa [...] I grandi orci – le anfore. Le macine per tritare il frumento – L'ombra delle farfalle – Il portico quadrato. I piccoli orti monacali – murati. I marmi nelle celle – silenti – Le menadi infuriano – nel puteale – Presso la finestra medita Anassimandro – (frammento d'arte greca) / Colonne, cippi, sarcofaghi – I cipressetti giovani – sostituiti ai decrepiti – scomparsi / L'aulete – con la mano sinistra segata – / Il re pastore (in basalte) fisso nell'eternità – camuso – col viso corroso – verdastro».

Le prime tre strofe delle *Terme* sono al condizionale («vorrei», «ragionerei», «udrei», «parrebbe», «sarebbe»): la prima dedicata alle maschere tragiche in pietra sormontanti altrettante colonne; la seconda alle statue di Orfeo e di Ermete nei pressi della fontana dei delfini, un tempo ombreggiata dai cipressi piantati da Michelangelo, ora sostituiti da dei «cipresseti alunni» (v. 14) dopo che un fulmine ha atterrato i primi; la terza alle grandi macine poste a terra, al centro del chiostro, nel cui perimetro sono collocati innumerevoli busti e cippi. Ma poi al tempo ipotetico si sostituisce il presente dell'apparizione con il reperto archeologico che si anima: l'«aulètride» del *Trono Ludovisi* suona addirittura il suo doppio flauto con «i frammenti» (vv. 26 e 30) delle dita, come se il tempo distruttore l'avesse risarcita di nuova abilità, e si rinnova il mito di Orfeo lacerato dalle Menadi (v. 36), risuonando infine, attraverso l'epigrafe, il *Carmen fratrum Arvalium* (v. 38; era un canto della fecondità). L'«errore del tempo» appare dunque abolito nello spazio di illusione della poesia, alla stessa stregua in cui l'ape scambia per un alveare i geometrici riccioli marmorei dell'effigie di Giulia Flavia.

Ancor più animato, il tempo remoto rivive nella reincarnazione del «Re Pastore» in basalto (v. 31) da cui promana, senza soluzione di continuità rispetto alle *Terme*, l'«impube re latino» dello *Stormo e il gregge* (v. 15), poesia d'occasione, inneggiante al Lazio (quasi uno slogan è l'ossimoro del v. 11: «Forza del Lazio quanto sei soave!»), e in particolare alla foce del Loricino, dove d'Annunzio è ospite nel settembre 1903, presso l'amico e mecenate Augusto Sindici per una battuta di caccia: di qui la presenza del «dolce veltro», con il paragone tra sabbia e palato (vv. 3-5) esperito già in *Meriggio*.

Ancora museografico, *Lacus Iuturnae* riguarda il recente ritrovamento del reperto romano della fontana di Giuturna (ninfa d'acqua) per opera dell'amico archeologo Giacomo Boni, addetto agli scavi nel Foro romano. Secondo la leggenda, a quella fontana i Dioscuri, Castore e Polluce, figli di Tindaro («Tindàridi», v. 37), abbeverarono i cavalli dopo la battaglia del Lago Regillo. Come il museo delle Terme, il Foro è meta di una visita di d'Annunzio nel settembre 1903, con relativi appunti di taccuino (XLVI, p. 463): «Davanti alla fonte di Giuturna – le tre colonne corinzie e l'architrave, simile ad argento – / La fonte – il piedestallo nel mezzo – di tufo rivestito di placche marmoree – Sul dolce marmo trema il capelvenere – [...] L'acqua è verde e inverdisce il marmo nel fondo – / A destra il Palatino rosseggia, con la enorme massa còttile, coronata dai negri lecci [...] Una lucertola corre e si nasconde nel capelvenere – / A destra crescono, di contro al muro di mattone, tre lauri – e un gelsomino – [...] Un boschetto di oleandri è presso il sepolcreto».

Nell'incipit (vv. 1-3), due citazioni petrarchesche («chiare fresche e dolci l'acque», «dolce m'è nella memoria»), inequivocabilmente primaverili, precedono l'enumerazione memoriale di corsi d'acqua, dall'Aterno, cioè la Pescara, alla Vella, suo affluente, dall'Amaseno all'Uffente, fiumi delle paludi Pontine, o il lago di Diana ad Albano, nei pressi di Roma. Per la fonte di Cyane, a Siracusa, con il suo boschetto di papiri, cfr. E. Renan, *Vingt jours en Sicilie* (in *Mélanges d'histoire et de voyages*, Paris 1878, p. III): «l'on entre dans une belle eau limpide, profonde, rapide, bientôt après dans une petite forêt de roseaux immenses et de papyrus. [...] Ces masses touffues de tiges vertes, flexibles [...] forment de petites îles impénétrables dans l'eau pure de Cyanée».

Il «puteale» (v. 39) è il pozzo sacro, accanto alla fonte, a cui attingevano l'acqua le Vestali (fra esse «Tarpea», che tramò con i Sabini per l'occupazione della rocca capitolina), custodi del fuoco di Vesta, alla quale erano sacri i lauri del Palatino.

Da un viaggio in Istria compiuto nel maggio 1902 insieme con la Duse, prende le mosse *La Loggia* (di palazzo Tacco, a Capodistria), che offre a d'Annunzio la possibilità di insinuare nella compagine lirico-nostalgica dei *Sogni* il motivo politico dell'irredentismo giuliano. Motivo caro già a Carducci (cfr. *Miramar* nelle *Odi barbare*), qui citato a proposito del «tenace amore» (v. 5) di Trieste che attende il riscatto insieme con Pirano e Parenzo (v. 13). È probabile che d'Annunzio abbia versificato appunti di taccuino finora non reperiti, come accade con le composizioni precedenti e con *La Muta*, dove la memoria di un soggiorno lombardo nell'autunno 1902, per una battuta di caccia, si appoggia alle note stese in quell'occasione (14, pp. 149-150): «26 ottobre 1902. Il Ticino – da Sesto Calende – / Le sponde coperte di boschi leggeri, nell'aria cinerina. Le rapide – ove l'acqua s'increspa e ferve. / La barca scorre più veloce. [...] Le conche con le chiusure leonardesche. La grande diga di granito roseo su cui scorre l'acqua limpida schiumando su la china con un disegno continuamente rinnovellato ma a forme fisse, come una stoffa labile. [...] Le brughiere intorno a Oleggio [...] Il setificio».

I *Sogni* si chiudono con l'immagine del mare solcato da imbarcazioni che evocano lontananze esotiche. Le varie tipologie sono qui menzionate sulla base del *Vocabolario marino e militare* del Guglielmotti: «sàica» (v. 4), «Germa» (v. 6), «garbo» e «schirazzo» (v. 7) sono imbarcazioni levantine descritte o suggerite alla voce *Bastimento*. Che poi il baccello zuccherino («siliqua», v. 11) della carruba sia cibo grato ai muli, è notizia presente alla voce *Carruba* nel Tommaseo-Bellini: «se ne abbiadano cavalli, asini e muli (siliqua)». «Amatunte» (v. 20) è città cipriota dov'era un tempio sacro a Venere.

IL NOVILUNIO (p. 453)

Composta nell'estate 1900 (in calce all'autografo la data «31 agosto 1900»), compare la prima volta nella rivista napoletana «Flegrea» il 5 ottobre di quell'anno, con il titolo *Novilunio di Settembre*. Alcuni motivi della poesia derivano dalle note di taccuino già a monte della *Sera fiesolana*: gli stessi che in futuro, nel 1902, daranno origine a *Lungo l'Affrico*. Si tratta di rapide immagini, appena abbozzate, relative all'antropomorfizzazione della notte lunare di cui qui assume le fattezze la «creatura / terrestre che ha nome / Ermione» (vv. 102-104), esordendo nel canzoniere (anticipa la *Pioggia nel pineto*, cfr. più sopra l'uguale ai vv. 62-64: «creatura terrestre / che hai nome / Ermione») la controfigura della Duse. Cfr. il taccuino XVII (p. 227): «Sembra veramente che le colline *esprimano* l'azzurro come le mammelle il latte [...]. La falce luminosa è in basso, ma si vede tutta la faccia diafana, simile a una faccia pallida che lo splendore straordinario di un monile oscuri. E si suscita in me l'imagine di una donna, che venga meno, che quasi dilegui, avendo intorno al collo una collana raggiante. Misterioso viso diafano, cui sotto il mento fiammeggia il monile». Se il taccuino risale al 1898, ancor più arretrata è almeno l'immagine del cielo latteo, poiché già nella *Chimera* la luna diffondeva «pe' cieli suo latte», un verso illustrato da Sartorio in un dipinto del 1895 che raffigurava l'astro in fattezze femminili, la donna-luna (Diana o Selene secondo il mito), nell'atto di premersi una mammella. Anche i grilli canori, indizio della vendemmia, sono a lungo presenti in poesia e in prosa, sin dal tempo giovanile, dato che l'autunno incipiente è stagione da sempre prediletta da d'Annunzio.

Per quanto riguarda le fonti, oltre alla citazione dantesca del v. 27 (*Purg.*, XXIII, v. 26: «Trivia ride tra le ninfe etterne»), si segnala in particolare il Régnier dei *Jeux rustiques et divins*, tributario sia della falce autunnale della luna: «Ta faucille d'acier finira le moisson / pas à pas, jour par jour, avant qu'à l'horizon / se croissant incurvée soit une lune pleine» (*Ode* IV), sia del sonno di Ermione «a mezzo il giorno» (vv. 120 sgg.): «Eté, tu dors [...] car ta joue est moite sur ton bras» (*ibidem.*).

In chiusa, è un'allusione alle consuete partenze della Duse per le tournées di fine estate, allusione che concorre a fare dell'attrice la musa di *Alcyone.*

Libro IV
MEROPE
(1911-1912)

A cura di Giorgio Zanetti.

Come afferma in una nota al volume di *Merope* lo stesso d'Annunzio, rifacendosi ai suoi studi di mitologia (dal *Lexicon* del Forcellini al Decharme), l'astro che «protegge» il quarto libro delle *Laudi* è la Pleiade «oscura; e la favola narra ch'ella si nasconda per essersi congiunta, sola fra le sorelle, con un eroe mortale», Sisifo. Non si può escludere che la «favola» riguardi anche l'Italia, che, vissuta a lungo nella condizione avvilente cui l'aveva relegata una politica mediocre, pur dopo molte esitazioni, decide di rendersi visibile nel cielo della storia: il 29 settembre 1911 il Governo Giolitti dichiara guerra all'Impero Ottomano per il dominio della Libia, mettendo finalmente alla prova le attitudini del Paese a un'azione valorosa e di potenza.

Ma d'Annunzio sente oscurato anche il proprio astro: da più di un anno egli è esule in Francia, costretto a lasciare la patria per debiti, e nell'estate dell'11 ha dovuto patire, amplificata dalla stampa nazionale, la mortificazione umiliante della spoliazione della Capponcina. Certo lo scoppio della guerra italo-turca vale per lui un'occasione senza pari di riproporsi all'Italia nella veste autorevole di interprete dei suoi destini, anche a costo di interrompere la scrittura sinuosa e sensitiva delle *Faville*, le trepide prose di memoria cui sta attendendo da qualche tempo. E le *Canzoni della Gesta d'Oltremare* (non a caso in terzine dantesche) che si raccolgono in *Merope* sanciscono l'improvviso, prepotente ritorno sulla scena del poeta civile, che si rifà all'impegnativo precedente di *Elettra* (richiamato sin dall'epigrafe) ma secolarizzandone i toni profetici e gli stupori sacerdotali in un franco, spregiudicato confronto con le forme eroiche della civiltà contemporanea, quelle del *Forse che sì forse che no*, le stesse avvalorate anche dal pathos tecnologico del Futurismo.

A questo concorre la destinazione giornalistica delle odi, concepite dal poeta per la pubblicazione immediata sul «Corriere della Sera», fautore convinto dell'impresa di Libia. A dirigere il quotidiano milanese è Luigi Albertini, che è anche il curatore del patrimonio dissestato del poeta; e con lui, pur così diverso per mentalità e stile di vita, d'Annunzio ha stretto un rapporto via via più assiduo e confidenziale. Per Albertini, sostenitore rigoroso di un liberalismo monarchico al passo coi tempi e orgoglioso della forza intrinseca dei propri valori, la crescita e la modernizzazione del Paese non potevano andare disgiunte dall'assunzione di un ruolo internazionale, che chiedeva capacità di espansione e prestigio militare. A un esito analogo perviene da premesse molto differenti anche d'Annunzio nella sua riflessione sull'eroismo moderno. Qui a sollecitarlo non è più Carlyle ma Whitman, più volte chiamato in causa con la sua epica della libertà, le sue strofe «possenti e virginee» nell'articolo che il 9 ottobre il poeta pubblica sul «New York American», uno dei giornali del magnate William Randolph Hearst, vigorosamente schierato a sostegno delle rivendicazioni coloniali italiane: per l'Italia, egli spiega, la guerra di Libia ha il valore di una nuova frontiera «morale» prima che materiale, tappa necessaria del processo di liberazione e di conquista della propria identità iniziato con il Risorgimento e troppo presto interrotto, nell'atto stesso in cui essa prospetta all'intero Occidente i termini di un più ampio, inevitabile scontro di civiltà.

Appena quattro giorni dopo lo sbarco a Tripoli dei marinai italiani condotti da Umberto Cagni (al valoroso ufficiale di Marina, nonché esploratore del Polo Nord, sarà consacrata una delle odi), l'8 ottobre, vede la luce sulla stampa la *Canzone d'Oltremare*, pubblicata a piena pagina, in sole quattro colonne e con i caratteri tipografici di grande formato desiderati dal poeta. E il successo immediato di questa prima prova (oltretutto benissimo retribuita: duemilacinquecento lire, rispetto alle mille di ciascuna delle *Faville*) persuade d'Annunzio a proseguire nella stessa vena, rinunciando a un progetto iniziale di *Nuove odi navali*. Animato dalla volontà di «concorrere con tutte le forze del mio spirito ad *esaltare* in questo momento la coscienza del mio paese» (prima che a spegnere la tensione straordinaria intervenga «un qualunque pensiero giolittiano di *opportunità*», a L. Albertini, 10 ottobre) il poeta fa giungere da Arcachon (la cittadina sull'Atlantico nella Lande in cui dimora quando lascia Parigi) altre nove *Canzoni*. Ed esse si susseguono sul «Corriere» a tamburo battente, di norma a una decina di giorni di distanza l'una dall'altra, sul filo dell'attualità riflessa e amplificata dai *reportages* del nuovo giornalismo di guerra (così, per esempio, Albertini telegrafa ad Arcachon: «Non oso suggerirLe tema, ma se Ella attende *Corriere* domani, recante magnifico telegramma Barzini su epico combattimento Bir-Tobras, troverà grande materia ispirazione», 24 dicembre), non senza indulgere alla retorica più scopertamente patetica della scrittura di propaganda.

Ma il disegno poetico e ideologico di d'Annunzio richiede poi che gli eventi bellici di Libia si configurino come nuova manifestazione di una forza che viene dal passato, rinascita di una vita anteriore. Dietro le figure e i casi della guerra si profilano così, di volta in volta, la leggenda che lega a Genova la reliquia del Gral (*La Canzone del sangue*), l'alleanza eroica delle Repubbliche marinare unite contro i Mussulmani in una sorta di primissima Crociata (*La Canzone del Sacramento*), l'assedio turco che sancì la fine di Bisanzio e del millenario Impero romano e cristiano d'Oriente (*La Canzone dei Dardanelli*). Tutto questo si cala in uno spartito linguistico e stilistico che da Whitman risale a Dante e a un *corpus* di antiche cronache cittadine, di cui riproduce la pronuncia remota e la patina locale. Nella *Canzone di Elena di Francia* (la discendente dei Borbone-Orléans andata in sposa a Emanuele Filiberto duca d'Aosta e ora intrepida infermiera di guerra) il prodigioso mimetismo dannunziano ricorre per giunta a documenti del Medioevo francese, sulla scia del recente *Martyre de Saint Sébastien* e del suo *pastiche* nell'antica lingua romanza di Francia.

Sin dall'inizio la molteplicità dei riferimenti e delle allusioni, la lingua tessuta di espressioni arcaiche e municipali creano al «Corriere» il timore di un ostacolo al coinvolgimento emotivo immediato del grande pubblico, cui dovrebbe necessariamente ovviare un corredo di spiegazioni e di note. Alla protesta di d'Annunzio («la poesia, veramente, non dovrebbe mai essere commentata», 17 ottobre) Albertini replica: «Lei si rende meglio conto dei diritti del poeta che degli obblighi di un direttore di giornale verso il pubblico e si fa della cultura media dei lettori un concetto assai lontano dal vero in un momento in cui la poesia vuol parlare con immediato fervore alla grande maggioranza degli italiani» (21 ottobre). Benché si pieghi ai desideri del committente, redigendo egli stesso folte *Note* esplicative di scrupolosa minuzia erudita, il poeta ribadisce la fiducia convinta nelle «immagini vive e appassionate, che hanno la loro propria eloquenza», per cui «il lettore, per commuoversi, non ha veramente bisogno di sapere» (11 dicembre). Ma di là dal dissidio, che attesta due concezioni diverse delle modalità di comunicazione e di ricezione nell'epoca del pubblico di massa, le *Canzoni* di *Merope* appagano in pieno i voti di entrambi gli artefici dell'impresa, se è vero che la voce dello «scrittore nazionale» finisce col risuonare moltiplicata nelle «cinquecento mila copie del *Corriere*», giunto a tale *exploit* anche grazie alla collaborazione poetica di d'Annunzio.

Un altro, più grave dissidio interviene in seguito. Tratto in inganno da una voce diffusa dalla stampa il 17 novembre, secondo cui la concentrazione della flotta italiana nel porto di Taranto preludeva a una spedizione navale alla volta di Istanbul, d'Annunzio dà libero corso al suo entusiasmo per un prossimo conflitto sul mare, quel mare in cui da tempo egli identifica il destino stesso dell'Italia. E nella *Canzone dei Dardanelli* egli trova modo di iscrivere la sua dura protesta contro le potenze occidentali, fredde, se non ostili, all'azione militare italiana, e pronte a mostrare per i Turchi aggrediti una sensibilità ipocrita discordante con la loro consueta attitudine di rapacità e di violenza: ecco allora il kiplinghiano «pastor dai cinque pasti» inglese, il ceffo digrignante «nella birra sanguigna» del Kaiser Guglielmo II e soprattutto Francesco Giuseppe, «l'angelicato impiccatore, / l'Angelo della forca sempiterna», il cui «canapo scorsoio» si converte in «cordiglio intemerato» a cingere il «carnefice squarquoio». Impossibile per Albertini, dinanzi alla virulenta deformazione satirica, rischiare una crisi con l'Impero absburgico, legato all'Italia dal patto della Triplice Alleanza, per giunta a costo di attizzare nuove discordie interne. Il direttore è irremovibile, la *Canzone* non sarà pubblicata. E il problema continua a sussistere nel momento in cui le *Canzoni della Gesta d'Oltremare*, con il sopratitolo di *Merope*, diventano un libro. Il 24 gennaio, data di uscita del volume, l'autorità politica sequestra in tipografia la prima edizione, astutamente limitata da Treves a un centinaio di esemplari; e il giorno 26 esce una seconda edizione senza le terzine sotto accusa, sostituite da puntini con la postilla dell'autore: «Questa Canzone della Patria delusa fu mutilata da mano poliziesca, per ordine del cavaliere Giovanni Giolitti capo del Governo d'Italia». In Francia, sulle copie a lui riservate, d'Annunzio provvede a ripristinare di suo pugno, in inchiostro rosso come il sangue, i versi censurati, che in Italia giungono per vie traverse alla pubblicazione sia nel nazionalista «Giornale d'Italia» che nel repubblicano «La Ragione». Le terzine incriminate ricompaiono poi nella terza edizione del 1915, dopo che l'Italia è entrata in guerra contro l'Impero austro-ungarico.

Fra esortazioni martellanti, gridi o slogan di guerra, raccapriccianti scene di sangue di taglio quasi cinematografico, d'Annunzio non manca comunque di dare spazio al proprio autoritratto, alla sua storia di poeta in esilio che muove alla ricerca del proprio sé più vero. Mentre l'iperbole della vitalità eroica esaspera il mito e il culto del sacrificio, l'esperienza parigina della metropoli guida l'attenzione eccitata dello scrittore delle *Faville* verso le cifre mute di una vita disertata dalla Bellezza, in uno scenario desolato di scorie e di relitti: lontano il tempo di *Alcyone*, di *Undulna* e delle sue «melodi», come si legge nella *Canzone dei Trofei*, «oggi loderò con le mie lodi / l'acqua oleosa lungo le banchine [...] l'acqua opaca ove colan le sentine / e nuotano i tritumi del carbone». E nell'*Ultima Canzone*, una cavalcata lungo le dune nel paesaggio oceanico della Lande introduce il pensiero del soldato, «fratello ignoto», che muore nella solitudine del deserto contemplando il cielo come un eroe di *Guerra e pace*. Ma alla fine di *Mero-*

pe si moltiplicano del resto i segni di un'inquietudine verso i riti e le maschere della letteratura, anche di quella civile, con l'ansia di un eroismo senza parole o di una parola che s'inveri nel «silenzio» dell'azione. Non può non colpire, nella *Canzone di Mario Bianco*, il desiderio del poeta quasi cinquantenne di conquistare una nuova identità e un nuovo ruolo di là da un presente ambiguo, fra gli ultimi accesi bagliori della *Belle Époque* al crepuscolo: «ah perché non rinasco dal mio loto / Principe della Gioventù traendo / i miei compagni a me duce e piloto [...]?». In questo almeno, pur senza prevedere l'imminenza della prova che di qui a pochi anni avrebbe sconvolto l'Europa, il bardo giornalista della *Gesta d'Oltremare* è stato profeta.

LA CANZONE DELLA DIANA

Tutti i cipressi fremono. O Canzone,
squilla! I corvi dall'arco tiburtino
s'alzano andando verso il Teverone.

Altrove è l'alba. Un pascolo marino
è l'Agro. L'Urbe è un'isola. Si spande
la più gran luce sopra l'Aventino,

verso la Porta d'Ostia, in sette bande.
Nell'ombra del Gianicolo tre vele
rosse rimontan verso Ripa Grande.

Sul Mausoleo l'Arcangelo Michele
sfolgora. Ritto sta su l'altra mole
a cavallo il secondo Emanuele.

Ninfa perenne dalle mille gole
l'acqua canta le origini del Lazio.
Niuna cosa mai tu veda, o Sole,

maggior di Roma! Il numero d'Orazio
a quando a quando par, tra l'Arce e il Fòro,
riecheggiato nel divino spazio.

Pieno di nume è l'aere sonoro.
Tronca la quercia un dio sul Celio? taglia
un eroe sul Gianicolo l'alloro?

Riarde ai Quattro Vènti la battaglia
sublime? ancóra fumiga il Vascello?
ancóra il sangue bulica e s'accaglia?

ancóra ai giovinetti ebri il mantello
bianco del condottiere è l'ala intatta
della Vittoria? il Dandolo l'appello

ultimo fa su la scalea scarlatta
ove sopra i cadaveri il cavallo
del gran Masina dà l'ultima stratta?

Irto di furia è il muto piedestallo.
I bersaglieri di Lucian Manara
disperati empion d'animo il metallo.

Laggiù, guatano il ciel che si rischiara
dietro il muro di fango, nel palmeto,
i bersaglieri di Gustavo Fara.

Laggiù, sotto la cupola che sgretola,
arde l'araba lampada al bivacco
e la vedetta sta sul minareto.

Pietro Ari laggiù tra sacco e sacco
spia l'Oasi, con l'occhio a mira certa,
tranquillo masticando il suo tabacco.

I mozzi, come fossero in coverta,
stanno alla guardia della batteria
sopra il sabbione; e l'un per gioco «Allerta

a proda!» grida. E vien dalla Menscìa,
con l'afa dei cadaveri, odor d'erbe
arse nel vento, odore di gaggìa.

Poggiato al pezzo il morituro imberbe,
che morderà la sabbia, i denti bianchi
ficca nel pane e nelle frutta acerbe.

Odesi il canto dei soldati stanchi
che scavan le trincere nelle tombe
dei Caramanli. Il canto li rinfranchi.

S'ode nel cielo un sibilo di frombe.
Passa nel cielo un pallido avvoltoio.
Giulio Gavotti porta le sue bombe.

Laggiù, presso la mola d'un frantoio
o presso i tronchi d'un'antica noria
onde pendon consunti e corda e cuoio,

sorride un morto all'invisibil gloria.
Il paradiso è all'ombra delle spade
e la delizia è il fior della vittoria.

Ulula per i campi senza biade
il duolo delle donne beduine
alterno, ed or s'inalza ed ora cade.

All'ombra d'una palma, sul confine
dell'Oasi, una croce rude è fitta
in un tumulo cinto dalle spine.

Nome inciso non v'è, non lode inscritta:
altro segno non v'è se non l'eterno.
Sola una nudità vi splende invitta.

Un dal tuo più profondo sen materno
escito, Italia, un figlio tuo vi dorme;
che s'ebbe anch'egli forse il pianto alterno

là nell'isola dove l'ombra enorme
del Passato covar sembra il nuraghe
perché ne sorga un popolo conforme.

Non la madre mortal toccò le piaghe,
né le lavò, né le fasciò di bende,
già consunta dall'ansie sue presaghe.

Ma tu guardasti le ferite orrende
e componesti il corpo in quel sepolcro.
Sola una invitta nudità vi splende.

E la terra fu tua per quel sepolcro,
tutta la terra inclusa tra la Sirte
e il Deserto fu tua per quel sepolcro!

Canto l'azzurro e l'oro della Sirte,
l'azzurro che nel grande oro s'insena,
ove non dagli scogli ma dall'irte

navi con l'urlo lungo la sirena
lacera l'aria pregna dell'aroma
che inebria i prodi; e bianca su l'arena

Tripoli infida cui la guerra schioma
come femmina presa per le trecce
dalle pugna del maschio che la doma.

Le sue palme schiantate, le sue brecce
fumide canto; canto i suoi villaggi
rasi che brucian come in luglio secce

di Maremma, onde fiutano i selvaggi
poledri il dubbio odore dalle chiatte
ben costrutte e nitriscono ai foraggi

salini che pascean lungo le fratte
di tamerici, presso i sepolcreti
sonori dove il mare etrusco batte.

O terra di sepolcri e di forteti,
Maremma, canto la tua razza equina,
la ben crinita razza che disseti

nel sarcofago tolto alla ruina
di Saturnia o di Volci e che rinfreschi
con un germoglio roscido di brina.

Salute, o terra degli Aldobrandeschi!
Pioggia e sole ai tuoi bradi la criniera,
come l'ocra e la robbia ai barbereschi,

arrossano finché di primavera
tu non li marchi all'anca e alla ganascia
per arrolarli sotto la bandiera.

La chiatta a fondo stagno il mastro d'ascia
chioda, coi sacchi d'aria e con le botti
l'aiuta, con i canapi la fascia.

I cavalli s'impennano, condotti
alla gru; cinti dell'imbraca, appesi
al paranco, paventano. Interrotti

sibili, canti di fatica ai tesi
canapi, voci di comando, liti
di battellieri, gergo di Maltesi,

schianti d'assi e di tavole, nitriti
e scàlpiti nel vento che ridonda,
sudore e schiuma, urti d'abbordo, attriti

di ferramenta; e tutta l'aria è bionda
come su Talamone; ed agli approdi
i maremmani giungono con l'onda.

Maremma, canto i tuoi cavalli prodi.
Tra sangue e fuoco ecco un galoppo come
un nembo. È la cavalleria di Lodi,

la schiera della morte. So il tuo nome,
o buon cavalleggere Mario Sola.
Giovanni Redaelli, so il tuo nome;

Agide Ghezzi, e il tuo. 'Lodi' s'immola.
E veggo i vostri visi di ventenni
ardere tra l'elmetto e il sottogola

o dentro i crini se il caval s'impenni
contra il mucchio. Gandolfo, Landolina,
alla riscossa! Tuona verso Henni.

Tuona, da Gargarèsch alla salina
di Mellah, su le dune e le trincere,
su le cubbe, su i fondachi, a ruina,

su i pozzi, su le vie carovaniere.
La casa di Giammìl ha una cintura
di fiamma. Appiè, appiè, cavalleggere!

Vengono di Taruna e di Tagiura,
vengon di Gariàn e di Misrata;
e dal Deserto un'altra massa oscura

s'avanza già sotto la cannonata.
Or biancheggiano al vento i baracani:
s'arrossano se scoppia la granata.

Occhio alla mira ferma, o cristiani.
Solo chi sbaglia il colpo è peccatore.
Vi sovvenga! Non uomini ma cani.

Per secoli e per secoli d'orrore,
vi sovvenga! Dilaniano i feriti,
sgozzan gli inermi, corrono all'odore

dei cadaveri, i corpi seppelliti
dissotterrano, mùtilano i morti,
scempiano i morti. Straziano i feriti,

gli inermi, i prigionieri, i nostri morti!
Vi sovvenga. Dovunque è il tradimento,
nelle case, nei fondachi, negli orti,

nel verde d'ogni palma, nell'argento
d'ogni olivo, allo svolto d'ogni via.
I marinai lo fiutan sottovento.

O Tripoli, città di fellonìa,
tu proverai se Roma abbia calcagna
di bronzo e se il suo giogo ferreo sia.

Avanti, o Bracciaferri, Adorni, Bagna,
Pergolesi, Coralli! Il maschio Fara
vi guarda. Cresce il sangue e mai non stagna.

Tutti in piedi. Nessuno si ripara.
Chi cade, si rialza; e poi stramazza.
La spalla del soldato è la sua bara.

Immune su la grandine che spazza
l'Oasi atroce, splendido nell'alto
cielo un alato spia. Salute, o Piazza,

Mòizo, Gavotti dal tuo lieve spalto
chinato nel pericolo dei vènti
sul nemico che ignora il nuovo assalto!

Anche la morte or ha le sue sementi.
La bisogna con una mano sola
tratti, e strappi la molla con i denti.

Poi, come il tessitor lancia la spola
e come il frombolier lancia la fromba
(gli attoniti la grande ala sorvola)

di su l'ala tu scagli la tua bomba
alla sùbita strage; e par che t'arda
il cuor vivo nel filo della romba.

Non guarda il cielo Pietro Ari. Guarda
tra sacco e sacco. Pelle non scarseggia.
Sceglie, tira, non falla. È testa sarda.

Non si volta, non grida né motteggia.
Mira e tira. Una palla squarcia un sacco.
Una rimbalza su la canna e scheggia

la cassa. Un'altra viene a tiro stracco
e un po' lo pesta. Un'altra vien di schiàncio
e lo strina. Egli morde il suo tabacco.

È a testa nuda, testa quadra. A un gancio
pende l'elmetto. Intorno è pien di bòssoli.
Ancor nella gamella è caldo il rancio.

Anima, corpo e patria son nel fosso
come in un focolare più capace
che l'arborense. Una man sacra ha smosso

col ferro nella cenere la brace
dentro il cerchio dei sassi. Le sorelle
cuciono in sogno il suo gabban d'orbace.

Ei dormirà, come le prime stelle
tremino, su la stuoia stesa in terra.
Or è nella mislèa. «Pelle per pelle»

dai padri suoi che dormono sotterra
fu comandato. Or contro questi cani
sta con fegato buono a mala guerra.

Quante grandùre, quanti baracani
colcò, sotto la grandine che scroscia!
Ancor uno! Ancor uno! Oggi e domani

e mai sempre. Una palla nella coscia
gli spezza il taglio della baionetta
cinta al fianco, e nell'osso della coscia

il mozzicon del ferro gli s'imbietta
forte così che sola una tanaglia
o la mano del Sardo in una stretta

cruda lo possa svellere. Ei travaglia
seduto su lo zàino. Alfin lo svelle.
S'alza nel sangue, e torna alla battaglia.

Non torna al focolare? Le sorelle
cuciono in sogno il suo gabban d'orbace.
Or tinto è il panno, e l'opre son più belle.

Ancor uno! Ancor uno! Non è pace
ancóra. In piedi nel suo sangue, ammazza.
Il sangue scorre e l'anima è tenace;

ché rugge in piedi tutta la sua razza
ora nel suo coraggio, su quell'osso
scheggiato, e del suo sangue egli la chiazza.

Ancor uno! Due tre gli sono addosso,
lo prendono, gli strappano il fucile,
lo forzano, lo traggono dal fosso.

Non son que' cani, sono i suoi! Le file
de' suoi vede in ginocchio ai parapetti,
i pacchi di cartucce nel barile;

gli scatti ode, gli scocchi dei moschetti;
ode il tonfo d'un corpo che si piega,
la rabbia che stridisce su gli elmetti.

E il taciturno supplica, diniega,
minaccia, si dibatte. Il sangue scorre
per la barella. Ei rugge ancóra, e prega!

Verso Messri, un eroe nomato Astorre
ha tolto all'orda lo stendardo verde;
e tutto il fronte alla riscossa accorre.

Su, compagnia dello stendardo verde,
Ottava! Su, la Settima, col prode
Orsi! L'inferno di Giammìl si perde.

Spinelli, alla riscossa! Ala dell'Ode,
non batti se non come il chiuso cuore.
Chiusa fremi, e il tuo numero non s'ode.

Come quella d'Atene, per amore
della mischia, t'allacci i tuoi calzari,
Ode, e ricalchi l'orme del valore.

Dal ciglio dei ridotti e dei ripari
sporgi, Gloria più giovine, ed irraggi
gli oscuri eroi pel cor di Pietro Ari.

A corpo a corpo! Son tenuti i gaggi
della Corsina e quelli di Marsala.
Su la mischia feroce, su i selvaggi

urli, sul mucchio, sul baglior ch'esala
dall'animo scagliato a tutta possa,
subitamente par che passi l'ala

di quel mantello e la camicia rossa
rilampeggi e racceso per la duna
il riverbero sia di Gibilrossa.

Croce d'argento contro mezzaluna!
Undecimo, con l'ugne riafferri
pe' capegli di dietro la fortuna.

Chi balza con lo stuolo irto di ferri
di là dalle trincere e dai destini
verso la sua bellezza? È Pietro Verri.

«Avanti, marinai, garibaldini
del mare!» Par che su lo scarno viso
l'ardente ombra del Sìrtori s'inclini.

Rotta la fronte che fu pura, ucciso
cade. Par che l'alfiere da Camogli
su le spalle si carichi l'ucciso.

«Avanti!» Non è tempo di cordogli.
Il pericolo ondeggia. Il tradimento
è dietro i muri, è dietro i tronchi spogli

che la grandine schianta, è in tutto il vento
del Deserto e dell'Oasi. La sorte
balena. Alla riscossa! Ei non son cento,

e la bandiera sventola. Ora, o Morte,
ei son cinquanta. E la bandiera sventola.
Dov'è Giacomo Medici? Ora, o Morte,

non son che dieci. E la bandiera sventola.

NOTE

LA CANZONE DELLA DIANA (p. 498)

Offeso nel profondo dalle invettive antiabsburgiche della *Canzone dei Dardanelli*, in un'aspra requisitoria antidannunziana apparsa sulla «Neue Freie Presse» l'ammiratore e amico di un tempo, Hugo von Hofmannsthal, rimprovera tra l'altro al «Casanova truccato da guerriero», questo Tirteo così simile nel fondo a Pulcinella, il tentativo improvvido di «emulare con delle terzine l'effetto del filmato patriottico». Di fatto il 1911 è appunto l'anno in cui d'Annunzio, entrato in contatto con l'Ambrosio Film, acconsente alla trascrizione cinematografica di numerose sue opere narrative o teatrali. E più che ad altre odi di *Merope* il riferimento al cinematografo s'attaglia alla *Canzone della Diana.* Non immemore degli epici, sanguinosi combattimenti contro i Turchi narrati nei canti popolari greci e illirici raccolti da Tommaseo o da Fauriel («Où êtes vous, mes vaillant Pallikares? – Jetez vos fusils, prenez vos sabres: – fondez sur les Turks, et coupez-moi la tête, – afin qu'Isouph Aga, ce chien d'Arabe, ne me la coupe pas», *Chants populaires des la Grèce moderne*, tome II, Paris 1825, p. 327), l'ode si compagina in una sequenza paratattica insieme rapida e analitica, a improvvisi spostamenti d'obiettivo, dalla visione di un'alba romana (la Diana è la stella che annuncia il mattino) alla scena della guerra. Qui in un montaggio di inquadrature in primo piano o a distanza si accampa, quasi topica, la figura del tiratore infallibile che continua a sparare e a colpire pur bersagliato da una grandine di pallottole sempre più vicine e minacciose. E l'episodio può assumere i tratti di una moderna «mislèa» (v. 216), calco dell'antico francese «mislée» (ossia «mêlée», «mischia») usato nella *Chanson de Roland.* Ma la cinematografia dannunziana ama poi muoversi dal presente nel passato, come spiega il poeta, poco dopo la metà del novembre 1911, inviando l'ode ad Albertini: «M'auguro che gli Italiani provino almeno una parte dell'emozione che ho provato componendola [...] La Canzone non rappresenta se non i fatti di ieri, ed ha qualche allusione agli eroi della difesa di Roma e della spedizione dei Mille (Sirtori, Schiaffino – quel da Camogli)». In realtà le allusioni all'epos garibaldino valgono altrettanti richiami alla *Notte di Caprera*, il poema di *Elettra* (cfr. pp. 269-282) che rievoca eventi ed eroi sia dell'impresa in Sicilia (ove muore l'alfiere Diodato Schiaffino, il «gigante biondo» che somigliava a Garibaldi) che dell'estrema resistenza della Repubblica romana, fra Villa Corsini e Villa Giraud o del Vascello, con il sacrificio dei «giovinetti» guidati da Giacomo Medici.

Ma per il resto l'ode che appare sul «Corriere» il 23 novembre 1911 canta i combattimenti dall'esito incerto iniziati fra Sciara-Sciat e Henni nei dintorni di Tripoli il 23 ottobre e ripresi a Sidi Messri il 26 per proseguire nei giorni successivi, allorché le nostre truppe sono attaccate da ogni parte da milizie dell'esercito turco e da forze irregolari di arabi e beduini, rimasti, contro le attese degli Italiani, fedeli all'Impero ottomano (la stessa città di Tripoli si ribella agli invasori: di qui, nell'ode, la ricorrente accusa di «tradimento»; la rivolta darà poi luogo a sanguinose rappresaglie). Nel corso di tali combattimenti, come Albertini non manca di comunicare al poeta con un telegramma il 2 novembre («aviatore gettò quattro bombe fra nemici con ottimo successo»), si registra da parte italiana il primo impiego bellico dell'aviazione nella storia, e a scopo non solo di ricognizione ma anche di bombardamento: ed è il bombardamento puntualmente rievocato nella *Canzone* (vv. 56-57, 181-195). Questa presa sull'attualità provoca nel pubblico anonimo, e d'Annunzio lo registra con soddisfazione, il desiderio di partecipare in qualche modo alla rappresentazione dell'Italia in armi, anche nel ruolo di attori: «Moltissimi mi suggeriscono perfino i *soggetti* e mi sottopongono *schemi* con un candore mirabile. Non Le parlo poi delle gelosie per i *nomi* citati. Ho dovuto mettere il Môizo, tra il Piazza e il Gavotti, se bene impedito dalla prosodia!» (a L. Albertini, 14 dicembre; cfr. i vv. 183-184). Ma l'attenzione del poeta è rivolta in primo luogo a una nuova schiatta eroica di uomini oscuri, provenienti dalle regioni apparentemente più ai margini della coscienza nazionale. Nel fuciliere sardo Pietro Ari rivive per allusione il personaggio di Rudu, l'«*homine de abbastu*» del dramma *Più che l'amore* («rivedrai le tue sorelle cucirti il gabbano d'orbace, la tua madre ammonticchiar la cinghia dentro il cerchio dei sassi, perché tu dorma su la stuoia co' piedi volti al focolare»): in lui d'Annunzio aveva figurato il possibile coinvolgimento anche dei ceti più umili nella «vocazione d'oltremare». L'ardore di battaglia e di sacrificio dei cavalleggeri del Reggimento «Lodi» si inquadra invece nella rievocazione di un'esperienza diretta, animata dalla passione dannunziana per le usanze popolari. Se ne ha notizia, sul «Corriere della Sera» del 29 maggio 1908, da un'intervista a Ettore Janni, in cui si annuncia la prossima partenza del poeta per una gita in Maremma: «Va alla Merca. Da Orbetello moverà oggi a cavallo verso l'antico castello di Campialbo, in un mirabile paese – un lingua di terra fra un lago salso e il mare. La Merca è una singolare e pittoresca costumanza. Gli uomini dei luoghi circostanti conducono polledri e vitelli alla marchiatura. Quando sono presso il "carnefice" lottano coi loro giovani animali e li abbattono di viva forza; poi il "carnefice" imprime su di essi un marchio a fuoco, e al terrore del segno rovente gli animali si slanciano via a corsa folle. E il poeta pregusta la intensa voluttà dello spettacolo».

Degna di nota la ricostruzione dell'esotico scenario di guerra, ottenuta, come dinanzi a una mappa militare, mediante un'onomastica esatta di regioni, città, edifici o costruzioni (ecco allora, vv. 53-54, le «tombe / dei Caramanli», la dinastia dei pascià e bey di Tripoli che avevano governato autonomamente la Libia dal 1711 al 1835 prima che la regione ritornasse sotto il dominio diretto dell'Impero turco; nel fortino di Janmil, vv. 149 e 258, erano acquartierati i cavalleggeri italiani), con voci riprodotte, magari attraverso il francese, nel loro etimo arabo o berbero. Le «cubbe», v. 147, sono le volte a forma di cupola con cui nelle oasi si proteggevano le sorgenti. E i nemici sono ridotti cinematograficamente all'effetto visivo dei loro indumenti, i «baracani» (vv. 155 e 220, tessuti di pelo di capra o di cammello) e le «grandùre» (v. 220, forse refuso per «gandure», tuniche senza maniche di tela leggera o di lana, a righe colorate). Ma d'altra parte l'aura della guerra santa è ribadita dalla citazione nascosta dell'*hadíth* di Maometto che sancisce il premio del guerriero islamico caduto combattendo gli infedeli: «il paradiso è all'ombra delle spade» (v. 62; di qui il titolo del film di propaganda girato nel tempo dell'avventura fiumana e apparso nel 1921, *Il paradiso all'ombra delle spade*, per il quale d'Annunzio comporrà le didascalie).

Vale la pena di ricordare che il 26 gennaio 1912, il giorno stesso in cui esce la seconda edizione censurata delle *Canzoni*, d'Annunzio invia a Treves «una compilazione di Tom su le lettere degli eroi» da pubblicare sull'«Illustrazione italiana». In realtà l'articolo che approda alla stampa il 4 febbraio siglato dalle iniziali di Tom Antongini, *Il poeta e gli eroi*, è sicuramente di pugno dannunziano, come attesta la stesura autografa che si conserva negli Archivi del Vittoriale. Risposta obliqua ma ferma al sopruso subito, la «compilazione» vale una testimonianza inoppugnabile della «comunione mirabile e insolita tra il popolo d'Italia e uno scrittore nazionale» (a L. Albertini, 14 dicembre 1911).

Se «ogni Canzone era letta e commentata dagli ufficiali ai loro soldati, riletta nelle trincee, portata nello zaino», ecco allora d'Annunzio soffermarsi sulle numerosissime testimonianze di consenso giunte dagli uomini al fronte al vero interprete del loro stato d'animo e della loro volontà – «dall'eroico generale Fara all'oscuro cavalleggere in vedetta, dagli ufficiali della Difesa di Tobruk agli umili fucilieri incapaci di firmare se non con una croce» –, prima di arrivare, in climax, alle prove di gratitudine dei familiari dei caduti: «Tra le manifestazioni più commoventi sono quelle dei parenti degli uccisi glorificati nelle Canzoni. I segni di riconoscenza vanno dalle fotografie o da qualche reliquia dei gloriosi morti fino ai doni più singolari, come quello di certe pipe di terracotta, ornate con vecchi motivi decorativi di foglie e di fiori». E qui, a chiudere il cerchio, orgoglioso del nome di «camerata» attribuitogli dai combattenti, il poeta ripropone le figure reali di coloro che solo le «terzine sonanti» della *Canzone della Diana* hanno promosso a eroi. Da un lato si riporta il fervido grazie del sindaco di Cuglieri, «ove nacque il soldatino Pietro Ari e ov'egli tornò con la ferita sempre aperta, malato e poverissimo». Dall'altro, i parenti di Agide Ghezzi rimandano da Roccalbegna l'eco della «canzone vittoriosa»: «Nella Maremma nostra donde trasse i natali "il buon cavalleggere" ventenne, caduto, col viso ardente di coraggio, sotto i colpi degli Arabi "non uomini ma cani", – nella "terra di sepolcri e di forteti" vivrà eterno il ricordo della "schiera della morte", poiché la Canzone della Diana echeggerà sempre tra le dirupate balze dell'Amiata e lungo le rive "dove il mare etrusco batte"». Inutile sottolineare che nella leggenda degli eroi si specchia e si avvalora la leggenda del poeta, votato più che mai a elaborare da sé la propria immagine, come avrebbe detto Renato Serra, di «d'Annunzio-come-lo-sente-la-gente».

CANTI DELLA GUERRA LATINA
(1914-1918)

A cura di Giorgio Zanetti.

La prima poesia composta da d'Annunzio nell'orizzonte convulso e tragico della Grande Guerra (e destinata a figurare in testa alla raccolta dei *Canti*) è l'*Ode pour la rèsurrection latine*, che appare sul «Figaro» del 13 agosto 1914, a pochi giorni dallo scoppio del conflitto. È l'atto di adesione del poeta e intellettuale italiano alla logica bellica della forza e dell'odio (simile, come annota nel suo diario Romain Rolland, a quelli di Kipling, Maeterlinck o Barrès); e la decisa scelta di campo a favore della «sorella» d'Oltralpe, da parte di un *confrère* proveniente da un paese neutrale (dopotutto l'Italia era legata da un trattato di alleanza con gli Imperi centrali), suscita il plauso fervente dei nazionalisti francesi: tra questi ultimi, certo, anche coloro che alla fine dell'altro secolo avevano salutato in d'Annunzio il campione di una «Renaissance latine» contrapposta alla politica di potenza dei nuovi barbari germanici.

A più riprese, sin dallo scoppio del conflitto, il d'Annunzio francese identifica nell'apocalissi della guerra la consumazione della decadenza europea, assimilandola a un processo di malattia e di convalescenza attraverso cui approdare alla palingenesi di una nuova innocenza e di una nuova giovinezza, di ordine sia collettivo che individuale. E in questo spirito nel maggio 1915 egli fa ritorno in Italia per infiammare gli animi con una fervorosa, incalzante campagna interventista, esaltato dalla prospettiva, come si legge in un taccuino coevo, che «una visione di poesia può tradursi in realtà militante». L'uomo di lusso libertino e dissipato, quasi la reliquia vivente della più ambigua *fin de siècle*, si propone ora agli italiani, e massime ai giovani, come il fautore intransigente dell'intervento e del sacrificio. E all'ingresso dell'Italia nel conflitto egli raggiunge il fronte con la ferma volontà di partecipare in prima fila al combattimento, rifiutando con «orrore» di essere relegato «all'ufficio di *scrivano nazionale*» o al «poema tirteico», quando invece la guerra offre all'immaginazione della «vita eroica» l'occasione irripetibile di incarnarsi nel reale.

Ma d'Annunzio avverte poi la *chance* che a contatto con la guerra e il pericolo possano rinnovarsi anche le forme e i motivi della sua letteratura. Più volte, nelle lettere ad Albertini, allude alla difficoltà di comunicare l'esperienza del conflitto nelle forme canoniche della tradizione lirica: «Non ho voglia di cantare. Ho nel mio cuore un canto turbinoso, che non può essere espresso» (14 settembre 1915). Sta di fatto che all'amico che auspicava una nuova *Merope* o comunque una poesia tessuta di «versi facili, piani, tali che i soldati avrebbero potuto impararli a memoria», d'Annunzio invia il 7 novembre 1915 la prosa ritmica dei *Tre salmi per i nostri morti* (ove, peraltro, «il buon Tenneroni [...] ha contato 240 endecasillabi perfetti», «armonizzati qua e là con altri versi di altra misura»), con la convinzione di «una maestria *metrica* molto superiore a quella dell'abusata terzina» e una risoluta certezza: «di *canzoni* non ne scriverò più». In realtà, la ricerca di uno strumento espressivo adeguato al mondo esaltante e nuovo di percezioni e di emozioni rivelato dalla guerra non può avere altro punto di arrivo che la prosa: ed è la prosa che con il suo contrappunto volubile di impressioni dal vero e fulminee associazioni analogiche costituirà il vero «libro sacro della patria vittoriosa», il *Notturno*. Non a caso le poesie che nascono nella temperie della Guerra mondiale, pubblicate per la maggior parte sul «Corriere» di Albertini, ognuna con la propria data in calce al testo, non verranno raccolte in volume se non a grande distanza di tempo dalla loro composizione, nell'ambito dell'Edizione Nazionale: inizialmente il poeta pensa di porle sotto il segno di Asterope, la Pleiade congiuntasi a Marte dio della guerra, con il titolo *Gli inni sacri della guerra giusta (1914-1918)*; ma poi il volume, che appare solo nell'aprile 1933, esce semplicemente come «Libro V» delle *Laudi* e, forse in rapporto con la minaccia rappresentata dalla nuova Germania di Hitler, con il titolo *Canti della guerra latina*, che resta definitivo.

Ma intanto, a confronto con la ferocia e l'inerte, disumana irrequietudine della guerra di logoramento, dalle trincee alle maschere antigas, hanno origine i versi di celebrazione e di esortazione che di volta in volta, sperimentando le più varie forme metriche, d'Annunzio scrive *Per il Re*, *Per la Regina*, *Pel Generalissimo Luigi Cadorna*, *Per i combattenti* ma anche *Per i cittadini*, con l'attenzione alla realtà stratificata del fronte interno (le due ultime poesie vennero declamate dal poeta alla Scala di Milano, in occasione di una rappresentazione della patriottica *Battaglia di Legnano* di Giuseppe Verdi; in precedenza l'ode *Per la Gloria* era stata affidata alla voce di Lyda Borelli, nel contesto di una serie di serate di beneficenza tenute in diversi teatri cittadini a favore dei mutilati) che contraddistingue anche i coevi interventi giornalistici del poeta soldato. In un analogo spirito di servizio verso «il "sentimento collettivo"», come lo chiama con qualche insofferenza scrivendo ad Albertini, d'Annunzio saluta gli alleati della prima ora e quelli dell'ultima (come gli Stati Uniti) coniugando l'esaltazione della solidarietà tra paesi diversi nell'esperienza bellica del presente con quella delle loro tradizioni poetiche, epiche e popolari. Così i sonetti *Sur une image de la France croisée* riconoscono nella «sorella latina» la «douce France» delle *Chansons de geste*. E se i versetti *All'America in armi* arieggiano Whitman e «la canzone di John Brown» («*While we are marching on!*»), l'*Ode alla nazione serba* fa venire in primo piano «Cràlievic Marco», l'eroe della mirabile epica illirica tradotta da Tommaseo. In un'altra occasione, quella di una delle più avventurose imprese di guerra dannunziane, la Beffa di Buccari, il poeta non si sottrae all'invenzione di una melodia popolare di briosa strafottenza militaresca.

Ma nei *Canti* il testo di riferimento, alle radici comuni delle diverse culture nazionali, è indubbiamente la Bibbia, che d'Annunzio legge e mette a frutto nella splendida versione seicentesca di Giovanni Diodati. Dai *Salmi* ai *Libri profetici*, dai *Vangeli* all'*Apocalissi*, l'«essenza divina» della guerra si svela nei termini di un'allegoria sacra, attraverso i moduli retorici dell'invettiva, della preghiera o del responsorio, trasformando il poeta nel sacerdote del rito che fa di ogni soldato un Cristo (o, nella *Preghiera di Doberdò*, un San Francesco, secondo il simbolismo del milite «poverello d'Italia»), il cui sacrificio porta alla resurrezione e al riscatto dell'Italia e del mondo. Così nel *Cantico per l'ottava della vittoria*, all'indomani della fine del conflitto, la voce apocalittica di San Paolo – «La vita riculmina in gloria!», «La morte s'abissa in vittoria!» – risuona intrecciandosi alla mistica bellica del *compagnonnage*, per coniugare il motivo, al centro anche del *Notturno*, della «coppia guerriera» che il poeta soldato ormai anziano forma con un giovane combattente consacrato alla morte. In questa unione, «tra la morte e la vita», il «vate senza corona» si consacra erede e portavoce dei caduti in guerra, votato al compito di reincarnare il significato di rinascita e di redenzione del loro sacrificio nel divenire della storia. Già nell'ottobre, con la *Preghiera di Sernaglia* scritta quando le sorti felici del conflitto appaiono decise, si profila il motivo o il mito ideologico della «Vittoria mutilata», all'origine della nuova avventura adriatica che sfocerà nella marcia su Fiume: «Ma, se nessuno grida, io grido. Oserò se altri non osa».

LA CANZONE DEL QUARNARO

Tibi cornua nigrescunt
Nobis arma dum clarescunt.

Siamo trenta d'una sorte,
e trentuno con la morte.

Eia, l'ultima!
Alalà!

Siamo trenta su tre gusci,
su tre tavole di ponte:
secco fegato, cuor duro,
cuoia dure, dura fronte,
mani macchine armi pronte,
e la morte a paro a paro.

Eia, carne del Carnaro!
Alalà!

Con un'ostia tricolore
ognun s'è comunicato.
Come piaga incrudelita
coce il rosso nel costato,
ed il verde disperato
rinforzisce il fiele amaro.

Eia, sale del Quarnaro!
Alalà!

Tutti tornano, o nessuno.
Se non torna uno dei trenta
torna quella del trentuno,
quella che non ci spaventa,
con in pugno la sementa
da gittar nel solco avaro.

Eia, fondo del Quarnaro!
Alalà!

Quella torna, con in pugno
il buon seme della schiatta,
la fedel seminatrice,
dov'è merce la disfatta,
dove un Zanche la baratta
e la dà per un denaro.

Eia, pianto del Quarnaro!
Alalà!

Il profumo dell'Italia
è tra Unie e Promontore.
Da Lussin, da Val d'Augusto
vien l'odor di Roma al cuore.
Improvviso nasce un fiore
su dal bronzo e dall'acciaro.

Eia, patria del Quarnaro!
Alalà!

Ecco l'isole di sasso
che l'ulivo fa d'argento.
Ecco l'irte groppe, gli ossi

delle schiene, sottovento.
Dolce è ogni albero stento,
ogni sasso arido è caro.

Eia, patria del Quarnaro!
Alalà!

Il lentisco il lauro il mirto
fanno incenso alla Levrera.
Monta su per i valloni
la fumea di primavera,
copre tutta la costiera,
senza luna e senza faro.

Eia, patria del Quarnaro!
Alalà!

Dentro i covi degli Uscocchi
sta la bora e ci dà posa.
Abbiam Cherso per mezzana,
abbiam Veglia per isposa,
e la parentela ossosa
tutta a nozze di corsaro.

Eia, mirto del Quarnaro!
Alalà!

Festa grande. Albona rugge
ritta in piè su la collina.
Il ruggito della belva
scrolla tutta Farasina.
Contro sfida leonina
ecco ragghio di somaro.

Eia, guardie del Quarnaro!
Alalà!

Fiume fa le luminarie
nuziali. In tutto l'arco
della notte fuochi e stelle.
Sul suo scoglio erto è San Marco.
E da ostro segna il varco
alla prua che vede chiaro.

Eia, sbarre del Quarnaro!
Alalà!

Dove son gli impiccatori
degli eroi? Tra le lenzuola?
Dove sono i portuali
che millantano da Pola?
A covar la gloriola
cinquantenne entro il riparo?

Eia, chiocce del Quarnaro!
Alalà!

Dove sono gli ammiragli
d'arzanà? Su la ciambella?
Santabarbara è sapone,
è capestro ogni cordella
nella *ex voto* navicella
dedicata a san Nazaro.

Eia, schiuma del Quarnaro!
Alalà!

Da Lussin alla Merlera,
da Calluda ad Abazia,
per il largo e per il lungo
siam signori in signoria.
Padre Dante, e con la scia
facciam «tutto il loco varo».

EIA, mastro del Quarnaro!
Alalà!

Siamo trenta su tre gusci,
su tre tavole di ponte:
secco fegato, cuor duro,
cuoia dure, dura fronte,
mani macchine armi pronte,
e la morte a paro a paro.

EIA, carne dal Carnaro!
Alalà!

11 febbraio 1918

NOTE

LA CANZONE DEL QUARNARO (p. 522)

La poesia appare per la prima volta, nel marzo 1918, nell'opuscolo edito da Treves che, con la dedica presaga «Agli Italiani di Fiume / perché si mantengano / in ferma fede», accoglie anche il diario di bordo della *Beffa di Buccari*, una delle più audaci imprese di guerra dannunziane: nella notte fra il 10 e l'11 febbraio tre MAS («Motoscafi armati Svan», dal nome della casa costruttrice; ma per d'Annunzio l'acrostico si scioglie in «Memento Audere Semper»), partiti da Venezia, si erano inoltrati nella strettissima Baia di Buccari per colpire le navi nemiche ivi alla fonda. Ideata e attuata insieme con Costanzo Ciano e Luigi Rizzo, l'avventura temeraria diventa immediatamente racconto, nelle pagine del diario che danno il la anche alla poesia: «Siamo un pugno d'uomini sopra tre piccole navi, soli, senza alcuna scorta, lontanissimi dalla nostra base, a una sessantina di miglia dalla più potente piazza marittima imperiale, a poche miglia dalle superate difese di Farasina, a poche centinaia di metri dalle batterie di Porto Re. Un allarme e andiamo in perdizione». Del resto, l'uomo che nei taccuini della vigilia si dichiara «maturo per la morte» affronta la sfida nei mari che erano stati della Serenissima con l'animo di un giocatore d'azzardo sedotto dal più folle dei giochi: «Stanotte il mio corpo può essere un pallido sacco d'acqua salsa, in fondo al Quarnaro, o rigettato sopra una spiaggia di Veglia, di Cherso, dell'Istria». Pur mancando il suo obiettivo strettamente militare (i siluri rimangono impigliati, senza esplodere, nelle reti protettive della base navale austriaca), l'impresa non perde per questo la sua forza dimostrativa e provocatoria, sancita irresistibilmente dalla «beffa imbottigliata», ossia il messaggio di impertinenze racchiuso in tre bottigliette ornate di una «fiamma tricolore» che il poeta lascia nel mare antistante il porto nemico: «In onta alla cautissima flotta austriaca occupata a covare senza fine dentro i porti sicuri la gloriuzza di Lissa, sono venuti col ferro e col fuoco a scuotere la prudenza nel suo più comodo rifugio i marinai d'Italia, che si ridono d'ogni sorta di reti e di sbarre, pronti sempre a OSARE L'INOSABILE. / E un buon compagno, ben noto – il nemico capitale, fra tutti i nemici il nemicissimo, quello di Pola e di Cattaro – è venuto con loro a beffarsi della taglia».

Così a cominciare dall'epigrafe latina, che arieggia i canti goliardici medievali, nei gagliardi ottonari della *Canzone* l'aria della morte s'intreccia indissolubilmente a quella dell'irrisione e del sarcasmo, con la volontà di sfottere il nemico e i suoi ammiragli «su la ciambella» (che, spiega il Tommaseo-Bellini, è il «cerchio di paglia, o fasciolo di roba, per sedervi sopra quando si va al necessario») rivelatisi, però, «impiccatori / degli eroi», con allusione all'irredentista Nazario Sauro (v. 98), catturato e condannato a morte dagli Austriaci nel 1916. Ma l'Italia in armi dannunziana vive anche in questo alone canagliesco di eroismo *ex lege*. Non è il poeta, sempre nei taccuini, a registrare con entusiasmo la possibilità offertagli di vivere «la vera vita del pirata in mare nemico» (CXVII, p. 1070; gli «Uscocchi», v. 61, erano i combattenti slavi che, nel Cinquecento, si erano validamente opposti ai dominatori turchi infestando l'Adriatico con la loro guerra di corsa; a Fiume d'Annunzio chiamerà con questo nome i suoi Arditi, dediti a loro volta per terra e per mare ai più spettacolari colpi di mano)?

Il ritornello fa echeggiare l'esclamazione guerresca di incitamento e di esultanza che nell'agosto 1917, tra gli aviatori della squadriglia in procinto di affrontare con lui il volo su Pola, d'Annunzio aveva sostituito all'«Ip Ip Ip. Hurrah!» anglosassone: sia «Eia» che «Alalà» sono voci di etimo classico (già usate, ma separatamente, da Pascoli nella *Canzone di Re Enzio* e nell'*Ultimo viaggio* dei *Poemi conviviali*, oltre che dallo stesso d'Annunzio nella *Nave* e nella *Fedra*), dense di remote risonanze pindariche. «Eia Eia Eia. Alalà!» diventerà poi il grido dei legionari fiumani, passando infine ai fascisti (ma allora, nel *Libro ascetico della giovane Italia*, il poeta stigmatizzerà quei giovani «che oggi lo gridano anche sopra la violenza inutile e sopra il castigo ingiusto»). D'altra parte il controcanto primaverile e nuziale che accompagna la scorreria di Buccari (più esplicitamente nella prosa, con la penetrazione nella Baia a «forma di ocarina» e il sentimento vittorioso del Golfo del Quarnaro «posseduto»), fa pensare per un istante all'esortazione all'amore della spregiudicata Regina di Maggio di una celebre *kalenda maia* studiata da Gaston Paris e Joseph Bédier: «A l'entrada del tems clar, eya, / Per joja recomençar, eya, / E per jelos irritar, eya, / Vol la regina mostrar / Qu'el est si amoroza [...]».

Nell'aria popolaresca della canzone di guerra risuonano numerose le citazioni di Dante: per «a paro a paro», vv. 10 e 114, cfr. *Purg.*, XXIV, v. 93; «Zanche», v. 33, è uno dei barattieri condannati in Malebolge (*Inf.*, XXII, v. 88); «arzanà», v. 94, è la voce veneta per «arsenale» di *Inf.*, XXI, v. 7; esplicito il rimando del v. 106 a *Inf.*, IX, vv. 113-115: «Sì come a Pola, presso del Carnaro / ch'Italia chiude e i suoi termini bagna / fanno i sepulcri tutt'il loco varo» (forma toscana per «vario»).

POESIE DISPERSE

A cura di Giorgio Zanetti.

In questa sezione si propongono alcune poesie di d'Annunzio edite solamente postume o, benché apparse nei giornali o in rivista durante la sua vita, mai accolte nelle opere a cui egli ha di volta in volta affidato la propria immagine carismatica di poeta, riunite infine sotto il titolo *Versi d'amore e di gloria*. Si documenta così, attraverso una scelta di testi esemplari, il coinvolgimento attivo di d'Annunzio in campi certo ai margini del linguaggio poetico canonico in Italia: la poesia per musica, la poesia per l'infanzia, la poesia in dialetto, la poesia francese (all'abbrivo dell'esperienza del «doux parler de France», dotta e ardita, che negli anni parigini produrrà i drammi in versi del *Martyre de Saint Sébastien* e della *Pisanelle*).

D'altra parte, si tratta in molti casi di una lirica francamente d'occasione, determinata dalle contingenze della politica, dell'amicizia, degli amori, in rapporto con le congiunture anche minime dell'avventura artistica ed esistenziale dello scrittore e persino con il capriccio o la sfida di misurarsi con la forza di richiamo esercitata dai linguaggi della comunicazione o della promozione pubblicitaria. Indubbiamente testi come questi, quantunque minori, integrano il ritratto di d'Annunzio poeta, ponendone in piena luce aspetti e risvolti non assenti ma impliciti (o forse solo difficili da scorgere attraverso lo schermo dei nostri abiti di lettura) nell'opera "ufficiale": si pensa all'affiorare incontenibile di uno spirito ludico talvolta di registro comico, dall'ironia alla satira, e, più ancora, all'impulso ad arrischiare la poesia e a contaminarla a contatto con le forme, i miti e gli ideologemi dell'immaginario collettivo e della memoria sociale.

Certo parlare di poesia minore appare improprio per le composizioni poetiche, di cui pure si offrono qui alcuni esempi, che il cultore dell'opera d'arte totale inserisce nei drammi in prosa, nei romanzi o negli scritti d'autoritratto e di memoria. In particolare, dal *Notturno* (1916-1921) alle *Cento e cento e cento e cento pagine del Libro segreto* (1935), giunto a una prosa in grado di assorbire in sé e forse trascendere la magia e l'estasi della poesia, d'Annunzio iscrive nella sua elaborazione finale di un mondo assoluto dell'espressione anche versi di «ermetica» complessità e intensità, spesso interrogazione e allegoria dell'esperienza letteraria e dell'atto stesso di scrivere. Così nell'ombra dell'inattualità e dell'invecchiamento, attraverso il dialogo del corpo e del suo «Ade erotico» con la morte (fra i progetti dell'ultima stagione vi è anche un altro libro delle *Laudi* sotto il segno di *Celeno*, con il titolo *Laus mortis*), il grande incantatore finisce con lo scrutare e mettere a nudo il fondo buio della sua stessa favola bella. Proprio in questo, dall'alto di un supremo magistero stilistico e di una antropologia poetica esperta di ogni simbolismo, l'uomo del Vittoriale ottiene esiti di inquietante, raggelata modernità, traducendo la sua disposizione radicalmente nichilistica in uno spartito frammentario e scabro di remote forme classiche o tradizionali "al quadrato", di surreali, terribili filastrocche.

PICCOLO CORRIERE

Inclite gentildonne tiberine,
molli ne la pinguedine nascente,
placide, o pur bernhardtïanamente
alte, sottili, erette e serpentine,

di novelle romane e parigine
è inaridita omai l'aurea sorgente
ed il cronista miserevolmente
si stempra in vaniloquii senza fine.

Più nulla omai resiste a 'l solleone
incalzante, se non per avventura
il *ri* dell'onorevole Tajani.

Oh mio lungo martirio! Oh, dietro i vani
motti, ansimare lungo! Oh trista, oh dura,
oh dolorosa aggettivazïone!

[1885]

LA MUSA AI BAGNI

Cantami, o verde Musa balnearia,
oggi il vago paese di Pescara,
dove un medicinal balsamo è l'aria
e la pigion di casa non è cara,
dove una grande selva solitaria
cresce tra l'acqua dolce e l'acqua amara,
una selva che l'ombre ha profumate
e benigne a le coppie innamorate.

Il marchese del Vasto è pio signore
de la selva che tante arene abbraccia.
Ivi chiome di pini ampie e canore
ondeggiano; e ciascun tronco s'allaccia
a l'altro; e ne 'l misterio de l'albore
i tronchi paion centomila braccia
che tutte si protendano ne l'alto,
pronte ad un qualche gigantesco assalto.

Ivi i bagnanti, e le bagnanti, quando
tramonta Febo dietro Montecorno,
si sparpagliano a stuoli, e ragionando
vanno e cogliendo le mortelle in torno.
Se de la luna il corno venerando
sale ne 'l ciel, l'acuto e roseo corno,
fioriscon l'ecloga ed il reuma a 'l lume
castissimo, secondo il buon costume.

Or migrano da l'Aquila, da Chieti,
da Teramo, da tutte le province,
i cittadini; e vengono ai quieti
lidi d'Aterno, qui dove li vince
l'ozio beato a l'ombra dei mirteti
(oh rima rara come occhio di lince!),
e dove la salubre aura marina
tanta ha copia di sale e di resina.

Da l'altra parte, che Castellammare
si appella, sorge uno stabilimento;
sorgono molte ville ilari e chiare
lungo la strada; e in fresco ondeggiamento
i platani da 'l tronco secolare
lungo la strada cantano co 'l vento.
Van smorzando la polve annaffiatoi
rustici, tratti da cavalli e buoi.

Bello è veder passare i comunali
annaffiatoi per la riarsa via!
Dolce è sentir suonare in su i piazzali
l'organetto gentil di Barberia!
Dolce è sorbire i pezzi glacïali,
a 'l Caffè grande, in lieta compagnia,
e quindi su le tavole sonanti
danzar con le pieghevoli bagnanti!

Ma più bello e più dolce anco è vedere
il solco de le membra feminine
per mezzo a l'acque e l'onda de le nere
o bionde chiome a l'aure levantine
e il furtivo apparir, tra le leggere
spume, di spalle marse o marrucine,
e di ginocchi teramani, e d'anche
frentane e di vestine gambe bianche.

Voi, o signora, a cui dentro i quieti
laghi delli occhi amor torpido stagna,
e brilla qual ne' fondi alti e secreti
l'oro de le galee del re di Spagna,
voi, diva in una corte di poeti
macra che vi sospira e che si lagna,
perché occultate il bel corpo ideale
a noi, temendo l'ira maritale?

E voi, signora dalle chiome flave
e da la pelle bianca più che latte,
e voi, signora a cui dentro il soave
occhio l'azzurro col verde combatte,
e voi, signora da 'l sorriso grave
e dall'ampie pupille stupefatte,
voi perché, paventando le fortune
de l'acqua, non lasciate mai la fune?

Or taci, Musa verde. Immenso raggia
ne 'l pieno sole pomeridïano
il mare, e pe 'l silenzio de la spiaggia
perdesi lentamente il canto vano.
Vieni, o Musa: facciam opera saggia.
Vieni: ci annegheremo piano piano.
O cronisti, o cronisti, o tutti voi
colpevoli, annegatevi con noi!

[1885]

NINNA NANNA

[PER GIORGIO MICHETTI]

Ninna nanna, mio figliuolo!
Ninna nanna, occhi ridenti!
Canta, canta, rusignolo,
che il mio bimbo s'addormenti!
fresche rose, gigli aulenti
ne la culla è il mio figliuolo.

Ninna nanna! Le lenzuola
son tessute di contento.
Oro fino era la spola
ed i licci erano argento;
e pareva un istrumento
quel telajo, una viola!

«Chi ci dorme, non si duole.»
E seguiva dolcemente
quel telajo le parole.
«Questa è tela assai piacente.»
«Chi ci dorme, non si pente.»
Ninna nanna, occhi di sole!

Ninna nanna! O rusignoli,
tutti qua, perch'ei vi senta!
Lascian tutti i nidi soli,
vengon tutti. Ch'ei li senta!

Il mio bimbo s'addormenta
sotto i canti, sotto i voli.

Benedetto! Non c'è duolo
pel mio bimbo, non tormento.
Ninna nanna! il suo lenzuolo
è tessuto di contento.
Ninna nanna! Il lume è spento,
ma riluce il mio figliuolo.

14 gennaio 1889

A BICI

A te gloria ed onor, cuoco novello
degno d'un re di Francia o d'Alemagna,
rampollo della stirpe di Vatello
nato nella città dove *se magna*!

Tu che rendi soave il vil tortello,
e fai parer sublime una lasagna,
tu che sai trasformar qualunque uccello,
adoperando il *bur* senza micragna,

ne le future età cucinatrici,
o distruttor di gamberi e d'alici,
preparator di salse incantatrici,

per tanti culinari benefici
un monumento avrai splendido, o Bici,
composto di ventricoli d'amici.

1889 (?)

'A VUCCHELLA

A Peppino Sirignano.

Si' comm'a nu sciorillo.
Tu tiene na vucchella
nu poco pocorillo
appassuliatella.

Meh, dammillo, dammillo
– è comm'a na rusella –,
dammillo nu vasillo,
dammillo, Cannetella!

Dammillo e pigliatillo,
nu vaso piccerillo
com'a chesta vucchella,

che pare na rusella
nu poco pocorillo
appassuliatella...

[1892]

DAI
SONNETS CISALPINS
[1896]

MELPOMÈNÈ

Dans ma nuit résonna la voix d'or et d'airain
tandis que je courbais mon front las sur le livre.
– O Mer! – Et je sentis que mon âme était ivre
d'un souffle plus vivant que le souffle marin.

La mer calme dormait sous le grand ciel serein.
Mais le monstre dolent que la Beauté délivre
me jetait sa clameur; et son âme était ivre
de ce souffle moins pur que le souffle marin.

Dans le cirque profond le visage innombrable
était pâle d'espoir, la force misérable
tremblait sous les éclairs du verbe souverain.

Et toute la Beauté qui de mon front déborde,
Muse, et tout cet espoir tendu comme la corde
exaltaient vers le ciel ta voix d'or et d'airain.

DAL
SOGNO D'UN MATTINO DI PRIMAVERA
[1897]

PER UNA GHIRLANDETTA

Per una ghirlandetta
Ch'io vidi, mi farà
Sospirar ogni fiore.

Al mio giardin soletta
La mia donna verrà
Coronata d'amore.

Ha nome Simonetta
La donna che sarà
Regina del mio core.

O Amore, aspetta, aspetta!
Chi non ama, amerà;
Ti lauderà Signore.

Diman l'avrai soggetta
La fera che non sa
Qual sia lo tuo valore.

Per una paroletta
Il mio cor non saprà
Mai più che sia dolore.

Per una ghirlandetta!

AMORI ET DOLORI SACRA

O tu che su le cose fuggitive
piangi l'unico amor che ti fu santo
e ascolti nel profondo cuore il canto
che consolò le tue sorelle argive,

nell'onda delle tue lacrime vive
il tuo volto sarà pallido e affranto
come l'alga che sola erra nel pianto
dei mari eterni e delle antiche rive;

le tue mani saranno come i fiori
che uccide il vento del deserto atroce;
i tuoi piedi faran vermiglie impronte;

ma io verrò chiamando i tuoi dolori
nella mia gioia, e alla novella voce
tu d'improvviso volgerai la fronte.

19 febbraio 1898

QUATTRO CANZONI DI AMARANTA

I

Lasciami! Lascia ch'io respiri, lascia
ch'io mi sollevi ! Ho il gelo nelle vene.
Ho tremato. Ho nel cor non so che ambascia...
Ahimè, Signore, è il giorno! Il giorno viene!

Ch'io non lo veda! Premi la tua bocca
su' miei cigli, il tuo cuore sul mio cuore!
Tutta l'erba s'insànguina d'amore.
La vita se ne va, quando trabocca.

Trafitta muoio, e non dalla tua spada.
Mi si svuota il mio petto, e senza schianto.
Non è sangue? Ahi, Signore, è la rugiada.
L'alba piange su me tutto il suo pianto.

II

L'alba sepàra dalla luce l'ombra,
e la mia voluttà dal mio desire.
O dolci stelle, è l'ora di morire.
Un più divino amor dal ciel vi sgombra.

Pupille ardenti, o voi senza ritorno
stelle tristi, spegnetevi incorrotte!
Morir debbo. Veder non voglio il giorno,
per amor del mio sogno e della notte.

Chiudimi, o Notte, nel tuo sen materno,
mentre la terra pallida s'irrora.
Ma che dal sangue mio nasca l'aurora
e dal sogno mio breve il sole eterno!

III

In van preghi, in vano aneli,
in van mostri il cuore infranto.
Sono forse umidi i cieli
perché noi abbiamo pianto?

Il dolor nostro è senz'ala.
Non ha volto il grido imbelle.
Piangi e prega! Qual dio cala
pel cammino delle stelle?

Abbandónati alla polve
e su lei prono ti giaci.
La supina madre assolve
d'ogni colpa chi la baci.

In un Ade senza dio
dormi quanto puoi profondo.
Tutto è sogno, tutto è oblìo:
l'asfodélo è il fior del Mondo.

IV

Che dici, o parola del Saggio?
«Conviene che l'anima lieve,
sorella del vento selvaggio,
trascorra le fonti ove beve.»

Io so che il van pianto mi guasta
le ciglia dall'ombra sì lunga...
O Vita, e una lacrima basta
a spegner la face consunta!

Ben so che nell'ansia mortale
si sfa la mia bocca riarsa...
E un alito, o Vita, mi vale
a sperder la cenere scarsa!

Tu dici: «Alza il capo; raccogli
con grazia i capelli in un nodo;
e sopra le rose che sfogli
ridendo va incontro all'Ignoto.

L'amante dagli occhi di sfinge
mutevole, a cui sei promessa,
ha nome Domani; e ti cinge
con una ghirlanda più fresca...»

M'attende: lo so. Ma il datore
di gioia non ha più ghirlande:
ha dato il cipresso all'Amore
e il mirto a Colei ch'è più grande,

il mirto alla Morte che odo
rombar sul mio capo sconvolto.
Non tremo. I capelli in un nodo
segreto per sempre ho raccolto.

Ho terso con ambe le mani
l'estreme tue lacrime, o Vita.
L'amante che ha nome Domani
m'attende nell'ombra infinita.

[1907]

DA

FORSE CHE SÌ FORSE CHE NO

[1910]

LA CANTILENA DI LUNELLA

O Lunella, mia Lunella,
oggi di che ti sovviene?
Che dài tu alla sorella
che ti fa la cantilena?
Che le dài per la sua pena?
Qual de' sogni tuoi le porti,
che ti nevicano dal cuore?
Oh, raccontami le tue storie
con le forbici tue lucenti,
fin che tu ti rammenti,
fin che io non mi scordi!

O Lunella, o tirannella,
aquiletta senz'artiglio,
se tu semini il bianco
io raccoglierò il vermiglio.
Se tu sei come il giglio,
sarò come l'amaranto.
Accompagnami il mio canto
coi tuoi bianchi sogni lenti,
coi tuoi torvi occhi assorti,
fin che tu ti rammenti,
fin che io non mi scordi!

Tirannella, tirannella,
fammi un'ala per volare,
ch'io m'involi da Volterra,
dalle Balze fino al mare!
Ma se l'ala non puoi fare,
fammi un altro incantamento
con le tue dita di fata,
per la pallida contrada
ch'io somigli ai dolci Morti,
fin che tu ti rammenti,
fin che io non mi scordi!

LA NINNA NANNA DI TIAPA

Oe, ninna nanna, Tiapa.
Tiapa, non chiudi gli occhi?
Se tu non dormi, bada
che l'Orco non ti crocchi.

Ti crocchia se t'azzanna,
t'ingolla: ha un gozzo enorme.
Ma Tiapa è a nanna, è a nanna.
Già dorme Tiapa, dorme.

Se mi dici il tuo sogno
io ti canto una fiaba,
domani. Ora c'è l'Orco.
Oe, ninna nanna, Tiapa!

Un pan tondo in un pozzo,
in un pozzo di panna,
domani. Ora c'è l'Orco.
Oe, Tiapa, ninna nanna!

[DUE POESIE A VENTURINA]

[I]

La neve, o Vidalita,
in quel giardino dove noi tremammo!
È calda, o Vidalita.
Con la favilla del mio cor l'infiammo.

È bianca, o Vidalita,
come la melodia della tua gola.
È lene, o Vidalita,
come la grazia della tua parola.

È viva, o Vidalita,
come la neve docile di «Ordella».
È lenta, o Vidalita,
come la culla della «navicella».

[1917]

[II]

Due donnette, un bocco e un gatto
sono qua, col naso in aria,
biascicando. Ecco in estratto
la sentenza culinaria.

«Ma che torta!» grida Albina.
«Un bel toco de montagna.
La xe proprio una coghina
da parona che no magna.»

E il ciociaro petulante:
«È una vera porcheria.
Noi, signore comandante,
famo mejio in Ciocería.»

Dice allor la Borgognona:
«Je n'aime pas du tout ça,
pas du tout. La xe una mona
d'una turta. Oh, oh, là, là!»

Miramar fa con malizia:
«Gnao. L'invidia crepi. È fina
fina fina. È una delizia.
Gnao, gnao. Viva Teresina!»

Checo Smara, con sussiego
di Poeta da corona,
tace. Pensa: «..............
...........................»

DA
NOTTURNO
[1921]

ALEXANDER SKRJABIN

II

Lo zoppo dai piedi di bronzo
s'attarda nel passo discorde.
E la danzatrice
intorno gli danza
misurata e aerea come la voce puerile che sol-
feggia nella cantoria a mattutino.

Penosa nel calle del mondo
l'impronta va dietro l'impronta.
E la danzatrice
intorno gli danza
ventilata e tenue come la paglia d'avena che
svola senza polvere brillando nel turbine re-
pentino.

Il tonfo s'alterna col tonfo
sul suolo sonoro di tombe.
E la danzatrice
intorno gli danza
graduata e fluida come l'acqua che versano gli
orci salendo e scendendo per la ruota della
nòria a irrigare il giardino.

QUESTA SERA SCRIÀBINE DANZA...

Questa sera Scriàbine danza,
con la forza d'un arciere del principe Igor,
sul suo cuore immortale
che canta la melodia duplice
del desiderio e del dolore.

A ogni urto
il suo calcagno insanguinato
rompe il canto e lo difforma.
Ma, quando il piede s'alza
nel ritmo ineguale,
il desiderio e il dolore
ritrovano le note eterne
che un nuovo urto infrange.

Egli le ode, col capo riverso,
pallido di rapimento; e il suo viso è
come una lampada sublime
che rischiara la danza ma non la conduce.
Tutta l'anima vi s'aduna e vi splende
come in un alabastro sensibile.

E l'ombra cade
dal bosco dei lauri,
dal bosco dei mirti,
dal bosco dei cipressi.
E solo rimane illuminato quel vólto
sopra la saltazione frenetica e misteriosa.

Tutto il corpo,
dal sommo del petto al calcagno,
appartiene a un altro dio.
Egli vuole che quel cuore
nudato e gettato

si mescoli con la terra,
s'intrida con la zolla,
come un grappolo sfuggito alla vendemmia
e restituito al suolo sitibondo.

Egli danza, danza,
con una ebrezza disperata,
chiarore di sé stesso,
finché non senta
sotto l'urto sempre più crudo
il cuore premuto nella terra,
divenuto una cosa della terra,
finché non oda le note rotte del nero
e vermiglio canto avvenire,
la melodia dell'eternità,
l'inno profondo, sempre più profondo,
della doglia infinita.

ESSERE UN BEL PINO ITALICO...

Essere un bel pino italico
sopra un colle romano,
quando la luna è colma;
e sentire il vento della notte
muovere le tenere cime
che rinascono in mezzo ai vecchi aghi
in sommo dei vecchi rami
rosee come dita di pargoli.

Essere il più alto e il più fosco cipresso della villa d'Este,
dopo il crepuscolo,
quando la fontana
rimuove il velo del capelvenere
dalla sua orecchia stillante
per ispiare il romore remoto

della cascata tiburtina;
e palpare la grazia della sera
con il chiaro verde sensibile
che orla il fogliame funerario.

Essere nel Fòro
lo spirito di una cieca erba
e penare paziente
per iscoprire la fenditura della pietra veneranda
su cui scalpitarono i Trionfi;
e alfine trovarla,
e far forza con l'esile capo,
e spuntare, e inverdire, e gioire del sole
che mai vide alcuna cosa più grande di Roma.

O MORTI CHE SIETE IN TERRA COME IN CIELO

O morti che siete in terra come in cielo,
sieno santificati i vostri nomi,
avvenga il regno del vostro spirito,
sia fatta in terra la vostra volontà.
Date il pane cotidiano alla nostra fede.
Tenete acceso in noi l'odio santo,
come noi non rinnegheremo mai il vostro amore.
Allontanate da noi ogni tentazione infame,
liberateci da ogni dubbio vile.
E, se è necessario,
combatteremo non fino all'ultima goccia del nostro sangue
ma con voi fino all'ultimo granello della nostra cenere.
Se è necessario,
combatteremo fino a che l'Iddio giusto
non venga a giudicare i vivi e i morti.
Così sia.

[1918]

LA LAUDE DELL'OLIO

Olio, con sapiente arte premuto
Dal puro frutto degli annosi olivi,
Che cantan – pace! – in lor linguaggio muto
Degli umbri colli pei silenti clivi,

Chiaro assai più che liquido cristallo,
Fragrante qual orïental unguento,
Puro come la fè che nel metallo
Concavo t'arde su l'altar d'argento,

Le tue rare virtù non furo ignote
Alle mense d'Orazio e di Marrone
Che non sdegnar cantarti in loro note,
Olio fragrante di Castelleone:

Sì che i miei pasti a far più succulenti
Mi fè il dono miglior DEL BUONTROMBONE.
Te preferisco a tutti i condimenti
OLIO FRAGRANTE DI CASTELLEONE.

AH, GABRIELL DE LA MALA FORTUNA

Ah, Gabriell de la mala fortuna
dov'eel ch'el t'ha redutt el tò destin!
Gabriell e Canaja l'è tuttuna
Apoll desbirolaa dalla veggiaia
Apoll scomunicaa dal Vatican
Apoll intapponii su'n pocch de paja
e riscommunicaa da Ca' Marin
el dichiara e el protesta a tutt Milan
el protesta e el dichiara, Ernest, a ti
«Ohi, ohi, mi creppi! Ma no stèl a dì»

9 III 1928
Gabriel el poetta ambrosian

IL CANTOR D'ALCYONE EROE DELL'ARIA...

Il cantor d'Alcyone eroe dell'aria,
il tragedo di Fedra eroe del Carso,
in sul fare del vespero è scomparso,
trasformato in cloaca sedentaria;

o forse in fogna tra il Parnasso e il Pindo
ove l'alloro è il ricino che cola,
ove niuno sa Cattaro e Pola
né se Carlo Erba stilli il tamarindo.

O bellezza circea del mar tirrenio!
Muse rupestri cinte d'aspro rusco!
In un vaso di terra non etrusco
è cangiata la cheli del Cillenio.

Poeta eroe, sorridi o pur sghignazza.
Contro tal servitù non val disdegno.
All'Avvenire non gittar tuo pegno.
Una è la sorte della mala razza.

L'eterno fato è un porco nero e cieco.
E pel nume e per l'uomo non divaria.
O cantor d'Alcyone eroe dell'aria,
oggi – in Te – solo il borborigma è greco.

27 giugno 1929

PASQUINATA

Farmacopola, inalza il caduceo
su questa guerra, ohibò, senza coraggio
e senza sangue. Il gonfalon selvaggio
è la camicia sudicia di Meo.
Mi consacra romeo
Roma, e conclama: «Innovi il prode Anselmo.
Allunghi il braccio corto di Guglielmo.»
Vocia ai sedenti il despoto plebeo.
Criniera è il ciuffo?
è rugghio il suo linguaggio?
«Bipedi obliqui, il mondo è il mio retaggio.»
E ai lurchi in suo latino: «Hic est Leo.
O fame di Lamagna, laus deo.
Crea nel deserto d'Attila il mio raggio
la manna del promettitore ebreo
per mercatar l'Agnello galileo.
O sete di Lamagna, il beveraggio
t'offero con la spugna del giudeo.»
Su l'acciaio dell'elmo
ti gocciola il pennello d'imbianchino.
Dai di bianco all'umano et al divino.

[1933-1934]

DA
CENTO E CENTO E CENTO E CENTO PAGINE
DEL LIBRO SEGRETO
[1935]

CARMEN VOTIVUM

Elena, è vano il gemito. non odo.
Se forti sii come le schiere achèe
io giovine ti dómo. non ti lodo
come il vegliardo in su le Porte Scee.
Nell'anelito madida io t'agogno:
nova ti fanno il desiderio e il sogno.

Elena, il tuo madore è una rugiada
stillante sopra uno stillante miele.
Un alito d'amor sopra una spada?
O Spada dell'arcangelo Ariele!
Ma il céspite che l'inguine t'infiora
non è come l'ascella dell'Aurora?

Piacente sopra te, quanto mi piaci!
Assai più d'ogni frutto e d'ogni fiore,
assai più d'ogni fonte. ne' tuoi baci
la musica e il silenzio del sapore
s'avvicendan così che tu m'insegni
l'arte dell'ape ne' suoi favi pregni.

Frutteto modulato dal mio flauto,
scandito brolo dalla mia misura,
munifico piacere, amore lauto
di freschezza ora acerba ora matura,

Hělěnē, io sono alla divina mensa
una divinità breve et immensa.

Non mi disseto né mi sazio.   è scarsa,
ahi, la sorgente della tua saliva.
Non cavo, se la gola m'è riarsa,
gora di sangue dalla carne viva.
Se abbocco i pomi, se i ginocchi lisci
ródo, tanto urli che m'impietosisci.

Così talor m'è l'ìnguine coltello
di furibondo contro furibonda.
Il bene scosso amplesso m'è macello
che non di sangue il vasto letto inonda.
Il non bevuto nèttare si spande,
e il non vermiglio eccidio è gaudio grande.

Verso i lavacri, tu ti snodi e t'alzi
e balzi, molle nube ove celato
sia l'arco dèlio.   i tuoi be' piedi scalzi
fanno de' miei tappeti un fresco prato.
Pur invertita m'ardi in ogni vena,
alta Aphrodita dalla ricca schiena.

Forma che così pura t'arrotondi,
là dalla pura falce delle reni,
e nella man che ti ricerca abbondi
avanzando in tua copia tutti i seni,
la parabola io solva della Cruna
e del Cammello, o specie della Luna!

Via d'oro che nel tuo cominciamento
lanuginosa come l'albicocca
t'avvalli, forse valico al portento
ambiguo t'offri.   al dardo che t'imbrocca,
'Ελένη, forse giova il curvo errore,
se il dubbio nel ferir giovi all'Amore.

La tua divinità biforme strazia
il desiderio. fra il tuo mento e il pollice
del tuo piede una melodia si spazia
quasi pimplèa. ma tra la nuca e il poplite
insino al tuo calcagno tinto in minio
la dolosa Pertunda ha il suo dominio.

Bìfora, non tra il ritto et il rovescio
d'alcuna sua medaglia il Pisanello
mai mi partì come tu suoli, a sbiescio
atteggiata nel lepido tranello.
Perché dita sol m'ebbi cinque e cinque
e l'undecimo solo? utrinde, utrinque.

Così con studio strenuo m'ingegno
di circondurti come il chiaro fiume
che te creata levigò per segno
della progenie, o tu color di fiume.
Nella greca mia mente Euclide istesso
tra circolo e triangolo è perplesso.

Ὦ κάλα, ὦ χαρίεσσα, ὦ χρύσῳ
χρυσοτέρα. la lingua degli iddii
ti parlo, e tu mi ridi. il tuo sorriso
è un modo eolio che di Psappha udii
in Mitylana, oplìte non fuggiasco.
Μελλιχόμειδε. parlo, e in te mi pasco.

Μελλιχόμειδε. colan nelle vene,
quasi studio d'ancor disgiunte bocche,
le liquefatte sillabe. Παρθένε
τὰν κεφαλὰν, o dalle intonse ciocche
tu, τὰ δ' ἔνερθε νύμφα. tu m'intendi
e mi ridi e m'eludi, e t'avvicendi.

Io, non oplìte Alceo che targa ed asta
lasci al nemico, io ben dal modo eolio

appresi ἀλλὰ πᾶν τόλματον. mi basta.
'Osare l'inosabile' è il mio scolio
d'eroe, che insano illustra le parole
di Psappha tessitrice di viole.

'Ελένη Μοῦσα φίλα, non ti sazia
questo mio canto carico di frutti?
Πάγκαρπον ἀοιδάν. vinco di grazia
Meleagro, per te che non rilutti,
δολόπλοκε, per te che mi secondi,
e ti alterni, e m'eludi in dove abbondi.

Ma che val Meleagro avere io vinto
per vincer di freschezza ogni tuo gioco?
Per te non tesso il giglio col giacinto,
non intreccio l'anèmone et il croco.
Spargo i miei freschi frutti al chiaro fiume
del nome tuo, pome color di fiume.

Tu parli: 'Io generata fui diurna
dal fiume che dà il nome alla mia gente.
Tal fiume non il cubito su l'urna
preme, né torvo guata la corrente.
Con mille volti e senza volto arride
a quel che vede e a quel che mai non vide.

Sovvienti: un tempo era nomata Sangue
la Zancle. sotto il ponte del Crudele
scorre. alle mie due bocche allude? lambe
le soglie di Sant'Angelo del Mele.
Chiara al sole, s'intorbida alla nube.
E s'increspa più lene del mio pube.'

Io dico: Figlia del tuo chiaro fiume,
'Ελένη Ζάγκλη, all'ombra dell'alcova
nelle mie braccia sei color di fiume

turbato appena dalla prima piova.
Fatta sei di quell'oro avido e fresco
che passa per Sant'Angelo del Pesco.

Anche passa turbato sotto l'erte
rupi de' Marsi, recusando il cielo.
Ma il sasso per te figlia si converte
in quel marmo ineffabile che a Delo
incensatrice unto di flavo unguento
facean le iddie colore di frumento.

Così la mia diversità ti finge
onda di fiume et opra di scarpello.
Così fluisci e induri, se ti stringe
ignuda il mio vigor sempre novello.
O Elena, così tu t'insapori
in ogni frutto, in ogni fior t'infiori.

'Vostra piacenza tien più di piacere
d'altra piacente, però mi piacete'
ti cantò quel di Lucca antico Sere.
E sol quel canto il mio piacer ripete.
In te, per Bonaggiunta di Riccomo,
concilio il fonte e il sasso, il boccio e il pomo.

È il mio marzo natale, ond'io son novo.
Mi riconduci l'alba della sorte.
In te tutto il mio popolo ritrovo.
Di te sono vorace, a te son forte.
O Vària, se tu sii la mia sostanza,
immortale è la vita che m'avanza.

M'appariscon gli ignoti iddii che vidi
co' miei grandi occhi aperti; e non tremai.
Riodo nel cor giovine i miei gridi
senza eco, in groppa a' miei puledri bai.

Scàlpito il rosmarino il nardo il timo
la menta.   alla prim'alba io sono il primo.

Or, di lungi e da presso, all'alba prima
senza preghiere albeggia la Maiella.
Tutta la neve sembra aulire in cima
de' miei pensieri, con la tua mammella.
Tutti i frutteti albeggian di rugiada
per le fiumane della mia contrada.

Su tre corde accordate in diapente
ti modulai ne' modi miei di Ortona
un vanto inebriato immortalmente;
che qui ti chiudo a guisa di corona.
Sviene l'alba.   ti piaccia, 'Ελένη, ancóra
immortalarmi in grembo all'altra Aurora.

NOCTIVAGUM MELOS

I

Il più opimo de' tuoi favi iblèi
offerivi al tuo scarno sacrifizio.
T'inseguivi di là da quel che sei,
anche nel vizio.

II

Com'è bello il tuo spirito se guata
la concubina intenta che si minia!
È l'alba. L'arte tua sembra rinata
dall'ignominia.

III

Non v'è pioggia né nuvola, avventū-
ra né vertigine aerosa quanto
ella tra il piede e l'inguine assai più
lieve del Canto.

IV

Non so. non chiedo. non indago l'ombra.
Nulla è di qua, nulla è di là dal velo.
La menzogna è la druda dell'oblio.
Nell'antitempio è il traffico del dio.
Ogni prece è un mezz'òbolo di cielo.
Supino sul mio letto vilipeso,
figura di bassissimo rilievo,
occupo l'arca che non ha coperchio.
Nessun asceta in fondo al suo deserto
seppe scarnirsi mai come scarnire
io mi seppi. non ho nulla soverchio:
non la cera pe' moccoli. non peso
nelle braccia di quelli che, se degni
di me, non piangeranno. eccomi illeso
tra l'alba prima e la non prima morte.
Come ho l'odio e l'amore della sorte
ho in dispregio il passato e l'avvenire.

[IL TETRASTICO DELLA DESERTA CONOSCENZA]

Tutta la vita è senza mutamento.
Ha un solo volto la malinconia.
Il pensiere ha per cima la follia.
E l'amore è legato al tradimento.

[I CANI]

Qui giacciono
gli inutili miei cani
stupidi et impudichi
novi sempre et antichi
fedeli et infedeli
all'Ozio lor signore,
non a me uom da nulla.
Rosicchiano sotterra
nel buio senza fine
rodon gli ossi i lor ossi,
vuotati di medulla
et io potrei farne
la fistola di Pan
se Pan è il tutto e
se la morte è il tutto.
Ogni uomo nella culla
succia e sbava il suo dito
ogni uomo seppellito
è il cane del suo nulla.

31 ottobre 1935

NOTE

PICCOLO CORRIERE (p. 533)

Il sonetto appare, con la firma Il Duca Minimo, sulla «Tribuna» dell'11 luglio 1885, a pochi giorni di distanza dal varo del settimo gabinetto Depretis che segna il ritorno al Ministero della Giustizia dell'avvocato e onorevole calabrese Diego Tajani (1827-1921), protagonista di clamorosi processi e qui oggetto della satira del poeta (la «Tribuna» era del resto il foglio di punta dell'opposizione liberale di sinistra ai governi del trasformismo).

L'allusione nella prima strofe alla «serpentina» Sarah Bernhardt (la diva del teatro francese era venuta a Roma nel marzo 1882 per una serie di recite affollatissime, cui il poeta non aveva mancato di assistere; e dell'attrice la «Cronaca bizantina» aveva sottolineato la strabiliante magrezza) è prefigurata in un altro *Piccolo Corriere* di poco precedente (25 giugno 1885), in prosa, che soffermandosi su uno scrittore francese di «sapore rabelesiano» rileva, nel tono frivolo e licenzioso che sarà anche del *Piacere*, fra le «gentildonne tiberine» come fra i loro ammiratori, il contrasto in atto tra due tipi di bellezza muliebre, quasi una nuova *querelle des anciens et des modernes* nel campo dei gusti e della moda: «Silvestre è l'illustratore e l'amatore delle femmine grasse, delle *dodues*. Egli da molto tempo fa una guerra spietata alle donne bernhardtiane, che hanno per divisa: *Rien à l'avant-garde; rien à l'arrière-garde; et les flancs dégarnis.* / Le signore di Roma, bianche e molli nella pinguedine nascente, trovano in Armand Silvestre un paladino audace e un sapientissimo buongustaio». Ma anche più degno di nota è lo sguardo parodico con cui d'Annunzio considera il lavoro del giornalista mondano, «la miserabile fatica quotidiana» a cui egli stesso è condannato, palesando sin d'ora una disposizione allo sdoppiamento nei confronti della propria scrittura che resta uno dei tratti più singolari e più inquietanti della sua personalità.

Di fatto, poco tempo dopo, il poeta ventiduenne già esperto di ogni retorica non esita a mettere a nudo la topica, e la stereotipia, su cui si basa l'effetto di realtà e di immediatezza del discorso giornalistico; e presentando ai lettori un fantastico *"Vademecum" del perfetto cronista, di uso speciale nei balli, nei teatri e nei concerti serali, per cura del Circolo della Stampa* individua proprio negli epiteti, «i lustrini della prosa», il motore di una sofistica «meccanica» combinatoria, peraltro la più congrua, come attesta il *Piacere*, alla percezione degli esseri e delle cose coltivata dal dilettantismo estetico nel suo gioco volubile di maschere effimere e intercambiabili: «Il volume si compone di circa duecento pagine ed ha la forma di un portafoglio tascabile [...] Quando il cronista ha dinanzi un *soggetto* biondo o bruno o alto o basso o snello o rigoglioso o vivace o malinconico ecc. va a cercare nella data pagina l'epiteto che meglio si adatta al suo soggetto. Un ordine alfabetico rende agevole la ricerca. E, subito, intorno a questo epiteto fondamentale si raccolgono, per mezzo di ingegnose combinazioni, intiere frasi, intieri periodi composti in bellissimo stile, e adattabilissimi, con lievi modificazioni, a tutti i casi. / La cronaca così diventa facile come la più semplice operazione aritmetica; e anche Tegamini potrà così permettersi il lusso dell'aggettivazione» (*Balli e serate*, «La Tribuna», 27 gennaio 1886).

LA MUSA AI BAGNI (p. 534)

Durante l'estate, quando nella capitale si spengono le luci della mondanità, d'Annunzio suole tornare per le vacanze nell'Abruzzo natìo. Pur nella fascinazione della raffinatezza e della moda, egli non nasconde, anzi ostenta le sue radici di figlio vigoroso di una terra selvaggia; e anche per questo continua a inviare al giornale di cui è cronista stipendiato il resoconto di «cavalcate deliziose» e «nuotate potenti», non senza però soffermarsi sugli esperimenti nel campo della sintesi delle arti attuati nel Cenacolo di Francesco Paolo Michetti, che intorno al pittore già celebre, con il giovane poeta emergente, vede riuniti lo scultore Costantino Barbella, i musicisti Francesco Paolo Tosti e Vittorio Pepe, il pittore e mandolinista Paolo De Cecco, il «poeta mèlico» Carmelo Errico. Ma nell'estate 1885 prende quota anche il tentativo, peraltro già occasionalmente praticato, di una poesia composta su misura per il quotidiano e le sue forme comunicative, trasferendo «in rima» i temi e i modi della cronachetta o della favola mondana, del ritratto galante o, come in questo caso, del pezzo di costume (altre prove di giornalismo in versi, a volte di clamorosa efficacia, darà poi d'Annunzio sul piano dell'intervento civile e politico). Il 9 agosto 1885, a firma Mambrino, appaiono sulla «Tribuna» le ottave della poesia *La Musa ai bagni*, titolo con cui poi d'Annunzio, nei giorni successivi, denomina un'effimera rubrica di sue poesie estive. E in una contraffazione parodica dell'epos, il fuoco dell'«aggettivazione» si sposta dai riti dell'eleganza mondana a uno «stabilimento» balneare con le sue Veneri di provincia ritratte non senza un ammicco malizioso di *voyeur* (allo stesso modo, nell'articolo *La vita al mare* sulla «Tribuna» del 30 agosto 1888, si celebra «l'ideal tipo della bellezza sulmontina»). Come già in una precedente prosa di analogo argomento, *Aternum* («Nell'acqua è una gaiezza di volti irradiati dal sole, di braccia rese più bianche dal velo liquido, di corpi che si rivelano stupendamente sotto la tela discreta. [...] Oh! gl'idillii marini! [...] Quanto sciupio di giovinezza, d'incantesimi, di frasi banali, di spirito, di *cold-cream*, di chiari-di-luna!», «Capitan Fracassa», 10 settembre 1882), nell'occhio satirico del cronista poeta il nuovo rito liberatorio della gita o della vacanza al mare non sprigiona la sua inquietudine erotica se non attraverso i veli, le maschere deformanti della censura borghese e dei suoi codici di comportamento a doppio fondo, con più di una «fune» di sicurezza (cfr. v. 72) anche nell'ordine della rispettabilità e del pudore. Solo nel decennio successivo si affermerà esplicito il culto del sole e del corpo emancipato *en plein air* di cui la poesia di *Alcyone* costituisce una delle più alte espressioni europee.

NINNA NANNA (p. 537)

Nell'estate 1888 d'Annunzio prende la decisione coraggiosa di rinunciare allo stipendio assicuratogli dall'impiego giornalistico: a far data dal mese di luglio egli si trasferisce da Roma a Francavilla al Mare ospite di Michetti, che gli mette a disposizione un edificio attiguo alla propria dimora, il «castello incantato» sulla spiaggia (a Barbara Leoni, 14 luglio 1888), perché egli ponga finalmente mano all'impresa narrativa del *Piacere*. In questi mesi, nelle pause dello strenuo lavoro, si fanno frequenti i rapporti con l'amico e la sua cerchia familiare, e dunque anche con il figlio primogenito, Giorgio, nato il 29 maggio 1888, per il quale nel gennaio 1889, terminata la fatica del romanzo, il poeta compone una *Ninna nanna*, sciogliendo così il debito di gratitudine verso la famiglia generosamente ospitale. In effetti, stando ai carteggi, il bambino ancora in fasce, con le prime prodezze e le prime manifestazioni del carattere, non manca di catturare l'attenzione del poeta, tanto da conquistare un posto di tutto rilievo nell'epistola dedicatoria all'amico premessa al *Piacere*: «Sorrido quando penso che questo libro, nel quale io studio, non senza tristezza, tanta corruzione e tanta depravazione e tante sottilità e falsità e crudeltà vane, è stato scritto in mezzo alla semplice e serena pace della tua casa, fra gli ultimi stornelli della messe e le prime pastorali della neve, mentre insieme con le mie pagine cresceva la cara vita del tuo figliuolo. [...] Se, leggendolo, l'occhio ti corra più oltre e veda tu Giorgio porgerti le mani e dal tondo viso riderti, come nella divina strofe di Catullo, *semihiante labello*, interrompi la lettura. E le piccole calcagna rosee, dinanzi a te, premano le pagine dov'è rappresentata tutta la miseria del Piacere; e quel premere inconsapevole sia simbolo e augurio».

Vero è che nelle lettere che da Francavilla invia al pittore lontano da casa, informandolo costantemente del figlio, d'Annunzio rileva nel bambino più di un «segno di grandezza» e osserva che «per tutti i piccoli atti della vita, Giorgio ha un costume e una cerimonia speciali, come un imperatore bizantino» (8 ottobre e 7 dicembre 1888). Così gli ottonari della *Ninna nanna*, nell'arieggiare scopertamente le nenie popolari ampiamente esemplificate negli studi antropologici di Gennaro Finamore e di Antonio De Nino, vi uniscono la suggestione insistente di una vita in bellezza, in cui l'arte del telaio è assimilata all'arte orafa e alla musica e si impone un'aura di ingenuità squisita, di una raffinatezza tanto più preziosa perché promana da un rapporto ancora intatto con le forme di vita, le immagini, i gesti della tradizione popolare. E nel «contento» invocato per il bambino ai vv. 8 e 28 (che il *Dizionario dei sinonimi* del Tommaseo distingue sia dalla soddisfazione che dalla contentezza, in quanto esprime «la pace nel desiderio», un durevole «sentimento di ben essere che viene all'uomo dal sentire ch'egli ha assai di bene»), tanto più se in rima con «tormento» (v. 26), si prefigura già quel sogno di una vita bella che segnerà molta dell'arte maggiore di d'Annunzio e sin il suo controverso impegno politico. Tre strofe della poesia (la prima, la seconda e l'ultima) saranno musicate dall'abruzzese Tosti (1846-1916), entrando a far parte di una raccolta di melodie che approda alla stampa presso Ricordi nel 1913.

A BICI (p. 539)

Il divertente e divertito sonetto conviviale, risalente con ogni probabilità al 1889 (ma apparso a stampa per la prima volta sul «Corriere della Sera» del 13 ottobre 1926), ha per dedicatario Augusto Sindici (1839-1921), gran *viveur* romano e buon poeta in vernacolo (oltre che meno felice narratore e drammaturgo). Con lui d'Annunzio stringe un rapporto di frequentazione e di amicizia sin dai primi tempi del suo soggiorno nella capitale, come pare suggerire in una sua poesia lo stesso Bici (così lo chiamavano gli amici) ricordando affettuosamente scherzoso «Dio Gabriele quanno scese a Roma» con «quer parlà su' floscio, / quel'aria zuccherina e la su' chioma». Distinto da «una vasta reputazione d'uomo di spirito e di *sportman* perfettissimo», secondo una «Cronaca bizantina» del Duca Minimo («La Tribuna», 14 dicembre 1887), Sindici è proprietario di una villa a Foceverde, fra Anzio e Nettuno, ove d'Annunzio è più volte ospite, coinvolto in eccitanti partite di caccia nello scenario della pineta di Astura e del Monte Circeo, luoghi, questi, da cui trarrà più di una suggestione anche il poeta di *Alcyone*. Ma ad accomunare i due amici è prima di tutto l'amore per l'Agro laziale (in d'Annunzio, dalle *Vergini delle rocce* alle *Laudi*, investito del valore di uno spazio liminale, ove si compie il necessario rito di iniziazione alla grandezza di Roma), le sue atmosfere di terra desolata e la sua povera gente dagli usi e costumi remoti. Per questo, oltre che per debito di gratitudine, d'Annunzio sottoscriverà per un libro di poesie dell'amico, la *Zinfo-*

nia alle XIV leggende della Campagna romana, in volgare laziale (Roma 1900), una evocativa epistola prefatoria. Con il suo soprannome moltiplicato e portato in trionfo dai versi monorimi delle terzine, il munifico anfitrione è qui celebrato per l'arte culinaria a sua volta sontuosamente barocca. All'atmosfera di splendida *dépense* e di raffinata *grande bouffe* concorre anche il richiamo (v. 3) a François Vatel, il mitico *chef* al servizio del Principe di Condé, celebre per il suo perfezionismo maniacale, morto suicida nel 1671 paventando il cattivo esito dei banchetti e dei festini da lui allestiti a Chantilly in onore del Re Sole.

'A VUCCHELLA (p. 540)

Composta quasi per gioco nel 1892, questa poesia in dialetto napoletano attinge una immensa popolarità nella veste musicale datale da Tosti, che sulle parole di d'Annunzio scrive una leggiadra, briosa romanza edita da Ricordi nel 1907 (ma alcuni studiosi anticipano l'edizione al 1904; il *Sunnettiello* in settenari, secondo l'originaria intitolazione d'autore, era comunque già apparso sul «Mattino» del 7-8 settembre 1903, in occasione della festa di Piedigrotta) e poi rimasta tenacemente, durante il Novecento, nel repertorio di celebri tenori (da Caruso, Schipa o Lanza fino a Di Stefano e a Pavarotti) e grandi interpreti della canzone partenopea. Con Tosti, ortonese di ambizioni e fama europee (era divenuto maestro di canto alla corte di Inghilterra), d'Annunzio ha un sodalizio di antica data, maturato nel Cenacolo di Michetti, e sin dal 1880 ha concepito e composto più di una poesia direttamente per le sue musiche. Nelle sue «romanze perfidamente melodiose», secondo il calzante giudizio del poeta, il genere musicale da salotto si apre e fa eco ai canti popolari che nel 1879, sempre per Casa Ricordi, Tosti raccoglie e trascrive sul campo nelle terre d'Abruzzo: «Paolo Tosti allora cantava: una scaturigine vergine di melodia gli surgeva dal cuore pullulando e zampillando, naturalmente. Tra i suoi accordi i ritornelli della cantilene patrie languivano come in eco, nella sua romanza infondevano come una tristezza indefinibile di nostalgia» (*Ricordi francavillesi. Frammento autobiografico*, «Fanfulla della Domenica», 7 gennaio 1883). Per il proprio *pastiche* della canzone napoletana nel suo carattere sorgivo di improvvisazione, d'Annunzio punta a oltranza su uno dei tratti tipici della poesia folklorica, compaginando suono e senso in una cascata vertiginosa di diminutivi o vezzeggiativi: *La vucchella* che intitola il brano è «la boccuccia»; lo «sciorillo» è il «fiorellino»; la «rusella» (v. 6) è la «rosellina»; «vasillo» (v. 7) vale «bacino» (e dunque «vaso», v. 10, è il «bacio»); e nella serie intrecciata degli ipocorismi spicca, preceduta da «pocorillo» (v. 3, «pochettino») e impreziosita dalla dieresi, «appassuliatella» («appassitina»), parola cara anche a Salvatore Di Giacomo. Cfr. anche, nel *Poema paradisiaco*, *Sopra un'aria antica*: «La bocca riveggo / un poco appassita».

Negli anni tardi del poeta, in un abbozzo del 25 maggio 1929 rubricato con il titolo *L'Arietta di Posillipo e il pianto del Vittoriale,* la canzonetta napoletana è origine di una sconvolgente intermittenza del cuore, sino a confondersi con «la giovinezza rievocata per l'ultimo addio», in una regione affollata di volti e di voci che non sono più: «Odo il pianoforte nella Sala della Musica. Entro. / Smikra [Luisa Baccara, la pianista compagna del poeta negli anni del Vittoriale] è là [...] Si accorge di me. Mi avvicino. / Sùbito mi dice: "Sai? È arrivata *'A vucchella.* La vuoi sentire?" [...] (I ricordi della vita napoletana. La casa di Resina. L'episodio delle allucinazioni nell'orto, a notte. I cadaveri dei briganti... A Posillipo, nel 1892 (a ventinove anni) per una scommessa faceta con F. Russo e Salv. di Giacomo composi in pochi minuti *'A vucchella*) / [...] Il cuore è così gonfio che, alle prime note dell'Arietta, un pianto improvviso – dopo anni e anni e anni di ciglia asciutte – sgorga da' miei occhi e m'inonda il volto. E, sùbito dopo, senza che io possa dominare e reprimere la commozione, i singhiozzi mi scuotono, sembrano infrangermi... / Dopo tanto! Un pianto quasi puerile – puerile e senile insieme – un sussulto insolito che rompe il mio petto e squassa le mie ossa. [...] Rievoco i ricordi, *tutti.* Mi alzo con pena. Mi accosto al pianoforte. Tocco sul leggio le pagine dell'Arietta. Guardo l'effigie di F. Paolo su la copertina: la data: *1892 – Posillipo*». Secondo altre versioni, la rapidissima stesura per scommessa o per isfida dell'*Arietta* ebbe invece luogo, coinvolgendo, dei due maestri della poesia in vernacolo napoletano, il solo Ferdinando Russo, nella redazione del «Mattino» o su uno dei tavolini del celebre Café Gambrinus.

MELPOMÈNÈ (p. 541)

Nel dicembre 1896, terminata la composizione della *Città morta,* l'opera dell'esordio teatrale che ha destinato alle scene parigine, d'Annunzio si cimenta per la prima volta nelle vesti di poeta in francese. Non senza timore e trepidazione invia al suo traduttore Georges Hérelle una corona di dodici *Sonnets cisalpins*, pregandolo vivamente di adoprarsi per una celere pubblicazione integrale a Parigi, anche per accontentare un'«amica – che voleva da me versi francesi», oltre che per il loro valore di «curiosità *allettatrice*». Ma solo uno dei sonetti, *Aestus erat*, è infine accolto sul «Figaro» del 3 gennaio 1897, mentre *Les donatrices* appare alcuni mesi dopo sul «Gaulois» del 27 maggio, ove si dà anche la notizia che la poesia entrerà in un volume «au profit des pauvres d'Italie» (i dodici testi saranno pubblicati per la prima volta insieme da Guy Tosi nel 1942). Vero è che la valutazione di Hérelle non è positiva, egli ritiene anzi la pubblicazione dei sonetti controproducente per l'autore in procinto di presentarsi al giudizio dei parigini con un dramma, la *Ville morte,* che con la complicità dello stesso Hérelle si fingerà composto direttamente nel loro idioma.

Le riserve del traduttore riguardano la lingua: un francese troppo remoto dall'uso e, come si dirà poi autorevolmente in Italia, «maccaronico». In realtà d'Annunzio aveva messo l'interlocutore sull'avviso, ben consapevole della natura ibrida dei suoi versi: «leggendoli, non dimenticate che sono *cisalpini*, ossia un po' italianeggianti in qualche "*tournure*"»; così come d'altro canto, prevenendo l'accusa di solecismo sintattico, egli aveva giustificato «certe costruzioni che possono sembrare strane» appellandosi a Villon, Charles d'Orleans e Ronsard, le cui «inversioni sono veramente *latine*» (a G. Hérelle, 24 dicembre 1896). E appunto questo è l'intento del poeta, anche nell'impiego di neologismi costruiti per via analogica sulla base dell'etimologia. Salutato in Francia come campione di un nuovo Rinascimento latino, egli punta a suggerire fantasticamente un idioma romanzo o romano al di là o al di qua della definitiva separazione delle due lingue sorelle nel loro sviluppo su linee puramente nazionali: più si moltiplicano gli ibridismi o le mescidanze e più traluce la matrice originaria comune. Nel fondo agisce qui la medesima intuizione, acutissima, a cui d'Annunzio ispira la sua concezione del tradurre, alla quale cerca di convertire il riluttante Hérelle nella versione delle sue opere. Per d'Annunzio infatti il pregio di una traduzione non consiste nel farsi leggere come un originale nella propria lingua, ma nel far avvertire anche nella nuova veste linguistica l'orma o l'ombra di una alterità che la trascende: «un'opera tradotta *non deve* entrare nella letteratura nazionale ma deve conservare la sua impronta d'origine, magari *contro* il genio della nazione che l'ospita. Una traduzione, oggi, non può essere se non *un modo ingegnoso* di far indovinare [...] la qualità dell'originale». E, per spiegarsi, il poeta adduce a esempio «la traduzione dei poemi di Edgar Poe» procurata con «artificii squisiti» dall'«oscurissimo» Mallarmé (a G. Hérelle, 4 gennaio 1905).

Intitolato alla Musa della tragedia, il presente sonetto era in origine esplicitamente dedicato a Sarah Bernhardt (cfr. ancora la lettera a Hérelle del 24 dicembre 1896), cui è affidata la prima parigina della *Ville morte*, il dramma composto, come il poeta dichiara all'attrice ricorrendo peraltro a un topos della critica wagneriana, «sous l'ispiration de votre génie» (a S. Bernhardt, 5 settembre 1897). Ma appunto il sonetto propone la descrizione dei motivi e dell'esperienza che hanno condotto d'Annunzio a scrivere per il teatro. Nella sua solitudine, tra il proprio libro e il mare, il poeta ode il «clamore» del «mostro dolente» dal «volto innumerevole», la folla, con il suo anelito e il suo travaglio materiati anche di cose impure ma palpitanti di vita: si tratta di un richiamo irresistibile, da cui non può prescindere chi vuole arrischiare la propria parola fuori dai circuiti chiusi dei lettori tradizionali, affinché «il verbo» diventi «sovrano». E qui si deve soprattutto sottolineare l'insistenza di d'Annunzio, nel momento stesso in cui prende corpo la sua idea del teatro, sulla funzione consolatoria e liberatoria esercitata nella moltitudine dall'esperienza della Bellezza e della finzione, veramente alle soglie di una nuova antropologia dell'immaginario nella società di massa. Ciò che d'Annunzio mostra di intuire è che in una realtà omologata ma divisa, arida, alienata, sempre insufficiente rispetto alle sue stesse promesse, l'anfiteatro (ma nel sonetto si evoca ambiguamente un «cirque», v. 9) con i suoi simulacri costituisce il luogo, forse il solo, di una comunità unanime in quanto fondata sul desiderio, in cui a tutti e a ognuno è dato di trovarsi e riconoscersi al centro di un mito: romantico o mimetico, il desiderio si afferma come il principio vitale, quasi il nucleo intimo dell'identità, anche per l'individuo più «miserabile» e qualunque. Ma è poi parimenti significativo che la nuova simbiosi fra la moltitudine e la poesia si instauri nel *medium* dell'interprete, in una fisicità, un'anima, una voce che, fecondate ed esaltate dalla Bellezza, costituiscono insieme il transfert e l'incarnazione della folla stessa (come si dichiara esplicitamente per la Duse o la Foscarina del *Fuoco*) e della sua «speranza». Non è questa la formula medesima del divismo novecentesco?

PER UNA GHIRLANDETTA (p. 542)

In una lettera recentemente ritrovata negli Archivi del Vittoriale, indirizzata a un destinatario francese non precisato (ma identificabile nel critico Ernest Tissot) e relativa al *Sogno d'un mattino di primavera* (l'atto unico composto per la Duse e rappresentato per la prima volta a Parigi il 15 giugno 1897), d'Annunzio dichiara di aver «intonato» il proprio dramma «su una ballata deliziosa che forse Dante compose prima dell'esilio». Si tratta della ballata piccola *Per una ghirlandetta*, amatissima dalla Duse e studiata da Carducci e da D'Ancona come esempio mirabile di osmosi tra poesia popolare e poesia d'arte. Difatti nel *Sogno* questa parafrasi o variazione su tema dantesco è affidata al giardiniere Panfilo, che «intona il suo canto improvvisando le rime» e ne dissemina le strofe lungo il corso dell'azione in un montaggio a contrappunto delle sue situazioni emotive, alla stregua di un coro. Qui riportiamo il canto di Panfilo secondo il testo autografo, reso noto da Eurialo De Michelis, che d'Annunzio predispone per Giovanni Sgambati, il musicista sulle orme ardite di Listz a cui il poeta, nell'imminenza della prima parigina, affida il compito di rivestire di note le sue parole.

In rapporto al testo dantesco, in anni in cui anche in musica si moltiplicano gli *Hommages à...*, gli *A la manière de...*, i *Tombeaux*, le *Suites anciennes* o le *Danses antiques*, d'Annunzio pone in opera gli strumenti della più abile riscrittura inventiva. Dopo la ripetizione letterale dei tre settenari della ripresa, che diventano la prima strofa del nuovo componimento, rimaneggiato completamente il ritmo della ballatetta, si impongono allora la citazione testuale («Una donna verrà / coronata da Amore», cfr. vv. 5-6), l'eco semanticamente variata («"Chi mi vedrà / lauderà 'l mio signore"», cfr. vv. 11-12), il ricorso ad altre opere dantesche (l'ipocorismo «soletta», v. 4, è attributo della figura primaverile di Matelda in *Purg.*, XXVIII, v. 40; e il «valore», v. 15, che di solito lo Stil nuovo ascrive all'amata qui compete ad Amore, come accade in un'altra ballata piccola di Dante rivolta a donna superbamente ritrosa, *Perché ti vidi giovinetta e bella*, con la sua chiusa imprecativa di robusta *envergure* popolaresca: «Possi tu spermentar lo suo valore»), il richiamo multiplo a una *koiné* stilnovista. Ma è poi decisivo che, ombra nell'ombra, all'evocazione duecentesca possa sovrapporsi una sua immagine rifratta nel prisma di un'altra epoca. Per questo il pur suggestivo *senhal* dei versi di Dante, Fioretta, cede il luogo alla Simonetta cantata dal Poliziano. E l'«angiolel d'amore umile» rifluisce o si trasforma nell'alata divinità pagana dell'amore, come appunto accade anche nel polizianesco *Ben venga maggio* («Ma chi è quel che vola? / È l'angiolel d'Amore / che viene a fare onore / con voi, donzelle, al maggio. / Amor ne vien ridendo, / con rose e gigli in testa»). Del resto la canzone di Panfilo evoca il trionfo su una bella sdegnosa, assai diversa dalla pur elusiva figura femminile cui rende lode la ballatetta di Dante.

Alla tradizione fra demotica e culta del Cantamaggio d'Annunzio è introdotto sin dai tempi dell'*Isottèo*. Ma per la visione del poeta drammaturgo appare decisivo l'incontro con il saggio *Les fêtes de mai et les commencemens de la poésie lyrique au moyen âge*, sulla «Revue des Deux Mondes» dell'1 maggio 1896, ove un filologo, il grande Joseph Bédier, presenta e discute l'ipotesi sull'origine della poesia d'amore medievale ora rilanciata con le ragioni più ampie dal maestro Gaston Paris. Sin dall'inizio la prosa di Bédier intreccia la poesia con la musica e con la danza in un'atmosfera aurorale di grazia *naïve*, avanzando l'idea che la lirica «est issue en France, dans le haut moyen âge, des fêtes de mai», quando le donne e le fanciulle della campagna celebravano, «selon de vieux rites, la "venue du temps clair"» e l'ebbrezza del rinascere ritmava il loro passo e il loro canto. Ma non meno rilevante è che queste celebrazioni medievali della primavera siano riconducibili alle «fêtes consacrées à Venus, les anciennes *Floralia*», resistenti pur dopo che il cristianesimo, nella sua strategia di assimilazione e di trasformazione dei culti pagani, aveva consacrato il mese di maggio alla Vergine Maria. Ed è la tradizione che sopravvive, anche nel mondo contemporaneo, nel folklore contadino delle «maieroles», i nostri «maggi», ancorché in uno stato frammentario di canti mutili, di gesti divenuti ormai oscuri ai loro stessi attori o affidati all'istinto ludico dei bambini, ove pure continuano a celebrarsi le «mystiques épousailles» di un rito di fecondità, in rapporto al «drame mythique» del ciclo del Sole. Appunto in questo contesto mitico-rituale, intrecciandosi ai più spregiudicati appelli all'«amour libre», come in una celebre *kalenda maia* destinata in d'Annunzio a ulteriori sviluppi («A l'entrada del tems clar, eya, / Per joja recomençar, eya, / E per jelos irritar, eya, / Vol la regina mostrar / Qu'el est si amoroza [...]»), erano fioriti i canti popolari che Paris battezza «reverdies», in cui il soggetto lirico si inoltra, in un bosco o in un «vergier», incontro a una fanciulla vestita d'oro e di verde come una Regina di Maggio per riconoscere in lei, in un empito di gioia, l'anima stessa della natura che rinasce. «C'est le songe d'une matinée de printemps», commenta Bédier. E a questo punto non vi sono dubbi: ciò che preme a d'Annunzio è di configurare, lungo la linea dallo Stil nuovo alla poesia laurenziana, un equivalente italiano, avvalorato dalla presenza di Dante, dei canti all'origine della poesia d'amore romanza indagati da Paris e Bédier nella loro lunga risonanza europea e nei loro motivi elementari – sentimento gioioso della primavera, espressione disinibita delle pulsioni e dei languori del desiderio, affermazione della potenza e della vittoria di Amore.

Qui va proprio sottolineato l'orientamento sulla resa sonora, che induce d'Annunzio a contemplare necessaria una veste musicale, tanto più per la scena teatrale: già Fauriel aveva intraveduto nelle *chansons de danse* romanze il retaggio remoto del coro greco. Come si legge nella lettera al corrispondente francese, tra creazione in proprio e riscoperta dell'antico, «ho trovato per un tal canto una specie di melopea agreste, un motivo di stornello, un'aria triste e lieta che sembra scaturita dalla terra paterna come una vena d'acqua pura». Non a caso nella sua copia delle *Origini del teatro italiano* di D'Ancona, d'Annunzio interviene a segnare a margine i passi relativi alla natura e al ruolo della musica nello spartito drammatico dei Maggi, che, quasi «*rottame d'antichita*», ii maestro della Scuola Storica aveva studiato sul campo fra i «rustici abitatori del contado» toscano: «La musica de' *Maggi* è una cantilena, la quale però non esclude del tutto qualche bravura e qualche trillo per parte di un destro attore [...] Questa cantilena che passa da *Maggio* a *Maggio* e si mantiene sempre la stessa in ciascuna strofa [...], i contadini più vecchi ricordano averla sentita tale quale nella loro giovinezza. Chi potrebbe asserire che, di generazione in generazione, non risalga essa a tempi antichissimi? Chi potrebbe rigettare l'ipotesi che fosse la cantilena delle prische canzonette maggiajole, conservatasi poi nella strofa, non più lirica, ma drammatica, del *Maggio*?» (II, p. 262).

Ma il processo di rimanipolazione combinatoria annulla oltre alle distanze nel tempo anche le frontiere geografico-culturali. Così nel canto di Panfilo si adunano in un composto inusitato il settenario della ripresa dantesca, quello del Cantamaggio di Poliziano e i terzetti degli strambotti o stornelli toscani, mentre la deliziosa irregolarità del verso tronco (che peraltro è anche in Dante) arieggia il tono e l'accento dominanti delle poesie popolari provenzali o anticofrancesi in cui Paris e Bédier ravvisavano gli esemplari più autentici di *reverdies*. E questa è anche la prova ulteriore di un linguaggio remoto in cui, ai primordi, comunicano tutte le forme della poesia. Potrebbe altrimenti un giardiniere improvvisare in versi danteschi? Senza ricorrere a uno specifico materiale folklorico, anzi prendendo le mosse da Dante, diventa possibile una composizione nella cui cadenza, come si legge nella missiva a Tissot, si avverte e si riconosce l'«odore della zolla latina». E ciò motiva, nella quarta strofe («O Amore, aspetta, aspetta! / Chi non ama, amerà; / Ti lauderà Signore»), la contaminazione forse più ardita dell'arte combinatoria che presiede alla poesia: tra lo Stil nuovo e il Quattrocento laurenziano o le antiche *reverdies*, si intarsia il memorabile *refrain* del *Pervigilium Veneris* («Cras amet qui numquam amavit quique amavit cras amet»), l'anonimo poemetto tardo-antico che trascrive o reinventa un inno rituale in onore di Venere «amorum copulatrix». Quasi a chiudere il cerchio, in *Marius the Epicurean* Walter Pater attribuisce il *refrain* a un coro popolare in festa per le vie della città, con la cadenza di «una specie di inno nuziale» che celebra «il congiungimento primitivo di tutte le cose giovani, durante la primavera ardente e propizia – le nozze immemoriali dello stesso spirito primaverile con la terra scura». Per il magico gioco di prestigio che da una ballatetta estrae un epitalamio non c'è veramente bisogno di altro.

AMORI ET DOLORI SACRA (p. 543)

Datato nell'autografo «19 febbraio 1898», il sonetto appare nel gennaio 1905 sul numero che inaugura la seconda serie della «Illustrazione abruzzese», la rivista diretta dal pittore pescarese Basilio Cascella degna di nota anche per la sua attenzione non provinciale alle tradizioni e alle costumanze della terra d'Abruzzo. Con «Amori. et. dolori. sacra.», quasi un'epigrafe, d'Annunzio contrassegna in una nota di taccuino vergata all'Hotel Danieli di Venezia (VI, p. 77) una data cruciale della sua relazione allora agli inizi con la Duse, il 26 settembre 1895. E la lirica, che nel titolo concorda in modo singolare con il Barrès di *Amori et dolori sacrum*, uscito nel 1903 («J'ai pris le titre de ce livre à Milan, sur la façade rococo de *Santa Maria della Passione*. [...] Nulle charme de jeune fille n'égale certaines figures de femmes âgées»), ha appunto per interlocutrice diretta, fuori dalle favolose maschere alcionie, l'attrice con cui il poeta condivide una lunga, straordinaria avventura fra la letteratura e la vita e di cui si evoca in primo piano il culto per le eroine del teatro greco (le «sorelle argive», v. 4): non è forse vero che nella seconda metà del 1899 la Duse chiede con insistenza al compagno una «riduzione» dell'*Antigone* sofoclea e dell'episodio di Cassandra nell'*Agamennone* di Eschilo, da portare sulla scena?

Benché il sonetto paia originariamente alludere alla rottura della lunga relazione con Arrigo Boito cui Eleonora si accinge per darsi interamente alla «favola bella» promessale da Gabriele («piangi l'unico amor che ti fu santo», v. 2), esso acquista nuove valenze e implicazioni all'altezza cronologica della pubblicazione in rivista. Esauritosi il rapporto amoroso, le strade dei due artisti si sono ora separate anche sul piano professionale, come la stampa coeva non manca di rilevare e di sottolineare: sono i tempi in cui d'Annunzio si accinge con *La fiaccola sotto il moggio* a dare una «sorella moderna» e abruzzese all'Elettra dei tragici greci, mentre la Duse è coinvolta nel progetto di una rappresentazione italiana dell'*Elektra* di Hofmannsthal, con la regia e le scene del «novatore» Gordon Craig. E la lirica, con la sua allusione in cifra alle origini del sodalizio artistico ed esistenziale, finisce col valere anche un estremo, perentorio richiamo a un orizzonte di progetti e di speranze comuni, a cui restare nonostante tutto fedeli, pur nella consapevolezza dichiarata della differenza o del contrasto non componibile.

Certo il rapporto con la donna vi si configura nei termini della storia d'amore con l'attrice «non più giovine» narrata impudicamente nel *Fuoco*. Specie in Francia, l'indiscrezione biografica aveva provocato una polemica dai toni anche violenti, tale da costringere d'Annunzio a intervenire sul «Figaro» per rivendicare *La pureté du «Feu»*: «L'homme de joie sent l'attraction de toute cette douleur accumulée, de tout cette humilité et de tout cet orgueil [...] "Quelles beautés soudaines verrai-je naître de ton amour et de ta douleur?"» (24 maggio 1900). Invero «l'uomo di gioia» del *Fuoco* (che sarà poi «l'uomo che ama la gioia» cui in una lettera del febbraio 1904, alla vigilia della rottura, la Duse non risparmia la più stridula ironia) continua a interrogare l'alterità femminile e il suo enigma nella vita eroica e non felice della «donna nomade», dominata dal pathos e forse anche dal culto della sofferenza e del sacrificio. Sarà, per il memorialista delle *Faville*, la «non beata Beatrice». Al *Fuoco* rimanda anche la similitudine della seconda quartina, se è vero, come pensava Angelo Conti (*Il «Fuoco» di Gabriele d'Annunzio*, «L'Illustrazione Italiana», 25 marzo 1900), che alla protagonista femminile del romanzo veneziano debba correlarsi la «serie delle imagini che chiameremo acquatiche», tra cui fa spicco quella dell'«Estate defunta», chiusa «in un involucro di vetro opalino affinché, sommersa nella laguna, ella possa almeno guardare a traverso le sue palpebre diafane i molli giochi delle alghe e illudersi di aver tuttavia intorno al corpo l'ondulazione continua della sua capellatura voluttuosa aspettando l'ora di risorgere».

QUATTRO CANZONI DI AMARANTA (p. 544)

Composte per la musica di Tosti nel 1907, le *Quattro canzoni* escono nell'ottobre dello stesso anno presso le edizioni Ricordi. Reduce dalla riduzione della *Figlia di Iorio* per il melodramma di Antonio Franchetti e dai contatti, peraltro infruttuosi, in vista di una collaborazione con Puccini, d'Annunzio con queste liriche fornisce il contributo più convinto alla promozione della romanza da camera italiana, un genere musicale di ampia diffusione, ma intimamente fragile in quanto ancora chiuso al confronto fecondo con la poesia alta, con la sua complessità di motivi e la sua tensione stilistica: nulla di simile, in Italia, non solo alla grande tradizione liederistica tedesca, ma alle

Chansons o alle *Mélodies* che può vantare la nuova musica francese, da Fauré a Chausson, da Hahn a Debussy o a Ravel, pronti a misurarsi con la poesia di Hugo, Baudelaire, Banville, Verlaine, Louÿs, Mallarmé. Con il nome di Amaranta, la figura muliebre qui promossa a io lirico in dialogo appassionato con la voce maschile della seconda *Canzone*, si allude a Giuseppina Mancini, «Giusini», con cui d'Annunzio vive dal 1906 un'intensissima relazione amorosa, destinata a un epilogo drammatico: prigioniera di un matrimonio infelice, dilaniata tra esaltazione della passione e sensi di colpa, Giusini cadrà vittima di una crisi psichica violenta, anche se di breve durata, che sancirà comunque la fine dell'amore. Da questa svolta, fra il settembre e l'ottobre 1908, avranno origine le pagine diaristiche del *Solus ad solam*, che rivelano l'ossessione del poeta per l'enigma della donna reclusa e «rinnegatrice», che nutre per lui un «odio ostinato d'oblio».

Ma prima della catastrofe, in un seguito frenetico e a volte rocambolesco di incontri clandestini, la passione trae slancio per d'Annunzio anche dai mille ostacoli che separano il desiderio dalla felicità. E il fuoco notturno dell'eros arde sotterraneo, costretto a dissimularsi, sotto la superficie di una brillante vita mondana, in uno spazio di finzioni sociali sempre più difficili da sostenere, come attestano anche queste *Canzoni*, della cui prima copia d'Annunzio fa omaggio congiunto a Giusini e al marito. Ma la stessa Mancini mostra poi di fatto riluttanza a sottrarsi nell'intimo ai ruoli e alle convenzioni che, evidentemente, considera un elemento necessario del proprio mondo e della propria identità. Proprio su questo punto vulnerabile faranno leva le pressioni sempre più incalzanti dell'ambiente familiare, sino a far breccia nella mente della donna già satura di scrupoli religiosi e di sospetti circa l'affidabilità dell'amante. E questi, dunque, sin dall'inizio della storia, è spinto a farsi appassionato paladino dei diritti assoluti dell'amore, contro la logica interessata del decoro borghese travestito da morale del sacrificio e del dovere.

Tutto questo spiega perché nelle *Canzoni* si imponga in piena luce il mito, il travestimento esaltante di Tristano, come del resto accade nel *Solus ad solam* («Or è un anno, era per compiersi il sogno ardente di Brescia. Il soffio di Tristano passava su noi, nella notte...») e nel carteggio («Tutti i baci di Tristano son caldi e rossi su la mia bocca» scrive in un'occasione Giusini): annunciato nella prima delle liriche (v. 4), il motivo dominante di un Eros consacrato alla morte ripropone la simbologia della *Liebesnacht* e del *Liebestod* invocati nel secondo atto del dramma musicale wagneriano (dal «Sonne», il vero sole nascosto nel cuore degli amanti, agli «Sterne der Wonne», «le stelle della voluttà»), simbologia già trasposta nel sonetto *Isolda* dell'*Intermezzo*, oltre che nelle pagine finali del coevo *Trionfo della Morte*. Per una sensibilità aggiornata ai termini più moderni ed inquieti del conflitto tra i sessi (fra le letture dannunziane di questa stagione, dopo Ibsen, vi sono anche Strindberg e *L'esclusa* di Pirandello), la fantasmagoria tristaniana diventa anche lo strumento per scrutare la separatezza, l'ostilità, forse anche il nulla che si annidano nel fondo buio del desiderio.

Ma come sempre la strategia di d'Annunzio in risposta a Wagner è di risalire alle origini del mito, nel caso di Tristano non germaniche ma celtiche e romanze, attraversandone la vicenda plurisecolare di ripetizioni, di rifrazioni e di varianti. Non a caso il ritorno del poeta al motivo eterno di amore e morte presuppone ora un libro fortunato come il *Roman de Tristan et Iseut* riscritto in francese moderno da Joseph Bédier (1901), proteso a sua volta a cogliere negli strati della tradizione i bagliori della leggenda primitiva, così com'era uscita dalle «profondeurs du rêve celtique» (G. Paris): ed è il libro che d'Annunzio dona a Giusini con una dedica tratta dal *Lai du chèvrefeuille* di Marie de France: «*Bele amie, si est de nous: / Ne vous sans mei, ne je sans vous*». Così le *Canzoni* reiscrivono il simbolismo wagneriano della notte e del giorno nel quadro della fenomenologia psicofisica della *folle amour* dal ciclo arturiano allo Stil nuovo e a Dante, modulandola secondo cadenze alcionie («Ho tremato», I, v. 3, riporta al *Novilunio*, vv. 113 sgg.; «Tutta l'erba s'insànguina d'amore», I, v. 7, fa eco a *Furit Aestus*, v. 2, e a *Terra vale!*, v. 1 e v. 22; «L'alba piange su me tutto il suo pianto» richiama il *Gombo*, v. 8) significativamente intrecciate a espressioni del canto popolare: sulla metafora letteralizzata «il sangue dell'amore» si costruisce uno nei *Canti* greci tradotti dal Tommaseo (p. 35; cfr. ancora I, v. 7), ove pure un personaggio «piange il suo pianto» (p. 257), mentre nei *Canti* toscani, sotto la rubrica *Segni e qualità dell'amore* (p. 105), uno stornello recita: «Quando che non vi vedo, piango tanto, / e mi si gela il sangue in ogni vena» (cfr. I, v. 2). In altri casi, si procede alla reinvenzione di modi tipici della poesia folklorica, con la ridondanza di «mi si svuota il mio petto» (I, v. 10) o con la paronomasia della «Morte» e del «mirto» sacro a Venere, ben attestata anche nella tradizione del melodramma, che suggella i novenari dell'ultima *Canzone* (v. 25), nella cui seconda, quarta e quinta strofe alla rima subentra l'assonanza.

Soprattutto, inserendo anche la propria poesia nel palinsesto della tradizione tristaniana, d'Annunzio riecheggia il dialogo estremo dei due amanti nella *Francesca da Rimini*, Atto V, scena IV: «Non è l'alba? Non è già l'alba? Tutte / le stelle tramontavano nei tuoi / capelli sparsi ai confini dell'ombra [...] E non è l'alba; / le stelle non tramontano sul mare; la state non è morta; e tu sei mio / et io son tutta tua / e la gioia perfetta / è nell'ardore della nostra vita. [...] Aperta / è la porta, e vi passa / l'alito della notte. Non lo senti? / È questa l'ora / silenziosa / che versa la rugiada / su le criniere / dei cavalli [...] E la notte e il dì saran commisti / sopra la terra come sopra un solo / origliere; e le mani / dell'alba non sapranno più disgiungere / le braccia oscure dalle bianche braccia / né districare / i capelli e le vene loro». In questa camera degli echi di voci e cadenze fra loro remote nel tempo, risuona anche uno dei *Chants populaires de la*

Bretagne raccolti da Villemarqué, *La ceinture de noces*: «Quand l'aurore vint à paraître, le chevalier lui dit: – le coq chante, ma belle, voici le jour. – Impossible! mon doux ami, impossible; il nous trompe; c'est la lune qui luit, qui luit sur la colline». Non si può fare a meno, in questo caso, di trascrivere anche la nota di commento qui apposta dal folklorista francese: «Le génie de Shakespeare devait éterniser cette scène dans *Roméo et Juliette*: 'Tis not the lark it is the nightingale» (pp. 391, 396).

LA CANTILENA DI LUNELLA (p. 548)
LA NINNA NANNA DI TIAPA (p. 549)

In modo certo incostante, senza troppo impegnarsi in un ambito molto lontano dalla sua immagine pubblica di scrittore, il poeta del *Fanciullo* di *Alcyone* ha rivolto tuttavia un interesse vivo alla letteratura per l'infanzia, che nell'Italia fra Otto e Novecento conosce un periodo particolarmente ricco di fervore inventivo e di iniziative editoriali. Una delle prime poesie nate dalla collaborazione con Tosti, *Bimbi e neve*, appare nel gennaio 1883 sul «Giornale dei bambini», il foglio di Collodi e delle *Avventure di Pinocchio*. Degno di nota anche il lungo rapporto con Luigi Bertelli, l'autore del *Giornalino di Gian Burrasca* (forse non del tutto estraneo alla rievocazione, nelle *Faville*, delle insolenti prodezze compiute dal collegiale ribelle al Cicognini di Prato). E vale la pena di ricordare anche il progetto, nel 1912, di fondare a Venezia un Teatro di burattini, per il quale il poeta, come dichiara a Treves, si abbandonerà «alle più sfrenate fantasie»: comporrà, assicura, «una serie di comedie, fiabe, balletti, pantomine, tragedie, tragicomedie *per Burattini*» (24 agosto 1912).

Fra i documenti di questo interesse, di là dal coinvolgimento intenso nell'universo della fiaba che lascia chiari segni specialmente nell'opera teatrale (nel *Sogno d'un mattino di primavera*, nella *Città morta*, soprattutto nella *Gioconda*, con la figura misteriosa e incantevole della Sirenetta amatissima da Hofmannsthal, oltre che nelle tragedie abruzzesi), spiccano le due poesie inserite nello spartito narrativo del *Forse che sì forse che no*, il romanzo di vita moderna che inquadra il motivo della guerra dei sessi nel nuovo orizzonte tecnologico dominato dall'automobile e dall'aeroplano. Improvvisando i versi, Vana intona una «cantilena» per la sorellina Lunella, che con le sue forbicine, corrucciata come per un'oscura premonizione (come spiega poi il romanzo gli occhi della bimba sono «severi» e «quasi torvi talvolta, come gli occhi del divino Infante, che a un tratto scorge l'ombra della Croce trastullandosi nella bottega del legnaiuolo di Nazareth»), intaglia in un foglio di carta minuscole figure di animali, che arieggiano i «vecchi pittori dell'Estremo Oriente». Ma nel personaggio di Vana d'Annunzio si è proposto di ritrarre nei suoi labirinti e nelle sue ambivalenze «la psicologia della fanciulla» (così in un'intervista sulla «Tribuna», 4 giugno 1909), interrogando il segreto di un'adolescente ancora pervasa dalla memoria dell'infanzia e insieme dominata dalle fantasie struggenti e tormentose di una passione amorosa implacabile e intransigente, sino al suicidio. E nella filastrocca infantile si riflettono *en abyme*, tra ricordo e presagio, i motivi dominanti della sua inquietudine psichica: l'ansia e l'ebbrezza del volo, il cupo rancore geloso verso la femminilità trionfante della sorella maggiore (che si trova al mare con l'amato), la fascinazione oscura dei «dolci Morti», mentre l'ossessione della verginità si trasfonde nell'invenzione metaforica dei «sogni [...] che ti nevicano dal cuore» per attivare l'opposizione cromatica schiettamente fiabesca (indimenticabile, per d'Annunzio, la lettura del *Cunto de li cunti* di Basile) del «bianco» e del «vermiglio». In quest'aria di fiaba la psicologia si consuma senza residui in melica, fra le iterazioni e le corrispondenze libere di una forma strofica senza rigore di schemi prestabiliti, con un «ritornello», spiega il narratore del *Forse che sì*, che si impone «non come verbo ma come melodia» e un ritmo che sembra costituirsi di volta in volta secondo il ricamo volubile del significante verbale («fammi un'ala per volare, / ch'io m'involi da Volterra», vv. 24-25): sono «rime sghembe», come dichiara la «rimatrice improvvisa», che continuamente vìolano la misura di base dell'ottonario e a cui si intreccia una trama preziosamente irregolare di consonanze («sovviene-cantilena» «incantamento-rammenti») e di assonanze («tirannella-Volterra», «fata-contrada», «Morti-scordi»).

Il secondo testo poetico nel *children's corner* del *Forse che sì* ribadisce l'ampiezza di sguardo con cui d'Annunzio si rivolge alla sfera del canto popolare e alla sua tenace sopravvivenza nell'esperienza artistica dei moderni. Accompagnata al pianoforte dal fratello, Vana canta per Lunella una melodia composta dal musicista in cui si comincia a riconoscere l'interprete più intenso dell'antica anima russa, specie dopo che nel 1908 la sua opera teatrale, *Boris Godunov*, giunta in Occidente e messa in scena per gli uffici di Djagilev, ha incantato Parigi: «Era quella di Modesto Mussorgski "per ninnare la bambola", una cantilena lene e lamentevole, minacciosa e persuasiva, che sembra illuminata dagli ultimi guizzi del ceppo riflessi nel metallo dell'icona e misurata su la voce del vento nella steppa deserta». Ai versi originali di *S' kukloj* (*Con la bambola*), scritti dal musicista stesso come gli altri che compongono il ciclo *Detskaja* (*La camera dei bambini*), il poeta si accosta attraverso la traduzione francese procuratagli dalla nobildonna russa Natalia de Goloubev, che è ora la sua amante; e della nenia mussorgskijana per la bambola Tiapa i settenari di d'Annunzio, con la loro forte presenza di assonanze, ritraggono soprattutto la *Stimmung* di canto infantile risuonante delle paure, dei desideri, delle voci di una remota cultura rurale, pur in una versione altamente stilizzata, consentendosi in pari tempo una grande libertà di varianti (per limitarci a un solo esempio, nel ruolo di catalizzatore dei terrori infantili l'Orco subentra al Lupo), come del resto chiede la natura in perpetua metamorfosi del canto folklorico. Da notare (vv. 3 e 4) l'icona sonora di «crocchiare», modellato sul francese «croquer» (mangiare qualcosa frantumandolo con i denti).

[DUE POESIE A VENTURINA] (p. 550)

A Venezia, ove soggiorna nelle pause del suo strenuo impegno guerriero, d'Annunzio intreccia nel settembre 1916 un'appassionata relazione amorosa con la triestina Olga Brunner, poco più che trentenne ed eccellente dilettante di canto, in grado di affrontare anche le *Mélodies* di Debussy. Secondo un costume a lui caro, il poeta la ribattezza chiamandola di volta in volta Notturnina (quasi patrona dell'opera che d'Annunzio ha concepito nelle tenebre della cecità, con la leggendaria, stupefacente invenzione dei cartigli), Vidalita (abitava con il marito Ugo Levi, pianista di talento e musicologo, a Campo San Vidal) o Venturina, il nome tra tutti prediletto, una sorta di talismano per l'eroe avventuroso coinvolto «nel più temerario dei giochi». Scena degli incontri amorosi è la Casetta rossa, la piccola dimora patrizia sul Canal Grande che d'Annunzio ha preso in affitto e che il proprietario, il principe Hohenlohe, aveva trasformato battendo infaticabilmente le botteghe degli antiquari in una leggiadra fantasmagoria settecentesca. E mentre il *kairos* dell'azione eroica e la scommessa sempre più arrischiata con il destino alimentano la furia della passione erotica, l'ansia dei due amanti si dissimula e si distrae in un ludico travestimento settecentesco di sottintesi, schermaglie, finte ripulse, cerimonie, imbarchi per Citera, come attestano le missive che d'Annunzio invia alla donna (oltre milleduecento, ora parzialmente pubblicate in G. d'Annunzio, *«La rosa della mia guerra». Lettere a Venturina*, a cura di L. Vivian, prefazione di P. Gibellini, Venezia 2005). In esse «il piàvolo» e «la piavoletta», ossia il pupazzo e la pupazzetta, si scambiano occasionalmente e per gioco strofi o ariette in lingua e soprattutto in dialetto («Me oprime un palpito / Drento del peto, / No ga più regola / El mio inteleto, // La man me tremola, / Scrivo a gran stenti, / Scrivo con l'anemo / Pien de tormenti...»), recuperando appunto, con «il Poveta» che indossa i panni di «Checo Smara» (la «smara» è l'equivalente veneziano dello *spleen*), cavalier servente di «Venturrina Mazacolin», la Venezia delle maschere e delle galanterie nell'ombra della fine, come in un Pietro Longhi.

Nella prima delle poesie che qui si presentano, l'incanto di una nevicata (il testo è datato 28 dicembre 1917) si trasfonde in un ricamo lieve di sinestesie e di riverberi sonori, per chiudersi con una strofe nello sperimentato cifrario erotico dell'epistolario amoroso, ove (come avveniva già con Giuseppina Mancini) Muriella e Ordella designano i seni dell'amante, Pentella «la rosa». In una lettera non datata, fra un'impresa bellica e l'altra, il poeta guerriero può invece concedersi il *divertissement* di un contrasto plurilingue, provocato dal dono di un dolce confezionato da Teresina, la cuoca («coghina») dei Levi. Nella disputa, maliziosamente lasciata in sospeso (ma in un'altra stesura conservata al Vittoriale i puntini di sospensione si sciolgono in «Me ne frego. / Mi me magno la parona»), intervengono di volta in volta la cuoca di d'Annunzio, la trevigiana Albina Becevello, il suo attendente ciociaro Italo Rossignoli («bocco», v. 1, vale per il Tommaseo-Bellini «uomo di poca mente e di poca voglia»), Amélie Mazoyer (Aélis), la giovane cameriera francese che egli aveva assunto, divenendone anche l'amante, per sovrintendere al villino di Arcachon (e che, come del resto anche la superlativa «Suor Albina», seguirà d'Annunzio nella sua ultima dimora al Vittoriale), prima che prenda la parola persino il gatto della Casetta rossa, Miramar. Parodia nella parodia, il ludico *pasticheur* mima anche lo sforzo della borgognona Aèlis di parlare il veneziano («turta», semmai, è bergamasco).

ALEXANDER SKRJABIN [II] (p. 552)

Al compositore moscovita (1872-1915), uno dei protagonisti della nuova musica novecentesca, caro ai poeti del Simbolismo russo (tra cui Ivanov e Belyj, per tacere del giovane Pasternak) e agli espressionisti del «Blaue Reiter», d'Annunzio comincia a tributare negli anni di guerra un «culto inquieto» alimentato dall'ascolto delle sue stupende pagine pianistiche, in una ricerca acre di immagini d'ansia («Iersera pensai a Lei nell'ascoltare l'ansia di Alessandro Scriabine [...] La primavera e la musica erano un solo tormento, un solo chiuso delirio»; a Anna Morosini, 18 marzo 1919). Questa passione musicale trova la sua dichiarazione più intensa al centro del *Notturno*, l'opera leggendaria del poeta soldato che continua a scrivere costretto nelle tenebre della cecità da una grave ferita all'occhio destro riportata in un incidente di volo. Al culmine della Seconda Offerta, come spiega lo stesso poeta, si incontra una «interpretazione» di Skrjabin con una «fantasia» di «trasformazioni verbali della musica» (a Adolfo De Carolis, 21 febbraio e marzo 1917), di cui fanno parte anche quattro poesie. Certo al corrente delle ardite sperimentazioni mistiche del musicista russo nella sfera dell'«audition colorée» («Il preludio di Scriàbine è di colore cupo, violaceo, simile a una stoffa marezzata che si divincoli nel vento della sera. / [...] La musica si allontana e poi ritorna cangiando di colore come un flutto sotto un crepuscolo mutevole. / Il verde il violetto e l'azzurro cupo sono i colori di questa notte. / A un tratto vedo le stelle, le stelle dell'Equinozio larghe come i loro riflessi nell'acqua»), l'«interpretazione» dannunziana avvalora insieme nel seguace russo di Zarathustra l'impulso irresistibile verso la danza. E da tempo la danza è per d'Annunzio un emblema della scrittura, il modello o l'archetipo di una parola che nasce dalla suggestione di un corpo che diventa segno e sortilegio ritmico (cfr., per esempio, *L'onda* di *Alcyone*, p. 417-420), con un'intensa valenza metapoetica ora corroborata e approfondita dall'esperienza diretta, negli anni parigini, della più elettrizzante coreografia d'avanguardia: in primo luogo dei Balletti russi, in cui il poeta ha subito saputo riconoscere uno dei volti vitali del moderno.

Nella seconda delle quattro liriche (che in una stesura manoscritta, datata 21 gennaio 1918, è fra le primizie del *Notturno* inviate allora in dono a Venturina), sperimentando una forma strofica di là dalla alternativa fra poesia e prosa (in ogni strofe a un coppia di novenari e a una di senari fa seguito una sequenza in prosa ritmica, congiunta alle altre dalla rima finale e dall'omologia sintattica della proposizione relativa, oltre che dal climax ascendente che si rivela con il gerundio della seconda strofe), il poeta infermo del *Notturno* interroga l'antitesi e la complementarità misteriosa della dissonanza e dell'estasi, della malattia e della grazia. Ma anche nell'opposizione tra la gravità e la leggerezza si coglie l'ispirazione della musica di Skrjabin, con i suoi motivi dai contorni nitidi e brevi rapiti talvolta nel volo o nel delirio dell'ornamento, ma fondata in pari tempo su una sonorità anche tagliente e cupa di disarmonie irrisolte, fuori dai confini dello spazio tonale classico. Non si può escludere la conoscenza da parte di d'Annunzio del saggio pionieristico sottoscritto per la «Voce» nel 1915 da uno dei giovani leoni della critica musicale italiana, Giannotto Bastianelli, *Un nuovo sonatista*, in cui si salutava in Skrjabin un esempio mirabile di «vera musica moderna pura» e in cui prendevano spicco i «suoni colorati di bronzo» delle sonate per pianoforte, accostate per la loro struttura formale a «lampade che si andavano illuminando da sé»: ma per quest'ultima immagine cfr. soprattutto la lirica seguente. La «nòria», nell'ultima strofe, è la macchina per attingere acqua dai pozzi, costituita da una serie di tazze collegate a una catena o a un nastro che scorre tra due tamburi rotanti.

QUESTA SERA SCRIÀBINE DANZA... (p. 553)

Di Skrjabin d'Annunzio intende e trascrive la «melodia duplice / del desiderio e del dolore» (vv. 4-5), dell'agonia e dell'agone, con il pathos guerriero, la dolcezza luttuosa, il delirio dionisiaco, lo spasimo atroce di un microcosmo malato. E i versi liberi di questa lirica, già composta all'altezza del settembre 1916 ma ultima della serie del *Notturno*, riconoscono nell'«heautontimoroumeno slavo» (a Olga Levi Brunner, 20 marzo 1919) l'interprete musicale del rito gnostico in cui poi lo scriba cieco e visionario del *Notturno* identifica la prassi, l'opera stessa dell'artista moderno: «chiarore di se stesso», egli si illumina di luce possente e radiosa, rapito fuori dai sensi, nell'atto medesimo in cui, invasato da un dèmone, in una sorta di ebbrezza apocalittica, calpesta e «difforma» la propria arte («il suo cuore immortale») per agguagliarla alle profondità ctonie dell'essere, sino alla rivelazione di una *harmonia mundi* paradossale e malata, pervasa dalla dissonanza «eterna» della «doglia infinita». L'autoilluminazione dell'essere che danza (mentre su di lui s'addensa l'«ombra» dei lauri, dei mirti e dei cipressi, ossia della gloria, dell'eros e della morte) rimanda nel *Notturno* al motivo conduttore della fosforescenza, di un principio d'anima che emana direttamente dalla notte oscura della materia e che coincide alla fine con la magia della scrittura e il suo incanto ritmico di apparizioni e metamorfosi, di miraggi orridi e favolosi. E non a caso nel d'Annunzio notturno anche l'azione di guerra e le sue macchine di morte si associano sempre a non so che «impeto musicale», a una «folle smania del canto». Veramente ora la bellezza non è più se non l'altra faccia del terribile.

Con il «principe Igor» (v. 2) si allude all'omonima opera musicale di Alexander Borodin, le cui *Danze polovesiane* costituivano una sorta di appuntamento fisso nei programmi parigini dei Balletti russi: esse furono eseguite tra l'altro nella sera stessa della tempestosa prima del *Sacre du printemps* di Stravinskij, il 29 maggio 1913, cui presenziò, attivamente schierato dalla parte dei novatori, anche d'Annunzio. E nel danzatore della lirica il poeta sembra veramente riverberare la sua esperienza viva degli spettacoli di Djagilev e della loro rivoluzione coreografica, quasi proiettando in Skrjabin, «col capo riverso» (era, questo, il principale motivo della danza dionisiaca) e «il piede difforme», la «saltazione frenetica» di un Fokine e più ancora di un Nijinskij. Ma in questa poesia d'Annunzio pare proprio insieme alludere, inscenandola intanto nel teatro della scrittura, a una coreutica «mistica» o «notturna» ancora a venire, esclusa dal neoclassicismo raffinato e ironico verso cui tende sempre più decisamente l'estetica dei Balletti russi: una danza concepita appunto per il corpo stregato e l'anima in deliquio di Nijinskij, il ballerino infine ripudiato da Djagilev (il quale del resto detestava anche Skrjabin) prima di sprofondare nelle spire della follia, sacerdote e vittima del rito esaltante e tremendo di immedesimazione con i ritmi del cosmo.

ESSERE UN BEL PINO ITALICO... (p. 554)

La poesia, fra i frammenti del *Notturno* già composti all'altezza del 20 settembre 1916, si legge nel «comentario delle tenebre» all'inizio della Terza Offerta. Il 24 ottobre 1915, a Udine, d'Annunzio ferma in un taccuino l'impressione di «Un bel pino italico sul cielo, perfetto». E in un'altra carta d'archivio, risalente al maggio 1916, si legge: «Un amante della luna, nella notte del plenilunio: "O Luna, vorrei essere un pino in cima al monte"». Ma nei versi liberi del *Notturno* il sogno della metamorfosi vegetale si trasferisce in un paesaggio romano sospeso tra morte e rinascita (le «dita di pargoli» dei germogli, v. 8, sono l'equivalente dei «novelli rosei diti» della *Sera fiesolana* alcionia), sino a riscoprire, nello scenario del Fòro, la solidarietà misteriosa dell'erba e della pietra, della rovina e dell'apoteosi, della natura e della storia, con il richiamo finale al *Carmen saeculare* oraziano («Alme Sol [...] possis nihil urbe Rome / visere maius»), già evocato da d'Annunzio sia in *Maia* che in *Elettra*. Degna di nota, come è stato segnalato, la tangenza tra la terza strofe della poesia e l'immagine che apre una delle liriche del *Porto sepolto* di Ungaretti, *Perché?*, datata 23 novembre 1916: «Ha bisogno di qualche ristoro / il mio buio cuore disperso // Negli incastri fangosi dei sassi / come un'erba di questa contrada / vuol tremare piano alla luce». Ma la «cieca erba» che pena paziente, con la fontana di Tivoli e il «fogliame funerario», in una trama di percezioni e di emozioni acustiche e tattili compenetrate, susciterà più tardi l'attenzione di un altro grande poeta del Novecento, Rainer Maria Rilke, che trascrive la lirica per intero in una lettera del 16 marzo 1922 all'amica Marie von Thurm und Taxis, certo a specchio della propria travagliata tensione a essere cosa tra le cose.

O MORTI CHE SIETE IN TERRA COME IN CIELO (p. 556)

La «preghiera» appare a stampa per la prima volta in chiusura di un articolo sul «Corriere della Sera» del 5 maggio 1918, che riproduce il discorso tenuto da d'Annunzio l'1 maggio *Alle reclute del 1900*, poi raccolto nel volume *La riscossa* con i documenti dell'azione di «propaganda» svolta dal poeta dopo la catastrofe di Caporetto. A ragazzi appena diciottenni, usciti ora dalla famiglia e dalla scuola, l'oratore presenta la morte come assoluto della condizione giovanile *à rebours* dalla storia, sino a coinvolgerli nella celebrazione di un inedito «calendimaggio» dei «morti che vivono e comandano». In questa direzione movevano già i biblici *Tre salmi per i nostri morti*, pubblicati il 2 novembre 1915 e poi raccolti nei *Canti della guerra latina*, ispirati a una mistica della morte che identifica nei caduti, gli eletti al sacrificio, i membri di una comunità più reale di quella in gran parte ancora da costituire della nazione in guerra.

Esemplare dell'oratoria bellica dannunziana, e della sua tensione a interpretare il conflitto come una nuova epifania del Sacro, il testo consiste in una parafrasi della preghiera cristiana per eccellenza, il *Padre nostro*, anche se alle suggestioni di perdono e di pace, sottolineate da Dante nel proprio rifacimento (*Purg.*, XI, vv. 1-24), subentra non senza intonazioni apocalittiche l'ethos intransigente della guerra giusta, da sancire allora attraverso il *Credo* liturgico («et iterum venturus est cum gloria iudicare vivos et mortuos»). Chiara insomma la volontà del poeta di ricorrere ai *loci* veramente *communes* dell'Italia molteplice chiamata alla prova del conflitto e del sacrificio.

L'orazione «dei vivi ai morti» sarà poi rifusa nella *Preghiera di Aquileia* (il messaggio che l'1 novembre 1918, alla vigilia della vittoria, d'Annunzio lancia dall'aereo ai combattenti sul Piave), con cui confluirà nel *Libro ascetico della giovane Italia.*

LA LAUDE DELL'OLIO (p. 557)

Interprete e campione spregiudicato della modernità, d'Annunzio non manca di rivolgere un interesse attivo alle nuove forme di comunicazione di massa con cui le realtà emergenti dell'industria o dell'artigianato incidono nell'anima collettiva. Nell'emblematica moderna del linguaggio pubblicitario il poeta investe le sue attitudini sperimentate di creatore di motti folgoranti, la sua inventiva onomastica (si deve a lui la nuova denominazione, fortunatissima, del grande magazzino milanese Bocconi che riapriva i battenti dopo essere stato distrutto da un incendio: «La Rinascente»), la sua padronanza sagace delle tecniche di persuasione, con il convincimento che all'aura novecentesca del poeta e dell'eroe possa benissimo concorrere anche la trasformazione della propria icona in merce, feticcio o bene di consumo. Così ad esempio, nel marzo 1929, viene divulgata una lettera dannunziana, naturalmente manoscritta, in cui si esalta la qualità dei prodotti SAIWA sullo sfondo, solo apparentemente a contrasto, della frugalità del poeta soldato: «*Alla S.A.I.W.A.* / Ma ora voi mi corrompete. Queste vostre novissime scatole di biscotti fini superano in finezza e in bontà le migliori d'Inghilterra. Son troppo squisite per me. Vi ringrazio e vi lodo; ma resto fedele alle vostre inimitabili gallette. *Tostae fruges*». Ed egli non nasconde questa sua attività, certo ben remunerata, nemmeno nell'autoritratto testamentario del *Libro segreto*, ove si evoca, insieme con la maledizione dei «debiti», «quell'inchiostro nero di Vigodarzere che solo dà nerissimo ingegno a qualsisia come 'il solo che da parecchi anni usa pe' suoi manoscritti Gabriele d'Annunzio'»; per questo inchiostro, oltre a concedere il proprio patrocinio di prestigioso *testimonial*, egli aveva coniato lo slogan: «Fisso l'idea».

La *Laude dell'olio*, da assegnare con ogni probabilità agli anni del Vittoriale, è composta per l'azienda di prodotti agricoli «Alberto Del Buon Tromboni» di Castelleone presso Deruta, in Umbria, che provvede a stamparla su una serie di cartoline moltiplicandone il messaggio con il nome del prodotto, come si conviene, iterato in crescendo. La trasfigurazione del banale, è stato detto, consiste tra l'altro nel porre l'oggetto al centro di un insieme di relazioni con elementi che sfuggono all'immediata percezione dei sensi. A questo principio obbedisce la poesia che, dopo un ricordo della *Sera fiesolana* di *Alcyone* e dei suoi «fratelli ulivi / che fan di santità pallidi i clivi» (qui ricondotti all'originario paesaggio umbro), celebra la fragranza e la limpida purità dell'olio extravergine d'oliva inducendo a immaginare l'Oriente e il «cristallo», alludendo persino al culto religioso cristiano, oltre che alla convivialità insieme raffinata e schietta cantata dai classici latini, Orazio e Virgilio.

AH, GABRIEL DE LA MALA FORTUNA (p. 558)

Milano costituisce un polo di riferimento costante per il poeta: è la «Città egemone» e «operosa» in cui egli ravvisa un fervore senza eguali di esperienze e di relazioni, di opportunità, che gli sono necessarie tanto quanto il raccoglimento e l'ozio creativo trascorsi nella campagna o al mare. Per l'autorecluso del Vittoriale, deciso a non metter più piede nella pur amatissima città della giovinezza divenuta la Roma di Mussolini, Milano diventa poi per forza il centro di gravitazione di un desiderio intermittente e sempre più stanco di attestare e di avvalorare la propria presenza di figura pubblica.

Attratto da sempre dall'espressività e dalla forza nativa dell'oralità dialettale nell'Italia una e diversa, anche di là dall'abruzzese (nel libretto della *Rosa di Cipro*, dapprima concepito per Puccini e poi destinato a Pizzetti, figurava inizialmente una baruffa scoppiata tra «tipi rappresentativi» delle regioni italiane, i quali, come le maschere, si sarebbero espressi «con le voci dei vari dialetti» d'origine: cfr. *Il soggetto della «Rosa di Cipro» esposto da d'Annunzio*, «Corriere della Sera», 24 gennaio 1908), l'ultimo d'Annunzio mostra una predilezione per il meneghino che, ogni tanto, come sappiamo dai carteggi o dalle cronache del tempo, si arrischiava o si divertiva a usare anche in pubblico, e che ora adotta per questo esercizio estemporaneo di poeta «ambrosian». Così, «poetta Ambrosian», si definisce in un suo sonetto di protesta autoapologetica ("el protesta e el deciara a tutt Milan») Carlo Porta, «quello stupendo Carlo Porta che avrei voluto fosse ristampato nitidamente da Emilio Treves premettendogli un mio proemio aguzzo» (*D'Annunzio in memoria di Guido Treves*, «Corriere della Sera», 15 maggio 1932). In effetti per Porta, come d'altra parte per Belli, d'Annunzio dichiara più volte la sua ammirazione incondizionata, con la volontà di assumerlo a modello nei propri esperimenti di poeta vernacolare. E questi versi, datati nell'autografo «9 III 1928» e pubblicati postumi da P. Gibellini nel 1979, si configurano di fatto come un vero e proprio *à la manière de...*, ottenuto mettendo insieme testi diversi del poeta milanese. L'incipit (con la rima «fortuna-tuttuna») prende il la dalle *Olter desgrazzi de Giovannin Bongee* (vv. 449 sgg.), là dove il protagonista, vessato dal potere, lamenta la malasorte che l'ha ridotto in gattabuia, su un lurido paglione, tra le miserie, la puzza e i malandrini. A contrappunto interviene il *Testament de Apoll*, in cui il dio della Bellezza, sgangherato dalla vecchiaia e istupidito dalla malattia, farfuglia alla «canaja», al canagliume dei suoi adepti, che si sente sul punto di crepare ma che, ad ogni buon conto, conviene non dirlo a nessuno e continuare a fare come se nulla fosse successo.

Dietro la maschera d'irresistibile *verve* satirica delle figure portiane d'Annunzio dà sfogo non senza autoironia alle sue recriminazioni di Apollo «scomunicato» dal Vaticano e anche dalle autorità fasciste milanesi («Ca' Marin», v. 7, è Palazzo Marino). Solo due giorni prima, il 7 marzo 1928, ha vergato per il «Giornale di Brescia» una vibrata lettera aperta a Tomaso Monicelli (ripresa tra gli altri giornali dal «Corriere della Sera») protestando per la decisione della Chiesa di ribadire il divieto ai cattolici di assistere ai suoi drammi (nel 1911, a seguito dello scandaloso *Martyre de Saint Sébastien*, il Santo Uffizio aveva posto all'indice con l'opera del romanziere, «omnes fabulae amatoriae», anche «omnes fabulae dramaticae») proprio mentre essi riscuotono un notevole ritorno di interesse grazie a una applaudita *tournée* sulle scene italiane: e l'ironia polemica, altera e sferzante, non risparmia nemmeno Papa Pio XI, inducendo le autorità civili a un provvedimento di sequestro, ancorché provvisorio. Inutili, nel fondo, le rimostranze del poeta in una lettera sempre di questi giorni a Mussolini, oramai avviato con convinzione sulla strada del Concordato.

IL CANTOR D'ALCYONE EROE DELL'ARIA... (p. 559)

Nello scenario magnificente, stravagante, anche ludico del Vittoriale, d'Annunzio non esita, almeno in privato, a dare spazio nella sua estrema, continua rappresentazione di sé all'insulto della vecchiezza e della malattia nella «tarda carne superstite». In queste quartine rimaste a lungo inedite (datate nell'autografo «27 giugno 1929», saranno rese note per la prima volta da P. Gibellini nel 1975) l'io che scrive, solo, allo scoperto, registra la lotta mortificante e senza gloria contro la stitichezza, non senza l'«allegrezza indecente» di un ghigno amaro di autoirrisione. Di fatto il poeta rivolge la sua sperimentata attitudine stilistica alla parodia sulla propria stessa avventura di «poeta eroe», aggredendo la favola bella di poesie alcionie come *L'incanto circeo* e *Il peplo rupestre* o degradando il «mare etrusco» di *Meriggio* (e «divaria», v. 18, riporta ai *Pastori*). Così il lauro si converte in ricino, mentre le imprese aeree di Pola e di Cattaro, temerarie e gloriose, sono ridotte allo stesso spazio domestico in cui campeggia, in un montaggio quasi da annuncio pubblicitario, la bottiglia del celebre estratto di tamarindo della Carlo Erba. A sua volta «la cheli del Cillenio» (v. 12) rimanda addirittura, dissacrandolo, al mito dell'invenzione della cetra simbolo della poesia da parte di Ermete (il quale, nato in una grotta del monte Cillene in Arcadia, aveva ricavato lo strumento dal guscio cavo di una tartaruga), così come è evocato nella *Preghiera a Erme* di *Maia*: «O Citaredo primo, / tu il bene che supera tutti / désti all'uomo quando la cava / testudine nata nei monti / facesti sonora [...] E la tua cheli selvaggia / fu compagna al canto dell'uomo» (sulla «testudo cyllenia» si sofferma anche un'annotazione del *Libro segreto*). In un appunto risalente al tempo delle *Vergini delle rocce*, quando si annuncia il mito dell'Ellade, d'Annunzio aveva fatto proprio l'invito di Nietzsche: «nascondere il *brutto*, se non si può sopprimerlo, volgerlo al sublime». Ora a chi ha sperimentato tante metamorfosi e indossato tante maschere non resta che scrutare la faccia nascosta della propria letteratura, accogliendo anche il disgusto, l'ossessione, l'enigma della volgarità. Vero è che il «poeta eroe» del Vittoriale, creatore e interprete instancabile di miti d'oggi, è consapevole come pochi altri che essi presuppongono appunto l'informe zona grigia del vivere immiserito e banale: l'ultima scommessa è di far entrare anche questa consapevolezza, con un sarcasmo tra autoderisione ed esorcismo, nella grande rappresentazione finale inscenata dai fantasmi multipli di un unico personaggio leggendario. Impossibile, dinanzi all'estrema metamorfosi del poeta in «cloaca sedentaria», non chiamare in causa il Montale di *Dopo la fuga*, in *Satura II*: «La poesia e la fogna, due problemi / mai disgiunti (ma non te ne parlai)».

PASQUINATA (p. 560)

Nella sua prima redazione autografa, che qui riprendiamo, l'acre epigramma contro Adolf Hitler si legge nei risguardi posteriori di uno dei libri della biblioteca del Vittoriale più fitti di annotazioni, glosse, segni a margine, la *Divina Commedia*, riveduta nel testo e commentata da G. A. Scartazzini, quinta edizione curata da G. Vandelli (Milano 1907). La poesia prende il la dall'incipit della Satira I, 2, di Orazio, echeggiato anche da Dante (allorché il poeta per eccellenza dell'indignazione e dell'invettiva politiche presenta il luogo infernale in cui si puniscono «ipocresia, lusinghe e chi affattura, / falsità, ladroneccio e simonia, / ruffian, baratti, e simile lordura»; *Inf.*, XI, vv. 58-60), ove i «pharmacopolae», nella cattiva compagnia di baiadere, accattoni, attricette e pagliacci («Ambubaiarum collegia, pharmacopolae, / mendici, mimae, balatrones [...]»), non sono tanto i farmacisti quanto i ciarlatani spacciatori di chissà quali intrugli. Anticamente gli araldi innalzavano il caduceo, attributo di Ermes fatto proprio dai farmacisti, per annunciare la fine di una guerra civile; ora esso saluta la pace sinistra cui, in un alone inglorioso d'impostura e di ladrocinio, darebbe luogo il disegno di annettere l'Austria alla Germania perseguito da Hitler, questo malefico dulcamara.

Frutto di un'intuizione immediata della personalità del Führer, della sua arrogante volontà di potenza di là dall'«umano» e dal «divino», la *Pasquinata* nasce e si elabora infatti in rapporto all'annosa questione dell'*Anschluss*, atto per il quale, da poco giunto al potere, Hitler cerca insistentemente il consenso dell'Italia, al punto di sollecitare insistentemente un incontro con Mussolini rendendosi pellegrino («romeo», v. 5) a Roma. Ma da parte del regime fascista, riconoscere le rivendicazioni tedesche, concepite nel quadro di una dichiarata politica di riarmo, significherebbe perdere il sostegno della Francia nazionalista alle proprie mire coloniali. La crisi delle relazioni italo-germaniche giunge all'acme nell'estate 1934, con il fallito *putsch* annessionistico nazista e l'assassinio del cancelliere Dollfuss (4 agosto), mentre truppe italiane sono inviate a presidiare il Brennero. Sul merito della questione, nel dialogo con il Duce d'Annunzio riveste la parte dell'oppositore intransigente, rispetto alla ricorrente inclinazione al compromesso palesata dal suo interlocutore. Non a caso, sempre nell'agosto del '34, in un messaggio indirizzato al Podestà di Milano Marcello Visconti di Modrone, il poeta evoca pubblicamente il disegno da lui concepito nel glorioso 1918 di volare dopo Vienna anche su Berlino. Stando alla testimonianza di Aèlis Mazoyer, comunque, la *Pasquinata* viene letta il 7 ottobre allo stesso Mussolini, che l'accoglie con divertite risate.

In seguito, è vero, il giudizio del poeta conoscerà incertezze e oscillazioni; e gli avverrà anche di plaudire al Führer e alla sua politica del colpo di mano o del fatto compiuto, certo per la comune, fiera avversione verso la Società delle Nazioni e lo spirito di Ginevra. Ma è anche vero che nei testi scritti da d'Annunzio in occasione della guerra d'Etiopia e delle «inique sanzioni», pur duramente polemici verso le democrazie occidentali, non si dedica una sola parola di ringraziamento alle nazioni che, come appunto la Germania, rompono l'isolamento internazionale italiano. Così il 30 settembre 1937, nell'ultimo incontro alla stazione di Verona il vecchio scrittore tenacemente filofrancese cercherà, a quanto pare, di trattenere il Duce di ritorno dalla Germania dall'abbraccio mortale con il nazismo.

Tonalità e lessico della *Pasquinata* trovano riscontro nella lettera a Mussolini del 9 ottobre 1933: «io so [...] che tu sei per respingere fieramente il marrano Adolf Hitler dall'ignobile faccia offuscata sotto gli indelebili schizzi della tinta di calce e di colla ond'egli aveva zuppo il pennello, o la pennellessa, in cima alla canna, o alla pertica, divenùtagli scettro di pagliaccio feroce non senza ciuffo prolungato alla radice del suo naso "nazi"». Ma nella poesia la *vis* polemica e il ritratto quasi chapliniano del despota «plebeo» dal passato di imbianchino, oltre che di pittore fallito, si iscrivono, per riprendere l'autocommento del poeta, nei termini di un «gioco erudito» non sempre di agevole interpretazione, in cui si mescolano e interagiscono dantismi e stilemi delle Origini (per esempio, della duccentesca *Intelligenza*: «Udìa cantar gli augei in lor latino»), topoi della satira politica, antiche e nuove locuzioni popolari. Il «gonfalon selvaggio», quello del Poliziano, diventa così «la camicia sudicia di Meo» (vv. 3-4; «la camicia di Meo» è una faccenda che non finisce più; e aver la «camicia sudicia», spiega il Tommaseo-Bellini, vale «esser reo di qualche malefatta»). Il «prode Anselmo» (v. 6) è per antonomasia il milite inetto reso celebre anche sul piano della letteratura per l'infanzia dalla ballata ottocentesca *La partenza del Crociato* di Giovanni Visconti Venosta («Passa un giorno, passa l'altro / mai non torna il prode Anselmo, / perché egli era molto scaltro / andò in guerra e mise l'elmo»). L'aggressivo Guglielmo II, il Kaiser della Prima Guerra mondiale, aveva dalla nascita il braccio sinistro atrofizzato (cfr. v. 7). I «lurchi» (v. 12) sono «li Tedeschi lurchi» di Dante, *Inf.* XVII, v. 21 (ingordi, crapuloni, «divoratori immondi», parafrasa nel suo commento dantesco il Tommaseo). L'ambivalenza di «Hic est Leo» (v. 12) recupera e varia il proverbiale «Hic sunt leones» («qui è il pericolo») per combinarlo con l'autorappresentazione grottesca del «pagliaccio feroce» e ruggente, il quale, nuovo Attila e insieme paradossale nuovo Mosè del popolo tedesco (vv. 14-15), non esita a sfruttare i diffusi sentimenti di antisemitismo («spugna del giudeo», v. 18) al servizio del proprio incontenibile appetito espansionistico.

CARMEN VOTIVUM (p. 561)

Prima di essere accolto con alcune varianti nel *Libro segreto* (1935), il *Carmen votivum* appare in facsimile d'autografo presso il nuovo editore del poeta, Arnoldo Mondadori, nel febbraio 1931. Ma i documenti dell'elaborazione accertano che almeno ventidue delle ventisette strofe erano già ultimate il 5 agosto 1927, al tempo della breve ma intensa relazione del poeta con Elena Sangro, ossia l'allora trentenne Maria Antonietta Bartoli Avveduti, abruzzese, fra le attrici più in vista del cinema muto italiano. Dopo aver esordito in *Fabiola* (1917-1918), era stata interprete con Bartolomeo Pagano della fortunata serie dei film di Maciste per la regia di Guido Brignone (1924-1926) e nel 1925, al fianco di Emil Jannings, di *Quo vadis?*, codiretto dal figlio di d'Annunzio Gabriellino (di lei si ricorda anche, ultima apparizione sullo schermo, un cammeo in *Fellini 8 e mezzo*, nel 1963). Nel carme che ritrae impudicamente gli amplessi con questa nuova Elena (dopo quella omerica evocata nella prima strofe) emerge in piena luce la cultura dell'eros dell'anziano poeta, che anche nell'Italia fascista e neoborghese dà libero corso alle audacie e alle stravaganze tra *Jugendstil* e *Déco* della sua indole di gran virtuoso della vita, convinto del valore letterario positivo della sessualità.

L'edizione 1931, che esce in una tiratura limitata a pochi esemplari «per amici lepidi e lascivi», ha tra i suoi destinatari anche Mussolini, a cui il «lieve dono sonoro» giunge accompagnato da una sapida missiva di autocommento nella singolare tonalità scherzosa ma altera che costituisce una cifra inconfondibile dello scrittore del *Segreto*, con una punta di irrisione anche verso l'interlocutore: «Una mattina, dopo aver molto calcato una bella donna (ora, temo, invacchita), risalii nella mia officina ancor calda, mi risedetti innanzi alla mia tavola; e tesi l'orecchio al primo concerto degli uccelli su gli alberi del mio giardino. Era l'alba sul lago ancora cupo. / Perché, d'improvviso, una fresca vena di poesia mi salì dalla coglia possente alla sfrontata fronte? Perché scrissi, con un impeto giovanile e con un'ironia sottile, la *Tenzone fra il Triangolo e il Circolo?* / Forse sei anche tu talvolta invaso dalla perplessità euclidea tra le due figure. Ti offro perciò un de' pochissimi esemplari del carme riprodotti con mirabile esattezza dal mio manoscritto primitivo. Sorriderai. [...] Vedrai come io tratti – per la prima volta nella mia vita metrica – la vecchia sestina di Pietro Paolo Parzanese; che fu detta "metro poltrone"». Anche la scelta di questa forma metrica di impronta popolare e dalle facili cadenze a schema fisso, secondo il giudizio ripreso dal Tommaseo-Bellini (il Parzanese era appunto autore ottocentesco di ballate e romanze per il popolo; tutt'altra, preciserà il *Libro segreto*, l'ardua tessitura della sestina lirica, da Arnaut Daniel a Dante e a Petrarca), concorre allo spirito insieme ditirambico e goliardico con cui il *Carmen* celebra la fisicità più disibinita nell'arduo accordo dell'oscenità con la bellezza, mettendo a frutto la gaia scienza del linguaggio dell'amore e dell'amore del linguaggio, non senza fare il verso, capovolgendole, alle forme contemporanee della rappresentazione dell'eros: non solo il melodramma cinematografico o la parola equivoca del libertinaggio borghese, ma anche, forse, la meccanica del còito promossa dall'antropologia futurista.

Pur prendendo l'abbrivo da una poesia, rimasta probabilmente inedita, composta al tempo del rifacimento dell'*Intermezzo*, *Ad Lunae Sororem* («Forma che così dolce t'arrotondi / dove si inserta l'arco delle reni / e, vincendo in tua copia tutti i seni, / ne la man che ti ricerca abbondi [...]»), la «geometria erotica» del *Carmen* (ad A. Mondadori, 9 febbraio 1931) presuppone ora il nesso intimo tra creatività artistica e gagliardia sessuale nel senso più volte rivendicato da Nietzsche, ad esempio in un passo della *Volonté de puissance* segnato vigorosamente a margine nell'esemplare del Vittoriale: «C'est une seule et même force que l'on dépense dans la conception artistique et dans l'acte sexuel; il n'existe qu'une seule espèce de force». D'altro canto l'origine abruzzese della *partner* dà modo al poeta, grato della gioia fruita, di ritornare alla propria mitica giovinezza, alle origini della sua stessa vocazione poetica, come è evidente nelle strofe finali, ove pure si precisa il genere cui va ascritto il poemetto: il carme votivo è anche un «vanto», il discorso inebriato con cui nelle corti medievali i cavalieri, a gara, celebravano iperbolicamente la loro impresa più gloriosa, il loro possesso più prezioso, la loro più esaltante avventura d'amore. Ma conformemente a una tendenza costante della poesia dannunziana, il Medioevo con i suoi erotemi si intreccia al mondo antico attraverso l'evocazione diretta e nell'originale della «lingua degli iddii», il greco, qui chiamato ripetutamente in gioco anche nell'effetto straniante della grafia.

Oltre a un'epigrafe tratta dal più celebre dei frammenti di Saffo, «ἀλλὰ πᾶν τόλματον» («Ma tutto bisogna osare», l'ultimo dei versi superstiti dell'«ode saffica *a una donna diletta*», qui ripreso al v. 87 con rinvio giocoso al motto della Beffa di Buccari), e alla dedica «Alla Piacente. / Vostra Piacenza tien più di piacere / d'altra piacente; però mi piacete. / Ser Bonagiunta Orbicciani» (i versi del poeta duecentesco lucchese, antologizzati nella *Crestomazia* del Monaci ma pervasi da una sfrenata, modernissima ebbrezza del significante, si ripropongono ai vv. 133-134: per d'Annunzio, sin da uno scritto del 1898, essi toccano il vertice della «grazia» nell'«elezione del carnale amore»), il facsimile conteneva una serie di «Note per i Beoti, e per la "beotica tardità" degli Italiani» che fornisce i riferimenti e la traduzione delle numerose espressioni greche: i vv. 73-74 giustappongono sul filo dell'allitterazione l'invocazione «o bella, o graziosa», tutto ciò che resta di un «frammento di Psappha», ad «altro frammento saffico» che reca la locuzione «più dorata dell'oro»; «Μελλιχόμειδε», vv. 78 e 79, vale «dal sorriso di miele» ed è «epiteto che Alceo conferisce a Psappha»; ai vv. 81-83 è intessuto il «frammento di un poema erotico della poetessa Praxilla» (V secolo a. C.): «vergine nel capo, donna più in giù...»; risalgono invece alla *Corona di Meleagro* gli inserti ai vv. 91 e 93 («cara Musa» e «canto carico di frutti»); si ritorna da ultimo a Saffo, e per l'esattezza all'«ode Εις 'Αφρόδιταν», con «δολόπλοκε», v. 95, che significa «tessitrice di inganni». Ma d'Annunzio non manca di sottolineare anche il nesso di continuità fra gli antichi lirici greci e i canti popolari neoellenici raccolti da Fauriel e da Tommaseo, ove fiori e frutti, il miele ricorrono continuamente come metafora del desiderio e ove pure si ritrova il «brolo» (v. 20), insieme giardino e frutteto (cfr. ad esempio, nei *Canti* del popolo greco, *Le mele* o *Il bacio*, pp. 15 e 19).

Pur con una misura irrinunciabile di eleganza, nel «marmo» o nell'ambra dello stile, i rimandi al mondo antico non valgono una sublimazione o una copertura eufemistica. Anzi, in una temperie di grazia insolente, essi risultano necessari perché l'esperienza del sesso assuma il carattere di una cerimonia o di una festa, nel segno di un «riso» insondabile in cui si mescolano il gusto spavaldo della trasgressione impudica, il piacere della metamorfosi, l'ironia di uno sguardo e di un potere non umani che si attingono non già nella serietà del lavoro ma nella sfera del mistero genitale, a contatto profondo con le forze creative e distruttive del corpo. Come voleva Nietzsche, «l'*instinct sexuel*, l'*ivresse*, la *cruauté*, [...] tous trois appartiennent à la plus ancienne *allégresse de fête* chez l'homme, dominant de la même façon chez l'"artiste" à son aurore». Così Pertunda (v. 60) era la divinità romana minore che presiedeva alla deflorazione ed è perciò detta latinamente e scherzosamente «dolosa», ingannevole. E all'allusione al fiume degli Abruzzi, il Sangro, da cui l'attrice aveva preso il suo nome d'arte, pur circostanziata da una puntuale serie di toponimi della regione (vv. 109 sgg.), subito si sovrappone un'altra maschera onomastica, Zancle, che in greco significa falce, con riferimento non solo alla figura lunare delle «reni falcate» ma allo strumento con cui Saturno aveva evirato il padre Urano. L'atto carnale si converte in un agone: e può essere anche l'agone ginnico tra due atleti o due acrobati, mentre l'iperbole degli attributi e delle *performances* sessuali proietta sulla coppia moderna i simboli, gli amuleti o i feticci di un immaginario erotico che affonda le sue radici in un substrato religioso arcaico dominato dal mistero primordiale della bisessualità, come indicano del resto anche i molteplici rimandi a Saffo.

Non a caso, fra i libri del Vittoriale, reca i segni di una lettura attenta e partecipe il *Musée secret* del grande repertorio iconografico pompeiano del Barré, con i suoi «monuments pornographiques»; e d'Annunzio si rivela parimenti sensibile al riso fescennino delle scritture murali di Pompei, tanto da lasciarsi indurre, nei risguardi dei *Carmina Latina Epigraphica* raccolti da F. Bücheler per la Teubneriana di Lipsia, a cimentarsi nel «luglio 1933: tra notte e alba» in un esercizio di epigrammatica oscena in proprio, variante degradata e triviale della «perplessità euclidea» cantata nel *Carmen*: «Disse il

Mastro: – Sei porco; e non t'adulo. / Ma tu non sai che sia votar la coppa / delle delizie se di potta e culo / cognosciuto non hai femmina zoppa». D'altro canto, in un articolo *De infesto pollice* apparso sul «Corriere della Sera» del 10 aprile 1913, difendendo l'uso di «pollice» per il «dito grosso» del piede (come nel *Forse che sì forse che no* e come avviene anche qui, vv. 56-57, dinanzi alla rivelazione della donna «bìfora»), d'Annunzio si era appellato a Marziale. Ma di fatto le ventisette strofe del *Carmen votivum* tendono a risolversi in un caleidoscopio volubile di epigrammi, di movenze o attitudini giustapposte senza un saldo nesso consecutivo e, come è stato acutamente osservato, fino a un certo segno intercambiabili, quasi a ribadire il gioco del capriccio e del caso a cui l'uomo del Vittoriale riconduce in ultima analisi le chimere del desiderio. Così nel 1932 d'Annunzio chiederà a una tipografia di Lugo di Romagna di stampare una nuova, singolare edizione privata del *Carmen* su un mazzo di quarantadue carte da gioco: su ogni carta un gruppo di versi. Da notare l'uso della minuscola dopo il punto fermo, come avviene regolarmente nella prosa del *Libro segreto* all'interno dello stesso paragrafo: così il poeta varia e affina la sua arte delle pause.

NOCTIVAGUM MELOS [I-II-III] (pp. 566-567)

Che cosa si intende con «noctivagum melos»? Ascoltiamo, a questo riguardo, quanto si afferma nel monologo del *Libro segreto*: «Da alcuni anni talvolta mi accade di svegliarmi, dopo le poche ore di sonno che mèdicano la tristezza severa dell'orgia, e di ritrovarmi perfettamente formata nello spirito un'ordinanza di versi, una vicenda di rime, che non può essere se non prefissa, tanto si accorda a' miei modi e deriva dalla mia vena. / Talvolta è un epigramma talvolta un'ode intera. e mi levo ansioso perché il carme inane non s'involi, perché il NOCTIVAGUM MELOS non dilegui nel silenzio per sempre. raccolgo un libro caduto dal capezzale; scrivo ne' primi fogli, nell'antiporta, ne' margini, negli spazi lasciati bianchi dalla stampa». Inutile ribadire che, nell'ottica dannunziana, le frammentarie melodie nottivaghe non sono se non espressioni dell'unica melodia infinita che, nel suo ininterrotto svolgersi sotterraneo, corrisponde all'io più profondo del poeta, alla sua stessa energia di adesione creativa agli eventi che scandiscono il ritmo multiplo del vivere. Ed è così che la prosa dell'autoritratto finale può accogliere, dopo il *Carmen votivum*, anche i due «epigrammi» annotati, afferma il poeta, sul suo esemplare delle *Early Ballads illustrative of History Customs Traditions* raccolte nel 1874 da Robert Bell. Dei primi due frammenti *ad se ipsum*, che avvalorano nell'«orgia» una forma superiore di conoscenza e quasi una «metafisica», d'Annunzio sottolinea l'eccellenza formale: «il primo, come il secondo, è un vero tetrastico tetragono», in cui «non [...] è parola, non sillaba, non suono che possa esser mutato o trasposto»; e tuttavia la loro «fermezza plastica e metrica» chiude «quello 'incognito indistinto'» che, come aveva intuito Dante (cfr. *Purg.*, VII, v. 81), «è il fiato segreto della poesia» e la sua «nascosta essenza»: quasi, secondo una coeva postilla al testo dantesco, «l'aura che nella poesia vera spira tra parola e parola».

Scorre nei due testi la vena epigrammatica di un singolare neoclassicismo (il miele dei siciliani Monti Iblèi è celebrato sia da Pindaro che da Ovidio) che scende a contatto con le forme della vita contemporanea, per cogliere, come si legge in un altro appunto, «il passaggio rapido, quasi inavvertibile, fra gli aspetti della *elegante* da *bar* (sigarette, champagne, alzarsi, sedersi, effetti di serpente sulla spina dorsale, etc. etc.) e gli aspetti eterni della più alta arte *ellenica*». Qualcosa di simile avviene anche nel terzo frammento, che ferma la vertigine erotica e la compenetrazione con gli elementi naturali di un corpo che danza, e che vale, sempre secondo l'autocommento del *Segreto*, «una strofe d'un soffio, una figura musicale d'un sol respiro, un disegno aereo d'unica linea; che forse nell'ultimo sogno trasparente voleva emulare la levità d'un frammento di Saffo». Più scende nel «nero gorgo del sangue», identificando nel corpo il luogo stesso della conoscenza e dello stile, e più la parola si determina e si ordina in una successione mera di sillabe e di frasi, in una astrazione decorativa di rapporti figurativi e sonori, che l'ultimo d'Annunzio assimila ripetutamente all'opera del vasaio o del vetraio, alla creazione di «un fiore senza stelo».

IV (p. 567)

Diverso, in parte, suona il discorso per gli endecasillabi della quarta poesia nottivaga qui antologizzata, il cui primo verso pare proprio dare la replica alla celebre definizione della scrittura notturna – «esplorazione d'ombra» – proposta, peraltro sulla base di una formula dannunziana, da uno dei giovani protagonisti della critica italiana protonovecentesca, Emilio Cecchi. Qui si avverte nitida la frequentazione dei saggisti e dei moralisti francesi di ieri e di oggi, da Montaigne a Pascal e da Gide a Cocteau e a Valéry, per tacere di Nietzsche, che d'Annunzio, da sempre, legge come l'autore di una morale per artisti e ai cui aforismi l'uomo del Vittoriale risale attratto dalla sua ascesi senza dio e dalla sua profezia di un mondo assoluto dell'espressione. In un'aria risentita, scabra, il *Noctivagum melos* aggiunge un'ulteriore variazione ai luoghi molteplici in cui la scrittura dannunziana dell'io diventa contemplazione della propria morte e del proprio corpo glorioso. Cfr. ad esempio, nel *Notturno*: «Gli occhi sono aperti come le corolle alla prima ora della luce; e le mani conserte sembrano già partecipare della vita eterna. // Penso all'arte di quel dio che, nel dì novissimo, rimodellerà i vólti dei suoi eletti a simiglianza della sua bellezza recòndita. / Nel mio vólto supino la lesione del tempo e della vita, a un tratto sarà cancellata. / Ridiventerò giovane nel marmo del mio sepolcro, come i trapassati nelle stele funerarie degli Elleni. [...] La morte non mi appare se non come la forma della mia perfezione». E anche nel frammento poetico del *Segreto* alita la suggestione di un «terzo luogo» fuori dal tempo e al di là della vita e della morte, il grande motivo notturno di cui d'Annunzio discorre a lungo con Valéry nel corso dell'incontro che ha luogo al Vittoriale nell'aprile 1924.

[IL TETRASTICO DELLA DESERTA CONOSCENZA] (p. 567)

Sono i versi che chiudono il *Libro segreto*, introdotti dalle parole: «TRA MIE' molti tetrastici o tetrastichi dispersi ho ritrovato questo in un foglio volante con la data 9 marzo 1902. l'ho qui trascritto il 3 aprile 1922. vent'anni. / E la mia deserta conoscenza quadrata, la mia concisa disperazione, è tuttavia questa: unicamente questa, immutabilmente questa». Gli studiosi hanno segnalato la derivazione del v. 3 da un verso di Verlaine – «O pensée aboutissante à la folie» (da *Jadis et naguère*) – nelle cui *Oeuvres complètes* (Paris 1899) d'Annunzio aveva dapprima scritto a lapis i quattro versi; secondo alcune testimonianze, il tetrastico e la nota che lo introduce (con la data 3 aprile 1932) avrebbero figurato manoscritti anche nella copia oggi dispersa di una antologia di massime di Montaigne, La Rochefoucauld e Vauvenargues (Paris 1874). Ma dalla prospettiva del «postero di *sé* medesimo» che si afferma nel *Libro segreto* (una volta segnalato che «follia» e «malinconia» si trovano in rima anche nel celebre autoritratto del poeta composto da Palazzeschi nel 1909, *Chi sono?*), la scrittura stessa con la sua stupefacente profusione di immagini e di metamorfosi non appare più se non un gioco insensato alla superficie dell'essere, determinato da un impulso di compenso e di differimento rispetto a una verità nuda ontologicamente immutabile. Ed è, questa, la verità finale di una vecchiezza che più volte d'Annunzio ha equiparato a una «pubertà disperata», senz'altra saggezza possibile che quella della «follia».

[I CANI] (p. 568)

Redatti sul foglio di guardia e sul piatto interno posteriore di un volume francese dedicato a un'avventurosa spedizione etnologica nei mari dell'Estremo Oriente e in particolare a Tahiti (Jurien de la Gravière, *Voyage de la corvette La Bayonnaise dans les mers de la Chine*..., t. I, Paris 1872), i versi sono forse gli ultimi composti da d'Annunzio, che nel maggio 1935 ha congedato il *Libro segreto* adunandovi numerosi i documenti della sua passione cinofila, sino all'ultima pagina, ove si contempla l'agonia e la sepoltura di uno dei suoi cani. E si tratta di una passione antica ed intensa, coltivata con grande dispendio pur in tempi di dissesto finanziario (basti ricordare i trentanove cani della Capponcina o i lussuosi canili di Arcachon e della Dame rose presso Parigi), che sollecita per tempo anche la penna dello scrittore, non senza tentativi di restituire nella sua alterità la *Umwelt* della vita animale, dal *Fuoco* alla *Contemplazione della Morte*. Alla vigilia del conflitto mondiale, in procinto di partire alla volta di Londra per partecipare con un suo levriere alla prestigiosa Waterloo Cup, il poeta rivela alla stampa di avere addirittura in cantiere, parallela al progetto delle *Vite di uomini illustri e di uomini oscuri*, una *Vita dei cani illustri*, visti come «geni benefici» con il «senso del sovrannaturale» («Corriere della Sera», 24 febbraio 1914). Ma allo stesso torno di tempo appartiene anche la favola *noire* della *Violante dalla bella voce*, in cui si narra di una stupenda donna inglese aggredita e sfigurata dalla levriera «diletta» donatale dall'amante. Poi dopo la guerra e l'avventura di Fiume, giunto al Vittoriale, d'Annunzio può nuovamente appagare la sua passione circondandosi di cani che chiama tutti con nomi allitteranti con il suo: Dangiero, Danissa, Dannaggio, Danzetta, Dannozzo...

Ma la sinistra filastrocca (datata nell'autografo «31 ottobre 1935» e pubblicata postuma da P. Gibellini) muove dallo stesso stato d'animo che il 26 novembre 1935 gli fa scrivere a Gian Carlo Maroni, il fido architetto del Vittoriale: «Ho pensato al Mausoleo dei cani: l'ho interamente imaginato. Sarà, nei giardini, il simbolo del Nulla». Colui che si rappresenta come un «re sepolto con i suoi tesori» vive l'incontro con la morte e la sua inafferrabile alterità con un raccapriccio appena dominato, come emerge nella nota datata 21 giugno 1930 che, soprascritta a una citazione di Rimbaud ("*Bisogna novamente inventare l'amore*"), si legge in una carta del Vittoriale: «E come bello doventa in me il grande orrore, l'orrore degli orrori! Sto per andare sotterra, *io*! sto per andare ai vermi...». Ma ora, in questo gioco nichilistico a sovvertire la topica dell'elogio canonica nell'epitaffio, la pulsione esorcistica a fare anche della propria morte un'opera d'arte sembra retrocedere dinanzi alla scoperta del vero senso finale da assegnare al culto panico della vita (sempre nel *Segreto*, il poeta immagina la propria penna «aggiustata in una delle sette canne della fistola di Pan disciolta dal lino e dalla cera, dislegata e sparsa»). Nella sua variazione sulla rima «culla-nulla», di così intenso significato nella tradizione lirica da Leopardi (*Ad Angelo Mai*) a Pascoli (*La mia sera*), il materialismo antropologico dannunziano investe un senso acre, insieme disperato e impassibile, della vita ridotta all'elementarità del pasto e del còito, del succiare e del rodere. Secondo Jorge Luis Borges, l'antropologo fantastico del *Libro degli esseri immaginari*, se anche gli Inferi sono una casa è naturale che un cane vi monti la guardia e che questo cane lo si immagini atroce; così alcune religioni orientali contemplano inferni di cani che, a somiglianza del Cerbero dantesco, sono carnefici delle anime.

SOMMARIO

Libro III ALCYONE

Finito di stampare nel marzo 2011 presso
lo Stabilimento NSM - Gruppo Pozzoni - Cles (Tn)
Printed in Italy

RCS Libri

ISBN 978-88-17-02881-3